हिंदुत्व-पॉप

किताब की प्रशंसा में

‘संगीत और कविताओं को हम ऐसी कला मानते हैं जो हमारा मनोरंजन भी करती हैं और वैचारिक उत्थान भी होता है। लेकिन, कुणाल पुरोहित की ताक़तवर और बेहद मौलिक किताब दिखाती है कि इन्हें लोगों को बांटने और उनके बीच नफ़रत फैलाने के काम में भी इस्तेमाल किया जा रहा है। ये एक ऊंचे दर्जे का अध्ययन है और मेरी नज़र में ये पहली ऐसी किताब है जो हिंदू दक्षिणपंथ द्वारा पॉपुलर कल्चर के ऐसे इस्तेमाल और दुरुपयोग की जांच करती है। कुणाल ने कलाकारों के साथ रहकर उनकी एक प्रोफ़ाइल बनायी है और दिखाया कि ये सभी कैसे अपने शब्दों और भावों के ज़रिये धार्मिक अल्पसंख्यकों को अमानवीय और बुरी रोशनी में दिखाते हैं। ये बेहद हिम्मत भरा काम है, जो बहुत कुछ हमारे सामने लाकर रखता है और ये बातें हमें परेशान भी करती हैं। ये किताब एक विश्लेषण है, जो हमारे सार्वजनिक जीवन में लगातार असर बढ़ा रही प्रवृत्तियों को उजागर करती है।’

–रामचंद्र गुहा

‘ये एक बहुत ही मौलिक और महत्वपूर्ण किताब है, जो बताती है कि हिंदुत्व अब राजनीति से परे भारत की लोकप्रिय संस्कृति की जड़ों में गहराई से उतर चुका है और एक सामाजिक रूप लेने लगा है। सत्ता का हस्तांतरण होता रहता है लेकिन कला की ये विधाएं समाज का हिस्सा बन चुकी हैं। कुणाल पुरोहित हमें ये समझाते हैं कि जो हो रहा है, वो केवल एक भगवा लहर नहीं है, बल्कि इसका सामाजिक प्रभाव बेहद दूरगामी होगा।’

–क्रिस्टॉफ़ जैफ्रेलॉट

‘1930 के दशक के ड्रेज़्डेन में, क्लेम्परर की तरह, पुरोहित नया भारत कहे जाने वाले समाज में घोली जा रही रोज़मर्रा की क्रूरता और उसके नैतिक पतन का दस्तावेज़ीकरण कर रहे हैं। इस बेहद महत्वपूर्ण काम के ज़रिये हमारी मुलाक़ात उन चेहरों से होती है और उनकी आवाज़ें सुनाई पड़ती हैं, जो इस अपने ही देश के ख़िलाफ़ लड़े जा रहे युद्ध की अगली पंक्ति में खड़े हैं।’

–आकार पटेल

'लोकप्रिय संस्कृति को हिंदुत्व राष्ट्रवाद की सेवा में एक हथियार की तरह इस्तेमाल किया जा रहा है... कुणाल पुरोहित उस डरावनी हकीकत को हमारे सामने लेकर आये हैं जो बताती है कि इस नफ़रत की मशीन को ईंधन कहां से मिल रहा है। ये किताब ऐसी सच्चाईयों से भरी है कि डर लगता है और इसे उन सभी को पढ़ना चाहिए जो इस धार्मिक-राजनीतिक आंदोलन के सांस्कृतिक मूल को समझना चाहते हैं। ठोस ग्राउंड रिपोर्टिंग पर आधारित ये आंखें खोल देने वाली किताब लोगों को उस 'नये' भारत से परिचित कराएगी, जिसे अब संगीत, कविता और किताबों तक के ज़रिये बांटा जा रहा है।'

–राजदीप सरदेसाई

हिंदुत्व-पॉप

एक छिपी हुई दुनिया

कुणाल पुरोहित

अनुवाद
केतन मिश्रा

हार्पर
हिन्दी

प्रथम प्रकाशन 2025
हार्पर हिन्दी
(हार्परकॉलिंस *पब्लिशर्स* इंडिया) द्वारा प्रकाशित
4th फ्लोर, टावर A, बिल्डिंग नं. 10, डीएलएफ साइबर सिटी,
डीएलएफ फेज II, गुरुग्राम, हरियाणा – 122002, भारत
www.harpercollins.co.in

P-ISBN: 978-93-7307-975-2
E-ISBN: 978-93-7307-075-9

टाइपसेटिंग : हार्परकॉलिंस *पब्लिशर्स* इंडिया प्राइवेट लिमिटेड
मुद्रक : थॉम्सन प्रेस (इंडिया) लि.

This book is produced from independently certified FSC® paper to ensure responsible forest management.

HarperCollins *Publishers*, Macken House, 39/40 Mayor Street Upper, Dublin 1, D01 C9W8, Ireland

विषय – सूची

प्रस्तावना

इस किताब में जो भी लिखा गया है, वो सब बातचीत और संदर्भों पर आधारित है। इन सभी की जानकारी इस किताब के अंत में दी गयी है। जिन लोगों के इंटरव्यू लिए गए हैं, वो क्या सोचते-समझते हैं, ये बात, उनके काम, इंटरव्यूज़ और सोशल मीडिया पोस्ट्स के ज़रिए पहले से ही सार्वजनिक है। इस किताब के प्रमुख किरदारों के साथ मैंने तीन साल से ज़्यादा वक्त बिताया है और उनकी सहमति के बाद ही यह किताब मुमकिन हो पाई है। उन्हें बाक़ायदा ये जानकारी दी गयी थी कि मैं एक पत्रकार हूं और उनसे जो भी बातचीत कर रहा था, वो किताब लिखने के लिए ही थी। यहां जिस भी बातचीत का ज़िक्र है, सभी ऑन-रिकॉर्ड की गयी हैं। किसी भी प्रकार की 'हेराफेरी' से बचाव के तौर पर सारे इंटरव्यूज की ऑडियो रिकॉर्डिंग भी मेरे पास मौजूद है। सारी रिकॉर्डिंग सहमति के बाद ही शुरू की गयी थीं और किताब के किरदारों का कोई कथन इसके बाहर का नहीं है।

परिचय

कई बेहद अहम कहानियां किसी इत्तेफ़ाक के चलते हमारे सामने आ खुलती हैं। कोई पत्रकार किसी कहानी का पीछा कर रहा होता है और उसके हाथ कोई दूसरी ही कहानी आ लगती है।

ये किताब ऐसे ही एक इत्तेफ़ाक का नतीजा है। साल 2019 के मार्च महीने की एक गर्म और धूल से भरी शाम को मैंने पाया कि मैं झारखंड के दक्षिणी हिस्से में मौजूद गुमला गांव में था।

गुमला उन जगहों में से एक है जो ख़बरों में बहुत जगह नहीं पाता है। इसकी संकरी गलियों में लोग, मवेशी, शोर करती मोटरसाइकिलें और ठेले मिल जाते हैं। हवा में ऑक्सीजन और धूल-मिट्टी का एक अनोखा मिश्रण मौजूद रहता है। लेकिन लोगों, मवेशियों, शोर करती मोटरसाइकिलों और ठेलों के शोर के बीच, शरीर के सभी दूसरे संवेदना तंत्रों के काम न करने के चलते, आपको ऐसा समझ नहीं आता।

ये जगह आपको विश्वास दिला देती है कि यहां बहुत कुछ होता नहीं है। फिर एक दिन कोई घटना घट जाती है।

मेरे यहां पहुंचने के ठीक दो साल पहले, अप्रैल 2017 की एक शाम के घटनाक्रम ने इस कस्बे को एक डरावने सन्नाटे में धकेल दिया था।

चाय पीते हुए यहां के स्थानीय लोगों ने मुझे पूरी कहानी बतायी। ये कहानी थी गुमला की तंग गलियों में चल रही रामनवमी की शोभायात्रा की, जिसमें हज़ारों लोग शामिल थे।

ऐसी ज़्यादातर शोभायात्राओं में एक खुली छत वाला ट्रक चल रहा होता है जिसमें डीजे लगा होता है और साथ में काफ़ी बड़े स्पीकर लगे होते हैं, जो भीड़ को रवानी में रखते हैं। अब तक होता ऐसा आया था कि इस प्रकार की शोभायात्राएं इस कस्बे के बहुसंख्यक हिंदू समुदाय और यहां की मुस्लिम जनसंख्या के बीच सौहार्द का परिचय दिया करती थीं। जब भी शोभायात्रा गुमला के केंद्र में स्थित जामा मस्जिद, वहां की सबसे बड़ी मस्जिद, पर पहुंचती थी, तो हर साल, बगैर नागा, आस-पड़ोस के सभी बड़े मुस्लिम शख्स मिठाई और मालाओं के साथ शोभायात्रा का स्वागत करते थे।

उस शाम, जैसे ही शोभायात्रा जामा मस्जिद के करीब पहुंची, माहौल अचानक और बगैर किसी वजह के उग्र और हिंसक हो गया।

किसी को भी समझ में नहीं आ रहा था कि आख़िर क्यूं उस शोभायात्रा का मूड इस तरह से पलट गया था।

मैं भी जब कहानी सुन रहा था, ये गुत्थी नहीं सुलझा पा रहा था। कैसे एक धार्मिक शोभायात्रा एक हिंसक भीड़ में तब्दील में हो सकती थी? मैंने ये सवाल वहां खड़े, उस घटना के प्रत्यक्षदर्शियों से भी किया।

मैंने उनसे बार-बार उस घटनाक्रम के एक-एक पहलू के बारे में पूछना शुरू किया। और फिर, घटनाक्रम के हिस्सों के दोहराए जाने के दौरान एक बात सामने आयी। वो व्यक्ति इस बात को बहुत तवज्जो नहीं दे रहा था। उसने बताया कि एक ही चीज़ ने माहौल को बदलकर रख दिया था – डीजे का संगीत।

जैसे ही शोभायात्रा उस गली में पहुंची, जिसके आगे मस्जिद थी, संगीत बदल दिया गया। उस संगीत में इतनी धमक थी कि शब्द बहुत साफ़ समझ नहीं आ रहे थे। लेकिन कुछ बोल यूं थे: 'मुल्ले की टोपी फेंक दो...'

और देखते ही देखते, ऐसा लगा कि कहीं किसी ने कोई बटन दबा दिया हो। भीड़ गुस्से से भर चुकी थी। वो सभी हिंदू नारे लगाने लगे। ये नारे उकसाने वाले थे और मुसलमानों के प्रति द्वेष से भरे थे।

मस्जिद के बाहर, शोभायात्रा का स्वागत करने को खड़े मुसलमान जनों को अचानक ही सबकुछ समझ में आया। मामला संगीन होने को था। बहुत गड़बड़ हो सकती थी। अच्छी बात ये थी कि पुलिस महकमा तुरंत ही हरकत में आया और उसने बज रहे संगीत को बंद करवाया।

एक बड़ी दुर्घटना को कैसे भी टाल दिया गया था। हालांकि ये सब कहने की बातें थीं।

कुछ ही घंटों बाद, गुमला से 4 किलोमीटर दूर सोसो गांव में, शोभायात्रा से वापस आ रहे कुछ हिंदू युवकों ने एक मुस्लिम लड़के को किसी हिंदू लड़की के साथ देखा। लड़का 21 साल का था और गुमला से ही था। उसका नाम मोहम्मद शालिक था। लड़की उसी गांव की थी।

शोभायात्रा से लौट रहे युवकों के झुंड में कई लोग शालिक को जानते थे, ऐसा मुझे शालिक के पिता मोहम्मद मिन्हाज ने बताया।[1] लेकिन शोभायात्रा में जिस आक्रामकता और हिंसक गुस्से ने जन्म लिया था, उसके असर के चलते वो भूल गए कि वो लोग शालिक को पहले से जानते थे।

उन्होंने शालिक को बिजली के एक खम्बे से बांधा और सरियों और डंडों से मारना शुरू कर दिया। जब तक मिन्हाज वहां पहुंचते, शालिक मरणासन्न हालत में था। कुछ मिनटों बाद, गुमला के सदर अस्पताल में शालिक ने अपनी आख़िरी सांस ली।[2]

मैं उस रात सो नहीं सका।

ये वही रात थी जब इस किताब का बीज बोया गया था।

~

एक रात के ढाई सौ रुपये किराए वाली लॉज में रातभर मैं इंटरनेट पर कुछ-कुछ ढूंढता, देखता रहा। आख़िर ये कौन से गाने थे जो इंसानों को उन्माद के पागलपन में धकेल रहे थे। इस दुनिया के 'पॉप स्टार' कौन थे?

जैसे-जैसे मैं जवाब ढूंढने की कोशिश करता रहा, मेरी उत्सुकता, आश्चर्य और चिंता के मिश्रण में तब्दील होती गयी।

मालूम पड़ रहा था कि इस तरह के गानों का चलन तेज़ी से बढ़ रहा था। इन गानों के निशाने पर मुसलमानों से लेकर पाकिस्तान तक, प्रधानमंत्री नरेंद्र मोदी और उनकी भारतीय जनता पार्टी के आलोचकों से लेकर उनके तमाम प्रतिद्वंद्वियों तक, सभी थे। इंटरनेट पर तमाम जगहों पर इन गानों को लाखों बार देखा जा रहा था। इन्हें दसियों हज़ार बार लाइक और शेयर किया गया था। सोशल मीडिया के तमाम प्लेटफ़ॉर्म्स पर ये फैले हुए थे।

मैं ऐसे गानों की खोज में जितना गहरे में उतर रहा था, मेरा संदेह गहराता जा रहा था: गुमला में जो हुआ, वो अकेली घटना नहीं थी।

उस रात के बाद मेरी यात्रा की तबीयत बदल गयी। झारखंड में अगले दो महीने, हेट क्राइम की वजहों को तलाशने के दौरान, मैं इस बात की जांच करने में भी जुट गया कि क्या ऐसे गीत भी एक बड़ा कारण हो सकते थे।

एक ज़िले से दूसरे में जाते हुए मुझे एक सी कहानियां सुनने को मिलने लगीं: गुस्से से भरी उन्मादी हिंदुओं की भीड़ को ये गाने और भी हिंसक बना रहे थे। इन गानों में वही नफ़रत भरी थी, जो उनके भीतर थी। इस तरह से भीड़ के भीतर भरा ज़हर बढ़ता जाता है। ग़ैर-आधिकारिक रूप से कुछ पुलिसवालों ने मुझे बताया कि अब उन्हें रामनवमी की शोभायात्राओं में बजने वाले गानों की प्लेलिस्ट की पहले से ही जांच करनी पड़ती है, जिससे आगे चलकर कहीं कोई अप्रिय घटना न घटे। संगीत को हथियार में तब्दील किया जा चुका था। मनोरंजन करने और बेहतर महसूस करवाने के उसके मूल काम को पूरी तरह से बदला जा चुका था। संगीत का काम अब मनोरंजन करना नहीं था बल्कि उसे लोगों के दिमाग में अपने विचार डालने के लिए इस्तेमाल में लाया जा रहा था।

ऐसे गाने हर तरफ़ थे: झारखंड की गलियों में, यहां होने वाले कार्यक्रमों में, पब्लिक बसों में, फ़ोन की रिंगटोन में। ये परेशान करने की हद तक आम जीवन में घुस चुके थे। झारखंड की यात्रा के दौरान मेरा ड्राइवर एक ऐसा लड़का था, जो हिंदू राष्ट्रवादी संगठन बजरंग दल से सहानुभूति रखता था। उसके फ़ोन की रिंगटोन थी 'हर घर भगवा छाएगा'। देश को हिंदू राष्ट्र बनते देखने की चाह को प्रकट करने में ये गाना कोई कसर नहीं छोड़ता है।

ऐसे बोलों को जब चटकीली बीट्स और ताल का साथ मिलता है और एक बड़े जनसमूह का हिस्सा होने के चलते जो जोश पैदा होता है, वो एक शोभायात्रा को खून की प्यासी भीड़ में तब्दील करने के लिए काफ़ी होता है। ऐसा ही गुमला में भी हुआ।

आस-पास की जगहों पर ऐसे संगीत के खूंखार पहलू के बारे में ज़्यादातर लोगों को जानकारी थी: स्थानीय हिंदू दक्षिणपंथी संगठन इसकी वक़ालत करते हुए मिले, वहीं पुलिसवालों, अल्पसंख्यकों और सामाजिक कार्यकर्ताओं ने इसको लेकर आगाह किया।

लेकिन झारखंड के बाहर बहुत से लोगों को मालूम ही नहीं था कि ऐसा कुछ हो रहा था। ज़्यादातर को अभी भी जानकारी नहीं है।

मैंने तय किया कि मैं और भी गहराई में उतरकर इस पूरे मामले को देखूंगा-समझूंगा।

जांच के दौरान, इसके पीछे मुझे एक पूरा तंत्र दिखाई दिया – गीतकार, गायक, संगीतकार, स्टूडियोज़ और प्रोडक्शन हाउस। ये सभी साथ मिलकर हिंदू राष्ट्रवाद और हिंदुत्व के विचारों को गानों के ज़रिये लोगों तक पहुंचाने का काम कर रहे थे।

यात्रा के दौरान, एक जगह से दूसरी जगह पहुंचने के क्रम में, मुझे एक और हिलाकर रख देने वाली बात मालूम पड़ी – संगीत एकमात्र ऐसी चीज़ नहीं थी जिसने हिंदू राष्ट्रवाद से संक्रमित होकर अपना मूल स्वभाव खो दिया था। एक बहुत बड़े वर्ग द्वारा उपभोग की जाने वाली दो और कलाओं में हिन्दुत्ववादी शैली की झलक देखने को मिलने लगी थी: कविता और किताबें। संगीत की तरह ही इन दो विधाओं को भी हथियार बनाकर हिंदुत्ववाद की सेवा में लगाया जा चुका था।

तबसे लेकर अब तक, पांच साल होने को हैं और मैं हिंदुत्ववाद द्वारा चलायी जा रही कला की इस गाड़ी के साथ-साथ चल रहा हूं और इस पर नज़रें गड़ाए हुए हूं।

इस किताब के ज़रिये ये सामने लाने की कोशिश की गयी है कि कैसे हिंदुत्व ने पॉपुलर कल्चर के तीन रूपों—संगीत, कविता और प्रकाशन—को अपने तरीके से ढालने की कोशिश की है। ये कहानी तीन किरदारों को केंद्र में रखकर सुनाई जाएगी: एक जो हिंदुत्व से जुड़े गाने बना रहा है, दूसरा जो हिंदुत्व पर कविताएं लिख रहा है, और तीसरा जो हिंदुत्व से जुड़ा पब्लिशिंग नेटवर्क खड़ा कर रहा है। ये तीनों अपने-अपने दायरे में किसी स्टार से कम नहीं हैं। इनके अपने प्रशंसक हैं, बड़ी फ़ॉलोविंग है और इनका काम लाखों लोगों तक पहुंचता है और उनके सोचने के तरीके को खासा प्रभावित करता है।

हो सकता है कि आपने इन लोगों के बारे में कभी न सुना हो। लेकिन इन सभी के काम की बदौलत हम सभी के जीवन पर बहुत बड़ा असर पड़ रहा है।

ये सभी बेहद अलग पृष्ठभूमि से आते हैं, इनकी जीवनयात्रा ने अलग-अलग रास्ते पकड़े, मगर फिर भी ये सभी आज एक ही सड़क पर चलते हुए अपने कितने ही विवादास्पद विचारों को फैलाने, लोगों को भड़काने और ज़्यादा से ज़्यादा अनुयायी इकट्ठा करने को लेकर प्रतिबद्ध हैं।

देश के उत्तर और केंद्रीय भाग में स्थित 7 राज्यों में मैंने लम्बा वक़्त बिताया और ये समझने की कोशिश की कि इन पॉप स्टार्स को ईंधन कहां से और क्यूं मिल रहा था और कैसे हिंदुस्तान का आम आदमी इनके काम तक खिंचा जा रहा था।

गुमला में बिताई उस पहली रात से लेकर अब तक, ये कहानी मेरे साथ रही है। अब इसे आपके साथ साझा करने का वक़्त आ गया है।

ये कहानी है हिंदुत्व पॉप, या H-POP की।

~

पॉपुलर कल्चर को यदि हमें परिभाषित करना हो तो इसका अर्थ होगा कला और संस्कृति का एक ऐसा रूप जो समाज के एक बड़े वर्ग के बीच खासा लोकप्रिय हो। इसकी पहुंच और चहुंओर मौजूदगी के चलते उन सभी समूहों के लिए ये ख़ास महत्व रखता है, जो समाज के एक बड़े तबके तक पहुंचना चाहते हैं। आर्थिक लाभ कमाने के इरादे से बाज़ार में उतरने वाली कंपनियां और राजनीतिक पार्टियां, सभी इसका भरपूर सहारा लेते हैं।

20वीं शताब्दी के दौरान राजनीतिक प्रोपेगैंडा ने अक्सर पॉप कल्चर का मुखौटा पहने रखा।

उदाहरण के तौर पर, कितने ही दशकों से संयुक्त राष्ट्र की सरकार ने पॉप कल्चर को बढ़ावा देते हुए उसके सहारे अपनी घरेलू और विदेश से सम्बंधित नीतियों को आगे बढ़ाया है।

इसके ज़रिये उसने हर प्रकार के क्रियाकलापों के बीच, जनता की राय को अपने पक्ष में खींचते हुए अपनी एक स्वस्थ छवि बनाए रखी है। मसलन, जब अमेरिकी सरकार दूसरे विश्व युद्ध में कदम रखने के बारे में सोच रही थी, तब 1940 में हुए एक जनमत के ज़रिये मालूम पड़ा कि उनमें से मात्र 35 फ़ीसदी अमेरिकी जनता ही ये चाहती थी कि अमेरिका उस युद्ध में हिस्सा ले।[3] इसके बाद वहां की सरकार ने बड़े करीने से ऐसी रणनीति बनाई जिसके तहत उन्होंने पॉपुलर कल्चर के ऐसे कॉन्टेंट परोसे कि लोगों की राय बदलने लगी और वो युद्ध में हिस्सा लेने के पक्षधर हो गए। इस क्रम में एक बहुत बड़ा कदम फ़िल्मों के ज़रिये उठाया गया। अमेरिकी सरकार ने हॉलीवुड में एक संपर्क कार्यालय खोला और वॉल्ट डिज़्नी और वॉर्नर ब्रदर्स सरीखे नामों को अधिकारिक रूप से अनुबंधित करते हुए ऐसी फ़िल्में बनाने को कहा जो हल्के लहजे में लोगों के भीतर युद्ध में हिस्सा लेने के विचार को स्थापित करती चलें।[4] इस रणनीति ने असर दिखाया और संयुक्त राष्ट्र विश्व युद्ध में मित्र राष्ट्रों का साथ देने को उतर पड़ा।

इस बात से आपको हैरान नहीं होना चाहिए कि तानाशाहों और फ़ासीवादी नेताओं ने पॉपुलर कल्चर को अपना राजनीतिक एजेंडा फैलाने का ज़बरदस्त ज़रिया माना है। प्रोपेगैंडा को पॉप कल्चर का जामा पहनाकर पेश किया जाए तो वो ज़हर को भी एक मिठास के साथ लोगों तक पहुंचाने की क़ाबिलियत रखता है। नफ़रत और ग़ुस्से को यूं हल्के-फुल्के तरीके से परोसा जाता है, जिससे लोग उसे बिना विरोध के, बड़ी आसानी से अपना लेते हैं।

अमेरिकियों द्वारा पॉप कल्चर को राजनीतिक मकसद के लिए इस्तेमाल करने से पहले, जर्मनी में नाज़ी और इटली में फासीवादी नेताओं ने इस रणनीति को सालों तक तराशा और परखा। 1930 के दशक में जर्मनी की सत्ता हाथ में आते ही, नाज़ी पार्टी ने सांस्कृतिक उत्पादन को पूरी तरह से अपने नियंत्रण में कर लिया था—सरकार के आलोचकों और यहूदी लेखकों की किताबें जला दी गयीं और एक नया 'राइख कल्चर चेम्बर' बनाया गया, जो फ़िल्म, म्यूज़िक, थियेटर, प्रेस, साहित्य, ललित कला और रेडियो जैसे तमाम क्षेत्रों पर पार्टी का नियंत्रण सुनिश्चित करता था।[5]

इटली में, फ़ासीवादियों ने थियेटर प्रोडक्शन को फ़ंड किया, लेकिन उन्होंने इस बात का पूरा ध्यान रखा कि ये नाटक 'आस्था, देशभक्ति... और आत्मबलिदान का भाव' जैसे उन्हीं आदर्शों और भावनाओं को दिखाएं, जिन्हें वो बढ़ावा देना चाहते थे।[6] सरकार ने इस तरह के थियेटर को आगे बढ़ाने के लिए पूरी ताक़त झोंक दी। यहां तक कि थियेटर्स को सब्सिडी दी गई ताकि टिकट सस्ते हो सकें और ज़्यादा लोग इन नाटकों का मुखौटा पहने प्रोपेगेंडा को देखने आ सकें। फ़ासीवादियों ने उन फ़िल्मों की फ़ंडिंग भी की, जो उनकी सोच से मेल खाती थीं।

हाल के वर्षों में, चाहे वो इस्लामिक कट्टरपंथी संगठन अल-कायदा हो या धुर-दक्षिणपंथी श्वेत राष्ट्रवादी समूह, हर तरह के चरमपंथियों ने अपनी-अपनी वैकल्पिक सांस्कृतिक शैलियों को गढ़ने पर ज़ोर दिया है। ऐसा करने के ज़रिए ये समूह अपनी विचारधारा को ऐसे ढंग से फैलाने में कामयाब रहे हैं कि उसकी पहुंच एक बहुत बड़े तबके तक जाती है। इस तरह से चरमपंथियों के विचार, उनका संदेश सीमित दायरे से बाहर पहुंचता है और इस तरह से वो नए लोगों को भी वो अपनी ओर खींचने में कामयाब होते हैं।

दुनिया भर में ऐसा बहुत सारा साहित्य है जो पॉपुलर कल्चर के इस प्रकार के भ्रष्टीकरण की कहानी बयान करता है। सिर्फ़ अकादमिक साहित्य ही नहीं, कई किताबों,

ख़बरों और डॉक्युमेंट्रीज़ के ज़रिये भी ये जानकारी मिलती है कि इन कट्टरवादी संगठनों ने अपनी विचारधारा को बढ़ाने के लिए क्या-क्या किया। वहीं दूसरी ओर, पॉपुलर कल्चर का हिंदू दक्षिणपंथी समूहों ने कैसे इस्तेमाल किया है, इसकी जांच शुरू भी नहीं हुई है। मैं तो ये भी कह सकता हूं कि ये मुद्दा असल में अभी ठीक से समझा भी नहीं गया है।

ये किताब कोशिश करेगी कि इस क्रम में ये नींव का पहला पत्थर रखे।

~

एक ऐसे समय में, जब विश्व के सबसे बड़े लोकतंत्र में हिंदू राष्ट्रवाद सबसे बड़ी राजनीतिक विचारधारा बन चुका है, इस विषय को गहरे से जानना-समझना और भी ज़रूरी हो जाता है।

अपनी यात्राओं के दौरान मैंने पाया कि आम जन जिस तरह से अपनी वर्तमान स्थिति, अपने भूतकाल और भविष्य की रूपरेखा को सामने रख रहे हैं, उसमें हाल-फ़िलहाल में एक बहुत बड़ा बदलाव आया है। लोगों की पहचान, जो जटिल होने के साथ-साथ कई परतों को ओढ़े हुआ करती थी, उसे घटाकर सिर्फ़ उनके धर्म तक सीमित कर दिया गया। कई रस और रूप समेटकर चली आ रही परम्पराओं और संबंधों ने दम तोड़ना शुरू कर दिया था। साम्प्रदायिकता आम बात हो चुकी थी और दूसरे धर्मों के प्रति नफ़रत रखने का भाव स्वीकार्य हो चला था।

भारतीय जनता पार्टी, उसकी जननी राष्ट्रीय स्वयंसेवक संघ और उससे जुड़े बाकी सभी हिंदुत्ववादी संगठनों ने इस बात को मुकम्मल करने का प्रण ले रखा था कि ये बदलाव राजनीतिक हार-जीत पर कतई निर्भर नहीं करेगा। मतलब, काम होकर रहेगा, भाजपा सत्ता में हो या न हो।

ये नया सामाजिक ढांचा एक रात में बनकर तैयार नहीं हो गया। हिंदू दक्षिणपंथ को इसमें कामयाबी दिलाने के लिए लोगों की एक पूरी खेप है जिसकी संरचनात्मक ईकाई वो समर्पित कार्यकर्ता हैं जो अनवरत अपनी ज़िम्मेदारियां निभा रहे हैं। कुछ कार्यकर्ताओं को ज़िम्मेदारी सौंपी गई है, तो कुछ ने इसे खुद ही अपनी मर्ज़ी से उठाया है। इन ज़िम्मेदारियों को उठाने की वजह मिशन के प्रति गहरा समर्पण भी हो सकती है और अपने 'दुश्मनों' के लिए ज़हरीली नफ़रत भी। राजनीति के वो दिन लदते हुए दिख रहे हैं जब कार्यकर्ता घर-घर जाकर प्रचार करते थे और सड़कों पर उतरते थे। इसकी बजाय, ये लोग सोशल मीडिया

प्लेटफ़ॉर्म्स पर हावी हैं। वहां विरोध की हर आवाज़ को दबाकर, आलोचकों को निशाना बनाकर और पार्टी के पक्ष में माहौल बनाकर वो अपने मकसद को अंजाम दे रहे हैं।

यहीं पर, इस लगातार चल रही नैरेटिव की लड़ाई में, पॉपुलर कल्चर एक और हथियार बन चुका है। कौन क्या है, क्या था, क्या कर सकता है, क्या नहीं किया, आदि-आदि बातों को लोगों तक पहुंचाने के क्रम में इसका धड़ल्ले से इस्तेमाल हो रहा है।

जब प्रोपेगेंडा को कविता, संगीत और किताबों जैसी सांस्कृतिक चीज़ों में लपेटकर परोसा जाता है, तो उसका असर सीधी-सीधी राजनीतिक बातों से कहीं ज़्यादा गहरा होता है। क्योंकि ये तरीका छिपा हुआ होता है, चुपचाप लोगों तक पहुंचता है और इससे पहले कि किसी को समझ में आए, वो उनके दिमाग़ और उनकी सोच में घर बना लेता है और फिर उनके विचारों को नया स्वरूप देने लगता है।

क़दमों को थिरकाने वाली धुन और मन में अटक जाने वाली ताल में पगा गाना, हो सकता है कि आपको भारत के इस्लामीकरण के बारे में चेता रहा हो। हो सकता है कि एक किताब, जो भारत के विभाजन के पीछे के 'सत्य' को आप तक पहुंचाने का दावा करती हो, में तथ्यों की बजाय कांस्पिरेसी थ्योरीज़, सुबूतों की जगह पूर्वाग्रह इस तरह से मिलेंगे कि वो सभी मिलकर हिंदू राष्ट्रवाद के मूल विचारों को हवा दे रहे होंगे।

पॉप कल्चर में घुले प्रोपेगेंडा के इतना प्रभावशाली होने की मुख्य वजह है कि ये हर वक़्त अपने शिकार के बेहद क़रीब रहता है। जिसे शिकार होना है, उसे न ही किसी सार्वजनिक राजनीतिक मीटिंग तक पहुंचने में बहुत ज़्यादा मेहनत करनी पड़ती है और न ही किसी उद्वेलित भाव से दिए गए भाषण को सुनने में कोई ख़ास जद्दोजहद करनी पड़ती है। शिकार में बस मनोरंजन की चाह होनी चाहिए। उसे बस रोज़मर्रा के कामों से कुछ वक़्त चुराने की ज़हमत उठानी है। कई बार ये काम बस कुछ क्लिक में हो जाता है। यहीं से उसके जीवन में प्रोपेगेंडा वाले पॉप-कल्चर का प्रवेश होता है। वो अपने शिकार को, आनंदित करने का झांसा देते हुए, एक मुलायम जकड़न में फांस लेता है। यहीं से, पल-पल, ये प्रोपेगेंडा उसकी नसों में घुलना शुरू कर देता है। फिर हर दोहराव के साथ ये शिकार के भीतर ऐसा जुनून पैदा करना शुरू आकर देता है जिससे वो पूरी तरह से अनभिज्ञ था। ये घृणा और गुस्से से भरा जुनून होता है जिसमें दूसरों को शक भरी निगाहों से देखना निहित होता है।

जुनून का ये भाव अंदर ही अंदर बना रहता है लेकिन सही वक्त का इंतज़ार कर रहा होता है। और फिर, एक राम नवमी की शोभायात्रा निकलती है, जिसमें पुरुषों की एक

उन्मादी भीड़ होती है और वो सभी एक जैसी ही सोच रखते हैं या किसी दूसरे धर्म से आने वाले पड़ोसी से किसी का कोई झगड़ा हो जाता है और जुनून का ये भाव निकलकर सामने आ जाता है।

हेट क्राइम के कालचक्र के बारे में जानकारी जुटाने के दौरान मुझे कुछ-कुछ समझ में आया कि ये समय के साथ, एक धीमी मगर सधी हुई गति के साथ कैसे बढ़ा।

मेरे जैसे मीडिया के और भी साथियों ने इन हेट क्राइम्स को कवर किया है जहां अचानक हुई किसी घटना ने हिंसा को जन्म दे दिया। सच ये है कि इसमें कोई सच है ही नहीं। आपको इन अचानक हुई हिंसाओं की जड़ में रोज़ घुल रही साम्प्रदायिकता दिखाई देगी। हिंदुत्व पॉप कल्चर को इसी तरह से बनाकर खड़ा किया गया है कि वो रोज़मर्रा की इस साम्प्रदायिकता को और हवा दे सके।

संगीत, कविताओं और किताबों का इस्तेमाल करते हुए लोगों में कट्टरता भरी जाती है। ये काम बेहद धीमी मगर सधी हुई रफ़्तार से होता है, जैसे बूंद-बूंद करके बाल्टी भरी जाती है और फिर पानी उससे बाहर भी गिरने लगता है। दंगे, भड़काऊ भाषण, सार्वजानिक रैलियां वगैरह पुरानी बातें हो चली हैं। इनमें वक्त खपता है, पैसा लगता है और माचिस लगाने वाले को बदनामी या कानूनी कार्रवाई का ख़तरा रहता है। ऐसी घटनाएं उस वैश्विक नेता की छवि को भी दाग लगाती हैं, जिसे बनाने के लिए मोदी ने पूरी ताक़त के साथ काम किया है।

हिंदुत्व पॉप कई दिक्कतों से निजात दिलाता है। ये विरोधियों और अल्पसंख्यक समूहों के ख़िलाफ़ नफ़रत और गुस्से को दिन-ब-दिन इस अंदाज़ से बढ़ाता है कि उसे भड़काऊ भाषण वाली रैली या दंगे जैसी किसी बड़ी घटना से जोड़ा भी नहीं जा सकता।

दूसरी ओर, जब भी इसके उत्पाद का उपभोग किया जाता है, जब भी गाने सुने जाते हैं, कवितापाठ होता है या किताब पढ़ी जाती है, हिंदुत्ववादी विचारों को और ऊर्जा मिलती है, कथित दुश्मनों के प्रति उन्माद और डर को बढ़ावा मिलता है।

समय आ गया है कि हम इस धीमी गति से बढ़ने वाले, रोज़मर्रा की साम्प्रदायिकता पर ध्यान देना शुरू कर दें। समय आ गया है कि हम तेज़ी से बदल रहे भारत को समझना शुरू कर दें।

आशा करता हूं कि ये किताब आपसे ऐसा करवाने में सफल होगी।

भाग 1

क़ातिल धुनें, ज़हरीले बोल: कवि सिंह

कवि सिंह: एक परिचय

अगर छुआ मंदिर तो तुझे दिखा देंगे,
तुझको तेरी औकात बता देंगे।

कवि सिंह के बारे में ज़्यादातर जानकारियों पर विश्वास करना ज़रा मुश्किल है। इस बात पर विश्वास करना मुश्किल है कि उन्होंने अपने जीवन में पहली बार साल 2019 में कोई गाना गाया था और उसके बाद से 80 के ऊपर गाने वो रिकॉर्ड कर चुकी हैं और दसियों गाने या तो बनने को तैयार हैं या बस रिलीज़ होने वाले हैं।

इस बात पर भी यकीन करना मुश्किल है कि कवि सिंह मात्र पच्चीस वर्ष की हैं। उनका लहजा, उनका आत्मविश्वास, जब उनके कुर्ते-पजामे की जोड़ी और नेहरू जैकेट के साथ सर पर रखी पगड़ी से मिलता है, तो वो अपनी उम्र से कहीं ज़्यादा की मालूम देने लगती हैं।

लेकिन इस बात पर विश्वास करना ज़रा भी मुश्किल नहीं है कि कवि अपने काम को कितनी गंभीरता के साथ करती हैं। वो ज़ोर देकर ये कहती हैं कि वो एक मिशन पर निकली हैं। उनका मिशन है, ऐसे भारतीय लोगों में देशभक्ति की ज्योति को जलाना, जो अपने संस्कार और देशप्रेम को भूल चुके हैं। कवि मानती हैं कि देशप्रेम का एक बेहद ज़रूरी हिस्सा ये समझना है कि इस वक़्त भारत को सबसे बड़ा ख़तरा देश के इस्लामीकरण से

है। कवि को ये विश्वास है कि देश की मुस्लिम जनसंख्या, भीतर ही भीतर, हिंदुओं के ख़िलाफ़ सत्तापरिवर्तन का षड्यंत्र रच रही है।

कवि हिंदुत्व की पॉप-स्टार हैं जो देशभर में पहुंच रख रही हैं और ऐसे गीत बना रही हैं जो हिंदू राष्ट्रवाद के मूल विचारों का ही एक स्वरूप है।

मात्र 4 सालों में, कवि ने लगभग हर उस मुद्दे पर गाने गाये हैं, जिनका ज़िक्र हिंदू दक्षिणपंथी समूहों में होता रहता है। इसमें जनसंख्या नियंत्रण कानून का मुद्दा भी है,[1] जिसे बड़ी सफ़ाई से देश में मुस्लिम जनसंख्या को नियंत्रित करने के हथियार के रूप में पेश किया जाता है। उनके गानों में हिंदू लड़कियों को लव जिहाद के बारे में आगाह किया जाता है, जो शादी का झांसा देकर इस्लाम क़ुबूल करवाने की एक काल्पनिक इस्लामी योजना है।[2] अपने काम के ज़रिये, कवि लगातार देश के लगभग सभी 'ज़रूरी' मुद्दों पर अपनी राय रखती आ रही हैं।

कवि अपना सारा काम, बगैर किसी हिंदुत्व संगठन से जुड़े कर रही हैं और इससे वो स्वतंत्र प्रतीत होती हैं। लेकिन उनका काम असल में हिंदू राष्ट्रवाद के विचारों को और हवा ही दे रहा है।

उदाहरण के तौर पर, उसके सबसे मशहूर गानों में से एक 'धारा 370' में जम्मू-कश्मीर को भारतीय संविधान द्वारा दिए गए विशेष दर्जे और स्वायत्तता को हटाने के फैसले का ज़ोरदार स्वागत किया गया और उस मौके को दीवाली जैसा बता दिया गया। इस गाने में बार-बार 'गद्दार' शब्द का ज़िक्र आता है और वीडियो में इन सभी मौकों पर कश्मीरी अलगाववादी नेताओं और राजनेताओं की तस्वीर दिखाई जाती है।[3] इसी तरह, सुप्रीम कोर्ट द्वारा फैसला सुनाये जाने से कुछ ही हफ़्ते पहले कवि सिंह ने एक गाना रिलीज़ किया जिसमें बताया गया कि जहां दिसंबर 1992 में विध्वंस के दिन तक बाबरी मस्जिद खड़ी थी, उस विवादित ज़मीन पर नया राम मंदिर बनेगा।[4] कोर्ट ने अभी भी इस मामले में कोई फैसला नहीं सुनाया था। दशकों से हिंदू और मुस्लिम पक्ष उस ज़मीन के टुकड़े के लिए कोर्ट में लड़ रहे थे, जहां कभी बाबरी मस्जिद खड़ी थी। हिंदू पक्ष का कहना था कि इसी ज़मीन पर भगवान राम का जन्म हुआ था इसलिए इसी जगह पर उनके भगवान का मंदिर बनना चाहिए। दोनों पक्षों ने इस झगड़े में कटुतापूर्ण तरीके से भाग लिया और कई मौकों पर कोर्ट के बाहर भी ये लड़ाई देखी गयी। दिसंबर 1992 में, हिंदू राष्ट्रवादियों की एक हथियारबंद, उन्मादी भीड़ ने मस्जिद पर चढ़ाई कर उसे गिरा दिया। उधर कवि

को कोर्ट के फैसले का इंतज़ार नहीं करना था। उन्होंने अपने गाने के ज़रिये श्रोताओं को विश्वास दिला दिया था कि मंदिर वहीं बनेगा, जहां मस्जिद खड़ी थी।

इसीलिए इस बात पर विश्वास करना मुश्किल लगता है कि कवि ने अपने जीवन में पहली बार गाना तब गाया, जब उनके पिता रामकेश जीवनपुरवाला ने उन्हें किचन में गाते हुए सुन लिया था। रामकेश जीवनपुरवाला ख़ुद एक हरियाणवी सिंगर, एक्टर और डायरेक्टर हैं।

जनवरी 2019 की वो शाम याद करते हुए रामकेश जी कहते हैं, 'मुझे तभी समझ में आ गया था कि ये लड़की गा सकती है।'

रामकेश जी ने बताया, 'मैं तुरंत ही इसको स्टूडियो में लेकर गया और गाना गवाया, जिससे समझ में आ सके कि कैसा सुनायी देता है।' जब उन्होंने उसे स्टूडियो में सुना तो समझ में आ गया कि वो एकदम ठीक सोच रहे थे। उनका कहना था, 'वहीं पर मुझे समझ में आ गया कि ये तो एकदम फिट है।'

उस क्षण से ही रामकेश, कवि के मैनेजर, उनके गीतकार, उनके डायरेक्टर, गुरु और सलाहकार बन गए। रामकेश ने फैसला किया कि वो परछाईं बनकर कवि के साथ रहेंगे।

कवि सिंह की प्रतिभा के 'सामने आने' के कुछ ही दिन बाद एक ऐसी घटना घटी, जिसने उसे सभी के सामने ला खड़ा कर दिया: 14 फ़रवरी 2019 को जम्मू-कश्मीर के पुलवामा इलाके में एक आत्मघाती आतंकवादी ने पैरामिलिट्री के जवानों के ट्रक में विस्फोटकों से भरी गाड़ी भिड़ा दी, जिसमें चालीस जवान शहीद हो गए।[5]

ये भारतीय इतिहास के सबसे खूंखार आतंकी हमलों में एक था। लेकिन जब रामकेश को अपने दोस्त और साथी हरियाणवी कवि और गायक आजाद सिंह खांडा खेरी का मैसेज मिला, उन्हें एक मौका दिखाई दिया। मैसेज में एक नयी कविता थी जो खेरी ने पुलवामा हमले पर लिखी थी।

कविता के बोल कुछ विवादास्पद और ध्रुवीकरण करने वाले थे। लेकिन रामकेश ने तय किया कि प्रयोग के तौर पर ही सही, कवि को इसे गाना चाहिए। उस शाम बाप-बेटी ने करनाल में एक लोकल स्टूडियो बुक किया, घंटेभर में धुन बनायी और कवि की आवाज़ रिकॉर्ड कर ली। रात को सोने से पहले, रामकेश ने यूं ही, स्टूडियो की रिकॉर्डिंग अपने कुछ मित्रों को भेज दी। उन्होंने सोचा कि हो सकता है इक्का-दुक्का लोग अपनी टिप्पणियां भेजेंगे।

अगली सुबह जो होने वाला था, उसके लिए रामकेश तैयार नहीं थे। मार्च 2021 की हमारी एक मुलाक़ात के दौरान रामकेश मुझे बताते हैं, 'वो गाना व्हाट्सैप पर वायरल हो गया जी। कुछ ही घंटों में वो गाना इतना फैल गया था कि हमें ऐसे-ऐसे वीडियो मिलने लगे जिसमें लोगों ने गाने के बोल पर लिप-सिंक किये हुए थे।'

मैंने उनके इन दावों की जांच की और पाया कि वो पूरी तरह सच थे। हमले के कुछ ही दिनों के अंदर ये गाना कई रूपों में इंटरनेट पर फैल चुका था, जिसमें लिप-सिंकिंग वाले वीडियोज़ भी शामिल थे। सभी प्रकार के वीडियोज़ में एक बात सामान थी – किसी को भी नहीं पता था कि इस गाने को गाया किसने था।

रामकेश ने फैसला किया कि वो ये भूल-सुधार करेंगे। उन्होंने आनन-फानन में एक कैमरामैन का इंतज़ाम किया और उसे स्टूडियो बुलाया। स्टूडियो में कवि अपने ही गाने के ऑडियो पर गाने की एक्टिंग कर रही थीं और इसे शूट किया गया। रातभर में ही इसे एडिट किया गया और अगली सुबह ये वीडियो ऑनलाइन आ चुका था।

इस वीडियो को वायरल होने में ज़रा भी वक़्त नहीं लगा।

भले ही कवि ने साफ़ शब्दों में ऐसा नहीं कहा था, लेकिन मुझे दिखाई दे रहा था कि इस गाने ने देश के दुःख और गुस्से के रुख को हमलावरों की ओर नहीं बल्कि स्थानीय कश्मीरियों की ओर मोड़ दिया था। *'पुलवामा में वीरों ने जो जान देश पे वारी है'* गीत में वो हमले का ज़िम्मेदार स्थानीय कश्मीरी मुसलमानों को बताने की कोशिश कर रही हैं। उस जगह पर आतंकवाद की असल वजह पाकिस्तान है, वो इस बात से ध्यान हटाकर स्थानीय लोगों को 'असल दुश्मन' बताती हैं:

दुश्मन घर में बैठे हैं, तुम कोसते रहो पड़ोसी को,
जो छुरी बगल में रखते हैं, तुम मार दो न उस दोषी को।
इस धोखे के हमले में जो अपनों का काम नहीं होता,
पुलवामा में उन वीरों का ये अंजाम नहीं होता।

ऐसे बोलों के बावजूद ये गाना वायरल हुआ या ऐसे बोलों के चलते ही? जवाब अगले कुछ दिनों के घटनाक्रम के ज़रिये मिलता गया। देशभर में, एक के बाद दूसरे राज्य में, कश्मीरी मुसलमानों को निशाना बनाया जाने लगा। कई मौकों पर उन्हें पीटा गया तो

कहीं उन्हें लोगों ने अपने घरों से निकालकर फेंक दिया। मेघालय के तत्कालीन राज्यपाल तथागत रॉय ने 'हर कश्मीरी चीज़' के बहिष्कार की बात कही;[6] कॉलेजों में कश्मीरी छात्रों को जगह मिलनी बंद हो गयी।[7] देश के कई इलाकों में कश्मीरियों पर लोगों का गुस्सा निकला।[8] कई हिंदुस्तानी कश्मीरियों को पुलवामा हमले का ज़िम्मेदार ठहरा रहे थे। कवि ने अपने गाने में भी यही बात कही थी।[9]

गुस्से, क्षोभ और हिंसा के भाव से भरे उस दौर में रामकेश और कवि, दोनों को ये समझ में आ चुका था कि कवि एक स्टार बन चुकी थी।

~

हिंदुत्व पॉप म्यूज़िक अब एक ऐसी वस्तु बन चुका है, जिसे ज़्यादा लोग पहचानते नहीं, पर ये हर जगह फैला हुआ है। दूर से देखेंगे तो ये थोड़ा मासूम लगेगा, लेकिन असल में ये बहुत ही चालाकी से हिंदुत्व अभियान का हिस्सा बना हुआ है। ये गाने हिंदू राष्ट्रवाद विचारधारा के बेहद कट्टरवादी विचारों को एक आम बात बनाने के काम में आ रहे हैं। इन कट्टरवादी विचारों में अक्सर ऐसी बातें भी शामिल होती हैं, जिनका खुलेआम समर्थन करने में एक पक्के हिंदुत्व के नाम पर वोट देने वाले को भी संकोच होगा। इन गानों के बोल अक्सर 'दुश्मन' को नीचा दिखाने का काम करते हैं। 'दुश्मन' के तौर पर अमूमन मुस्लिम समुदाय को ही रखा जाता है। इन गानों में ऐसे 'दुश्मन' के ख़िलाफ़ भड़काया जाता है, उनके विरुद्ध हिंसा करने की धमकी दी जाती है। ऐसे संगीत के ज़रिये लोगों के मन में कुछ इस प्रकार की तस्वीर गाढ़ी जाती है जिससे रूढ़िवाद और पूर्वाग्रहों को स्थापित किया जा सके।

मुसलमानों के प्रति गहरी जड़ें जमा चुके पक्षपात, डर और गुस्से को जब इन भड़काऊ गानों का साथ मिलता है, तो ये मिलकर एक खतरनाक और विस्फ़ोटक माहौल बना देते हैं, जो भीड़ में हिंसा की भावना भर देता है और उन्हें हिंसा की तरफ धकेल देता है।

संगीत में लोगों को प्रभावित करने की ज़बरदस्त ताक़त होती है और इसी के चलते ये प्रोपेगेंडा फैलाने का बेहद कारगर और लगभग अदृश्य सा हथियार बन चुका है।

विद्वानों का मानना है कि गीत के भड़काऊ बोल एक समस्या तो हैं लेकिन उसकी धुन और उसकी ताल वो मुख्य कारक हैं, जिनके चलते ये गाने प्रोपेगेंडा फैलाने के लिए

बड़ी काम की चीज़ बन जाते हैं। एक गाने के तौर पर, वो जितना 'सामान्य' लगेंगे, अपने मूल काम को अंजाम देने में वो उतना ही सफल होंगे। जब ये गाने सामान्य से लगने लगते हैं, तो उनमें छुपे हुए अतिवाद से भरे कथन भी मामूली से लगने लगते हैं और इस तरह से उसके मूल संदेश को बड़ी आसानी से खुले में परोसा जा सकता है।[10] संगीत एक आकर्षक माध्यम है और जब इसे प्रोपेगेंडा के लिए इस्तेमाल किया जाता है तो दो बड़ी बातें होती हैं। एक, अपनी कैसी भी बात को वैधता दिलवाई जा सकती है और दूसरी, उसके असर से पैदा हुए आचरण को सही ठहराया जा सकता है।[11]

उदाहरण के तौर पर, बेहद मशहूर और अलग-अलग राज्यों में लगभग हर रामनवमी यात्रा के दौरान बजने वाले गाने *'अगर छुआ मंदिर तो तुझे दिखा देंगे'*, में मुसलमानों की ऐसी छवि दिखाई गयी है जिसके अनुसार वो हिंदू मंदिरों के लिए बड़ा ख़तरा हैं। इन काल्पनिक ख़तरों के जवाब में, इसी गाने में, मुसलमानों को भयानक अंजाम की धमकी दी जाती है। यूट्यूब पर दर्जनों ऐसे वीडियो हैं जिसमें ये गाना किसी रामनवमी की शोभायात्रा में बजता हुआ दिखाई देता है।[12,13] कई मौकों पर, शोभायात्रा जब किसी मस्जिद के सामने से गुजर रही है,[14] तब इसे बजते हुए देखा जा सकता है।

अगर छुआ मंदिर तो तुझे दिखा देंगे,
तुझको तेरी औकात बता देंगे।
इधर उठी जो आंख तुम्हारी,
चमकेगी तलवार कटारी,
खून से इस धरती को नहला देंगे,
हम तुझको तेरी औकात बता देंगे।
वन्दे मातरम् गाना होगा,
वरना यहां से जाना होगा।
नहीं गए तो जबरन तुझे भगा देंगे,
हम तुझको तेरी औकात बता देंगे।

ये उन हज़ारों गानों में से एक है जो लगातार देशभर के छोटे स्टूडियोज़ से कुछ कलाकारों द्वारा रिलीज़ किये जा रहे हैं। इन गानों में कई ऐतिहासिक और समकालीन घटनाओं का

ज़िक्र होता है और उनसे जुड़ी कट्टरता भरी बातें होती हैं। इसके चलते इसे सुनने वालों को लुभावने बोलों और धुनों के ज़रिये प्रोपेगेंडा मिलता रहता है।

हर एक बात के लिए एक गाना है: हिंदू राष्ट्र बनाने के लिए लड़ाई लड़नी है, इसके लिए गाने हैं; किसी आतंकी हमले के बाद अंधे राष्ट्रवाद और विदेशी द्वेष से भरे गाने मिल जायेंगे जो मोदी सरकार का बचाव और उसकी बड़ाई करते मिलेंगे। इतना ही नहीं, आपको ऐसे गाने भी मिलेंगे जो सरकार की उन नीतियों का खुला समर्थन करते हैं, जिसके तहत कश्मीर की संवैधानिक स्वायत्तता को रातोंरात छीन लिया गया और वहां के हज़ारों लोगों को उनके घरों में नज़रबंद कर दिया गया। ऐसे गाने भी हैं, जो देश की जनसंख्या को नियंत्रित करने के लिए एक क़ानून बनाए जाने की मांग करते हैं, जिससे एक गुप्त इस्लामिक 'षड्यंत्र' को निष्क्रिय किया जा सके। लव जिहाद को लेकर सजग करने वाले गाने तो हैं ही। ऐसे गाने भी हैं जो, जहां मस्जिदें हैं, वहां मंदिर बनाने का आह्वान करते हैं, पाकिस्तान का नामोनिशान मिटाने की बात करते हैं। कई गाने मुसलमानों को निशाना बनाकर उनके ख़िलाफ़ हिंसा करने को उकसाते हैं, हिंदुओं को 'जाग जाने' को कहते हैं और उनसे अपने धर्म पर गर्व करने की अपील करते हैं।

इस तरह के सभी गानों के केंद्र में मोटा-मोटी एक ही संदेश छुपा रहता है: हिंदू ख़तरे में हैं, हिंदुओं को जवाब देने की ज़रूरत है और देश की सीमाओं के अंदर और बाहर, उसे दुश्मनों को ज़ोरदार सबक सिखाना ही होगा। नतीजे के तौर पर, ये गाने लगातार नए दुश्मन बनाते जा रहे हैं, उन्हें सभी की आंखों में बुरा साबित करने का काम कर रहे हैं और अपने सुनने वालों को लगातार बदला लेने के लिए उकसा रहे हैं। इस प्रकार से, ऐसे कथित दुश्मनों के प्रति की जा रही हर हिंसा को न केवल आम बात बना दिया गया है, बल्कि उसे लगभग वैध बना दिया गया और कई जगहों पर उसका स्वागत भी किया जा रहा है।

ऐसे गीत भारत में भले ही बहुत नए हैं, लेकिन कितने ही पश्चिमी देश कई दशकों से इस 'हेट-म्यूज़िक' को देख-सुन रहे हैं। ऐसा माना जाता है कि इन गीतों की उत्पत्ति यूनाइटेड किंगडम में, स्क्रूड्राइवर नाम के बैंड से, 1980 के दशक में हुई। ये बैंड अपने संगीत के ज़रिये नाज़ी विचारधारा को बढ़ावा दे रहा था और यहूदियों के प्रति नफ़रत भरी बातें फैला रहा था।[15] बैंड को लोकप्रियता मिलती गयी और कुछ ही वक़्त में इसने कॉन्सर्ट करने शुरू कर दिए। ये शैली अब पसंद की जाने लगी और देखते ही देखते, इसी दशक में, यूरोप में ऐसे बैंड उभरने लगे। 80 के दशक के अंत तक हेट-म्यूज़िक अमेरिका

तक पहुंच चुका था जहां आज भी ये फल-फूल रहा है। अलाबामा स्थित ग़ैर लाभकारी संगठन, सदर्न पॉवर्टी लॉ सेंटर (एसपीएलसी) के मुताबिक़, 2021 में कम से कम ग्यारह ऐसे बैंड थे जो लगातार हेट-म्यूज़िक बना रहे थे।[16] वैश्विक स्तर पर हेट-म्यूज़िक के कई निशाने होते हैं: प्रवासियों और शरणार्थियों से लेकर गर्भपात की वक़ालत करने वालों तक, LGBTQ+ समुदाय के सदस्यों से लेकर यहूदियों और मुसलमानों तक।[17]

एसपीएलसी के अनुसार, आज के वक़्त में हेट-म्यूज़िक का धंधा सैकड़ों मिलियन डॉलर का हो चुका है, जिसमें अब बड़े-बड़े रिकॉर्डिंग लेबल भी हिस्सा ले रहे हैं। दुनियाभर में इससे जुड़े तमाम कॉन्सर्ट आयोजित हो रहे हैं जहां लोग आते हैं, टिकटों और प्रचार सामग्री की बिक्री होती है। समय के साथ-साथ, आज ये 'अंतर्राष्ट्रीय नाज़ी समर्थक आंदोलन का सबसे मुख्य औज़ार बन चुका है, जिसके ज़रिये पैसा इकट्ठा किया जा रहा है और नए लोगों को इसमें शामिल किया जा रहा है।'[18]

जैसे-जैसे वक़्त बीतता जा रहा है, हेट-म्यूज़िक और लोगों के जीवन में घटने वाली हिंसक घटनाओं के बीच सम्बन्ध साफ़ होते जा रहे हैं। 1990 के दशक में, जब रवांडा में बहुसंख्यक हूतू जनजाति ने तुत्सियों का जनसंहार किया, जिसमें करीब 8 लाख लोगों की जान गयी, हूतू लोगों द्वारा संचालित दो रेडियो चैनल ऐसे गाने सुना रहे थे जो भड़काऊ थे, ध्रुवीकरण कर रहे थे और तुत्सी समूह की बुरी तस्वीर पेश कर रहे थे। ये दो रेडियो चैनल थे: रेडियो रवांडा और रेडियो टेलीवीज़्यॉन लिब्रे डे मिल कोलीन।[19]

इस तरह से, संगीत का इस्तेमाल, 'हत्याओं से पहले का माहौल तैयार करने के लिए' किया जा रहा था। इन गानों को पॉपुलर अमेरिकी धुनों पर बनाया गया था जिससे ये और भी असरदार साबित हो रहे थे।[20] इससे हुआ ये कि जो लोग ये सब कर रहे थे, 'उन्होंने खुद को "पश्चिमी" और ग्लोबल माहौल का हिस्सा दिखाया। लोकल और ग्लोबल का इस तरह से आपस में मेल किया गया है कि लोगों को हिंसा नॉर्मल लगने लगी। धीरे-धीरे वही हिंसा, जो आमतौर पर खतरनाक और घिनौनी मानी जाती है, समाज के लिए स्वीकार्य लगने लगी।'[21]

ये ऐसा कोई एकमात्र घटनाक्रम नहीं था। पड़ोस में ही म्यांमार है, जहां दशकों से रोहिंग्या मुसलमानों पर हिंसा और विस्थापन का ख़तरा मंडरा रहा है।[22] सरकारी और ग़ैर-सरकारी बौद्ध ताक़तों ने जिस तरह से रोहिंग्याओं के ख़िलाफ़ हिंसा की है, उसके चलते लगभग दस लाख रोहिंग्या मुसलमानों को अपने-अपने घर छोड़कर दूसरे देशों में

शरणार्थी के तौर पर रहना पड़ रहा है। ऐसे कितने सुबूत लगातार सामने आ रहे हैं जो ये बता रहे हैं कि ख़तरे झेल रहे इस समुदाय के ख़िलाफ़ संगीत को हथियार बनाकर लोगों के दिलों में नफ़रत भरी जा रही है।

कई रिसर्च हैं जो ये बताती हैं कि घृणा से भरे भावों वाले गाने, जो रोहिंग्याओं को निशाना बना रहे हैं, इंटरनेट पर बड़ी आसानी से मिल जाते हैं और म्यांमार में व्यापक रूप से छाये हुए हैं। मोटे तौर पर, ये गाने 4 बातें कहते हैं: ये इस बात का विश्वास दिलाना चाहते हैं कि मुसलमान म्यांमार का हिस्सा हैं ही नहीं और इस देश में सिर्फ़ और सिर्फ़ बर्मन रह सकते हैं। गाने कहते हैं कि बर्मन होने का अर्थ है बौद्ध होना और इस तरह से आस्था को नागरिकता से जोड़ दिया गया।[23] ये गाने इस बात पर ज़ोर देते हैं कि बहुसंख्यक बौद्ध जनों को, अल्पसंख्यक मुसलमानों से ख़तरा है और इसलिए उन्हें, किसी भी हाल में, सुरक्षा की ज़रूरत है। तीसरी बात ये, कि मुसलमान अपनी जनसंख्या बढ़ाकर धीरे-धीरे म्यांमार पर कब्जा कर लेने का षड्यंत्र रच रहे हैं और इसलिए बौद्ध लोगों को मुसलमानों से शादी नहीं करनी चाहिए और कोशिश करनी चाहिए कि उन्हें शादी करने को कोई मिले ही न। चौथी बात, ये गाने मुसलमानों का आर्थिक बहिष्कार करने का आह्वान करते हैं जिससे मुसलमानों का म्यांमार के आर्थिक दोहन का सीक्रेट प्लान काम न कर पाए।[24]

ये रिसर्च करने वाले हैदर मैकलेकलन दावा करते हैं कि 'ये गाने म्यांमार में मुसलमान जनसंख्या के विरुद्ध हिंसा भड़का रहे हैं और इन गानों को बनाने और उसे फैलाने वाले, बीते दशक में मुसलमानों पर हुई बर्बरता के हिस्सेदार और ज़िम्मेदार हैं।'[25]

भारत में बन रहा हेट म्यूज़िक अपने मूल में लगभग ऐसा ही है। अपने उद्देश्य के मामले में भी।

~

इस सन्दर्भ में ऐसे हेट-म्यूज़िक को समझना बेहद ज़रूरी हो जाता है, जो अपने ही घर में बन रहा हो।

मार्च 2019 में, झारखंड की मेरी यात्राओं के दौरान, जब मुझे मोहम्मद शालिक की मौत और तनाव बनाने और बढ़ाने के पीछे संगीत की भूमिका के बारे में पता चला तो मुझे दिखाई देने लगा कि ऐसे संगीत का हमारे असल जीवन पर कितना और कैसा

असर पड़ रहा था। जून 2019 में, फैक्टचेकर डॉट इन और स्क्रॉल डॉट इन पर जब मेरी रिपोर्ट छपीं, तब मैंने ट्विटर (अब एक्स) पर एक लम्बा थ्रेड छापा जो इस 'हिंदुत्ववादी' म्यूज़िक के बारे में ही बात कर रहा था।[26] ये वही म्यूज़िक था, जो उन दिनों मेरी जानकारी में आया था। इस मुद्दे पर कोई रिपोर्टिंग हो ही नहीं रही थी, न ही इसकी शुरुआत और असर पर कोई रिसर्च कर रहा था। मेरे थ्रेड में मैंने उन गानों का भी ज़िक्र किया, जो मेरी नज़रों के सामने आये थे। इसके बाद, कुछ दिनों के भीतर, मुझे जो कमेन्ट और इनबॉक्स में जो मैसेज आये, उन्होंने मुझे चौंका दिया।

उनमें से बहुत सारे लोगों ने ये गाने सुने हुए थे। लेकिन बेहद कम लोग ऐसे थे जो इसे प्रोपेगेंडा के रूप में देख रहे थे। उनके सामने जब ये गाने आये तो उन्होंने इसपर बहुत ज़्यादा ध्यान नहीं दिया और आगे बढ़ गए। ऐसा इसलिए था क्योंकि उन्होंने इक्का-दुक्का ही गाने सुने थे। उन्होंने मुझे बताया कि मेरे थ्रेड के बाद उन्हें इस बात का अहसास हुआ कि इनकी जड़ें बेहद गहराई में फैली हुई थीं।

इन सभी गानों को छानते हुए, मुझे जल्द ही समझ में आया कि इनपर ध्यान दिए जाने की ज़रूरत है और इनपर दिमाग लगाकर काम करना पड़ेगा। अभी तक ऐसा किसी ने भी नहीं किया था। मुझे एक बात और दिखी कि हिंदुत्व पॉप की इस ज़मीन पर भारी लैंगिक असंतुलन था। यहां हर गायक पुरुष था। सिवाय दो के: लक्ष्मी दुबे और कवि सिंह। मैं ख़ुद-ब-ख़ुद इस बात का पक्षधर हो गया कि मुझे इन दो महिलाओं का काम समझने की कोशिश करनी चाहिए। हिंदुत्ववादी संगीत एक ऐसा क्षेत्र है जिसमें हिंदू राष्ट्रवाद की तरह ही पुरुषवादी माहौल है जिसके तहत लगातार भड़काऊ राष्ट्रवाद और हिंसा की बातें होती रहती हैं। एक-आध मौकों को छोड़ दें तो इस काम में महिलाओं की भागीदारी न के बराबर ही दिखती है।

मैं ये जानना चाहता था कि आख़िर वो कौन सी चीज़ थी जिसके चलते ये दो महिलाएं इस क्षेत्र में आयीं और उनका काम यहां कैसे चल रहा था।

लक्ष्मी ने इस तरह के गानों की भीड़ में एक बड़ा मशहूर गाना बनाया जिसका शीर्षक है, *'हर घर भगवा छाएगा'*। ये गाना भारत को हिंदू राष्ट्र बनाने की बात करता है। ये हर ओर छाया हुआ था: राजनीतिक रैलियों से लेकर वायरल वीडियोज़ और कई समारोहों में यह बज रहा था। लक्ष्मी को इस गाने के चलते मीडिया में काफ़ी पब्लिसिटी मिल चुकी थी। उनके कुछ इंटरव्यू आ चुके थे और उनका काम सभी को मालूम पड़ने लगा

था। लेकिन फिर मुझे समझ में आया कि लक्ष्मी के काम की लिस्ट कुछ सीमित थी और कम वज़नदार थी। उनका एक गाना तो हर ओर छाया हुआ था लेकिन और कुछ छाप छोड़ने में सफल रहा नहीं।

वहीं दूसरी ओर, कवि का काम खूब पसंद किया जा रहा था। वे इस शैली में अकेली दूसरी महिला गायक थीं। कवि अच्छी गति से गाने बना रही थीं और रिलीज़ कर रही थीं। उनके गाने लगभग हर उस विषय पर थे, जो हिंदू दक्षिणपंथ में बातचीत का विषय बना हुआ था।

पुलवामा हमले पर उनके पहले गाने के बाद वो कई कॉन्सर्ट में गा चुकी थीं और इंटरनेट पर कट्टर हिंदुत्व सपोर्टर के रूप में, अपने लिए अच्छी जगह बना चुकी थीं।

मैं उनके बारे में जितना ज़्यादा जानता गया, मेरे मन में उन्हें और बेहतर तरीक़े से जानने की इच्छा बढ़ती गयी। उनके साथ समय बिताकर, उनके साथ यात्राएं करके और उन्हें गाते हुए देखकर, मुझे यकीन आ गया कि मुझे हिंदुत्व पॉप म्यूज़िक की कहानी कवि सिंह के ज़रिये ही सुनानी चाहिए।

~

कवि ने भले ही महज़ चार साल पहले अपना करियर शुरू किया हो, उनका ख़ुद में और अपनी विचारधारा में विश्वास अटल मालूम पड़ता है।

मसलन, वो अपने होने का सबसे बड़ा उद्देश्य इस बात को मानती हैं कि उन्हें हिंदुओं को 'जगाना' है क्योंकि इस्लाम उनके लिए एक बहुत बड़ा ख़तरा बन चुका है।

वो कहती हैं कि हिंदू इन ख़तरों से अनजान हैं क्योंकि वो नौकरियों की तलाश कर रहे हैं और जीवन में आगे बढ़ने की दौड़ में लगे हुए हैं। 'लेकिन *वो* ऐसा नहीं करते। *वे* बस अपनी आबादी बढ़ाते हैं, हिंदुओं को मारते हैं और पूरे देश पर हुकूमत के बारे में सोचते हैं। *वो* बस एक ही चीज़ के बारे में सोचते हैं – अपनी जनसंख्या बढ़ाओ,' मुसलमानों के बारे में बात करते हुए कवि कहती हैं।

कवि के इस डर और वास्तविक आंकड़ों में एक बड़ा अंतर है। 2011 की जनगणना से मिले आंकड़ों को देखा जाए तो मालूम पड़ता है कि बीते कुछ दशकों में मुस्लिम जनसंख्या की बढ़ोत्तरी की दर में 5 प्रतिशत की गिरावट देखी गयी थी। जबकि इसी समय के दौरान हिंदुओं की बढ़ोत्तरी की दर में महज़ 3.1 प्रतिशत की गिरावट आयी थी।[27]

तमाम विशेषज्ञों का मानना है कि इस देश में मुस्लिम जनसंख्या का हिंदुओं से आगे बढ़ जाना असंभव है। वो मानते हैं कि ऐसा होने के लिए हिंदुओं को 'बच्चे जनना पूरी तरह से बंद करना होगा'।[28] प्यू रिसर्च सेंटर ने 2050 को ध्यान में रखते हुए जो रिपोर्ट रिलीज़ की है, उसमें लिखा है कि उस वक़्त भी देश में हिंदू जनसंख्या बड़े अंतर से बहुसंख्यक बनी रहेगी, जहां उसका हिस्सा 77 प्रतिशत का होगा। रिपोर्ट के मुताबिक़, मुस्लिम जनसंख्या 18 प्रतिशत पर होगी, जो एक चौथाई हिस्से से भी कम है।[29]

लेकिन इन सभी आंकड़ों से दूर, कवि अपने डर के साथ चल रही हैं।

जनवरी 2020 में, जगह-जगह पर, लोग सड़कों पर उतरकर मोदी सरकार के पक्षपात से भरे नागरिकता संशोधन अधिनियम के ख़िलाफ़ अपनी आवाज़ उठा रहे थे। ये अधिनियम पड़ोसी देशों के सिर्फ़ ग़ैर-मुसलमान शरणार्थियों को फ़ास्ट-ट्रैक करके नागरिकता देने की बात कर रहा था। इस दौरान कवि ने अपने डर को एक गाने के ज़रिये सामने रखा जो कह रहा था, *'सच्चे हिंदुस्तानी – जनसंख्या कानून लाओ, देश बचाओ।'* इस गाने में सभी विरोध प्रदर्शनों को देश विरोधी बताया गया, लोगों को अराजकता और देश के इस्लामीकरण के बारे में आगाह किया गया और इन सभी का जवाब जनसंख्या नियंत्रण से देकर स्थिति कंट्रोल करने को कहा गया।

कवि को ख़ुद पर इतना विश्वास इसलिए भी है कि उन्हें विश्वास है कि एक दिव्य शक्ति है, जिसने उन्हें इस मिशन के लिए चुना है। वो मानती हैं कि उन्हें किसी इत्तेफ़ाक के चलते जन्म नहीं मिला है। वो बताती हैं, 'कहीं न कहीं भगवान ने मेरे दिमाग में ये सभी विचार डाले हैं।'

उनका परिवार, जो उनका सबसे बड़ा समर्थक है, इन बातों में पूरी तरह से विश्वास रखता है। उनके पिता रामकेश और हरियाणवी गायक प्रिंस कुमार, जिनसे रामकेश ने कवि की शादी करवा दी, भी पूरी तरह से ऐसा मानते हैं। रामकेश बताते हैं कि प्रिंस उनका शिष्य था। उन्होंने बताया, 'मैं उसे तबसे जानता हूं जब वो बालक था। मझे लगा कि दोनों की जोड़ी बढ़िया रहेगी।'

कवि और रामकेश को बेहतर तरीक़े से जानने के लिए मैंने मार्च 2021 में उनके साथ कुछ दिन गुज़ारे। ये दोनों अपने घर रोहतक से ऋषिकेश जा रहे थे, जहां उन्हें कवि के गानों के लिए वीडियो शूट करने थे। पहली शाम को, जब मैं उनके राजनीतिक जुड़ाव और मोदी-भाजपा सपोर्ट के बारे में उनसे बात कर रहा था, रामकेश अचानक कवि की

ओर मुड़े और बड़े स्नेह से उनसे बोले कि वो उन्हें मोदी की याद दिलाती हैं। उन्होंने कहा, 'जो शक्ति और ऊर्जा मोदी जी में है, वही तुझमें भी है।' ये सुनकर कवि मुस्कुराने लगीं।

इन सभी बातों से एक हल ये भी निकलता है कि कवि अपना काम पूरी गंभीरता से करती हैं। वो कैसे दिखेंगी, इसका भी ख़ास ख़याल रखा जाता है, जिससे और लोग भी उन्हें पूरी गंभीरता के साथ सुनें-समझें।

कवि ने बताया कि कैसे उनके पिता और पति ने उनके ऑन-स्क्रीन स्वरूप पर लम्बा काम किया और ये सब उनके पहले वीडियो से बहुत पहले ही हो चुका था।

उन्हें नेहरू जैकेट और पगड़ी पहनाई गयी, जो अमूमन लड़कियों की वेशभूषा नहीं होती। कवि ने बताया कि ऐसा इसलिए किया गया ताकि उन्हें देखते ही लोगों के मन में सम्मान का भाव आ जाए।

साल 2021 के मध्य में उन्होंने पजामा त्याग दिया और धोती पर आ गयीं।

स्क्रीन पर दिखने वाली उनकी वेशभूषा उनका विज्ञापन करती थी और उनके विश्वास का भी प्रतीक बनती जा रही थी।

इन सभी के गहरे मायने हैं। अपने गानों और स्वरूप के ज़रिये कवि लगातार अपनी ऑडियंस से राष्ट्रवाद और धर्म से जुड़ने को कह रही होती हैं। ये वो दो मुख्य बातें हैं जो उनके काम में झलकती रहती हैं और इसके लिए उनकी वेशभूषा से बेहतर तरीका और क्या होगा, जिसमें इन दोनों का ही समागम दिखाई पड़ता है। कवि का पहनावा असल में उनके गानों का ही विस्तार है, जिसके ज़रिये वो अपनी आस्था लोगों तक पहुंचाती हैं।

अपने आप में, कवि जब उस पहनावे में आती हैं तो वो एक 'किरदार' बन जाती हैं। उसके बाहर वो एक दूसरी ही व्यक्ति हैं। जब भी जैकेट और पगड़ी पहने उस कवि की बात करती हैं, तो वो ऐसे संबोधित करती हैं जैसे वो कोई तीसरा शख्स हो।

वो कहती हैं, 'कवि कभी किसी के पैर नहीं छुएगी, न ही झुकेगी। क्योंकि पगड़ी उसके पुरखों का प्रतीक है और कुछ भी हो जाए, वो उसे झुकने नहीं देगी।'

सोच-समझकर रचा गया ये किरदार काम तो कर रहा है।

उनके कपड़ों को जब आत्मविश्वास से भरी चाल का साथ मिलता है तो लोग उन्हें पलटकर देखते हैं। जो लोग उन्हें नहीं जानते हैं, उन्हें लगता है कि वो कोई नेता-मंत्री हैं, धार्मिक गुरु हैं या कोई एक्टर हैं। इस पहनावे का एक ये भी फ़ायदा कि उनकी छवि

आपके मन में कैद हो जाती है। और जब भी वो दोबारा आपको दिखती है, आप तुरंत ही उसे पहचान लेते हैं।

ऋषिकेश में, जब हम नदी के किनारे गंगा आरती शुरू होने का इंतज़ार कर रहे थे, संघ परिवार के एक कार्यकर्ता ने उन्हें दूर से देखा और उनके पास चलकर आये। वो उनके काम को पसंद करते रहे, ऐसा उन्होंने बताया। उन्होंने कहा कि वो बड़ा ज़रूरी काम कर रही थीं। कवि बड़े आदरभाव के साथ मुस्कुराती रहीं। आगे उन कार्यकर्ता ने जो कहा, उसने सभी को चौंका दिया। उन्होंने कहा कि वो उनका सम्मान करने की ख़ातिर, कवि के पैर गंगाजल से धोना चाहते थे। कवि और भी ज़्यादा मुस्कुरा रही थीं और जवाब देने में कुछ अटक भी गयीं। फिर उन्होंने पूरी शालीनता के साथ इसके लिए मना कर दिया।

बाद में उन्होंने मुझे बताया, 'कवि के पैर सिर्फ़ उसके पिता ही धो सकते हैं।'

संगीत की इस शैली और कवि के गानों में एक बात, जिसपर ख़ास ध्यान दिए जाने की ज़रूरत है, वो है इसकी पहुंच। अगर आपको लगता है कि कवि बस इंटरनेट पर अपने गाने रिलीज़ करती हैं तो आप ग़लत हैं। कवि पूरे देश में जाती हैं, कॉन्सर्ट और शोज़ में अपने गाने गाती हैं और इसके साथ ही राजनीति से लेकर धर्म तक पर वो अपने विचार सभी के सामने रखती हैं। उनकी सभी परफ़ॉरमेंस की झलकियां उनके सोशल मीडिया हैंडल्स पर भी आती हैं जहां से वो लाखों लोगों तक पहुंचती हैं। वो अपने सोशल मीडिया का इस्तेमाल सिर्फ़ अपने गानों को बढ़ावा देने के लिए ही नहीं बल्कि अपने फ़ॉलोवर्स तक अपने विचार पहुंचाने के लिए भी करती हैं। यूट्यूब पर उनके 10 लाख से ज़्यादा सब्स्क्राइबर हैं, जहां वो अपने गाने रिलीज़ करती हैं। फ़ेसबुक और इन्स्टाग्राम पर उन्हें 8 लाख से ज़्यादा लोग फ़ॉलो करते हैं, जहां वो अपने विचार रखती हैं जो अक्सर उत्तेजक और विभाजनकारी होते हैं और बहुत बड़ी जनता तक पहुंचते हैं। उनका हर पोस्ट लाखों लाइक्स पाता है, हर वीडियो लाखों व्यूज़ पाता है।

उदाहरण के तौर पर, 6 सितम्बर 2022 को उन्होंने एक वीडियो डाला जिसमें उन्होंने बताया कि कॉल के ज़रिये उन्हें लगातार धमकियां मिल रही थीं और उनसे कहा जा रहा था कि वो मुसलमानों के ख़िलाफ़ ऐसे वीडियो बनाना बंद कर दें।[30] उन्होंने बताया कि उन्हें कॉल करने वाले लोग 'मुसलमान' थे और वो उनका सिर काट देने की बात कह रहे थे। उन्होंने अपने फ़ॉलोवर्स से कहा कि वो इस बात का ध्यान रखें कि 'ये लोग' किसी भी हाल में 'हमारे दोस्त, हमारे भाई, हमारे ग्राहक' न बन पाएं। उनका कहना था कि ये

लोग कभी भी नहीं बदलेंगे। इसीलिए उन्हें समझ में आ गया था कि हिंदुओं को न केवल शास्त्र बल्कि शस्त्र के साथ भी तैयार होना पड़ेगा। उन्होंने कहा, 'ये हमारी संस्कृति है, ये हमारे सनातन धर्म की संस्कृति है।'

इस वीडियो को 57,000 से ज़्यादा लाइक्स और 250,000 से ज़्यादा व्यूज़ मिले। 11,000 से ज़्यादा लोगों ने कमेन्ट लिखे जिसमें अधिकतर उनको सपोर्ट कर रहे थे। उन कमेंट्स में लोग पूरी तरह सहमत थे और मुसलमानों के आर्थिक बहिष्कार का समर्थन कर रहे थे।

24 घंटे से कुछ ही ज़्यादा वक़्त बाद, जब उनके प्रशंसकों में मुसलमानों से ख़तरे का डर अभी ताज़ा ही था, कवि ने अपने नए गाने का पोस्टर रिलीज़ किया। ये गाना देश की मातृभाषा हिंदी को बचाने की बात करने वाला था।

उनकी छत्रछाया में

ख़तरे का उद्घोष हुआ है, रणभूमि तैयार करो,
सही वक़्त है, चुन-चुनकर अब गद्दारों पर वार करो।
आतंकी तो चार मारकर हम ख़ुशी से फूल गए,
सरहद की चिंता में घर के भेड़ियों को भूल गए।

पुलवामा हमले पर अपने पहले गाने के दो महीने बाद कवि अपने जीवन की पहली लाइव परफ़ॉरमेंस के लिए स्टेज पर थीं।

2019 का अप्रैल महीना चल रहा था और ये स्टेज जयपुर से लगभग 150 किलोमीटर दूर डीडवाना के शीतल कुंड मंदिर में बना हुआ था। हिंदू देवता बालाजी हनुमान को समर्पित इस मंदिर में हर साल हनुमान जयंती पर मेला लगता है। इसमें नए-नए मशहूर हुए रामकेश और कवि को भी न्योता मिला था।

उस कार्यक्रम का एक ख़राब क्वालिटी का मोबाइल वीडियो में मैंने देखा कि पहले तो रामकेश ने अपना परफ़ॉरमेंस ख़त्म किया, फिर वीडियो में वो तुरंत ही कवि को माइक देते हुए दिखे। रामकेश जब स्टेज पर थे, तब कवि उनकी पार्टी के बाक़ी लोगों के साथ मंच पर बैठी हुई थीं। जैसे ही कवि ने माइक थामा, रामकेश जाकर अपने साथियों के साथ बीच में बैठ गए और कवि के गायन का साथ देने लगे।

कवि कुछ सहमी हुई सी लग रही थीं और उन्होंने माइक अपने दोनों हाथों से, मुंह के बहुत पास पकड़ा हुआ था। उन्होंने ऑडियंस में बैठे लोगों से बालाजी हनुमान का जयकारा लगाने को कहा और जवाब ठंडा पाया। इस बीच वो स्टेज पर इधर से उधर हुईं और कुछ सैकंड के लिए शांत हो, सामने बैठी जनता को देखती रहीं।

इसके बाद उन्होंने बताया कि वो बालाजी को समर्पित करते हुए कुछ भजन गाएंगी, लेकिन उससे पहले उन्हें कुछ और भी कहना था।

उन्होंने कहा, 'आपकी बेटी हूं, आपकी बच्ची हूं। अगर कोई भूल हो जाए, कोई गलती हो जाए, तो आप लोग मुझे माफ़ कर दें।' उनका अगला वाक्य था, 'बालाजी महाराज तो माफ़ करेंगे ही।'

सम्मान देकर उन्होंने एक बार फिर ऑडियंस में कुछ जोश भरने की कोशिश की और उनसे एक बार फिर जयकारा लगाने को कहा। इस बार ऑडियंस कुछ ज़ोर लगाती दिखी।

कवि को अपने सामने बैठी जनता के बारे में एक ठोस जानकारी मिल चुकी थी कि वो सभी वहां उनके या उनके पिता की नयी-नयी शोहरत के चलते नहीं आये थे बल्कि अपने देवता की श्रद्धा में और उनके भजन सुनने को आये थे। इसलिए उन्होंने अपनी मूल परफ़ॉरमेंस को कुछ देर के लिए रोके रखा और बालाजी हनुमान को समर्पित करते हुए भजन गाने लगीं।

उन्होंने कहा कि उनके गीत पूरी श्रद्धाभाव के साथ बालाजी हनुमान के ही गुण गायेंगे।

एक ओर कवि अपनी पहली स्टेज परफ़ॉरमेंस के दौरान झिझक से लड़ रही थीं, रामकेश पूरे वक़्त हिलते-डुलते, कुछ न कुछ करते हुए दिखाई दे रहे थे। जो वीडियो मैं देख रहा था, उसमें साफ़ दिख रहा था कि रामकेश कवि के ठीक पीछे बैठे थे और उनके भीतर बहुत कुछ चल रहा था। जब वो कवि को माइक देकर जा रहे थे, उन्होंने नीचे बैठने से पहले ही किसी की ओर हाथ हिलाकर इशारे से कहा कि उन्हें एक माइक की ज़रूरत थी। जब कवि बात कर रही थीं, उन्हें अपने लिए एक माइक चाहिए था। वो बैठे और अपनी दाहिनी ओर बैठे मंडली के आदमी के कान में कुछ कहा। फिर वो दूसरी ओर घूमे और उधर वाले साथी के कान में कुछ कहा। फिर वो उठ खड़े हुए और कवि की ओर चल पड़े। इस वक़्त कवि सामने बैठी जनता से बात कर रही थीं। वो कवि के पीछे खड़े रहे और उनके पलटने का इंतज़ार करते रहे। लेकिन वो नहीं पलटीं और कुछ ही सैकंड में वो वापस आकर अपनी जगह बैठ गए।

इसके बाद वो सामने बैठी जनता की ओर देखने लगे और फिर अचानक उनके चेहरे पर एक लम्बी सी मुस्कान आकर बैठ गयी। अब वो एक चिंतित पिता के अपने किरदार से निकलकर गर्व और ख़ुशी से भरे पिता दिखना चाहते थे। लेकिन उनकी हरकतें इन दोनों किरदारों के बीच झूल रही थीं। जब भी कवि जनता से जयकारा लगाने को या कोई नारा लगाने को कहतीं, वो माइक में ज़ोर से नारे लगाते, जिससे ऑडियंस की ठंडी आवाज़ दब जाती। जब कवि ने ऑडियंस से मुट्ठियां भींचकर हवा में हाथ उठाने को कहा, रामकेश ऐसा करने वाले सबसे पहले व्यक्ति बन गए। उन्होंने भीड़ को देखकर सभी से ऐसा करने का इशारा किया। इसके बाद उन्होंने माइक पकड़े रखा और मुख्य कोरस सिंगर का रोल निभाने लगे।

इससे पहले कि कवि अपनी लाइन ख़त्म कर पाती, रामकेश कोरस के साथ तैयार मिलते। मैं वीडियो में देख पा रहा था कि वो अपनी मंडली के साथियों से लगातार ऊर्जा के साथ गाने को कह रहे थे। कुछ ही पलों में, कम से कम तीन और लोगों को माइक मिल गया और वो भी कोरस में जुड़ गए।

पूरे कार्यक्रम के दौरान, वो अनवरत कुछ न कुछ करने या करने की कोशिश में दिखे। वो कवि के गानों के चुनाव पर इशारों से लगातार सहमति देने से लेकर ऑडियंस को तालियां बजाने के लिए निर्देशित कर रहे थे। इस दौरान रामकेश बेचैन और कवि के प्रति हिफ़ाज़त का भाव लिए हुए दिखे।

ये हिफ़ाज़ती लहजा काम का एक हिस्सा बन चुका है।

मार्च 2021 में, उस परफ़ॉरमेंस के लगभग 2 साल बाद, हम एक कार में थे और ऋषिकेश से आगे, चार धाम यात्रा के रास्ते पर, हिमालय की गोद में चल रहे थे। रामकेश गाड़ी चला रहे थे, कवि उनके बगल वाली सीट पर बैठी थीं। बाप-बेटी की ये जोड़ी कवि का म्यूज़िक वीडियो शूट करने के लिए लोकेशन ढूंढ रही थी।

दोनों लोगों के लिए शूटिंग के दिन बड़े अहम होते हैं। सोशल मीडिया पर कवि की मौजूदगी एक ऐसा तरीका है, जिससे वो इंटरनेट पर अपनी पहुंच को बढ़ाती हैं। इसके लिए वहां वो अपने गाने तो अपलोड करती ही हैं, लोकेशन से फ़ेसबुक पर लाइव भी आती हैं। ऑडियंस से बातचीत करना उनके काम का अहम हिस्सा है। इससे बनने वाले उनके ऑडियंस बेस के चलते ज़मीन पर वो और भी ज़्यादा लोगों तक पहुंच पाती हैं।

बीते इतने सालों में, जब मैंने कवि के काम को बेहद नज़दीक से देखा है, उनके वीडियो एक ही ढर्रे पर बनते हैं। वीडियो में, लगभग हर मौके पर, अपनी उसी वेशभूषा में, कवि ही दिखाई देंगी। वो कैमरे में देख रही होंगी और गीत के बोलों पर होंठ चला रही होंगी। वीडियो में वो कभी अपनी बांहें फैलाती दिखेंगी, कभी उनकी मुट्ठी बंधी होगी और यदा-कदा होंठ चलाते हुए हिलती-डुलती नज़र आयेंगी।

वीडियो में इस्तेमाल हुए रंग भड़कीले होंगे, कैमरा एंगल अनोखा और तेज़ी से बदलने वाला होगा। बेहद साधारण से लगने वाले ऐसे वीडियो के लिए ठीक-ठाक लागत (पैसे और दूसरे संसाधन) लग जाती है। हालांकि वीडियो एक जैसे ही होते हैं लेकिन जो एक चीज़ हमेशा बदलती है, वो है उसकी लोकेशन।

कवि के गाने कभी किसी पुराने किले में शूट होते हैं, तो कभी हरे-भरे खेतों में, तो कभी सुन्दर से दिखने वाले नदी के किनारे पर।

जैसा कि मुझे बाद में मालूम चला, लोकेशन किसी प्लान के आधार पर फ़िक्स नहीं होती। रामकेश ने मुझे बताया कि वो बस गाड़ी चलाते रहते हैं और तब तक चलाते हैं जब तक उन्हें कोई अच्छी लोकेशन न नज़र आ जाए।

उस सुबह कवि मज़े करने के मूड में थी और रामकेश इसका शिकार हो गए। रामकेश हमें लेकर हरिद्वार से ऋषिकेश के लिए निकले। हम पिछली रात हरिद्वार में ही रुके थे। सुबह 7 बजे रामकेश सड़क किनारे बनी एक छोटी सी दुकान पर पहुंचे, जहाँ नाश्ते में छोले-भटूरे मिल रहे थे।

दुकान में बैठी एक अधेड़ उम्र की महिला के पास जाकर रामकेश ने कहा, 'मुझे सूप दे दो।' उस महिला को समझ में नहीं आया कि सूप होता क्या है। रामकेश बार-बार सूप शब्द दोहराते रहे। एक वक़्त पर तो उन्होंने उस महिला को ये भी समझाने की कोशिश की कि सूप बनता कैसे है। जिस वक़्त ये सब हो रहा था, कवि ज़ोर-ज़ोर से हंसती जा रही थी। जब उस महिला को समझ में आया कि रामकेश क्या मांग रहे थे, उन्होंने झिड़कते हुए रामकेश को मना कर दिया। अब कवि की हंसी चरम पर थी। उन्होंने पूछा, 'सुबह-सुबह?'

कवि की उस ज़ोर की हंसी ने रामकेश को शर्मिंदा नहीं किया। वो बच्चे की तरह मुस्कुराए और इस बात से खुश हुए कि उस घटना ने उनकी बेटी को खुलकर हंसने का एक मौका दे दिया था।

रामकेश कवि को कभी कुछ भी नहीं कहते थे।

रामकेश ने बताया, 'अगर दुनिया में एक इंसान है जिससे मुझे डर लगता है, वो है कवि। शायद वो और उसकी मम्मी। बस।' घर पर कवि का भौकाल कुछ ऐसा है कि जब उसके मां-बाप झगड़ते हैं, वो ही सुलह करवाती है। जब भी कोई नोंक-झोंक होती है, कवि की मां उसे बुला लेती हैं। और जैसा कि रामकेश कहते हैं, कवि का कहा अंतिम वाक्य बन जाता है।

कवि को ऐसा पद मिला है, इसके पीछे एक बड़ा कारण है।

कवि रामकेश की गोद ली हुई बेटी है। वो उनके परिवार के साथ महज़ आठ साल पहले आयी थी। रामकेश पहली बार कवि से तब मिले थे जब वो गुरुग्राम से 50 किलोमीटर दक्षिण-पश्चिम में, रेवाड़ी के एक स्कूल में किसी हरियाणवी फ़िल्म की शूटिंग करने के लिए गए हुए थे। रामकेश के साथ एक युवा हरियाणवी गायक प्रिंस भी था, जो रामकेश को अपना गुरु मानता था। रामकेश के लिए प्रिंस उनके बेटे जैसा ही था।

जिस स्कूल में शूटिंग हो रही थी, कवि उसी स्कूल में पढ़ती थी। उस वक्त कवि, केशांता सिंह थी और वो लक्ष्मी देवी और तेजाराम की बेटी थी। इस परिवार की जड़ें राजस्थान प्रदेश के अलवर ज़िले में थीं। केशांता का बड़ा भाई सुरेश उसे हमेशा कवि नाम से पुकारता था। ये नाम उसके साथ जुड़ गया और जब उसका नया जीवन शुरू हुआ तो उसे कवि नाम से ही जाना जाने लगा।

रामकेश कहते हैं, 'जब मैंने उसे पहली बार देखा तो तुरंत ही ऐसा लगा जैसे मैं अपनी बेटी से मिल गया। मैं उस फ़ीलिंग को बयान नहीं कर सकता।' रामकेश कवि से जुड़े रहे। वो उसके परिवार से भी मिले। मालूम पड़ा कि जब वो सात साल की थी, उसके पिता की मृत्यु हो गयी थी। उसकी मां, जो रेवाड़ी में ही एक स्टूडेंट्स हॉस्टल में वार्डन थीं, अकेले कवि और उसके भाई की ज़िम्मेदारियां निभा रही थीं। कवि पिता के प्रेम से कोसों दूर थी। रामकेश इस बारे में कुछ करना चाहते थे।

'मैंने उससे कहा कि वो मुझे अपना पिता मान सकती है।'

दोनों परिवारों के बीच सम्बन्ध बढ़ते गए। धीरे-धीरे कवि और प्रिंस के बीच भी नज़दीकियां बढ़ती गयीं और दोनों एक-दूसरे से प्रेम करने लगे।

कवि जब चौदह साल की थी, वो अपनी पढ़ाई करने के लिए रोहतक आ गयी। इस तरह से वो प्रिंस के साथ भी समय बिता सकती थी, जो वहीं रहता था।

वो लोग़ प्रिंस को इतना चाहते थे कि रामकेश के पूरे परिवार ने, जिसमें उनकी पत्नी भटेरी देवी और दो बच्चे थे, कवि का प्रेम के साथ स्वागत किया। कवि बताती हैं कि उन्हें एक पल के लिए भी ऐसा नहीं महसूस होने दिया कि वो बाहरी थीं। धीरे-धीरे कवि अपने परिवार के साथ कम और रामकेश के परिवार के साथ ज़्यादा समय बिताने लगी। 2021 में, रामकेश ने निर्णय लिया कि वो आधिकारिक रूप से कवि को गोद ले लेंगे।

बातों-बातों में रामकेश ने बताया कि वो अक्सर कवि से यही कहते हैं कि पूरा परिवार उसके साथ है और उसकी हर पसंद-नापसंद का सम्मान किया जाएगा। हर बड़े फैसले में उसकी सहमति भी शामिल होगी और उसके हर फैसले का सम्मान किया जाएगा।

अलवर की एक शरारती लड़की, जो अपने परिवार में सबसे छोटी थी और सभी चिंताओं से दूर थी, अब अपने नए परिवार की संतानों में सबसे बड़ी बन गयी थी और उससे ज़िम्मेदारी भरी भूमिकाएं निभाने की अपेक्षा की जा रही थी।

~

हरियाणवी एंटरटेनमेंट इंडस्ट्री के भीतर कवि का दत्तक पुत्री होना, एक राज़ की बात है जिसे दबाकर ही रखा जाता है।

लेकिन बाप-बेटी को लेकर और भी बातें होती हैं। कवि के जीवन को रामकेश जिस प्रकार से कदम-कदम पर प्रभावित करते हैं, उनके करियर और जीवन के बाकी पहलुओं की स्क्रिप्ट जिस प्रकार से वो लिखते हैं, इस बारे में भी बातें होती हैं।

रामकेश असल में कवि के साथ उसकी परछाई की तरह से रहते हैं। एक कलाकार के तौर पर, कवि के जीवन का हर पक्ष, रामकेश के निर्देशों पर ही चलता है। वो कैसे कपड़े पहनती हैं, कौन से गाने गायेंगी, किस शख्स से शादी करेंगी और अपने इंटरव्यू में क्या कहेंगी, सबकुछ रामकेश की मर्ज़ी से ही चलता है।

वो मानते हैं कि उन्हें ये आलोचना हमेशा से झेलनी पड़ी है। उन्होंने मुझसे कहा, 'मेरे आस-पास के लोगों को लगता है कि उसको मैं डायरेक्शन दे रहा हूं।'

हालांकि वो इस बात को ख़ारिज भी नहीं करते हैं। वो मानते हैं कि असल में उन्होंने कवि को डायरेक्शन दिए हैं। लेकिन कहते हैं कि उन्हें बड़ी कम सफलता मिलती है। उन्होंने कहा, 'उस पर इस तरह से दबाव डालना आसान नहीं है।'

वो इन आलोचनाओं को ख़ारिज करने की बजाय उन्हें अपनाते हैं और आत्मविश्वास के साथ कहते हैं, 'ये लोग, जो कहते हैं कि मैं उसको कंट्रोल कर रहा हूं... कि मैं उसके जीवन की हर चीज़ डिसाइड कर रहा हूं, ये वो लोग हैं जो हमें पर्सनली जानते हैं। लेकिन बाकियों को कोई फ़र्क नहीं पड़ता। बस, जो हमें जानते हैं, वही ये सब कहते हैं।'

ये समझना बेहद आसान है कि बाप-बेटी की ये जोड़ी क्यों इन आलोचनाओं को झेल रही है।

2019 तक, जब कवि ने संगीत की दुनिया में कदम रखने के बारे में सोचा भी नहीं था, वो कॉस्मेटिक एक्सपर्ट बनना चाहती थी और स्किनकेयर और ब्यूटी ट्रीटमेंट के क्षेत्र में करियर बनाना चाहती थी। उसने कॉस्मेटिक ट्रीटमेंट का एक महीने का कोर्स भी किया था। इसके तुरंत बाद ही उसे काम भी मिलने लगा था।

रामकेश कहते हैं, 'बाकी लोग परेशान हो रहे थे और कवि ने एक ही महीने में वो सब सीख लिया जो उन्हें सीखने में कई महीने लग गए थे।'

एक ब्यूटिशियन के तौर पर उसका करियर गति लेने लगा था। किसी भी व्यवसाय के मामले में ये उसका पहला अनुभव था और इसमें उसे मज़ा आ रहा था। बहुत ही जल्द उसने सिलाई की क्लासेज़ भी शुरू कर दीं। 2018 में, जब कवि की शादी हो रही थी, उसने अपनी शादी की ड्रेस ख़ुद सिली। यहां तक कि उसकी शादी में उसकी मां ने जो कपड़े पहने थे, वो भी कवि के ही हाथों सिले थे।

एक साल बाद, 2019 में, जब वो अपने नए काम में धीरे-धीरे तरक्की कर रही थी, रामकेश आये और कवि से पूछा कि वो सिंगर क्यों नहीं बन जाती?

कवि के लिए ये ऐसा सवाल था जिसके बारे में उसने कभी सोचा ही नहीं था। वो तो कुछ और ही कर रही थी जिसका दूर-दूर तक गाने और संगीत से कोई लेना-देना नहीं था।

उधर, रामकेश के पास अपनी वजहें थीं। बातचीत के बाद रामकेश ने कवि को इस बात के लिए राज़ी कर लिया कि उसका गला बस घर के किचन में गुनगुनाने के लिए नहीं बना था। वो देश की राजनीति को एक आकर देने और मशहूर होने जैसी बड़ी चीज़ों के लिए बनी थी।

कवि उस मौके को याद करती हैं कि कैसे उसके पिता ने ज़ोर देकर उसकी पसंद के काम को छुड़वाया और फिर गाना गवाकर रातों-रात एक पॉप स्टार बना दिया। ये सबकुछ

याद करते हुए उनका विश्वास इस बात में और भी गाढ़ा हो जाता है कि उनके लिए क्या बेहतर है, ये उनके पिता को बखूबी मालूम है।

'मुझे बाद में पता चला कि मैं गा सकती हूं। मेरे पापा को पहले ही पता चल गया था।'

अब जब कवि पीछे मुड़कर देखती हैं तो उन्हें कोई मलाल नहीं होता। उस बातचीत के कुछ ही दिनों के भीतर बाप-बेटी ने मिलकर पहला गाना रिकॉर्ड किया, जो उनका सबसे मशहूर गाना बना और जिसने कवि को तुरंत ही सबकी नज़रों के सामने ला खड़ा कर दिया। ये पुलवामा में हुए आत्मघाती हमले पर बना गाना था।

रामकेश की अपनी अलग यात्रा है। उन्हें भी जो लाइमलाइट मिली, वो अचानक मिली थी। इन्हीं वजहों से उन्होंने एक दिन, एक झटके में ये फैसला कर लिया कि कवि के करियर की गाड़ी को एक नए रास्ते पर चलाना होगा और वो उनकी उत्तराधिकारी बनेंगी।

~

रामकेश दिल्ली से 150 किलोमीटर दूर, हरियाणा के जींद ज़िले के जीवनपुर गांव में पैदा हुए थे।

किसानों के परिवार से आने वाले रामकेश अक्सर रागिनी देखने और सुनने जाते थे। ये हरियाणा के लोकगीतों की एक परम्परा है जिसमें कलाकार रोज़मर्रा की बातों पर गीतों की प्रस्तुति देते हैं उनका साथ देने के लिए घड़ा, चिमटा जैसे परम्परागत वाद्ययंत्र होते हैं। इन गीतों ने रामकेश को प्रभावित किया और बहुत ही जल्द वो ख़ुद इन गानों के बोल लिखने लगे। कुछ ही समय में वो स्थानीय इलाक़ों में प्रस्तुति भी देने लगे। उन्हें सुनने वालों की संख्या बढ़ने लगी और लोग उन्हें जानने लगे। उन्हें ये आभास हो गया था कि वो कुछ बड़ा कर सकते हैं और इसी आस में, 2006 में, वो रोहतक आ गए जिससे हरियाणा की एंटरटेनमेंट इंडस्ट्री में कदम रखा जा सके।

यहां उनका काम चल पड़ा। उन्हें सबसे बड़ी सफलता मिली जब उनका लिखा गीत, *'पहली आली हवा'* आया। यह हरियाणवी गाना उस बीते वक़्त की याद दिलाता था जिसमें सुख ही सुख था और दुनिया आसान नज़र आती थी। इसके बाद उन्होंने एक के बाद एक हिट गाने निकाले। धीरे-धीरे उन्हें हरियाणवी फ़िल्मों में एक्टिंग करने के भी ऑफ़र आने लगे। रामकेश इसी के इंतज़ार में बैठे थे।

अपने संगीत में रामकेश अभी भी उसी भोलेपन को रखने की कोशिश करते हैं जो उनके भीतर रागिनी गाने वाले वक़्त में था। उनके गीतों में प्रेरणा भी है, विचार भी हैं और कहीं-कहीं रोमांस भी मिलता है। लेकिन उन्होंने कभी राजनीतिक एंगल लेकर गाने नहीं निकाले। रामकेश ने अपने काम में कभी भी राजनीति या अपनी विचारधारा को आने ही नहीं दिया। उनके गानों में अच्छे पारिवारिक और नैतिक मूल्यों की बात मिलती है। उनका नया गाना *'स्ट्रगल'*, एक साधारण पृष्ठभूमि से निकलकर एक पॉप स्टार बनने की उनकी यात्रा के बारे में ही बात करता है। उनके एक और गाने *'सफलता'* की शुरुआत में रामकेश कैमरे के सामने खड़े होकर भाषण देते दिखते हैं। 55 सैकंड की अपनी बात में वो कहते हैं कि उनका ये गीत लोगों को प्रेरणा देने के लिए बनाया गया है, जिससे वो समझ सकें कि जीवन में सफल होने का एकमात्र रास्ता संघर्ष के पथ से ही निकलता है।

जो भी करते काम, उसमें ध्यान लगाना पड़ता है,
कॉन्फ़िडेंस, पॉज़िटिव थॉट, जुनून जगाना पड़ता है,
आते हैं ग़लत विचार, उनको दूर भगाना पड़ता है।

कई बार, बातचीत के बीच में ही रामकेश अपने गीत गाने लगते हैं। एक मौके पर, काम करते हुए अच्छे आचरण की महत्ता को समझाते हुए रामकेश ने कवि से कहा:

यहां कोई किसी के लिए कुछ नहीं करता है,
ख़ुद ही जीना पड़ता है, ख़ुद ही मरना पड़ता है।

रामकेश ने इस गाने को आत्मसात कर लिया है। कवि के करियर में उनकी क्या अहमियत है, उनकी समझ इन्हीं लाइनों में मिल जाती है।

मार्च 2021 की एक रात, हम हरिद्वार के जिस आश्रम में रुके थे, उसके एक कमरे में उन्होंने मुझसे कहा, 'सच तो ये है कि हम सभी अपने स्वार्थ के लिए ही काम कर रहे हैं।'

उनका ये फैसला कि वो अपने गानों में बगैर राजनीति को लाये लोगों का मनोरंजन करेंगे और साथ में कवि का करियर राजनीतिक बहस के मुद्दों के आधार पर ही आगे बढ़ाएंगे, एक बेहद सोचा-समझा कदम है। कवि के करियर की एक-एक डोर उनके

ही हाथ में है। वो उनके लगभग सभी गाने लिखते है। कवि पब्लिक में क्या कहेंगी, इसका फैसला रामकेश ही करते हैं। वो सभी के सामने कैसी दिखेंगी, ये भी रामकेश ही तय करते हैं। इस तरह से रामकेश ही वो शख्स हैं जो आज की सत्ताधारी पार्टी और उसकी विचारधारा के साथ खड़े हुए हैं लेकिन प्रत्यक्ष रूप से, उनकी नैतिक मूल्यों और हरियाणवी संस्कृति की रक्षक वाली छवि पर कोई बट्टा लगता हुआ नहीं दिखता।

अपने-अपने काम को सभी इस तरह से नाप-तौलकर कर रहे हैं कि पूरा परिवार एक ही वक़्त पर अलग-अलग प्रकार के लोगों को अपनी ऑडियंस बनाकर नाम कमा रहा है। कवि इस वक़्त राजनीति और हिंदुत्व वाली जनता के लिए स्टार हैं। उनके पति, प्रिंस कुमार, प्रेम गीतों और डांस नम्बर्स के अपने रसीले वीडियोज़ के साथ युवा ऑडियंस को रिझा रहे हैं। इधर, रामकेश, नॉस्टेल्जिया के गीत गा रहे हैं, जिसके मूल भाव में गांव-देहात और वहां के मूल्यों की बातें हैं।

रामकेश इस बात को क़ुबूल भी करते हैं कि उनका ख़ुद का ग़ैर-राजनीतिक रहना और कवि को घोर राजनीतिक बनाने का उनका फैसला बेहद सोचा-विचारा हुआ है। 'कहीं न कहीं, मैं ये सब कवि के लिए इसलिए कर रहा हूं क्योंकि मुझे मालूम है कि जब वो मशहूर होगी तो मैं भी मशहूर हो जाऊंगा।'

रामकेश की मेहनत ने अभी से ही रंग दिखाना भी शुरू कर दिया है।

बीते दो बरस में, राजनीति के ताकतवर नामों से रामकेश की नज़दीकियां बढ़ चली हैं। ये सबकुछ कवि के काम के चलते हो रहा है। बाप-बेटी की जोड़ी को तमाम हिंदू राष्ट्रवादी संगठनों और शख्सियतों ने कई कार्यक्रमों और कॉन्सर्ट में परफ़ॉर्म करने के लिए आमंत्रित किया है। इनमें से कई ऐसे हैं जो कवि की लोकप्रियता को भुनाकर अपना नाम बड़ा करना चाहते हैं। उत्तर प्रदेश में, कवि ने कई भाजपा नेताओं के चुनाव क्षेत्र में जाकर उनके लिए प्रस्तुतियां दी हैं। रामकेश ने बताया कि बीते दो साल में, उन्हें कम से कम दो बार, हरियाणा के मुख्यमंत्री मनोहर लाल खट्टर बुला चुके हैं।

ऐसे ही एक मौके पर, एक कलाकार और हिंदुत्ववादी गीतकार का दोहरा जीवन जी रहे रामकेश के दोनों पक्षों को बड़ा बल मिला।

खट्टर, जो एक समय पर हिंदू राष्ट्रवादी संगठन राष्ट्रीय स्वयंसेवक संघ के फ़ुल-टाइम स्वयंसेवक थे, को 2014 में हरियाणा का मुख्यमंत्री बना दिया गया।[1] उस वक़्त की न्यूज़ रिपोर्ट्स का कहना था कि संघ से नज़दीकी के चलते ही उन्हें ये पद मिला था।[2] दो साल

पहले, खट्टर अपने राज्य के कई ऐसे लोगों से मिल रहे थे, जो एंटरटेनमेंट के क्षेत्र में काम करते थे। कवि बताती हैं कि उस मीटिंग में लगभग चालीस से पचास लोग आये थे।

रामकेश याद करते हुए बताते हैं कि खट्टर ने सभी से अपना परिचय कराने को कहा। उन्होंने बताया, 'वहां एक डीजे आया था जिसने अपना परिचय दिया और बताया कि उसने कौन-कौन से हिट गाने बनाए थे।' रामकेश ने बताया कि खट्टर उससे बिल्कुल भी प्रभावित नहीं हुए।

'उन्होंने कहा, "वो सब तो ठीक है, मगर विचार क्या है?" और फिर मेरी ओर इशारा किया,' रामकेश ने कहा।

'जैसे रामकेश जी के गानों में विचार होते हैं, उनकी बेटी के गानों में विचार होते हैं," रामकेश बताते हैं कि खट्टर उन्हीं की ओर इशारा करके उस डीजे को समझा रहे थे कि रामकेश और उनकी बेटी के गानों में विचार होते हैं।

कवि इस मीटिंग के बारे में बात करते हुए चमक उठती हैं। वो खट्टर का हमेशा से ही सम्मान करती आई हैं और जब इस मुलाक़ात के बारे में उन्हें मालूम चला था तो वो कुछ सहमी हुई थीं। लेकिन खट्टर ने सभी के सामने जो बात कही, उसने उनके चेहरे पर मुस्कान ला दी थी।

कवि कहती हैं, 'उन्होंने कहा कि वो बस पापा के और मेरे गाने सुनते हैं।' उन्होंने बताया कि मुख्यमंत्री ने उन गानों का भी ज़िक्र किया जो उन्हें पसंद आये थे। 'उन्होंने कहा कि तुमने आर्टिकल 370 और राम मंदिर पर बहुत ही अच्छे गाने बनाए हैं। मैं तो बड़ी ख़ुश हो गयी कि वो हमें जानते भी थे और उन्हें हमारे गाने भी याद थे।'

इन दोनों ही गानों में रामकेश ने अहम भूमिका निभायी थी। लेकिन आर्टिकल 370 हटाये जाने के फैसले की प्रशंसा करते हुए जो गाना आया था, उसने कवि को एक हिंदुत्व पॉप-स्टार का दर्जा दे दिया था, जो बीजेपी से जुड़ी हुई लगती थी।

2019 में, जब कवि को पुलवामा हमले से जुड़े गाने के बाद लोकप्रियता मिल चुकी थी, उनका करियर एक ऐसे मोड़ पर पहुंच गया जहां कुछ संशय की स्थिति बनी हुई थी।

चूंकि रातों-रात ये तय हुआ था कि वो एक सिंगर बनेंगी और उनका पहला गाना ही इस कदर हिट हो गया था, रामकेश और उन्हें मालूम ही नहीं था कि अब उन्हें किस राह

पर, कैसे आगे बढ़ना है। व्हाट्सैप के एक वॉइस नोट ने उन्हें जो सफलता दिलाई थी, वो असल में एक एक्सपेरिमेंट ही था जहां रामकेश जानना चाहते थे कि कवि के गाने पर इक्का-दुक्का लोगों की क्या प्रतिक्रिया होगी। वो एक गाना इतना फैला कि आनन-फानन में वीडियो बनाना पड़ा, जिससे लोग कवि को देखें और जानें। यहां से अब वो पूरी तरह से संगीत और एंटरटेनमेंट की दुनिया में आ चुके थे। आगे क्या करना था? ये सवाल सिर्फ़ कवि ही नहीं, रामकेश के सामने भी घूम रहा था।

कवि की उम्र मात एक गाने की थी। इससे पहले कि उन्हें किसी शो या कॉन्सर्ट में बुलाया जाए, उन्हें ख़ुद को स्थापित करने के लिए अभी बहुत कुछ करना था। इस दिशा में कदम बढ़ाने के लिए उनके पास एक ही तरीका था – इंटरनेट। कवि जैसे सिंगर्स के लिए, जो ऑनलाइन कॉन्टेंट बनाने का काम करते हैं, समय बहुत बड़ी शक्ति होता है। चूंकि ऑनलाइन इतना सारा कॉन्टेंट मौजूद है कि आप अगर कुछ दिन ऑनलाइन मौजूद नहीं रहते हैं तो अपनी जगह खो देते हैं। हालांकि ये कोई लिखित नियम नहीं है, लेकिन कवि जैसे यूट्यूब पर कॉन्टेंट बनाने वालों के लिए हफ़्ते में कम से कम एक या उससे ज़्यादा बार वीडियो पब्लिश करना एक अच्छी रणनीति मानी जाती है, जिससे प्लेटफ़ॉर्म पर उनकी पहुंच बढ़ती है।

कवि का काम देखा जाए तो समझ में आ रहा था कि वो उहापोह की स्थिति में थीं। उनपर इस बात का दबाव था कि कैसे वो लगातार ऑनलाइन दिखती रहें। पुलवामा वाले गीत के बाद उनके और भी कई गाने आये जिनके केंद्र में अलग-अलग विषय थे। पुलवामा वाले गाने के लगभग बीस दिन बाद कवि अपना अगला गाना लायीं जिसमें वो बता रही थीं कि कैसे भ्रूण हत्या से लेकर अशिक्षा और जातिवाद जैसे सामाजिक दोषों का खात्मा करके भारत विश्वगुरु बन सकता था। इस गाने में मुस्लिम समुदाय पर अपरोक्ष रूप से ताने मारे गए थे। कवि कह रही थीं कि जो भी 'वन्दे मातरम्' गाने से इंकार करता है, उससे इस देश में रहने का हक़ छीन लिया जाना चाहिए।[3] इस एक मौके के सिवा गाने में और कोई भी राजनीतिक एंगल की बात नहीं थी।

लगभग एक पखवाड़े बाद, आगामी लोक सभा चुनावों को ध्यान में रखते हुए, कवि ने अपना अगला गाना रिलीज़ किया। इसका उद्देश्य था वोटरों को जागरूक करना। 'मतदान' शीर्षक वाले इस गाने ने मतदाताओं से अपील की कि वो ज़्यादा से ज़्यादा संख्या में घरों से निकलें और वोट देकर आएं। इस गाने में कोई भी राजनीतिक पक्ष नहीं

लिया गया था। इसमें समझाया गया था कि मतदाता को वोट देते वक़्त किन-किन बातों का ध्यान रखना चाहिए:

जिसके चाल चलन में न हो किसी किसम का खोट,
जो नहीं मारता किसी जनता की भावना पे चोट

लगभग पंद्रह दिन बाद कवि का चौथा गाना *'जय जवान, जय किसान'*, रिलीज़ हुआ। इसमें देश के किसानों और सेना के जवानों के गुण गाये गये थे और देश के लिए उनकी समर्पित भाव से की गयी सेवा के लिए उन्हें धन्यवाद दिया गया था। उसी अप्रैल महीने में उनका एक और गाना *'अभिमान'* आया, जिसमें भगवान राम का अभिवादन करते हुए एक अच्छा जीवन जीने के लिए प्रेरित किया जा रहा था।

लेकिन पुलवामा वाले गाने की सफलता के आस-पास और कोई भी गाना नहीं फटक पा रहा था। पुलवामा गीत ने जिस तेज़ी से गति पकड़ी थी और जितनी जल्दी वायरल होकर उसने कवि को सेलिब्रिटी वाले भाव की एक झलक दिखाई थी, वैसा और कोई गाना नहीं कर पा रहा था। ये गाने कवि की ऑडियंस के मन में जगह ही नहीं बना पा रहे थे।

पुलवामा वाला गीत इसलिए वायरल हुआ क्योंकि उसमें कटुता परोसते हुए हिचक नहीं थी। मुझे साफ़ समझ में आ रहा था कि उस गाने में कश्मीरियों पर आत्मघाती हमलावरों को 'मदद' करने का आरोप लगाया जा रहा था। वो गाना उस नतीजे पर पहुंच गया था, जहां उस वक़्त तक सरकार भी नहीं पहुंच पायी थी। सरकार के सुरक्षा तंत्र पर सवाल उठाने के बजाय उस गाने ने लोगों के गुस्से को उन कथित 'गद्दारों' की ओर मोड़ दिया था, जिन्होंने, कथित रूप से, हमला करने में मदद की थी।

कवि के बाक़ी गानों में ये एक ऐसी चीज़ थी, जो गायब थी। एक बात और गायब थी – रामकेश।

चारों गानों में रामकेश ने एक भी नहीं लिखा था। इन्हें तीन अलग-अलग कवियों ने लिखा था। हालांकि पुलवामा वाला गीत भी रामकेश ने नहीं लिखा था, लेकिन उसके लेखक आजाद सिंह खेड़ी, रामकेश के अच्छे मित्र थे। लिहाज़ा वो गाना कैसा बनकर आएगा, इसपर रामकेश अपनी मर्ज़ी से काम कर पाए थे।

रामकेश को दिख रहा था कि कवि का करियर एक ख़राब दौर से गुज़र रहा था। उन्होंने फैसला किया कि अब वो सारा मामला ख़ुद संभालेंगे।

पिता-पुत्री ने काम पर थोड़ा सा ब्रेक लगाया। हर पंद्रह दिन पर गाना रिलीज़ करने की जगह उन्होंने एक पूरे महीने कोई गाना ही नहीं अपलोड किया। फिर, मई 2019 के अंत में, कवि का नया गाना आया। ये रामकेश ने ही लिखा था। आठ मिनट के इस गाने *'भारत की गौरव गाथा'* में उन नामों और घटनाओं का ज़िक्र था, जिनका इस देश के सामाजिक ताने-बाने में बड़ा महत्व है और जिनपर सभी को गर्व है। इस गाने में हिंदू पौराणिक किरदारों को बड़ी महीन दृष्टि से देखा गया था। इसमें भारत और लक्ष्मण जैसे भाइयों, भीम जैसे योद्धाओं आदि का ज़िक्र था।

ये गाना देश की तमाम पौराणिक कथाओं को भी समर्पित था। लेकिन ये गाना भी सफल नहीं हुआ। इसके चलते बाप-बेटी गहरी चिंता और शोक में चले गए।

अगले दो महीनों में कवि ने दो और गाने रिलीज़ किये। दोनों ही गाने, ऐसे ही विषय पर केन्द्रित थे। दोनों ही गानों में भगवान शिव और भगवान कृष्ण जैसे हिंदू धार्मिक और पौराणिक किरदारों की बातें थीं। इन गानों की हालत पिछले पांच गानों जैसी ही हुई।

इससे पहले उन्हें कुछ समझ में आ पाता, कवि का करियर ख़ात्मे की ओर चल पड़ा था। दोनों ही लोग गाने बनाना बंद नहीं करने वाले थे। लेकिन समस्या ये थी कि वो पहले गाने जैसा जादू फिर से नहीं जगा पा रहे थे।

इस सबके बावजूद, उन्होंने फैसला किया कि वो अपना काम करना जारी रखेंगे। 4 अगस्त 2019 को, रामकेश, कवि और एक कैमरामैन रोहतक से निकले। वो राजस्थान स्थित जयपुर शहर की ओर बढ़ रहे थे, जो उनसे छह घंटे की दूरी पर था। उनका प्लान था कि वो अपने आने वाले गानों के लिए कुछ वीडियोज़ शूट करेंगे। रामकेश ने ये सभी गाने लिखे थे और उनकी धुनें तैयार की थीं।

आधा दिन बीतते-बीतते, उन्होंने ब्रेक लिया। इसी दौरान रामकेश को फ़ोन पर जानकारी मिली, जिसने उनके दिमाग की बत्ती जला दी। उन्हें मालूम चला कि ऐसी बातें चल रही थीं कि नरेंद्र मोदी सरकार जम्मू और कश्मीर को लेकर कोई बड़ा फैसला लेने वाली थी। न्यूज़ रिपोर्ट में बहुत साफ़ तरीक़े से ये नहीं बताया जा रहा था कि आख़िर होने क्या वाला था। हर तरह की बात हो रही थी।

लेकिन रामकेश को मालूम था कि क्या होने वाला था। उन्होंने अपने ग्रुप से बात की और उन्हें बताया कि वो उस ट्रिप को वहीं ख़त्म कर रहे थे और सभी को वापस रोहतक लौटना होगा। उन्होंने कहा कि अगले चौबीस घंटे के भीतर एक गाना लिखकर रिकॉर्ड होना था और उसका वीडियो तैयार होना था।

उनकी ज़िन्दगी हमेशा के लिए बदलने वाली थी।

उस रात, रामकेश देर तक जागे। वो लगातार ख़बरों पर नज़र बनाए हुए थे। उन्हें जिस बात की आशंका थी, वैसा ही होता प्रतीत होने लगा, जब जम्मू-कश्मीर में अधिकारियों ने पाबंदियां लगानी शुरू कर दीं। वहां शैक्षणिक संस्थान बंद हो गए और राजधानी श्रीनगर में आवाजाही के साधन भी बंद होने लगे।[4] लगभग लॉकडाउन की सी स्थिति बनाकर अधिकारियों ने कार्यकर्ताओं, राजनीतिक नेताओं पर नकेल कसनी शुरू की और 4 अगस्त की आधी रात से उन्हें अपने-अपने घरों में नज़रबंद किया जाने लगा।[5]

अगली सुबह, वो जो सोच रहे थे, सही साबित हुआ। सुबह 11 बजे, राज्य सभा में देश के गृहमंत्री अमित शाह ने ऐलान किया कि सरकार भारतीय संविधान के आर्टिकल 370 और आर्टिकल 35-A को रद्द कर रही थी। ये दोनों जम्मू-कश्मीर को विशेष राज्य का दर्जा देते थे जिससे इस इलाक़े को स्वायत्तता मिलती थी और यहां के लोगों को विशेष अधिकार मिलते थे।[6]

ये फैसला बड़ा ही महत्वपूर्ण था। ख़ासकर तब, जब हिंदू दक्षिणपंथी गुट की दशकों पुरानी मांग यही थी कि जम्मू-कश्मीर से ये विशेष अधिकार ले लिए जाएं जिससे इस राज्य का पूरी और बेहतर तरह से भारत में 'विलय' हो सके।

रामकेश ने अपना काम शुरू किया। उन्हें मालूम था कि ये बड़ी घटना थी और आने वाले लम्बे समय तक इस बारे में बातचीत हुआ करेगी। ख़बरों, जानकारियों और लोगों की राय जानने की भूख के चलते तमाम भारतीय इंटरनेट पर इससे जुड़ी हर चीज़ खंगालने की कोशिश करेंगे। ये एक बड़ी संभावना थी कि जानकारी पाने के लिए लोग लिखित चीज़ों की बजाय यूट्यूब जैसे वीडियो प्लेटफ़ॉर्म का इस्तेमाल ज़्यादा करेंगे।[7]

रामकेश को मालूम था कि उन्हें तेज़ी के साथ काम करना था। उन्होंने इस ऐतिहासिक घोषणा के बाद कवि के लिए गाना लिखना शुरू कर दिया। कुछ ही मिनटों में उन्होंने कुछ लाइनें तैयार कर लीं।

अगले एक घंटे के भीतर, कवि तैयार हुईं, उन्होंने गाने के बोल याद किये। रिकॉर्डिंग के लिए सारी तैयारी हो चुकी थी। शाम 4 बजे वो स्टूडियो में घुसीं और कुछ री-टेक के बाद, घंटेभर में रिकॉर्डिंग ख़त्म हो गयी।

इसके तुरंत बाद उन्होंने वीडियो की शूटिंग के लिए तैयारियां शुरू कर दीं। कवि ने हल्के गुलाबी रंग का एक कुर्ता, सफ़ेद पजामा और नारंगी नेहरू जैकेट पहनी। उस मौके पर उन्होंने जो पगड़ी पहनी, वो उस गाने की थीम के साथ जम रही थी। उनकी पगड़ी में तिरंगे के तीनों रंग थे। चूंकि बड़े स्तर पर शूट करने का समय नहीं था इसलिए कवि को हरे पर्दे के सामने खड़ा कर दिया। इससे वीडियो एडिटर को ये सहूलियत मिल गयी कि वो कवि के पीछे अलग-अलग दृश्य रख सकता था। इससे ये बात भी छुप जाने वाली थी कि गाना घर में ही शूट हुआ था।

वो स्टूडियो में गए और शूट शुरू कर दिया। गाने के वीडियो की शूटिंग में बहुत ज़्यादा समय नहीं लगा। कवि को कैमरे के सामने बांहें फैलाने, उंगली दिखाने और अपने गीत के बोल पर होंठ चलाने सरीखी कुछ हरकतें करनी थीं। कुछ ही समय में शूट ख़त्म हुआ और फुटेज, करनाल में वीडियो एडिटर भूरा के पास पहुंचा दी गयी।

भूरा ने पूरी रात उसपर काम किया। कवि भी रातभर सो नहीं पायीं। सुबह 6 बजे कवि स्टूडियो में घुसीं। वीडियो एडिटिंग अभी भी चल रही थी। कवि भूरा से जल्दी-जल्दी हाथ चलाने को कह रही थीं। एडिट ख़त्म होते ही गाना यूट्यूब पर अपलोड कर दिया गया।

इस समय तक कवि काफ़ी थक चुकी थीं। आलम ये था कि वीडियो के पूरी तरह से अपलोड होने से पहले ही कवि सो चुकी थीं।

गाना सामने आया तो मालूम चला कि वो पूरी तरह से सरकार द्वारा उठाये कदम के समर्थन में खड़ा था। गाने में दोनों अनुच्छेदों को हटाये जाने की घोषणा को भारत और भारतीयों के लिए 'सच्ची दीवाली' बताया जा रहा था। गाने के अनुसार, ये वो मौका था जहां से जम्मू कश्मीर और देश के लिए एक नए युग की शुरुआत होने वाली थी।

70 साल से लगी बीमारी, आज उसका इलाज हुआ
हुआ अंधेरा दूर देश का, आज है रोशन ताज हुआ।
न अब पत्थर बरसे न ख़ुशी की राह को मूंदेंगे,
अब कश्मीर की घाटी में श्री राम के नारे गूंजेंगे।

मोदी सरकार के फैसलों की बड़ाई करने के अलावा ये गाना सरकार की आलोचना करने वाली हर आवाज़ पर हमलावर होता नज़र आया – *"सारी दुनिया देख रही आज भारत का जलवा है।"* इससे पहले कि मोदी सरकार, भाजपा या हिंदू दक्षिणपंथ इस फैसले पर कोई बात कह पाते, इस गाने ने हर आलोचना को देश के साथ गद्दारी और हर आलोचक को देशद्रोही क़रार दे दिया।

इस गाने ने सबकुछ काले और सफ़ेद में बांट दिया – जो सरकार के फैसले के पक्ष में था, उसे देशभक्त कहा गया और जो ख़िलाफ़ था, गद्दार बता दिया गया। *'देशभक्त हैं झूम रहे, गद्दारों की आंख में पानी है'* और *'जो देश मिटाना चाहते थे, वो आज बैठकर रोयेंगे'* जैसी लाइनें यही कह रही थीं। ये किसी भी प्रकार की आलोचना को सिरे से ख़ारिज करने का काम था।

एक फ़ोन कॉल से कवि की आंख खुली। फ़ोन के दूसरी ओर रामकेश की आवाज़ थी। उन्होंने बताया कि महज़ दो घंटे के भीतर यूट्यूब पर कवि के गाने को 8,50,000 व्यूज़ मिल चुके थे और दस हज़ार से भी ज़्यादा कमेंट आ चुके थे।

एक बार फिर, कवि स्टार बन गयी थीं।

पता नहीं क्यूं

कुछ लोगों की तो साजिश है,
हम बच्चे ख़ूब बनायेंगे।
जब संख्या हुई हमसे ज़्यादा,
फिर अपनी बात मनायेंगे।

अलवर में पली-बढ़ी कवि, कभी भी हिंदू दक्षिणपंथ से बहुत दूर नहीं रहीं।

साम्प्रदायिक तनाव और हिंसा के मामले में अलवर का भी एक इतिहास रहा है। इस इलाके में, ये जानी-मानी बात है कि आज़ादी से पहले के दिनों में, यहां के शाही परिवार, हिंदू संगठनों को सभी सहूलियतें और अपनी छत्रछाया दिया करते थे।[1] 1947 में, जब देश के दो टुकड़े हो रहे थे, यहां हज़ारों मुसलमानों को मौत के घाट उतार दिया गया था।

लेकिन कवि जब बड़ी हो रही थी, तो राजनीतिक बातों-विचारों से कोसों दूर थीं। परिवार की आर्थिक स्थिति और घर के एकमात्र पुरुष सदस्य, उसके पिता, के चले जाने के बाद वो अपना पेट भरने से इतर और कुछ सोच सकने की स्थिति में रहे नहीं। राजनीति की बातें करना, उसके बारे में सोचना, ये सब दूर की कौड़ियां थीं।

आज उनकी जो राजनीतिक समझ है, वो उनके शुरुआती अनुभवों का नतीजा हैं। ये अनुभव ऐसे थे जिनके इर्द-गिर्द उन्होंने बड़ी सादी सी बातें बुन रखी थीं।

अलवर में कवि के घर के नज़दीक ही मुस्लिम आबादी वाली जगह थी। बचपन में उसे कभी भी दोनों समुदायों के बीच कोई तनाव नहीं दिखा। कवि के लिए उस इलाके में कोई बंदिश भी नहीं थी और वहां उसे कभी कोई समस्या भी नहीं हुई।

लेकिन उसे बताया गया कि मुसलमान मांस खाते हैं। वो अलग हैं – इस बात का बीज उसके दिमाग में यहीं से पड़ गया था।

जब कवि वहां जाती थी तो उसे मांस की दुकानों पर जानवर लटके दिखते थे। 'मुझे वो देखकर घिन्न आती थी। मैं उन लोगों से डरने लगी।'

स्कूल में, उसके दोस्तों में सलमा और शबनम (बदले हुए नाम), दो मुस्लिम लड़कियां थीं। स्कूल के बाहर कवि का ज़्यादातर समय उन्हीं के साथ गुज़रता। तीनों आपस में एक-दूसरे के घर आया-जाया करतीं, खाना बांटतीं, साथ में खेलतीं और पढ़तीं। इनकी दोस्ती पर ब्रेक तब लगी जब पंद्रह साल की उम्र में शबनम के घरवालों ने उसका ब्याह करा दिया। उस वक़्त ये लड़कियां सातवीं क्लास में पढ़ती थीं।

कवि कहती हैं कि जब वो लोग साथ रहती थीं तो एक बात थी जो हमेशा खटकती थी – वो लड़कियां क्रिकेट मैच के दौरान भारतीय टीम को उतना सपोर्ट नहीं करती थीं।

'मुझे क्रिकेट में उतना मज़ा नहीं आता है लेकिन जब भी इंडियन टीम जीतती है, मुझे ख़ुशी होती है। अपना देश तो अपना होता है न?'

लेकिन कवि बताती हैं कि इंडियन टीम के जीतने पर न कभी सलमा ख़ुश होती थी, न शबनम।

'मैंने उन्हें ये तक कहा कि तुम हिंदुस्तान में रहती हो; ये देश तुम्हें सबकुछ देता है।' लेकिन वो ऐसा नहीं मानती थीं। कवि कहती हैं कि उन लड़कियों ने उसे बताया कि वो पाकिस्तान के प्रति हमदर्दी रखती हैं। 'उन्होंने मुझे बताया कि "हमारे सभी लोग पाकिस्तान में हैं। हम तो यहां कुछ वक़्त के लिए रह रहे हैं। एक दिन हम भी पाकिस्तान चले जाएंगे।"'

कवि कहती हैं कि उन्हें ये अजीब बात लगी। उसे समझ में नहीं आया कि वो ऐसा क्यूं कह रही थीं। 'पता नहीं क्यूं।'

ऐसे सवालों के जवाब कवि को एक ऐसी जगह से मिले, जिसके बारे में कल्पना नहीं की थी – हिंदी फ़िल्म *ग़दर*। ये एक सिख आदमी और उसकी मुस्लिम पत्नी की कहानी है जो देश के विभाजन का वक़्त दिखाती है। जब सिख पति पाकिस्तान में रहने

और इस्लाम क़ुबूल करने से इंकार कर देता है, तो पत्नी के पाकिस्तानी मां-बाप दोनों को जबरन अलग करने की कोशिश करते हैं। 2001 में आई ये फ़िल्म कट्टर राष्ट्रवाद परोस रही थी और 2 साल पहले ही, पाकिस्तान से कारगिल युद्ध जीतने वाले इस देश में इसे ख़ूब पसंद किया गया। फ़िल्म के एक दृश्य में हज़ारों पाकिस्तानी मुसलमानों को तोपों के साथ एक मस्जिद के बाहर खड़ा दिखाया जाता है जहां मुख्य किरदार से इस्लाम क़ुबूल करने और हिंदुस्तान मुर्दाबाद का नारा लगाने को कहा जा रहा था। इससे फ़िल्म का नायक इस कदर क्रोधित हुआ कि उसने वहीं लगा एक हैंडपम्प उखाड़ लिया और हज़ारों की भीड़ से लड़ने लगा।

इस फ़िल्म को कई अवॉर्ड मिले और ये देश की सबसे ज़्यादा कमाई करने वाली हिंदी फ़ीचर फ़िल्मों की श्रेणी में आती है।

कवि ने जब ये फ़िल्म देखी तो इसे आये पांच साल बीत चुके थे। लेकिन इसने उसपर गहरी छाप छोड़ी। ये फ़िल्म कवि के लिए देशभक्ति का पैमाना बन चुकी थी। उसे ये बेहद पसंद आयी, सलमा और शबनम को नहीं।

वो फिर कहती हैं, 'पता नहीं क्यूं।'

'पता नहीं क्यूं,' रामकेश भी यही बात दोहराते हैं और ज़ोर से हंसने लगते हैं।

कवि कहती हैं कि धीरे-धीरे उन्हें समझ में आने लगा कि असल में, इसमें सलमा और शबनम की ग़लती नहीं थी। बात ये थी कि वो अपने समुदाय के चलते ऐसी थीं और उनका समुदाय उन दूसरे लोगों से बेहद अलग था, जिनके साथ वो पल-बढ़ रही थीं, जिसमें सभी हिंदू थे।

मैंने पूछा कि सलमा और शबनम के बाद उनके और कोई मुस्लिम दोस्त बने।

'उनके किस्से ही इतने महान होते हैं कि सोच के ही...' कहते-कहते वो चुप हो जाती हैं।

लेकिन उनके इन पूर्वाग्रहों के बावजूद, कवि ने मुसलमानों से वो रिश्ते क़ायम रखे जिनमें उनका फ़ायदा हो रहा था।

ग़दर देखने और सलमा-शबनम के अनुभवों के कई सालों बाद जब कवि को फ़ोटोग्राफ़ी सीखनी थी तो वो 'ख़ान सर' नाम के एक मुस्लिम युवक के पास गयीं। उस वक़्त पूरे रोहतक में 'ख़ान सर' सबसे अच्छे फ़ोटोग्राफ़ी टीचर थे। कवि ने उन्हीं से महीनों फ़ोटोग्राफ़ी सीखी और उन्होंने कवि को गोवा में एक असाइंमेंट के लिए भी चुना।

उधर, अलवर में कवि का पूरा परिवार, मां, भाई और बहन की बेटी, एक मुस्लिम शख़्स के फ़्लैट में रहते हैं। वो उस परिवार के दोस्त हैं और किराए के लिए एक रुपया भी नहीं लेते हैं।

असल में, उस मुस्लिम परिवार को कवि के परिवार की आर्थिक स्थिति के बारे में पूरी जानकारी है। इसलिए वो इनसे किराए की मांग करते ही नहीं हैं। कवि कहती हैं कि पूरा परिवार उस शख़्स का आभारी है।

कवि ये भी बताती हैं कि वो दोस्त एक बात पर नाराज़गी जताता है। वो कवि के परिवार से कहता है, 'कवि सभी मुसलमानों को क्यूं बदनाम करती है? हम सभी एक जैसे नहीं हैं। हम सभी बुरे नहीं हैं।'

कवि से मैंने पूछा कि इस पर वो क्या सोचती हैं। वो हंसकर कहती हैं, 'मुझे मालूम है कि उन्हें बुरा लगता है। लेकिन मैं उन्हें यही कहती हूं कि मेरी आलोचना आप जैसे लोगों के लिए नहीं है।'

वो ये मानती हैं कि वो जितने मुसलमानों से मिली हैं, वो 'अच्छे मुसलमान' थे।

कवि बताती हैं, 'और कई बार ये अच्छे वाले ही दूसरों की कहानियां बता देते हैं।' इसके बाद कवि ने मुझे रामकेश के एक मुस्लिम दोस्त के बारे में बताना शुरू किया, जो ज़मीन का एक टुकड़ा ख़रीदने में उनकी मदद कर रहे थे। रामकेश के उन मित्र के परिवार की ज़मीन थी, जो बिकने वाली थी। उसके लिए उन्होंने दोनों पक्षों को राज़ी कर लिया आपस में बात करवा दी। लेकिन फिर अकेले में उन्होंने रामकेश को आगाह किया। 'उन्होंने हमें बताया कि "ये लोग मेरे जैसे नहीं हैं। रात में काट के खा जाएंगे, पता भी नहीं चलेगा।"'

कवि कहती हैं कि उनके परिवार का वो मुसलमान मित्र अच्छा था क्योंकि उसने अपने परिवार की मुखबिरी की थी और इसलिए भी कि वो महादेव का भक्त था।

कवि की सीधी-सादी व्याख्याएं और मुसलमानों को लेकर उनके पूर्वाग्रह सही लगने लगे, जब वो रामकेश से मिलीं।

रामकेश के अपने अनुभव और पूर्वाग्रह थे। इन सभी को आत्मविश्वास की चाशनी में लपेटकर वो कवि के राजनीतिक गुरु बन गए। वीडियो की शूटिंग के लिए जब ये दोनों यात्रा पर निकलते, कवि ढेर सारे सवाल पूछती और रामकेश उसके यथासंभव जवाब देते। कवि ने बाद में मुझे बताया कि रामकेश के उन्हीं जवाबों ने उसकी राजनीतिक समझ की नींव रखी।

दोनों जन अपने नए-पुराने अनुभवों को खंगालते, उन्हें मुस्लिम-विरोधी पूर्वाग्रहों में लपेटते और एक-दूसरे का साथ देते।

हालांकि रामकेश की राजनीतिक समझ अचानक घटी घटनाओं और उनके एक झटके में लिए गए फैसलों के दम पर बनी थी।

~

साल 1984 का था। रामकेश तब तीन बरस के थे और राजीव गांधी ने देश के प्रधानमंत्री का पद संभाला था। उन्हें ये घटना ठीक-ठीक तो नहीं याद है लेकिन इतना याद है कि उन दिनों, उनके गांव में जितने भी टीवी थे, सभी पर उन्हें राजीव गांधी का चेहरा दिखता रहा। राजीव गांधी इस देश के सबसे युवा प्रधानमंत्री थे और उनसे बहुत कमउम्र के रामकेश, उनकी वाचलता, व्यक्तित्व, आधुनिक विचारों आदि से मंत्रमुग्ध थे।

राजीव गांधी की चाल-ढाल, उनके तौर-तरीक़ों, देश में तकनीकी बदलाव लाने के विचारों से ख़ासे प्रभावित थे।

रामकेश ने मुझसे कहा, 'मैं दीवाना हो गया था उनका।'

एक ऐसा भी मौका आया, जब राजीव गांधी हरियाणा के जींद ज़िले में आये थे। रामकेश उनकी एक झलक पाने के लिए घंटेभर का सफ़र तय करके वहां पहुंचे। ये यात्रा आंशिक रूप से सफल रही क्योंकि वो राजीव गांधी को तो नहीं देख पाए लेकिन उन्हें एक भीड़ दिखी, जो उनके अनुसार, राजीव गांधी को घेरे खड़ी थी।

रामकेश तब 10 बरस के थे, जब 21 मई 1991 को राजीव गांधी की हत्या हुई। उस वक़्त तक उनके घर पर टीवी नहीं था, तो वो पड़ोसी के घर गए और उनकी अंतिम यात्रा के दृश्य देखकर फूट-फूटकर रोये। लगभग एक दशक बाद, जब उनके बेटे-बेटी, राहुल और प्रियंका राजनीतिक ज़मीन पर उतरते दिखाई दिए तो रामकेश ने खुद को उनके समर्थन में खड़ा पाया। उन्हें ऐसा लगने लगा कि दोनों के साथ वो निजी तौर पर जुड़े हुए थे।

उन्होंने कहा, 'मैं दोनों को बहुत पसंद करता था। बहुत अच्छे लगते थे वो लोग मुझे।' लेकिन फिर 2014 के आम चुनाव आये और सबकुछ बदल गया। इसका सबसे बड़ा कारक थे उस वक़्त के प्रधानमंत्री पद के दावेदार, नरेंद्र मोदी, जिन्होंने देशभर में घूमकर कांग्रेस पर एक के बाद एक वार करने शुरू किये।

मोदी के उन भाषणों ने रामकेश के भीतर एक बड़ा बदलाव लाना शुरू किया और कुछ ही महीनों में, उन्हें अहसास भी हो गया कि वो पूरी ज़िन्दगी कितनी बड़ी गलती करते चले आ रहे थे।

रामकेश ने हंसते हुए कहा, 'फिर मोदी आया और मैंने जब उसके भाषण सुने, तो लगा ये लोग हमारे दुश्मन हैं।'

तीन दशक तक रामकेश ने गांधी परिवार की हर पीढ़ी को अपना समर्थन दिया था। उन्होंने राहुल गांधी के राजनीति में पदार्पण को भी सराहा था। लेकिन जब उन्होंने मोदी को कांग्रेस के परिवारवाद और एक ही वंश की राजनीति के बारे में बोलते सुना तो उन्हें उसी पार्टी की बुरी तस्वीर दिखाई देने लग गयी। अब उन्हें ये मालूम ही नहीं था कि वो किस दिशा में आगे बढ़ें। अभी तक उन्हें गांधी परिवार के भारतीय राजनीति में होने से कोई समस्या नहीं थी। अभी तक उन्होंने हर कदम पर इसका स्वागत ही किया था। लेकिन जब भाजपा ने, मोदी के प्रतिनिधित्व में, कांग्रेस और गांधी परिवार को हिंदू विरोधी और मुस्लिम तुष्टिकरण[2] की राजनीति करने वाला बताना शुरू कर दिया तो उन्हें विसंगतियां नज़र आने लगीं।[3] ये कैम्पेन रामकेश जैसे हिंदुओं से ही अपील कर रहा था कि वो उस पार्टी का साथ छोड़ दें जो हिंदुओं की परवाह ही नहीं करती।

इसने अपना काम कर दिखाया। अचानक, रामकेश को अपने पसंदीदा राजनीतिक परिवार और उनकी पार्टी का एक अलग ही चेहरा दिखाई दे रहा था। रामकेश ने कहा, 'मुझे अहसास हुआ कि ये सच बात थी। गांधी परिवार हिंदू तो थे लेकिन उनकी पार्टी दोगली थी और मुसलमानों की तरफ़दारी करती थी।'

रामकेश ने राह चुन ली थी। उनका समर्थन कांग्रेस से भाजपा की ओर आ चुका था और अब इसको बदला नहीं जा सकता था।

~

कवि की ही तरह रामकेश ने भी उस मौके के बाद से अपनी राजनीतिक समझ की प्रमाणिकता दूसरों से पाने की कोशिश में लगे रहे।

दो साल पहले, एक पाकिस्तानी आदमी ने उन्हें सोशल मीडिया पर फ़ॉलो करना शुरू किया। वो उनके काम का फ़ैन था। यहां तक कि उसने उन्हें व्हाट्सैप पर भी मैसेज किया। रामकेश बताते हैं कि उन्होंने उससे उसी भाव से बात की जैसे वो अपने किसी

भी दूसरे प्रशंसक से बात करते थे। उन्होंने उसको ख़ूब धन्यवाद कहा। लेकिन फिर उस व्यक्ति ने उनसे बात करनी जारी रखी। वो लगातार मैसेज करता रहा, रामकेश और कवि के लगभग हर पोस्ट पर कमेन्ट करता रहा। वो कभी भी कॉल नहीं करता था, बस मैसेज पर बातें करता था।

यहां तक कि उसने उन तस्वीरों से एक वीडियो भी बनाया, जो रामकेश और कवि ने ऑनलाइन पब्लिश की थीं। रामकेश इससे ख़ुश हुए और उन्होंने भी उसे जवाब देना जारी रखा। दोनों के बीच संबंध गहरे होते गए और एक दिन उसने रामकेश और कवि को पाकिस्तान आने का न्योता दिया। उसने बताया की उसका भाई राजनीतिक नेता था और उसने विश्वास दिलाया कि वहां उन्हें पूरे सम्मान और प्रेम के साथ रखा जाएगा।

दोनों के बीच दोस्ती बढ़ रही थी। लेकिन फिर एक दिन रामकेश को ऐसा मैसेज मिला जिसने उन्हें गुस्से से भर दिया। रामकेश कहते हैं, 'उसने मुझसे कहा, "तुम लोग इतने अच्छे लोग हो, तुम्हें मुसलमान बन जाना चाहिए।"'

'मैंने कहा, "ये सब क्या है? तू बोल क्या रहा है?"'

तो आदमी अपनी बात पर अड़ा रहा। 'उसने कहा "तुम लोग मुसलमान बन जाओ और तुमको जन्नत मिलेगी।"'

अब रामकेश को उसकी बातें बर्दाश्त नहीं हो रही थीं। उस मौके पर वो चाह रहे थे कि वो पाकिस्तानी व्यक्ति देश की सरहद के पार और हज़ारों किलोमीटर दूर न होकर उनके सामने होता, तो वो उसका मुंह तोड़ देते। चूंकि ऐसा नहीं था, लिहाज़ा रामकेश ने वो किया जो हो सकता था।

उन्होंने बताया, 'मैंने उसको फ़ोन किया और बोला कि मैं पाकिस्तान आकर तुझे मारूंगा।' आक्रोश की स्थिति में रामकेश की भाषा इधर-उधर निकल जाती है। उन्होंने उस व्यक्ति को ख़ूब खरी-खोटी सुनायी और फ़ोन रख दिया।

बाप-बेटी के लिए, ये कोई इकलौता मौका नहीं था। दोनों ही लोग इसे उस धर्म और उसे मानने वालों की एक झलक मानते हैं।

उदाहरण के तौर पर, रामकेश इस नतीजे पर पहुंचे कि हिंदू और मुस्लिम कभी भी शांतिपूर्ण ढंग से एकसाथ रह ही नहीं सकते। वो इस बात पर ज़ोर देते हैं कि इन दोनों समुदायों के बीच 'संस्कृति' और 'संस्कारों' की जो खाई है, उसे कभी पाटा ही नहीं जा सकता है।

वो उदाहरण देकर कहते हैं, 'हम हिंदुओं के लिए गांव की हर लड़की हमारी बहन है। लेकिन मुस्लिम लड़के तो अपनी बहनों से ही शादी कर लेते हैं, इसलिए वो गांव की लड़कियों को अपनी बहन की तरह तो देखेंगे नहीं।'

वो आगे कहते हैं कि हिंदू सात्विक खाना खाते हैं जबकि मुसलमान मांसाहारी होते हैं।

रामकेश और कवि की इन मान्यताओं का आधार बेहद सीधी और अक्सर तथ्यात्मक रूप से ग़लत बातें होती हैं। इनकी विचारधारा का मूल इन दोनों के अपने अनुभवों (जिसमें एक-आध घटनाएं ही शामिल होती हैं) से ही जन्म पाता है।

मार्च 2021 में, जब हम वीडियो की शूटिंग के लिए किसी लोकेशन की तलाश में हरिद्वार से उत्तर की ओर बढ़ रहे थे, कवि ने मुझे अपनी हालिया जैसलमेर यात्रा के बारे में बताया। यहां उन्हें मुस्लिम परिवारों का ऐसा समुदाय मिला था, जो बेहद ख़राब स्थिति में रहने को मजबूर थे। सभी परिवार तिरपाल वाली झोपड़ियों में रह रहे थे और पेट भरने लायक कमा पाने में भी सक्षम नहीं थे। उनके पास अपने बच्चों को पढ़ा सकने के लिए भी पैसे नहीं थे। कवि ने उनकी परिस्थिति को दया के भाव से नहीं बल्कि घृणा से देखा। उनकी दीन-हीन स्थिति के लिए वो उन्हीं पर नाराज़गी ज़ाहिर कर रही थीं।

कवि के लिए, ये वो मौका था जब उनकी सोच सच साबित हुई थी। 'वो शिक्षित नहीं होना चाहते। वो नौकरी नहीं करना चाहते। ये कोई काम नहीं करते हैं। ये बस एक ही काम करना चाहते हैं और वो है, अपनी आबादी बढ़ाना। और एक दिन ये पूरे देश को अपने कब्जे में ले लेंगे।'

कवि के अनुसार, मुसलमान ग़रीब थे क्योंकि वो अपने लिए ग़रीबी का चुनाव करते हैं। उनके अनुसार मुसलमान इन परिस्थितियों में जानबूझकर रह रहे थे। उनके पिता ने न केवल इस बात पर अपनी सहमति जतायी बल्कि एक कदम आगे बढ़कर इसे मुसलमानों की साज़िश भी बता दिया।

रामकेश करनाल से हरिद्वार की ओर गाड़ी दौड़ा रहे थे और इसी बीच उन्होंने कहा, 'इस्लाम शुरू हुआ 1,400 साल पहले और आज वो लोग सत्तावन देशों को कंट्रोल कर रहे हैं।'

यूनाइटेड स्टेट्स कमीशन ऑन इंटरनेशनल रिलीजियस फ्रीडम की 2012 की एक रिपोर्ट ने मुस्लिम बहुसंख्या वाले देशों के संविधान की समीक्षा की और पाया कि दुनिया में महज़ 46 देश ऐसे हैं, जहां इस्लाम अपना वर्चस्व रखता है।[4] इनमें से 23 देशों का

आधिकारिक धर्म इस्लाम है जबकि 22 ही देशों का संविधान इस्लामिक सिद्धांतों के आधार पर बनाया गया है।

इस सबके बीच, हिंदू दक्षिणपंथ के एक बड़े तबके की तरह रामकेश भी इस बात में विश्वास रखते हैं कि इस्लाम का बढ़ना एक अंतर्राष्ट्रीय स्तर के षड्यंत्र के तहत हो रहा है, जिससे उनका कुनबा बढ़ता रहे। जब भी देश की बढ़ती आबादी का ज़िक्र होता है, रामकेश कुलबुलाये नज़र आने लगते हैं। उनके अनुसार, जनसंख्या विस्फ़ोट का एक ही मतलब है – हिंदुस्तान पर इस्लाम का राज।

जैसा कि इस किताब में पहले भी बताया जा चुका है, रामकेश और कवि के डरों का कोई ठोस आधार नहीं है। ये बताया ही जा चुका है कि इस देश में मुसलमान जनसंख्या की वृद्धि दर कम हुई है और ये हिंदू जनसंख्या की वृद्धि दर में आयी कमी से ज़्यादा है। जनसंख्या को लेकर जो आंकलन है, वो भी यही कहता है कि हिंदुत्व तंत्र के भीतर जिन षड्यंत्रों का ज़िक्र होता है, उसमें कल्पना ज़्यादा है और वास्तविकता नदारद।

इन सभी चीज़ों के बावजूद, रामकेश तथ्यों से लगातार दूरी बनाकर चलते हैं। रामकेश का मानना है कि यह इस्लामिक षड्यंत्र तब शुरू हुआ था, जब हिंदुओं के प्रिय और बेहद पवित्र माने जाने वाले धार्मिक स्थलों के आस-पास मुस्लिम जनसंख्या बढ़ने लगी थी।

रामकेश बताते हैं, 'जहां भी हमारे धार्मिक स्थल होते थे, चाहे वो काशी हो, मथुरा या अयोध्या हो, इन्होंने पूरी रणनीति के साथ ऐसी जगहों पर अपनी आबादी बढ़ाई। मंदिरों को तोड़ा गया और वहां मस्जिद बना दी गयीं।'

किसी इलाके में रणनीति बनाकर आबादी बढ़ाने की ऐसी कोई भी साज़िश, किसी भी डेटा से नहीं मिलती। काशी, जिसे बनारस भी कहते हैं, में कई सदियों से मुस्लिम जनसंख्या स्थिर है – 1827[5] में 28.4 फ़ीसदी थी और 2011 में 28.8 फ़ीसदी।[6] इसी तरह से, मथुरा में 1961[7] के मुकाबले 2011[8] में मुस्लिम आबादी 7 से 8.5 फ़ीसदी बढ़ी। इसी तरह से, पूर्वकालीन फ़ैज़ाबाद ज़िले में, जिसमें अयोध्या भी आता था, मुस्लिम आबादी बेहद कम बढ़ी। वहां 1991[9] में, मुस्लिम आबादी 13.3 प्रतिशत थी जो 2011[10] में बढ़कर 14.8 प्रतिशत हो गयी।

मगर रामकेश मानते हैं कि इस समुदाय को तार्किक रूप से समझने के लिए इतिहास को ही देखना होगा।

वो कहते हैं, 'वो सभी मुस्लिम शासक, जो हिंदुस्तान आये, सत्ता में अपने बाप-भाइयों को मारकर ही आये। इसलिए ये बात तो उनके खून में ही है कि आपको आगे बढ़ने या सत्ता पाने के लिए एक-दूसरे को मारना तो पड़ेगा ही।'

~

कवि को असरदार बनाने वाली चीज़ सिर्फ़ उनके पक्षपात भरे विचार या पूर्वाग्रह ही नहीं हैं, बल्कि उनकी ये शैली है जिसके तहत वो अपनी इन बातों को आगे बढ़ाती हैं, इतनी बार दोहराती हैं कि लोगों के मन में वो सच बनकर घर कर जाता है। कवि अपने पूर्वाग्रहों को आम बना देती हैं और सुनने वाले इनके प्रभाव में आकर कट्टरता से भर जाते हैं।

यही वजह है कि वो हिंदुत्व के पूरे सिस्टम में एक ज़रूरी हिस्सा बन जाती हैं। एक ऐसी शख्स जो कोई नेता नहीं है, और जो देखने में एक सीधी-सादी गायिका लगती है, लेकिन वो हिंदू राष्ट्रवाद के सबसे कठोर और कट्टरता भरे विचारों को बार-बार गाती और दोहराती हैं। इन बातों को वो ऐसे लोगों तक पहुंचाती हैं जिनसे किसी को कैसे भी नुकसान की आशंका भी नहीं होगी।

अप्रैल 2022 में, हमारी हरिद्वार वाली ट्रिप के बाद, ये सबकुछ मैंने अपनी आंखों से देखा। उस वक्त तक फ़ेसबुक पर कवि के क़रीब 7 लाख फ़ॉलोवर्स हो चुके थे।

उस साल, अप्रैल की शुरुआत में, राजस्थान के करौली शहर में हिंदू और मुस्लिम समुदायों के बीच झगड़ा हो गया। हुआ ये कि हिंदुओं की एक बाइक रैली, जो उनके नववर्ष का जश्न मनाने के लिए निकाली गई थी, अटवारा नाम की एक मुस्लिम-बहुल बस्ती में पहुंच गई। वहां मामले ने साम्प्रदायिक रंग ले लिया।[11] इस हिंसा में कम से कम 42 लोग ज़ख़्मी हुए और कई दुकानों को आग लगा दी गई।[12]

कवि गुस्से में भरी हुई थीं। उन्होंने फ़ेसबुक पर पोस्ट किये एक वीडियो में कहा, 'आप मौन ही रहियेगा। सेक्युलर बने रहियेगा।'[13] कवि ने अपने उस वीडियो में कहा कि कश्मीरी पंडितों के ख़िलाफ़ न जाने कितने अत्याचार हुए लेकिन हिंदुओं ने उनके लिए आवाज़ नहीं उठाई। 'कम से कम अब तो आवाज़ उठाइये।'

इसके बाद उन्होंने इधर-उधर की सभी बातें छोड़कर सीधे मुसलमानों को निशाना बनाना शुरू कर दिया। वीडियो में वो आगे कहती हैं कि अगर उनकी चले तो वो इस

देश के हर हिंदू को मार डालेंगे। साथ ही, इस बात की चेतावनी भी दी कि वो दिन बहुत दूर नहीं है।

उन्होंने अपने फ़ॉलोवर्स से कहा कि ये न समझा जाए कि 'वो' जनसंख्या का 15-20 प्रतिशत हिस्सा ही हैं। इस दौरान उन्होंने मुस्लिम समुदाय का नाम नहीं लिया। बस यही कहा कि 'वो' संख्या में और भी ज़्यादा हैं।

नरेंद्र मोदी के नेतृत्व में भारतीय सरकार ने 2011 में हुई जनगणना के आंकड़ों को धार्मिक समुदायों के आधार पर रिलीज़ किया था। डेटा के अनुदार, देश की मात्र 14.2 प्रतिशत आबादी मुसलमान थी, जबकि 79.8 प्रतिशत लोग हिंदू थे। लेकिन कवि इस डेटा पर विश्वास नहीं करती हैं। वो कहती हैं, 'वो लोग हमारी जनसंख्या का लगभग 50% हिस्सा तो हैं।'

उनके इन दावों का आधार, एक बार फिर, उनके अपने अनुभव हैं। बड़े ही चकित स्वर में उन्होंने कहा, 'मुझे लगता था कि ये लोग मेरे आस-पास हैं ही नहीं। लेकिन फिर जब मैंने उनसे नाम पूछने शुरू किये तो समझ में आया कि ये सारे के सारे मुसलमान हैं।'

कवि कहती हैं कि उनका ये अनुभव रोहतक की लोकल मार्केट से आया है। उन्होंने सब्ज़ी-फल बेचने वाले दुकानदारों और बाज़ार में किनारे पर खाने-पीने के ठेलेवालों से उनके नाम पूछने शुरू किये। उन्होंने कहा, 'पहले तो वो मुझे ऐसे ही सोनू, मोनू जैसे नाम बताते थे। लेकिन फिर जब मैंने दबाव डालकर पूछा तो *असली* मुस्लिम नाम बताये।'

ये एक घटना कवि के लिए इतनी बड़ी थी कि वो सरकारी आंकड़ों को दरकिनार करके अपनी एक अलग ही राय बना सकती थीं।

ऐसे अनुभवों को उनके विचारों का साथ मिलता है और यहां से वो हिंदुत्व की कट्टर समर्थक बन जाती हैं। यहां से कवि, अपने काम के ज़रिये, अपने डर और विश्वासों से उपजी नफ़रत को सभी के बीच फैलाने में लग जाती हैं।

2019 के उत्तरार्ध में, देशभर में, संसद में पारित हुए नागरिकता संशोधन अधिनियम के ख़िलाफ़ प्रदर्शन हो रहे थे। ये अधिनियम, राष्ट्रीय नागरिक रजिस्टर (एनआरसी) के साथ मिलकर, ग़ैर-मुस्लिम शरणार्थियों को फ़ास्ट-ट्रैक से देश की नागरिकता देने और देशभर में 'ग़ैर-कानूनी प्रवासियों' को पकड़ने और उन्हें बाहर निकालने का काम करने वाला था।[14] इस बात का डर फैला हुआ था कि इसके भेदभावपूर्ण प्रावधानों से मुसलमानों को निशाना बनाया जाएगा। यहीं से देश के तमाम हिस्सों में इन प्रदर्शनों की शुरुआत हुई।

दिल्ली के एक मुस्लिम बहुल इलाक़े, शाहीन बाग़ में यहां की मुस्लिम महिलाओं ने शांतिपूर्ण धरना-प्रदर्शन शुरू किया। समय के साथ-साथ यहां हज़ारों की संख्या में प्रदर्शनकारी जमा हो गए और ये देशभर में सीएए-एनआरसी प्रदर्शनों का प्रतीक बन गया। यहां देशभर से लोग आ रहे थे और इसे तमाम राजनीतिक पार्टियों, कलाकारों और तमाम सेलिब्रिटीज़ का समर्थन मिल रहा था।

इस प्रदर्शन ने भाजपा को हिलाकर रखा हुआ था और मोदी तक को ये कहना पड़ा कि ये प्रदर्शन एक 'राजनीतिक षड्यंत्र' था और देश की राजधानी में माहौल ख़राब करने का एक 'एक्सपेरिमेंट' था।[15]

कवि और रामकेश के लिए ये एक ऐसा मौका बन गया, जिसके इर्द-गिर्द उन्होंने अपने गुस्से का इज़हार करना शुरू कर दिया और लोगों को वही सब बताना शुरू कर दिया, जिसमें वो विश्वास रखते थे। उन्होंने यही कहा कि मुस्लिम जनसंख्या बढ़ेगी तो ऐसी ही अराजकता फैलेगी और मोदी ने भी प्रदर्शनकारियों को ऐसा ही कहा था।

31 जनवरी 2020 को कवि ने एक नया गाना *'सच्चे हिंदुस्तानी'* निकाला। इस गाने में प्रदर्शनकारियों को निशाना बनाया गया था, शाहीन बाग़ का ज़िक्र किया गया था और बगैर नाम लिए मुस्लिम समुदाय के ख़िलाफ़ भड़काऊ बातें कही गयीं।

उन्होंने अपने फ़ॉलोवर्स को इन प्रदर्शनों से होने वाले ख़तरे के प्रति आगाह किया। उन्होंने बताया कि ये प्रदर्शन देश को छोटे-छोटे हिस्सों में बांटने के लिए हो रहे थे और हाथ में तिरंगा और दिमाग़ में दंगा लिए ये प्रदर्शनकारी सिर्फ़ जिहाद कर रहे थे। कवि ने अपने गाने में कहा कि वो लोग सिर्फ़ प्रदर्शन नहीं कर रहे थे बल्कि *देश के विपरीत* खड़े थे और इसीलिए वो सभी *जिन्ना की औलाद* थे।

इन सभी ख़तरों से निपटने का एक ही तरीका बताया गया – जनसंख्या नियंत्रण क़ानून के ज़रिये, 'उनकी' जनसंख्या वृद्धि पर लगाम लगाकर।

कवि ने, रामकेश के शब्दों के ज़रिये, इन सभी बातों को सही बताया और देश के इस्लामीकरण के अपने डर को सभी के सामने रखा।

कुछ लोगों की तो साज़िश है,
हम बच्चे ख़ूब बनायेंगे।

जैसे संख्या हुई हमसे ज़्यादा,
फिर अपनी बात मनाएंगे।।
कवि सिंह बस अपना देश, धर्म बचाना चाहती है
मेरा हिंदुस्तान हो विश्वगुरु, बस यही ख्वाब सजाती है।
इनको बाहर निकालो तुम, अपना देश बचा लो तुम।

गाने के अंत में, एक चेतावनी के रूप में ये भी बताया जाता है कि यदि उनकी बातों को अमल में नहीं लाया गया तो क्या होगा।

अगर अभी ये नहीं हुआ,
तो फिर इंतज़ाम नहीं होगा।
इस दुनिया में फिर ये अपना,
हिंदुस्तान नहीं होगा।

~

ऐसी कट्टरता की अनर्गल बातें जब एक झांसे में आ जाने वाली जनता के कानों में बार-बार पड़ती हैं तो उससे अप्रिय परिस्थितियां ही जन्म लेती हैं।

हेट-म्यूज़िक सुनने और हिंसा एवं आक्रामक व्यवहार के बीच एक संबंध तो होता ही है। कई अकादमिक स्टडीज और आम जीवन में हुई हिंसक घटनाओं का विश्लेषण ये बताता है कि नफ़रत से भरे संगीत का हिंसा भड़काने में हाथ होता है, भले ही संगीत और हिंसा के बीच कोई डायरेक्ट लिंक मौजूद न मिले।[16]

पूर्व धुर दक्षिणपंथ के कट्टरपंथियों का एक सपोर्ट ग्रुप है लाइफ़ आफ़्टर हेट। इस ग्रुप के संस्थापक आर्नो मेकायलिस बताते हैं कि हेट-म्यूज़िक आपका मनोरंजन करने से कहीं ज़्यादा दूसरे काम करता है।[17] वो कहते हैं, 'अगर आप व्हाइट पॉवर म्यूज़िक बजा रहे हैं तो आप ये सीख रहे हैं कि आप दूसरों से कैसे नफ़रत कर सकते हैं और आप उनके ख़िलाफ़ इमोशनल हिंसा कर रहे होते हैं।' हालांकि मेकायलिस श्वेत वर्चस्ववादी म्यूज़िक के बारे में बात कर रहे थे लेकिन ये हर उस संगीत पर लागू होता है जो नफ़रत और राजनीतिक प्रोपोगेन्डा फैला रहा होता है।

लेखक जॉनथन पीस्लैक अपनी किताब *साउंड टारगेट्स: अमेरिकन सोल्जर्स एंड म्यूज़िक इन द इराक़ वॉर* में विस्तार से बताते हैं कि कैसे अमेरिकी सैनिक हेवी मेटल और रैप म्यूज़िक सुनकर ख़ुद को 'लड़ाई के लिए प्रेरित' किया करते थे। पीस्लैक बताते हैं कि कैसे ऐसा संगीत दिमाग को उस दिशा और दशा में ले जाता था जो 'हत्या करने के लिए ज़रूरी' था।[18]

धुर दक्षिणपंथ के कट्टरपंथी समूहों पर नज़र रखने वाले विशेषज्ञ इस बात में विश्वास रखते हैं कि संगीत एक ऐसा कारक है, जो लोगों को प्रतिक्रिया देने के लिए भड़का सकता है। इसके ज़रिये लोगों में अपनी प्रतिक्रियाओं और विचारों को लेकर गर्व की अनुभूति आती है और उनमें गुस्सा और द्वेष ख़तरनाक स्तर तक पहुंच जाता है।[19]

इस प्रकार की घटनाओं को समझने के लिए रवांडा का नरसंहार सबसे बेहतर उदाहरण है, जो दुनिया की सबसे भयावह त्रासदियों में से एक है।

1994 में, तीन महीनों तक, बहुसंख्यक हूतू समुदाय, ख़ासकर उसकी पुलिस, हथियारबंद जवान और सेना ने अल्पसंख्यक तुत्सी समुदाय के सदस्यों को मौत के घाट उतारना जारी रखा। उन्होंने हर बड़े पद पर बैठे तुत्सी से लेकर आम जनता तक को निशाना बनाया और उन्हें मशेटी (एक तरह की कुल्हाड़ी) जैसे हथियारों से मार दिया। उन तीन महीनों में लगभग 8,00,000 लोगों को मार डाला गया।[20]

संयुक्त राष्ट्र सुरक्षा परिषद ने रवांडा के लिए इंटरनेशनल क्रिमिनल ट्रिब्यूनल का गठन किया जिसे वहां हुए अंतर्राष्ट्रीय कानूनों के उल्लंघन की जांच करनी थी और नरसंहार के लिए ज़िम्मेदार लोगों को सज़ा देनी थी। ट्रिब्यूनल ने इक्कीस वर्षों तक जांच की और इस दौरान हत्या के मामलों में 93 लोगों को दोषी ठहराया,[21] जिसमें रवांडा सरकार के अंतरिम प्रधानमंत्री जीन कम्बंडा भी शामिल थे।[22]

दोषियों में एक ऐसा नाम था, जिसने कई लोगों को चौंकाया था। ये था गीतकार और गायक साइमन बिकिंडी। नरसंहार से पूर्व के दिनों में बिकिंडी इस कदर मशहूर था कि उसे 'रवांडा का माइकल जैक्सन' कहा जाता था और बताया जाता था कि वो 'अपनी पीढ़ी का सबसे टैलेंटेड आर्टिस्ट था।'[23]

लेकिन बिकिंडी का संगीत तुत्सियों के खिलाफ लोगों में गुस्सा भड़काने में बहुत सक्रिय था। उसने तीन राजनीतिक गाने बनाए थे, जिन्हें रेडियो टेलीविज़्यॉन लिब्रे डे मिल

कोलीन पर दिन में कई बार और बार-बार बजाया जाता था।[24] हूतू समुदाय द्वारा चलाया जा रहा ये स्टेशन नरसंहार में बहुत बड़ी भूमिका निभाने के लिए जाना जाता है। इन गीतों में ऐतिहासिक हूतू नायकों की वीरता का गुणगान होता था, जबकि तुत्सी राजशाही को बुरे और इतिहास में खलनायक के रूप में पेश किया जाता था। इससे हूतूओं में ये डर पैदा होने लगा कि तुत्सी उन्हें मार डालेंगे।

बिकिंडी पर छह आरोप लगे: नरसंहार, नरसंहार की साज़िश, नरसंहार में सांठ-गांठ, नरसंहार के लिए प्रत्यक्ष और सार्वजनिक उकसावा, मानवता के खिलाफ अपराध के रूप में हत्या, और मानवता के खिलाफ अपराध के रूप में उत्पीड़न।[25]

लोकप्रिय रवांडाई संगीतकार होने के साथ-साथ बिकिंडी सत्तारूढ़ पार्टी का हिस्सा भी था और इस सरकार के युवा एवं खेल मंत्रालय में एक अधिकारी भी। प्रत्यक्ष और सार्वजनिक उकसावे के आरोप में उस पर ये आरोप भी लगा था कि उसने:

> ... हूतू एकजुटता का गुणगान करने और तुत्सियों को हूतूओं का दास बताने वाले गीत बनाए, प्रस्तुत किये, रिकॉर्ड किये या फैलाये... इन गीतों का इस्तेमाल बाद में तुत्सियों को दुश्मन या दुश्मनों के साथी के रूप में निशाना बनाने और हूतू आबादी को तुत्सियों से अलग होने, उन्हें मार डालने के लिए उकसाने, भड़काने और प्रेरित करने के लिए किया गया।

इसके साथ ही, आरोप ये भी थे कि कैसे बिकिंडी के:

> ... लिखे बोलों ने हूतू एकता को बढ़ावा देने के लिये रवांडा की राजनीति और इतिहास को तोड़-मरोड़कर पेश किया... आरटीएलएम के प्रसारण में दुश्मनों पर हमला करने की घोषणाओं के बाद साइमन बिकिंडी के लिखे और गाये गीत चलाये जा रहे थे।

केस में मदद पाने के लिहाज़ से, अभियोग पक्ष ने प्रोफ़ेसर गेमरियल बोनिमाना और जीन डि डीयू करान्वा की एक रिपोर्ट का सहारा लिया। प्रोफ़ेसर गेमरियल बोनिमाना नेशनल यूनिवर्सिटी ऑफ़ रवांडा में इतिहास के प्रोफ़ेसर थे और जीन डि डीयू करान्वा,

पेरिस स्थित नेशनल इंस्टिट्यूट ऑफ़ ईस्टर्न सिविलाइज़ेशन में रवांडा के भाषाविद थे। ये रिपोर्ट कहती है:[26]

> [बिकिंडी के] गीत वाकई एक हथियार थे और आरटीएलएम ने इसका पूरा इस्तेमाल किया। अच्छी तरह से बने ये गाने... कई मौकों पर बोरिंग और लम्बे भाषणों की जगह ले सकते थे और असल में ये रेडियो प्रेज़ेंटर का बखूबी साथ निभा रहे थे। संगीत के प्रतीक के रूप में, ये गाने ऐसा उत्साह जगा रहे थे जिसे महज़ शब्दों या किसी और भाषण से व्यक्त नहीं किया जा सकता था।

तीन दशक के बाद, हिंदुस्तान के दक्षिणपंथ ने ये महसूस किया है और ऐसे भावनात्मक संगीत का भरपूर इस्तेमाल करने में लगा हुआ है।

~

दुनियाभर में, इंडिया का नाम उन देशों में आता है जहां मोबाइल इंटरनेट डेटा बेहद सस्ता है। इसका एक नतीजा ये निकला है कि देश में हर जगह, मोबाइल फ़ोन पर ऑनलाइन वीडियो देखे जाने की दर तेज़ी से बढ़ गयी।[27] 2018 में ऑनलाइन वीडियो देखने वाले 26.6 करोड़ लोग थे, जो 2020 में 35 करोड़ हो गए। ये बढ़ोत्तरी चीन और इंडोनेशिया जैसे देशों के मुक़ाबले में लगभग दोगुनी तेज़ी से हुई है।[28]

आंकड़ों के मुताबिक़, एक स्मार्टफ़ोन यूज़र यदि औसतन पांच घंटे अपने फ़ोन पर बिता रहा है तो वो उसमें से एक घंटा सिर्फ़ वीडियो देखने पर खर्च करता है।[29] इस सस्ते डेटा के चलते ज़्यादा से ज़्यादा भारतीय यूट्यूब जैसे प्लेटफ़ॉर्म को अपना सर्च इंजन बना चुके हैं। नयी जानकारी पाने के लिए अब वो सीधे यहीं आ रहे हैं।

जब भी कोई ऐसा मौका आता है, जहां किसी घटना के चलते नयी ख़बरें बनती हैं तो जानकारी पाने के लिए लोग ज़्यादातर यूट्यूब और फ़ेसबुक पर जाने लगे हैं।[30] उस घटनाक्रम के इर्द-गिर्द ख़बरें आने लगती हैं और लोग बातचीत करने लगते हैं। ऐसे में, वीडियो कॉन्टेंट के भूखे भारतीय, लम्बे लेखों और टीवी न्यूज़ को छोड़कर ऑनलाइन वीडियोज़ की शरण में पहुंचते हैं और उनके आधार पर ही अपनी राय बनाते हैं।

रामकेश और कवि इसे बखूबी समझते हैं। अपने मन में, वो ख़ुद को इन पत्रकारों से कम नहीं मानते हैं।

यहीं से उन्हें ये भी समझ में आया कि उन्हें घटना के दिन ही गाना रिलीज़ करना है। रामकेश कहते हैं, 'अगले दिन कोई नहीं सुनता।'

अक्टूबर 2020 के शुरुआती दिनों में, भारतीय ज्वेलरी ब्रांड तनिष्क ने पैंतालीस सैकंड का एक वीडियो ऐड जारी किया था जिसमें वो अपने नए आभूषणों के बारे में बता रहे थे। इस ऐड में उन्होंने एक मुस्लिम परिवार को अपनी गर्भवती हिंदू बहू के लिए हिंदू रीति-रिवाज़ के साथ बेबी-शॉवर का आयोजन करते हुए दिखाया था। कुछ ही घंटों के भीतर हिंदू दक्षिणपंथी सोशल मीडिया इन्फ़्लुएन्सर इस ऐड पर टूट पड़े। इन सभी कहना था कि इस ऐड के ज़रिये लव जिहाद को बढ़ावा दिया जा रहा था।[31] चार दिन बाद, तनिष्क को ये विज्ञापन न केवल हटाना पड़ा बल्कि 'अनजाने में भावना आहत' करने के लिए माफ़ी भी मांगनी पड़ी।[32]

इस घटना की आग ठंडी हो ही रही थी कि हरियाणा के शहर बल्लबगढ़ में 20 साल की लड़की निकिता तोमर अपने कॉलेज से बाहर निकली और उसे किसी ने गोली मार दी।[33] निकिता की मौत हो गयी। मालूम पड़ा कि उसपर गोली चलाने वाले दो लड़के मुसलमान थे, जिसमें से एक इस बात से आहत था कि निकिता ने उससे शादी करने से इंकार कर दिया था।[34] इस घटना से उपजे हाहाकार के बीच ये आरोप भी लगने लगे कि निकिता की हत्या असल में इसलिए हुई क्योंकि उसने धर्मांतरण करने से मना कर दिया था।

देखते ही देखते, वो मुद्दा जो हिंदू दक्षिणपंथ कबसे उठाता आ रहा था, अचानक भाजपा सरकार के लिए प्रशासनिक प्राथमिकता बन गया।

निकिता की हत्या के कुछ ही दिनों बाद उत्तर प्रदेश के मुख्यमंत्री योगी आदित्यनाथ ने ऐलान किया कि उनकी सरकार जल्द ही लव जिहाद को रोकने के लिए नया क़ानून लायेगी और 'हमारी बहनों-बेटियों' का जबरन धर्मांतरण करने वालों की 'राम नाम सत्य है' वाली यात्रा निकाली जायेगी।[35] इसका अनुसरण करते हुए 7 अन्य राज्यों – कर्नाटका, असम, हरियाणा, उत्तराखंड, हिमाचल प्रदेश, मध्य प्रदेश और गुजरात ने भी ऐसे ही क़ानून लाने का वादा कर दिया।[36]

इधर, बाप-बेटी की जोड़ी को मौका दिखा और उन्होंने इसे लपकने में कोई कसर नहीं छोड़ी।

योगी आदित्यनाथ का ऐलान सुनते ही, एक दिन के भीतर रामकेश ने गीत के बोल लिख डाले। कवि ने एक दिन लेकर गाना याद किया और रिकॉर्ड कर डाला। योगी आदित्यनाथ के उस बड़े ऐलान के दो दिन बाद ही एक नया गाना आ चुका था,[37] जिसका शीर्षक था – *लव जिहाद।*

गाने की शुरुआत में कवि ज़ोर से दो बार 'वन्दे मातरम' चिल्लाती हैं और सीधे मुद्दे पर आ जाती हैं। मुसलमानों का नाम लिए बगैर, गाने में दुश्मनों को निशाना बनाकर उन पर भड़ास निकाली जाती है। इस गाने के ज़रिये कवि पूरे समुदाय के लिए 'वो/इनकी' जैसे शब्द इस्तेमाल करती हैं लेकिन कहीं भी ये जताने में कोई कसर नहीं छोड़तीं कि असल में वो बात किसकी कर रही हैं।

पहली चार लाइनों में उनकी मंशा ज़ाहिर हो जाती है।

इन देशद्रोही मक्कारों को
करो बाहर गद्दारों को।
मानवता के हत्यारों को,
करो बाहर गद्दारों को।

गाने में बताया जा रहा है कि 'ये' लोग आतंकवादी हैं और हिंदुओं को उनसे भयानक ख़तरा है। ये ख़तरा वही है जिसमें कवि और रामकेश पूरी तरह से विश्वास करने लगे हैं।

ये गाना किससे प्रेरित हुआ है, किस ओर इशारा कर रहा है, इस बारे में कोई संशय की स्थिति न रखते हुए वीडियो में उस जगह की तस्वीर भी आती है जहां निकिता की हत्या की गयी थी।

देश का क़ानून नहीं मानते,
बीच सड़क पर मारा है।
फिर ये कैसे कहते हैं,
कि भारत देश हमारा है।

इस गाने का अंत एक चेतावनी के साथ होता है कि यदि हिंदू अभी नहीं जागे तो उनका अंत निश्चित है।

इनकी मंशा का अब,
पता चल गया ही होगा।
जब घर में घुसकर मारेंगे,
क्या तब अहसास तुम्हें होगा?
तुम अब भी जाग न पाओगे,
तो सोते ही रह जाओगे।

गाना ख़त्म होते ही, जहां कवि हाथ जोड़े और मुस्कुराते हुए खड़ी दिखती हैं, स्क्रीन काली होनी शुरू होती है और उसपर एक पोस्टर आता है जिसपर लिखा है – *हिंदू भाइयों से अपील।*

ये पहला मौका है जब कवि के गानों में ऐसा कुछ हुआ हो। पोस्टर में सलवार-कमीज़ पहने एक लड़की दिखती है जो दाढ़ी वाले और हरी टीशर्ट पहने एक लड़के के साथ बाइक पर पीछे बैठी है। पीछे एक मंदिर भी दिख रहा है।

हिंदी में बने इस पोस्टर में ख़बरदार किया जा रहा था कि कैसे मुसलमान लड़के अपनी कलाई पर कलावा पहनकर या अपना कोई हिंदू नाम बताकर हिंदू लड़कियों को प्रेम के झूठे वादों से बहका रहे थे और बाद में उनका धर्मांतरण करके, यौन शोषण करके छोड़ दे रहे थे। पोस्टर में उदाहरण भी दिया गया था:

उदाहरण के तौर पर, बॉलीवुड अभिनेता सैफ़ अली खान व आमिर खान ने हिंदू लड़कियों से शादी कर, बच्चे पैदा कर, उन्हें छोड़ दिया।

पोस्टर अगली चेतावनी देता है:

अगला शिकार तुम हो।

एक आकस्मिक अंत

जो राम को लाये हैं, हम उनको लायेंगे
यूपी में फिर से हम भगवा लहरायेंगे।

कवि के लिए साल 2021 स्वर्णिम रहा। कोविड-19 महामारी के चलते सभी कार्यक्रम रद्द हो रहे थे। उस दौरान कवि ने अपने गाने ऑनलाइन रिलीज़ करने पर पूरा ध्यान लगाया और सोशल मीडिया पर अपनी जगह बनाने पर मेहनत की। साल के अंत तक कवि ने अपने यूट्यूब चैनल पर कुल 21 गाने रिलीज़ कर डाले थे। लगातार दिख रही मौजूदगी के चलते ये हुआ कि उन्होंने सालभर में 2 लाख नए सब्स्क्राइबर जुटा लिए थे।[1]

काम के नज़रिये से, उनकी ऑनलाइन छवि सही वक़्त पर चमकनी शुरू हुई थी। अगले साल की शुरुआत में, उत्तर प्रदेश में चुनाव होने वाले थे। हिंदुत्व ब्रिगेड के लिए योगी आदित्यनाथ का गद्दी पर दोबारा बैठना अहम था। हालांकि कवि ने कभी भी सार्वजानिक तौर पर योगी के लिए कैम्पेन नहीं की थी, वो उन्हें बहुत पसंद करती थीं। ये एक ऐसी भावना थी, जो पूरे हिंदुत्व तंत्र में बराबरी से फैली हुई थी।

दूसरी कई बातों की तरह, इस मामले में भी, उनकी पसंद अपने अनुभवों के आधार पर बनी थी, जिसका स्रोत रामकेश थे।

उन्होंने बताया कि कि योगी के सत्ता में आने के बाद जो सबसे बड़ा बदलाव उन्होंने देखा, वो था यूपी के मुसलमानों में बसा डर। रामकेश अपनी कई यात्राओं के

दौरान यूपी आते-जाते थे। वो कहते हैं कि कुछ साल पहले तक उन्हें ऐसी यात्राओं में डर लगता था।

रामकेश ने मुझसे कहा, 'हर बार, जब मैं मुस्लिम मोहल्लों से निकलता था, मुझे ख़तरा महसूस होता था। वो आपकी गाड़ी रोककर आपके साथ कुछ भी कर सकते थे।' मैंने उनसे ऐसी कुछ घटनाओं के बारे में पूछा। मैं जानना चाहता था कि क्या उनके साथ ऐसा कुछ कभी हुआ था? मालूम चला कि उनके साथ ऐसा कुछ नहीं हुआ था। वो आगे कहते हैं, 'इन (मुस्लिम बहुसंख्यक) इलाकों से निकलना इतना ख़तरनाक होता था कि लोग यूपी में रात में गाड़ी चलाने को मना करते थे।' लेकिन अब ये बदल गया था। 'योगी ने राज्य को इतना सुरक्षित बना दिया है कि आप जब चाहो तब गाड़ी निकालकर जा सकते हो।' उन्होंने ये भी बताया कि योगी सरकार ने पूरे क्राइम सिंडिकेट का सफ़ाया कर दिया था और '12 हज़ार से ज़्यादा' एनकाउंटर किये थे।

रामकेश ने जो आंकड़ा दिया था वो सही नहीं था। अगस्त 2021 तक, जो रामकेश के कथन के पांच माह बाद का समय था, योगी आदित्यनाथ के शासन में यूपी पुलिस ने 8,742 एनकाउंटर किये थे जिसमें 3,302 कथित क्रिमिनल घायल हुए थे और 146 मौतें हुई थीं।[2]

हालांकि ऐसी कहानियां कवि को आश्वस्त करने के लिए काफ़ी थीं। वो योगी की फ़ैन थीं। जिस गति से उनकी ऑनलाइन मौजूदगी और प्रभाव बढ़ रहा था, हिंदू दक्षिणपंथ के पूरे तंत्र के लिए वो एक साधन थीं जिनका इस्तेमाल हिंदुत्व का चेहरा योगी आदित्यनाथ और उनकी पार्टी भाजपा के लिए अधिक सपोर्ट इकट्ठा करने के लिए किया जा सकता था।

ये एक ऐसी संभावना थी जिसके लिए कवि सकारात्मक ही थीं। रामकेश मुझे बता ही चुके थे कि वो कई भाजपा नेताओं के करीबी थे और दोंनों ने उत्तर प्रदेश में अपने परिचित एक सीनियर बीजेपी नेता द्वारा आयोजित कॉन्सर्ट में परफ़ॉर्म भी किया था।

लेकिन, जैसे-जैसे 2021 अपने अंत की ओर बढ़ रहा था, मुझे कवि की सोशल मीडिया गतिविधियों में कुछ गिरावट नज़र आती दिखी। पूरे साल वो एक महीने में दो गानों का औसत लेकर चल रही थीं। कई बार गाने कुछ ही दिनों के अंतर पर रिलीज़ हो रहे थे। हर कुछ दिन पर, ख़ासकर गाना रिलीज़ होने के इर्द-गिर्द, कवि सोशल मीडिया पोस्ट पब्लिश करती थीं और कई बार फ़ेसबुक पर 'लाइव' भी आयीं। इन

लाइव वीडियोज़ में वो हिंदुत्व में डूबी हुई अपनी राजनीतिक और सामाजिक राय सामने रखती थीं।

लेकिन जैसे-जैसे साल बीत रहा था, वो कुछ हल्की पड़ती जा रही थीं। अगस्त में तीन और सितम्बर में दो गाने रिलीज़ करने के बाद अक्टूबर के महीने में मैंने उनके सोशल मीडिया हैंडल्स पर कुछ होते ही नहीं देखा। अक्टूबर के अंत में उन्होंने एक गाना रिलीज़ किया: *'देश प्रेम'*। ये गाना ख़ुद कवि ने ही लिखा था और ये उन्हीं के बारे में ही है:

देश पर मर मिट जाने को मैंने जनम लिया,
अपने धरम पर ही गाने को मैंने जनम लिया।
याद करूं जब क़ुरबानी, तो खून खौलने लगता है,
तुझे भी कुछ कर जाना है, हृदय बोलने लगता है।
मैं मर जाऊं इस धरती पे जलाकर सच का दिया,
अपने धरम पर ही गाने को मैंने जनम लिया।

उस साल ये उनका आख़िरी गाना होने वाला था।

बाद में, मैंने उन्हें फ़ोन किया और पूछा कि वो ठीक तो थीं। उन्होंने बताया कि उनकी तबीयत लगातार ख़राब चल रही थी। लेकिन फिर वो जैसे ही ठीक हुईं, अलवर में उनकी माताजी की तबीयत बिगड़ गयी।

कवि ने बताया कि एक के बाद एक आती शारीरिक मुसीबतों और भागदौड़ के चक्कर में वो कुछ कमज़ोर महसूस कर रही थीं और उन्हें पुराने रंग में वापस आने में कुछ वक़्त लगने वाला था। उनके गीतों को और आने वाले उत्तर प्रदेश चुनावों में परोक्ष रूप से भाजपा के प्रचार को इंतज़ार करना होगा।

~

फ़रवरी 2022 के पहले हिस्से में, जिस वक़्त उत्तर प्रदेश के सात चरणों के मतदान धीरे-धीरे आगे बढ़ रहे थे, मैंने राज्य के उन तमाम अंदरूनी इलाक़ों के छोटे शहरों, कस्बों, गावों की यात्रा की जहां बीते पांच सालों में सांप्रदायिक हिंसा की घटनाएं घटित हुई थीं। 2014 से ये देश कई सारी सांप्रदायिक हिंसा की घटनाओं का प्रत्यक्षदर्शी रह चुका है।

दो सम्प्रदायों में टकराव से लेकर हमलों और लिंचिंग की घटनाएं देखी जा चुकी हैं। बीते कुछ समय से मैं देशभर की ऐसी तमाम घटनाओं पर नज़र बनाए हुए था। इस दौरान मैं घटनास्थलों पर भी गया, वहां उन तमाम लोगों से भी मिला जो इसमें किसी भी हाल में शामिल या उससे जुड़े हुए थे और ऐसी घटनाओं का देश के सामाजिक ढांचे पर क्या असर पड़ रहा था, इसकी रिपोर्टिंग भी लगातार कर रहा था।

उत्तर प्रदेश के चुनाव नज़दीक आ रहे थे और मैं ये समझना चाहता था कि हेट क्राइम्स का गवाह बनी जगहों पर योगी सरकार के कार्यकाल ने क्या असर डाला था। इसलिए, फ़रवरी 2022 में मैं उत्तर प्रदेश के 5 ज़िलों में घूमा। इस दौरान मैंने 8 दिनों में 1,800 किलोमीटर की यात्रा की और अपने सवालों के जवाब ढूंढने की कोशिश करता रहा।

मैंने कभी भी नहीं सोचा था कि अनजाने में, इस यात्रा के चलते मुझे समझ में आएगा कि कैसे पॉप-कल्चर वोटरों को भाजपा की ओर आकर्षित करता जा रहा था।

मैं सबसे पहले पश्चिमी उत्तर प्रदेश के मुज़फ़्फ़रनगर ज़िले के पुरबालियान गांव में पहुंचा। इसी इलाके में 2013 में हुए दंगों का दंश भी ये गांव झेल चुका था। उस दौरान कम से कम छह लोगों की मौत हुई थी और 40,000 लोग अपना घर छोड़कर चले गए थे। उसके पांच साल बाद, 2018 में, स्थानीय लड़कों के एक क्रिकेट मैच में मामला हाथ से निकल गया और उस मारपीट की घटना ने सांप्रदायिक रूप ले लिया। इस बार हिंदू और मुस्लिम पक्षों ने एक दूसरे पर हमला करने का आरोप लगाया।[3]

इस टकराव के केंद्र में था उन्नीस साल का एक हिंदू लड़का – सुमित कुमार पाल। उसने पुलिस को बताया कि मैच के दौरान हुई लड़ाई में उसका चचेरा भाई फंस गया था और उस घटना के तीन दिनों के भीतर दो बार मुस्लिम लड़कों ने उसे भी पीटा था। 2019 में, टकराव के लगभग एक साल बाद और आम चुनाव से कुछ ही वक़्त पहले, जब मैं सुमित से मिला तो लगा कि बदला पा लेने के बाद सुमित कुछ शांत और संतोषमय स्थिति में था।[4] उसने दो एफ़आईआर लिखवायी थीं जिसमें उसने कहा था कि उसे और उसके परिवारवालों को स्थानीय मुस्लिम लोगों ने पीटा था। स्थानीय भाजपा सांसद और मोदी सरकार में मंत्री संजीव बाल्यान घटना के कुछ ही दिन में उस गांव में पहुंचे और उन्होंने खुलकर सुमित के परिवार का पक्ष लिया।[5] बाल्यान ने यहां तक कह दिया था कि सभी आरोपियों पर – सभी मुस्लिम थे – राष्ट्रीय सुरक्षा अधिनियम (एनएसए), 1980 के तहत कार्रवाई होगी।[6,7]

आनन-फानन में पुलिस हरकत में आ गयी। उन्होंने सत्ताईस लोगों – सभी मुस्लिम – को हिरासत में ले लिया और 3 पर एनएसए लगा दिया। एनएसए के अंतर्गत किसी को भी बगैर कारण सार्वजनिक किये 12 महीने तक हिरासत में रखा जा सकता है।[8]

एक ओर सुमित पुलिस की कार्रवाई से संतुष्ट था, गांव के मुसलमान पुलिस की बर्बरता से नाराज़ थे। उनकी शिकायत थी कि पुलिस ने स्थानीय मुसलमानों के घरों में जबरन घुसकर उन्हें हिरासत में लिया था।[9]

2022 में मैंने तय किया कि मैं दोबारा पुरबालियान जाऊंगा और देखूंगा कि हिंसा के चलते गांव के समाजशास्त्र पर क्या असर पड़ा था और दोनों सम्प्रदायों के निजी रिश्ते कैसे प्रभावित हुए थे।

मैं सुमित के घर में बैठा और उसका इंतजार करता रहा। उसके चाचा ने उसे फ़ोन करने की कोशिश की। मैं इस बीच उनके कमरे में एक मोढ़े पर बैठा हुआ था। पाल परिवार का आस-पड़ोस के गांवों में दूध बेचने का धंधा था इसलिए घर के ज़्यादातर हिस्से पर भैंसें काबिज़ थीं।

जब हमने सुमित को कॉल किया, उसकी कॉलरट्यून दिलचस्प भी थी और तेज़ भी। एक आदमी की आवाज़ आ रही थी। उसके बोल ने मेरा ध्यान खींचा:

जो राम को लाये हैं, हम उनको लायेंगे
यूपी में फिर से हम भगवा लहरायेंगे।

तीस सैकंड में यही दो लाइनें फिट हो पा रही थीं जो हम सुन रहे थे। लेकिन हम जितनी भी बार फ़ोन कर रहे थे, यही गाना सुनायी दे रहा था।

मेरे यूपी पहुंचने से पहले ही मैंने प्रदेश का राजनीतिक माहौल देखना शुरू कर दिया था। आख़िर चुनाव होने को थे और बहुत कुछ ताक पर था। लेकिन मैंने ये गाना अभी तक एक बार भी नहीं सुना था, न ही इसके अस्तित्व में होने से जुड़ी कोई भी जानकारी मेरे पास थी। लेकिन फिर मैं जैसे-जैसे उत्तर प्रदेश के अंदरूनी इलाक़ों में चलता गया, ऐसा लगा कि ये गाना सर्वविद्यमान था।

मैं जहां भी जा रहा था, मुझे ये गाना लोगों की कॉलरट्यून के रूप में मिल रहा था, लोगों की रिंगटोन में मिल रहा था या फिर कोई न कोई इसे अपनी दुकान, कार या अपने फ़ोन पर बजा रहा था।

बहुत ही जल्द मुझे मालूम पड़ा कि ये असल में एक लम्बे गाने का हिस्सा था और ये किसकी पैरवी कर रहा था:

भगवा है चोला जिनका, बस राम की बात करें
हिंदू हैं हिंदू हम, बस राम की बात करें।
ऊपर से नहीं हैं राम, अंदर से राम के हैं
बस इसीलिए योगी, बन्दे कमाल के हैं।

ये गाना एक कमाल के आत्मविश्वास भरे लहजे में ख़त्म होता है:

योगी जी आये हैं, योगी ही आयेंगे
संतों की नगरी को, बाबाजी चलायेंगे।
यूपी में फिर से हम, भगवा लहरायेंगे।

~

ये गाना कन्हैया मित्तल ने लिखा और गाया था। कन्हैया को उत्तर भारत में अपने धार्मिक गीतों के लिए जाना जाता है। इस गाने के आने से पहले तक कन्हैया को खाटू श्याम को समर्पित गीतों के लिए जाना जाता था। हिंदू मान्यताओं के अनुसार खाटू श्याम महाभारतकाल के एक शूरवीर थे।[10] कन्हैया के भजन खाटू श्याम को और राजस्थान के सीकर ज़िले में स्थित उनके मंदिर को समर्पित हुआ करते थे।

लेकिन इतने बड़े चुनावों को पास आता देख कन्हैया ने अपने गीतों को कुछ कदम आगे बढ़ाकर हिंदुत्व का प्रमोशन करने में ज़रा भी हिचक नहीं दिखाई।

'जो राम को लाये हैं', गाने के अलावा कन्हैया ने भाजपा सांसद और पूर्व दिल्ली भाजपा अध्यक्ष मनोज तिवारी के साथ भी एक गाना रिकॉर्ड किया था। इसका शीर्षक

था: *'भगवा रंग चढ़ने लगा है।'*[11] इस गाने में राम मंदिर निर्माण का गुणगान किया गया था। ये गाना अपने श्रोताओं से उस दिन के बारे में सोचने को कहता है जिस दिन अयोध्या में राम मंदिर बनकर तैयार हो जायेगा और इस बात पर ज़ोर देता है कि उस दिन देश की तस्वीर मनोरम हो जाएगी। इसके साथ ही इस गाने में काशी और मथुरा के मंदिरों का भी ज़िक्र हुआ। ये वो शहर हैं जहां के बारे में हिंदू दक्षिणपंथ दावा करता है कि मौजूदा मस्जिदें उस जगह पर बनी हैं जहां उनसे पहले मंदिर खड़े थे।

यूट्यूब, इन्स्टाग्राम और फ़ेसबुक के माध्यम से कन्हैया की सोशल मीडिया पर अच्छी पकड़ थी और इन तीनों प्लेटफ़ॉर्म्स को मिलाकर उनके साढ़े चालीस लाख फ़ॉलोवर्स थे। इस सबके बावजूद उन्हें कभी भी मीडिया कवरेज नहीं मिली थी। दिल्ली और मुंबई से चलने वाली संस्थाओं से तो बिल्कुल भी नहीं।

डिजिटल मीडिया की दुनिया में वो ख़ासे लोकप्रिय थे। फ़ेसबुक और इन्स्टाग्राम पर उनके पोस्ट्स को हज़ारों की संख्या में रीऐक्ट्स मिलते थे। यूट्यूब पर उनके भजनों को लगातार मिलियन में व्यूज़ मिल रहे थे। अक्सर उनके यूट्यूब वीडियो के थम्बनेल में उस वीडियो पर आ चुके व्यूज़ लिखे हुए होते थे। उन वीडियोज़ के डिस्क्रिप्शन में उनका फ़ोन नंबर लिखा हुआ होता था। ये एक ऐसा कदम है जो आजकल कलाकारों के बीच आम हो चला है, ख़ासकर छोटी जगहों से आने वाले कलाकारों में, जो हर मौके को भुनवाकर अपना नाम बनाना चाहते हैं।

मैंने फैसला किया कि मैं उनसे मिलूंगा और जानने की कोशिश करूंगा कि ये गाना कैसे अस्तित्व में आया। साथ ही उनके राजनीतिक विचारों की भी एक झलक पाने की कोशिश करनी थी।

कुछ ही समय में समझ आ चुका था कि कन्हैया से पहली बार बात करना कितना मुश्किल काम था। डिस्क्रिप्शन में जो नंबर था, वो उन्हीं का था लेकिन वो न फ़ोन उठा रहे थे और न ही मैसेजेज़ का जवाब दे रहे थे। लेकिन फिर एक दिन उनका मैसेज आया कि उनकी तबीयत ख़राब चल रही थी। हालांकि, सोशल मीडिया के ज़रिये मुझे कुछ-कुछ समझ में आ रहा था कि उनके पास कॉल्स और मैसेज का जवाब देने का वक़्त क्यों नहीं था: उनके गाने की लोकप्रियता ने कन्हैया को भाजपा के लिए एक बहुत बड़ा कैम्पेनर बना दिया था। गाना इतना पसंद किया जा चुका था और इस कदर वायरल हुआ था कि भाजपा ने कन्हैया को अपनी राजनीति का अनुयायी बनाकर सामने रखना शुरू कर दिया।

पार्टी के लिए भी कन्हैया एक अच्छा पैकेज साबित हो रहे थे: वो सीधे तौर पर भाजपा से जुड़े नहीं थे, इसलिए उन पर राजनीति का बोझ नहीं था, वो हिंदू धार्मिक भावनाओं से जुड़े हुए थे, एक लोकप्रिय कलाकार थे और भाजपा की राजनीति का समर्थन करते थे।

इधर, चुनाव प्रचार ज़ोर पकड़ रहा था: यूपी के अलावा उत्तराखंड और पंजाब में भी चुनाव होने को थे। भाजपा के लिए उत्तराखंड भी बेहद अहम प्रदेश था जो हिंदू धर्म के लिहाज़ से एक महत्वपूर्ण इलाक़ा है और जिसके तमाम मंदिर और दर्शनीय स्थल हिंदू समुदाय की आस्था का केंद्र हैं।

कन्हैया हर दूसरे दिन किसी दूसरे शहर में पाये जा रहे थे। कई-कई दिन तो वो एक ही दिन में दो या उससे ज़्यादा शहरों में जा रहे थे। ऐसा वो उत्तर प्रदेश और उत्तराखंड, दोनों राज्यों में कर रहे थे। हालांकि कन्हैया ने अभी तक मुझसे मिलने के लिए हां नहीं कही थी, लेकिन उनकी सोशल मीडिया फ़ीड से मुझे उनके बारे में काफ़ी जानकारी मिल रही थी: वो प्राइवेट जेट्स और चार्टर्ड जहाज़ों में यात्रा कर रहे थे और उसे दर्ज करते चल रहे थे। 11 फ़रवरी 2022 को उन्होंने अपने सोशल मीडिया पर एक वीडियो पोस्ट किया, जिसमें उन्होंने अपने इस 'देशाटन' की कहानी बतायी।[12] दोपहर में, वो उतराखंड के एक छोटे से शहर किच्छा में थे। शाम को उन्हें पंजाब के शहर बठिंडा में होना था, जो उनसे 10 घंटे की दूरी पर था। फ़ेसबुक लाइव के दौरान उन्होंने बताया कि उनसे बहुत सारे फ़ॉलोवर्स ने पूछा था कि अपने शो के लिए वो समय से कैसे पहुंच सकेंगे। इसके जवाब में उन्होंने उस प्राइवेट जेट के दृश्य दिखाए, जिसमें वो यात्रा कर रहे थे। ये एक छोटा सा जहाज़ था जिसमें कुछ ही सीटें थीं। उन्होंने ये नहीं बताया कि इन सभी यात्राओं की फ़ंडिंग कहां से आ रही थी। उन्होंने बस इतना कहा कि उनके आराध्य खाटू श्याम ने इस ट्रिप की 'व्यवस्था' कर दी थी।

दस दिन बाद, कन्हैया ने दिल्ली में मुलाक़ात के लिए हामी भर दी। यहां उन्हें एक कार्यक्रम में हिस्सा लेना था और वो परफ़ॉर्म कर रहे थे। उन्होंने मुझे पीतमपुरा में उस फ़ोर-स्टार होटल में बुलाया, जहां वो रात को रुके हुए थे। अगली सुबह उन्हें उत्तर प्रदेश में एक रैली के लिए निकलना था।

कन्हैया एक छोटे कद के, दाढ़ी रखे हुए शख्स हैं, जिनके कंधे चौड़े और आवाज़ बुलंद है। उन्होंने बताया कि जब वो सात साल के थे, तबसे गाना गा रहे हैं। वो पले-बढ़े चंडीगढ़ में थे, जहां उनका परिवार राजस्थान के श्री गंगानगर से पहुंचा था। बचपन में ही

उन्होंने चंडीगढ़ के एक लोकल भजन ग्रुप का साथ पकड़ लिया था, जो लोगों के घरों में जाकर भजन गाते थे। उन्होंने अपने वयस्क हो जाने के शुरुआती दिनों तक ऐसा करना जारी रखा। इतने लम्बे समय तक भजन गायन के चलते खाटू श्याम के भक्तों के बीच वो खासे लोकप्रिय हो गए।

धर्म के चलते कन्हैया ने अपना नाम बनाना शुरू कर दिया था, उन्हें लोग जानने और पहचानने लगे थे। लोगों के घरों में गाने से जिसकी शुरुआत हुई थी, उसे अब भक्ति गीतों के ऐसे शो मिलने लगे थे जो रॉक कॉन्सर्ट से कम नहीं थे।

इस रास्ते पर चलते हुए ही उन्हें ये साफ़ समझ में आने लगा था कि राजनीति और धर्म का मिश्रण हो जाना कितना आसान था। उनकी पैदाइश 1990 की थी। ये वो दौर था जब देश की राजनीति में आमूलचूल परिवर्तन आ रहा था: संघ परिवार एक राजनीतिक आंदोलन कर रहा था, जिसका उद्देश्य अयोध्या में राम मंदिर का निर्माण करवाना था। इसे ख़ूब साथ भी मिल रहा था। देश के राजनीतिक संवाद में धर्म बहुत बड़ी जगह ले चुका था।

लेकिन 10 साल के कांग्रेस के नेतृत्व वाले यूपीए के शासनकाल ने कन्हैया को निराशा और उससे उपजे गुस्से से भर दिया था। कन्हैया के अनुसार, उस एक दशक में देश ने सिर्फ़ बलात्कार, भ्रष्टाचार, महंगाई, परिवारवाद की राजनीति और एक महिला को प्रधानमंत्री को कंट्रोल करते हुए देखा। कन्हैया का मानना है कि इस दौरान धर्म को कोई पूछ ही नहीं रहा था और ये उन्हें पसंद नहीं आया।

2014 में, जब भाजपा एक बड़ी लहर के साथ सत्ता में आयी, कन्हैया के लिए चीज़ें बदलने लगीं। अब धर्मं का कोई स्थान था और लोगों के बीच किसी का धार्मिक होना एक बड़ी बात मानी जाने लगी।

कन्हैया के भीतर ये भाव अपने शिखर पर तब पहुंचा जब नवम्बर 2019 में सुप्रीम कोर्ट ने अयोध्या में राम मंदिर बनाये जाने का रास्ता साफ़ कर दिया।

कन्हैया ये मानते हैं कि इस पूरे मुद्दे में सुप्रीम कोर्ट का कोई बहुत बड़ा रोल नहीं है। बल्कि, मंदिर का निर्माण नरेंद्र मोदी की वजह से ही सम्भव हुआ है। कन्हैया ने कहा कि केंद्र में मोदी थे इसलिए आम हिंदू इस बात में विश्वास कर पाया कि मंदिर बनकर रहेगा। उनके लिए, मोदी में लोगों के इस विश्वास ने ही सुप्रीम कोर्ट को हिंदुओं के पक्ष में फैसला देने के लिए बाध्य कर दिया था। उन्होंने कहा, ‘कोई भी ऐसा नहीं कह रहा है कि कोर्ट है ही नहीं... लेकिन वो भी लोगों की भावनाओं को देखते हुए ही चलता है न।’

मोदी की संविधान से भी ज़्यादा बढ़ी हुई ताक़त के चलते ही कन्हैया ने *'जो राम को लाये हैं'*, गाना लिखने की सोची।

ये गाना रिलीज़ होते ही बहुत बड़ा हिट साबित हुआ।

जब 10 मार्च 2022 को चुनाव के नतीजे सामने आये, कन्हैया का सपना सच हो चुका था। आदित्यनाथ पूर्ण बहुमत के साथ एक बार फिर सरकार बनाने जा रहे थे और हिंदुत्व प्रोजेक्ट में और भी ऊर्जा का संचार हो रहा था।

योगी आदित्यनाथ की जीत के कुछ ही दिनों के भीतर कन्हैया को मुख्यमंत्री की ओर से एक पुरस्कार और 51,000 रुपये का नकद इनाम मिला। कन्हैया ने ये पैसा उसी वक़्त लौटाते हुए कहा कि वो चाहते हैं कि उत्तर प्रदेश सरकार उस पैसे से एक नया बुलडोज़र ख़रीद ले।[13]

~

इधर, पूरे साल 2022 के दौरान कवि दृश्य से गायब रहीं। हमारी यदा-कदा बातचीत हो जाया करती थी। एक फ़ोन कॉल के दौरान उन्होंने बताया कि कैसे उनकी तबीयत पूरी तरह से ठीक ही नहीं हो रही थी और चीज़ें ठीक होकर फिर बिगड़ जा रही थीं।

जनवरी 2023 में, मैंने फैसला किया कि मैं मुंबई से 1,500 किलोमीटर की यात्रा करके रोहतक जाकर उनसे मिलता हूं।

यहां आकर मुझे मालूम पड़ा कि असल में, फ़ोन कॉल्स पर कवि मुझे अपने जीवन की एक भ्रामक तस्वीर के दर्शन करवा रही थीं। इन बीते अट्ठारह महीनों में उनका जीवन पूरी तरह से बदल चुका था।

कवि से मैं अंतिम बार मार्च 2021 में मिला था और उसके ठीक बाद उनके पति प्रिंस ने उनसे तलाक़ लेने का फैसला कर लिया था। कवि ने मुझे बताया था कि वो प्रिंस से बचपन के दिनों से प्रेम करती थीं और उनके अलवर से रोहतक आने के पीछे का कारण प्रिंस ही था।

लेकिन एक ओर कवि सफलता की सीढ़ियां चढ़ रही थीं और दूसरी ओर उनके पति को कुछ ख़ास फल नहीं मिल रहा था। इन दोनों के बीच खटास पैदा हो गयी। जब मैं कवि से मिला तो उन्होंने बताया कि दोनों के मन में अब एक दूसरे के प्रति सम्मान नहीं रह गया था।

कवि के लिए सम्मान ही सबकुछ था। उनके जीवन का हर कदम, देशभक्ति के गीत गाने से लेकर उनके पहनावे और पब्लिक में हाव-भाव तक, सबकुछ सम्मान पाने के लिए ही तय किया गया था। लेकिन वो जिसको अपना सबसे करीबी मानती थीं, उनका पति, वो उनकी इज़्ज़त नहीं कर रहा था।

इस रिश्ते को ख़त्म होना ही था। दोनों ने आपस में सोच-समझकर तलाक़ का फैसला ले लिया था।

लेकिन इस खटास का सबसे गहरा असर पड़ा था उस जोड़ी पर, जो एक समय पर अटूट लगती थी – रामकेश और कवि की जोड़ी।

मुलाक़ात होने पर कवि ने बताया कि रामकेश अब उनके जीवन का हिस्सा नहीं थे। ये सुनकर मैं अवाक रह गया था। बाप-बेटी एक दूसरे के जीवन में इस कदर जुड़े हुए थे कि लगता ही नहीं था कि ऐसा हो पाना कभी संभव भी हो सकेगा।

कवि ने बताया कि जब उनके और प्रिंस के बीच रिश्ते ख़राब होने लगे तो रामकेश ने इसके लिए ख़ुद को ज़िम्मेदार ठहराना शुरू कर दिया। वो सोचते थे कि क्या उन्होंने अपनी बेटी और उसके पति के जीवन में कुछ ज़्यादा ही हस्तक्षेप रखा था। क्या उन्हें कुछ लक्ष्मण रेखाएं खींच देनी चाहिए थीं? कवि ने कहा कि वो यही सवाल ख़ुद से पूछते थे और धीरे-धीरे उन्होंने हाथ खींचने शुरू कर दिये। दोनों के बीच फ़ोन पर बातें बंद हो गयीं और आना-जाना भी न के बराबर हो गया। साथ में काम करने का तो सवाल ही पैदा होता नहीं दिख रहा था।

अचानक कवि ने पाया कि जिन दो स्तंभों पर उनका जीवन टिका हुआ था, वो अब उनके साथ थे ही नहीं। उनका करियर और मानसिक दशा, दोनों ख़राब चल रहे थे।

वो कहती थीं कि प्रिंस सिर्फ़ उनका पति ही नहीं, उनका सबसे अच्छा दोस्त, उनका मैनेजर, गाइड और यहां तक कि पिता जैसा लाड़ देने वाला था। मैंने उनसे पूछा कि वो अपने पति को पिता जैसा क्यूं बता रही थीं, क्योंकि अमूमन ऐसा सुनने को नहीं मिलता है।

कवि ने कहा, 'क्योंकि वो था मेरे बाप जैसा। मैं जब उससे पहली बार मिली थी तो मैं स्कूल में थी और वो तबसे मुझे राह दिखाता आ रहा था।' कॉलेज का चुनाव करने से लेकर किस फ़ील्ड में पढ़ाई करनी है, जीवन में क्या करना है, प्रिंस हर फैसले में उनके बराबर का साथी था। फिर इनमें से कुछ कामों में रामकेश ने कवि का हाथ थाम लिया।

कवि के छुटपन के ही दिनों में उनके पिता की मृत्यु हो गई थी। कवि के लिए वो प्रिंस ही था जो उस खाली जगह को भरता दिख रहा था।

उसे खो देना कवि के लिए एक बहुत बड़ा झटका था।

मैंने तय किया कि मैं जाकर रामकेश से भी मिलूंगा, लेकिन कवि ने मुझे ख़बरदार किया कि शायद वो अब इस किताब का हिस्सा नहीं बनना चाहेंगे क्योंकि उन दोनों के बीच अब सभी संबंध ख़त्म हो चुके थे। लेकिन मैं आशावान रहा और रामकेश से सम्पर्क साधने लगा। मैंने उन्हें बताया कि मैं रोहतक में ही था और उनसे मिलना चाहता था।

मुझे उनकी बातों में कुछ झिझक महसूस हो रही थी। लेकिन कुछ ही देर में उन्होंने अगली सुबह 11 बजे मिलने का समय मुक़र्रर कर दिया। मुझे उनसे बहुत कुछ पूछना था और मैं उनसे मिलने का इंतज़ार नहीं कर पा रहा था।

~

हमारी आख़िरी मुलाक़ात के बाद, इन बीते डेढ़ सालों में, मेरे और रामकेश के बीच कोई भी संवाद नहीं हुआ था। मुझे ऐसा लगता था कि वो मेरे और कवि के बीच संवादों को कंट्रोल करने की कोशिश करेंगे, इसलिए मैंने कवि से बात करने के लिए उनसे बचना शुरू कर दिया था।

लेकिन इन महीनों में मुझे उनके कई व्हाट्सैप मैसेजेज़ मिले थे, जिनमें उनके नए गानों के लिंक से लेकर वो तस्वीरें थीं जिनके ज़रिये वो आने वाले गानों या फ़िल्मों की जानकारी दे रहे थे।

ज़्यादातर मैसेज में उन्होंने कोई बात नहीं की थी बल्कि निर्देश दिए थे: मसलन, एक गाने का यूट्यूब लिंक भेजते हुए उन्होंने लिखा था, 'पांच पांच कमेन्ट करें, आपका धन्यवाद!' इस मैसेज के अंत में हाथ जोड़ने वाली इमोजी और एक लाल गुलाब का फूल बना हुआ था।

एक बार उन्होंने तीस सैकंड की वीडियो क्लिप भेजी थी, जिसके साथ लिखा था: 'अपने स्टेटस पर लगायें।' एक मैसेज में उन्होंने एक इन्स्टाग्राम रील भेजी, जिसमें एक आकर्षक सी दिखने वाली महिला थी और जिसका पश्चिमी परिधान हर तीसरे सैकंड पर बदल रहा था और पीछे रामकेश का गाना बज रहा था। इस पर उन्होंने कहा: 'इस पर ज़्यादा से ज़्यादा रील बनायें। धन्यवाद।'

हमेशा की तरह, रामकेश के गाने *'तालियां मिलें या चाहे गालियां मिलें'* की तरह प्रेरणा से भर देने वाले होते थे, या फिर ऐसे रोमांटिक होते थे, जिनमें वो अपनी से आधी उम्र की महिलाओं के साथ सहज होते दिख रहे थे।[14]

जिस वक़्त पर वो मेरे होटल आकर मुझे ले जाने वाले थे, उससे पांच मिनट पहले मैंने उन्हें कॉल किया। मैं तैयार था क्योंकि मुझे याद था कि वो वक़्त के कितने पाबन्द हुआ करते थे। फ़ोन के उस ओर से एक खरखराई सी आवाज़ आई। रामकेश अभी भी अपने घर में थे और सो रहे थे। उनका घर मेरे होटल से आधे घंटे की दूरी पर था।

मुझे तुरंत ही उस हरिद्वार की यात्रा की याद आ गयी, जब उन्होंने रात में सोने से पहले ऐलान कर दिया था कि वो सभी देर से उठने वालों को छोड़कर चले जाएंगे और मैं सुबह डर के मारे पांच बजे उठ गया था। बाद में, जब मैं जल्दी से तैयार होकर उनके पास गया, तब वो सोकर उठे। मैंने इन सबसे अपना ध्यान हटाकर पूछा कि वो कब मुझसे मिलेंगे। उन्होंने एक घंटे बाद का वक़्त तय किया और ठीक पचहत्तर मिनट बाद मेरे सामने उनकी गाड़ी आकर रुकी।

जब वो झक्क सफ़ेद रंग की एसयूवी से उतरे, मैं हैरान रह गया। मैं उस रामकेश को पहचान ही न सका।

जब मैं उनसे आख़िरी बार मिला था, रामकेश एक वृद्ध होते हुए, थके से शख्स दिखते थे जिसके चेहरे पर झुर्रियों ने जगह बनानी शुरू कर दी थी और आंखों के नीचे काले घेरे आने लगे थे। इसके साथ ही उनके सिर के बाल बैकफ़ुट पर जा रहे थे और उनका माथा क्षेत्रफल के मामले में अतिक्रमण करता जा रहा था। लेकिन इस वक़्त जो शख्स मेरे सामने खड़ा था वो वैसा कतई नहीं दिख रहा था। उनकी त्वचा तो शाइन मार रही थी। चेहरा दमक रहा था। दाढ़ी अंधेरे से ज़्यादा काली थी और बकायदे चेहरे को एक आकार दे रही थी। फैलता हुआ माथा सहम चुका था और उसपर जुल्फों ने जगह बना ली थी। इसके साथ उन्होंने एक ब्लेज़र पहना हुआ था जिसके नीचे एक ऊंचे कॉलर का स्वेटर था। रामकेश मुझसे मिलने, मेरी ओर बढ़ रहे थे।

मैंने उनसे उनके बदले हुए रंग-रूप के बारे में पूछा। उन्होंने हंसते हुए मुझसे कहा कि वो सेहतमंद होना चाहते थे। 'मैं रेस करता हूं। हर दिन, हर दूसरे दिन। 1,200 मीटर, 1,600 मीटर।' उन्होंने कहा कि वो नया लुक चाहते थे, इसलिए दाढ़ी भी बढ़ा ली। मैंने बड़ी बेशर्मी से उनके उड़ चुके बालों के बारे में पूछा। वो और ज़ोर से हंसे।

उन्होंने क़ुबूल करते हुए कहा, 'बाल लगवाये हैं मैंने। हर डेढ़ महीने में सर्विसिंग करनी पड़ती है, बस।'

हम रोहतक की मशहूर महर्षि दयानंद यूनिवर्सिटी की ओर बढ़े जो एक शानदार और हरे-भरे कैम्पस में फैली हुई थी, जिसमें बड़े करीने से बिल्डिंगों और खुली जगहों की प्लानिंग की गयी थी।

रामकेश मुझे कैम्पस में स्टूडेंट्स की कैंटीन में ले गए। वहां एक मेज़ खाली थी जिसके पास एक ही कुर्सी रखी हुई थी। ये देखकर रामकेश के साथी, मनमोहन ने बगल की मेज़ से उठाकर एक कुर्सी इधर रख दी। मनमोहन भी गायक बनना चाहते थे। मामला कुछ ऐसा हुआ कि जो कुर्सी मनमोहन ने उठायी थी, वो एक स्टूडेंट के बगल में रखी हुई थी और उसकी साथी उसपर बैठने वाली थी, जो बस कॉफ़ी लेकर आ ही रही थी। वो सैंडविच खा रही थी और उसी भरे मुंह से उसने मनमोहन की उस हरक़त का विरोध करना शुरू कर दिया।

मनमोहन ने उसकी ओर झेंपते हुए देखा, गलती स्वीकारते हुए हाथ जोड़े और इससे पहले कि उसके मुंह में चबायी जा रही सैंडविच ख़त्म हो पाती, कुर्सी वहीं रख दी जहां वो पहले थी।

इधर, इससे पहले कि मैं कुछ कहता या पूछता, रामकेश बोल पड़े, 'मैं जितना ज़्यादा इन्वॉल्व हो रहा था न, सर, मामला उतना ख़राब हो रहा था।'

रामकेश ने बताया कि उन्हें इस बात का आभास हो रहा था कि वो अपनी बेटी के जीवन में, अपनी इच्छा से, इस कदर घुस चुके थे कि अब वो ख़ुद सहज नहीं हो पा रहे थे।

'मेरी लिमिट से बाहर प्यार था इन पर। कहीं न कहीं, थोड़ी लिमिट होती है प्यार करने की।'

'अगर कोई मुझे दिन में पांच बार फ़ोन करे और मेरे बारे में पूछता रहे तो तीसरे व्यक्ति को ये लग सकता है कि ये क्यूं पांच बार फ़ोन कर रही है। मुझे लगा कि मैं उसे सबकुछ एक ही दिन में सिखा देना चाहता था। मेरे पास जितना ज्ञान था, मैं उसे सब दे देना चाहता था।'

उन्होंने कहा, 'मुझे ऐसा लगने लगा था जैसे मैं ख़ुद कवि सिंह हो गया था। मैंने दूसरी किसी भी चीज़ के बारे में सोचना ही छोड़ दिया था। कवि ही होती थी मेरे दिमाग में – कि मैं कैसे उसे आगे बढ़ाऊं, कैसे उसका विकास हो, कैसे उसे और फ़ेमस किया जाए। मैं यही सब सोचता रहता था पूरे टाइम।'

रामकेश के भीतर कवि का जैसा फितूर था, उसका कवि के निजी जीवन, उनकी हसरतों और चाहतों से टकराव होने लगा था।

मुझे अहसास हुआ कि इस सबकी शुरुआत तभी हो गयी थी जब कवि ने गाना शुरू किया था।

~

रामकेश ने अपने जीवन में जो सबसे पहला पॉप-सॉन्ग लिखा था, वो 2008 का *'हट जा ताऊ'* था, जो रिलीज़ होते ही भयानक हिट हो गया था। रामकेश का पहला कदम ही शानदार नतीजे लेकर आया था। मैंने जितने भी हरियाणवी कलाकारों से बात की, सभी ये कहते मिले गाना ब्लॉकबस्टर था, मज़ेदार था और सुनते ही लोग झूमने लगते थे। ये इतना मशहूर हुआ कि 2018 में रिलीज़ हुई फ़िल्म *'वीरे की वेडिंग'* में भी इसका इस्तेमाल किया गया था। गाने के इतना सफल होने के बावजूद, रामकेश बहुत ख़ुश नहीं थे। गाना उन्होंने लिखा था, लेकिन उसकी सफलता का पूरा श्रेय उसके गायक को चला गया। इस गाने से रामकेश को किसी भी मामले में, बहुत फ़ायदा नहीं हुआ। वो इससे दुखी हो गए और इसका असर उनके काम पर पड़ने लगा। उनका पहला गाना भयानक हिट साबित हुआ लेकिन कोई भी उसके साथ रामकेश का नाम जोड़कर देख ही नहीं रहा था।

एक रात, वो अपने पिता के पास गए और अपना दुखड़ा सुनाया। उनके पिता ने उन्हें जो बातें कहीं, रामकेश के अनुसार वो उसे आज भी अपने दिमाग में लेकर चलते हैं। 'उन्होंने मुझसे कहा, "रामकेश, तुमने ही उस सिंगर को स्टार बनाया है। इस गाने से पहले उसे कोई नहीं जानता था, लेकिन अब सब जानेंगे।" इसके बाद उन्होंने जो कहा वो मेरे लिए सबसे काम की बात थी। उन्होंने कहा, "इसका मतलब है रामकेश कि तुममें ऐसा टैलेंट है कि तुम किसी को भी ज़ीरो से हीरो बना सकते हो।" मैं उनकी बात सुनकर हिल गया था।'

रामकेश ने अपने पिता की बात को दिल से लगा लिया। उस दिन से वो इस बात में यकीन रखने लगे कि वो लोगों को, उनका करियर और उनका जीवन 'बना' सकते थे। उन्होंने कहा, 'मैं अपनी बड़ाई नहीं कर रहा हूं। लेकिन मुझे मालूम है कि अगर मैं किसी को बड़ा बनाना चाहूं तो वो बड़ा बनकर रहेगा।'

उन्होंने मनमोहन की ओर इशारा करते हुए कहा, 'जैसे मैं चाह लूं कि मैं मनमोहन को स्टार बना दूंगा तो मैं उसे बना दूंगा।' मैंने स्टूल पर बैठे मनमोहन की ओर देखा तो पाया कि उसके चेहरे पर आशा से भरी मुस्कान बैठी हुई थी।

इसी विश्वास के साथ ही रामकेश ने अपना गायकी का करियर शुरू किया था। उनके आत्मविश्वास ने ही उनको एक्टिंग, डायरेक्टिंग और बाद के दिनों में प्रोड्यूसिंग तक पहुंचाया।

रामकेश के मन में, वो तेज़ी से बढ़ रहे थे। उनका बढ़ता कद, उन्हें अपनी उस शक्ति में और विश्वास करवाता जा रहा था, जिसका अहसास उनके पिता ने करवाया था। इसके बाद उन्होंने तय किया कि और लोगों को भी उनकी इस शक्ति से फ़ायदा मिलना चाहिए। इसी मौके पर उन्होंने अपनी दत्तक पुत्री कवि से बात की, जो अब तक एक पत्नी और ब्यूटीशियन के काम में मशगूल और संतुष्ट थी।

रामकेश ने बताया कि उन्हें शुरुआती दिनों में ही उस शादी की डांवाडोल स्थिति की झलक मिलने लगी थी। एक मेडिकल समस्या के चलते ये तय हो गया था कि कवि कभी भी गर्भवती नहीं हो सकती थीं। ये उनके लिए चिंता का सबब था। कवि ने इस बात को समझ लिया था और वो जीवन में इससे आगे बढ़ चुकी थीं लेकिन रामकेश अभी भी अटके हुए थे।

उन्होंने कहा, 'मुझे लगा कि वो अभी तो ठीक है लेकिन कुछ सालों में उसे वो खालीपन महसूस होगा। किसके लिए जियेगी वो? बहुत टेंशन रहती थी मुझे।'

इसीलिए उन्होंने अपनी शक्ति का इस्तेमाल करने का विचार बनाया और वो फैसला लिया जो सबकी ज़िन्दगी बदलकर रख देने वाला था – कवि सिंगर बनेगी। कोई फ़र्क नहीं पड़ता था कि कवि ने इससे पहले अपने जीवन में कभी गाना नहीं गया था। उन्हें मालूम था कि वो उसे सिंगर बना ही देंगे।

रामकेश उस मौके को याद करके कहते हैं, 'अचानक से मुझे विचार आया कि इसको सिंगिंग में क्यूं नहीं ले आते हैं। उससे इसको जीवन में एक मिशन भी मिल जाएगा और इसके जीवन में बहुत सारे लोग हो जायेंगे जो इससे प्यार करेंगे, इसके फ़ैन्स। तो उससे ये होगा कि इसका जो खालीपन है, वो फ़ेम और फ़ैन्स भर देंगे।'

यहीं से उन्होंने कवि सिंह का 'किरदार' बनाया जिससे कवि की कमज़ोरियों और ख़ामियों की भरपाई हो सकेगी।

इसके बाद रामकेश और कवि के पति प्रिंस ने मीर इस बात पर विमर्श करना शुरू किया कि कवि दिखेगी कैसी – वो क्या पहनेगी, क्या परफ़ॉर्म करेगी, उसकी पहचान क्या होगी? कवि को जो भी बताया गया, वो अपनी रज़ामंदी देती गयी। उन्होंने मुझे बताया कि उन्हें इस बात से कोई समस्या नहीं थी कि वो दो लोग उसके बारे में हर फैसला ले रहे थे। बस कवि की एक चाहत थी कि वो पगड़ी पहनना चाहती थी।

इसके बाद सबकुछ होता चला गया। कवि सिंह की जो तस्वीर गढ़ी जा रही थी, वो अपने अंतिम चरण में थी। कवि को सिंगिंग क्लासेज़ में भी भेजा गया जहां वो अपनी गायकी निखारने के गुर सीख रही थीं। एक गायिका के रूप में उनका करियर उड़ान भरने को तैयार था।

लेकिन रामकेश के लिए, जिस चीज़ ने सबकुछ बदल डाला, वो था कवि का पहला गाना।

उन्होंने देखा कि देशभक्ति में राष्ट्रवाद जोड़ने पर और इसपर हिंदुत्व का तड़का लगाने पर नतीजा क्या निकलता है। ऐसे गाने की सफलता देखते हुए उन्होंने अपनी योजना में कुछ बदलाव करने की सोची।

उन्हें समझ में आ गया था कि गायकी, कवि के जीवन में एक पड़ाव मात्र होगा। उसके जीवन की मंज़िल तो राजनीति होगी।

बीते दो सालों की जान-पहचान में कवि या रामकेश, किसी ने भी इस बात का एक बार भी ज़िक्र नहीं किया था। असल में, जब हम हरिद्वार की यात्रा पर थे और मैंने पूछा था कि क्या उन्होंने कभी भी ये सोचा था कि कवि पॉलिटिक्स में उतरेंगी, तो दोनों ने ही कोई ठोस जवाब नहीं दिया था।

दोनों ने कभी भी राजनीति में जाने से पूरी तरह इंकार नहीं किया था। लेकिन दोनों ने कभी अपनी इरादे साफ़ शब्दों में ज़ाहिर भी नहीं किये थे। यहां तक कि रामकेश ने भी कवि सिंह का किरदार गढ़ने के बारे में इस कदर खुलकर बात की थी।

अब मुझे समझ में आता है कि उस रोज़ रामकेश ने जो भी बातें साफ़-साफ़ कहीं, वो इसलिए ही कहीं क्योंकि उन्हें अपना सपना टूटते हुए दिख रहा था। उन्हें इस बात का अहसास हो गया था कि वो अपनी बेटी के जीवन की कहानी और नहीं लिख सकेंगे। इसके मायने ये थे कि रामकेश के मन में कवि को लेकर जितने भी प्लान थे, उन्हें किसी कोने में रखकर भुला दिया जाना था।

~

जबसे कवि ने गायकी में अपना करियर बनाने के लिए हामी भरी थी, उनके जीवन में रामकेश साधिकार जमे हुए थे। वो उन दिनों भी बने रहे, जब कवि हर दिन कुछ न कुछ हासिल कर रही थीं और तब भी बने रहे जब उन्हें सीढ़ियां उतरनी पड़ रही थीं।

जब कवि ने अपनी शादीशुदा ज़िन्दगी में दिक़्क़त महसूस करनी शुरू की, रामकेश उनके साथ खड़े रहे। वो तब भी साथ में खड़े थे, जब दोनों ने तलाक़ लेने का फैसला लिया। लेकिन तलाक़ के बाद कवि और प्रिंस ने फिर से साथ में रहना शुरू कर दिया था।

कवि ने मुझे बताया था कि कैसे उन दोनों ने अपने रिश्ते को एक नयी शुरुआत देने का मन बनाया था। तलाक़ को वो एक किनारे रख देना चाहते थे। वो सबकुछ नए सिरे से शुरू करना चाहते थे। एक ऐसी यात्रा, जिसपर किसी रिश्ते के इनाम का बोझ न हो।

लेकिन रामकेश और उनकी पत्नी को ये कतई रास नहीं आया। यहीं पर उन्होंने एक रेखा खींचनी शुरू कर दी।

रामकेश ने बताया कि असल में उन्होंने कवि की दोबारा शादी कराने के बारे में सोचना शुरू कर दिया था। वो संभावित दूल्हों की तलाश भी करने लगे थे और इस बात की प्लानिंग में लग गए थे कि कवि अपने जीवन में आगे कैसे बढ़ेगी।

इसीलिए, जब कवि और प्रिंस दोबारा साथ रहने लगे तो रामकेश को झटका लगा। उन्होंने इसपर आपत्ति दर्ज की लेकिन कवि ने उनकी बातों पर कान ही न दिया। वो कवि, जो रामकेश के हर निर्देश का अक्षरशः पालन करती चली आ रही थी, आज उनकी बात को, कैसा भी भाव ही नहीं दे रही थी।

'मेरे लिए तो बड़ा शॉकिंग था सब। उस दिन मैंने सोच लिया, "तू समझती क्या है अपने आप को?" वही दिन था जब मैं पीछे हट गया।'

यही वो दिन था जब कवि की संभावित राजनीतिक यात्रा पर शुरू होने से पहले ही पूर्ण विराम लग गया। रामकेश ने अपने मन में जो बिसात बिछायी थी, उसके अनुसार सही दांव पड़ने पर कवि को 2024 में राजनीति में लॉन्च किया जाना था। उन्होंने कोई छोटी-मोटी प्लानिंग नहीं की थी। वो कवि को उनकी पहली ही पारी में सांसदी का चुनाव लड़वाना चाहते थे।

'मेरे बहुत सारे सपने थे (उसको लेकर)। मुझे तो विश्वास था कि मैं 2024 में उसको पॉलिटिक्स में ले आऊंगा।'

रामकेश के खींचे खाके में सबकुछ साफ़ था कि कवि अपनी इस मंज़िल तक कैसे पहुंचेगी। उनके प्लान के मुताबिक़, कवि की राजनीतिक यात्रा पूरी स्टाइल में लॉन्च होनी थी। वो देश के दक्षिण के आख़िरी छोर रामेश्वरम से एक यात्रा शुरू करेंगी, जो जम्मू-कश्मीर के केंद्र श्रीनगर तक जाएगी। ये कांग्रेस की भारत जोड़ो यात्रा से मिलता-जुलता कॉन्सेप्ट लग रहा था। लेकिन कवि की यात्रा का उद्देश्य कांग्रेस से उल्टा था – उनकी यात्रा देश में हिंदुत्व को बढ़ावा देने, कट्टर हिन्दूवाद से लोगों को जोड़ने और इस पूरे क्रम में कवि को इसका चेहरा बनाना चाहती थी। इस दौरान कवि वो सभी मुद्दे उठाने वाली थीं, जिनके बारे में उन्होंने अपने काम में बात की है। वो सभी को उन मुद्दों के बारे में जागरूक करने वाली थीं, जिनका बाप-बेटी की इस जोड़ी ने सामना किया था या उसके गवाह बने थे – देश का इस्लामीकरण, हिंदुओं के ख़िलाफ़ लव-जिहाद षड्यंत्र आदि। वो देश के हिंदू मंदिरों के बचाव और देश को हिंदू राष्ट्र बनाने के प्रति कटिबद्ध थीं, सभी को ऐसा संदेश पहुंचाना भी एक ज़रूरी काम था जो इस यात्रा के दौरान होना था।

रामकेश ने अपने प्लान के बारे में बताते हुए कहा, 'यात्रा के दौरान हम उन लोकल लोगों और समूहों को साथ लेकर चलने वाले थे, जो हमारे जैसी सोच रखते थे। हम छोटी-छोटी पब्लिक मीटिंग करते और कवि के बारे में पूरा माहौल बनाते चलते। हिंदुत्ववादी नेता भी आकर हमसे जुड़ जाते।'

रामकेश ने पूरी तैयारी कर रखी थी। यात्रा को पांच से छह महीने चलना था। वो एक वैनिटी वैन लेने वाले थे, जो उनके रथ का काम करती। उनके अनुमान के हिसाब से इस पूरे काम में 15 से 20 करोड़ रुपये का ख़र्च आता।

रामकेश ने कहा, 'मैं ऐसा माहौल बनाता कि भाजपा वाले कवि को टिकट देते ही देते। अगर ज़रूरत पड़ती तो मैं अपनी पाई-पाई इसी में लगा देता।'

रागकेश ने बताया कि कैरो भाजपा के कई नेताओं रो उनके अच्छे रांबंध थे, जिरामें तमाम केंद्रीय मंत्री, मुख्यमंत्री और आरएसएस के लोग भी शामिल थे।

रामकेश के लिये, कवि का सांसद बन जाना तो बस उनकी राजनीतिक यात्रा का पहला कदम होता। 'मेरा तो सपना था कि मैं उसे देश का प्रधानमंत्री बनता देखूं। लेकिन कम से कम मंत्री तो उसे बना ही देता। मौका था हमारे पास। मैंने सबकुछ प्लान कर लिया था।'

कवि ने अब तक जो भी काम किया था, उनके हिंदुत्व वाले गाने, लाइव वीडियो, हिंदुत्व का झंडा ऊंचा कर चल रहा उनका व्यक्तित्व, इतनी करीने से की गयी पैकेजिंग की ही नींव पर 2024 में उनकी राजनीति का महल खड़ा किया जाना था।

इस वक़्त तक आते-आते मुझे उनके इन ख़ुलासों पर नहीं बल्कि सबकुछ क़ुबूल कर लेने पर आश्चर्य हो रहा था। मैंने आगे कुरेदने की कोशिश की। अपने इस चालाकी से बनाए गए प्लान में उन्होंने हिंदुत्व को ही कवि की विचारधारा बनाने की क्यूं सोची? और कुछ क्यूं नहीं सोचा?

उन्होंने जो जवाब दिया, उससे मुझे कोई आश्चर्य नहीं हुआ। रामकेश ने कहा कि कवि की विचारधारा भी सोच-समझकर तय की गयी थी।

उन्होंने कहा, 'इस माहौल में, इन राजनीतिक परिस्थितियों में हिंदुत्व ही सबसे सही चीज़ है जिसे अपनाया जाना चाहिए।' इसके ठीक बाद उन्होंने ये भी समझाने की कोशिश की कि ऐसा सिर्फ़ माहौल के लिये नहीं किया गया था।

उन्होंने कहा कि हिंदुत्व की सड़क पकड़ने का फैसला किसी भी सूरत में ग़लत नहीं था। रामकेश ने मुझे समझाने की ढेर कोशिश की कि उन्माद को यदि पीछे रख दें, उसके बाद भी हिंदुत्व ही सही चुनाव होता।

'हमारे धर्म और देश के बारे में बात करने में बुरा ही क्या है?' रामकेश ने कहा कि देश में राजनीति की तस्वीर बदल चुकी थी। अगर देश में कोई नेता हिंदुत्व का झंडाबरदार नहीं है तो उसका कोई भविष्य नहीं है।

उन्होंने कहा, 'मैं गारंटी देता हूं – जो भी हिंदुत्व की बात नहीं करेगा, राजनीति के भविष्य में वो बर्बाद हो जायेगा। लिखवा लो आप मेरे से पर्ची पे।'

आगे चलकर हिंदुत्व के भाव बढ़ जाएंगे। रामकेश को देश का ऐसा भविष्य दिखाई दे रहा था। 'ये बड़ा ही होता जाएगा। यकीन मानिए मेरा, खून गिरेगा। बड़े दंगे होंगे। विश्वास करिए। और ये बहुत बड़ा होगा, 1947 से भी बड़ा।'

~

उधर, कवि के लिए भी अपने पिता से अचानक अलग हो जाने ने उनका जीवन और करियर, दोनों को बराबरी से हिलाकर रखा हुआ था। अचानक ही, उनके नक़्शे से वो मंज़िल गायब हो चुकी थी, जिसकी राह पर उनके पिता उन्हें लेकर चल रहे थे।

फ़रवरी 2023 की हमारी बातचीत के दौरान कवि ने मुझसे कहा था कि उन्होंने 2024 में चुनाव लड़ने का सपना पीछे छोड़ दिया था। चुनाव में सालभर का ही समय बचा था और उन्हें मालूम चल चुका था कि उन्हें सांसदी का टिकट नहीं मिलने वाला था।

लेकिन उन्हें इस बात का दुख था कि उनके पिता का साथ छूट चुका था और वो ख़ुद को साबित करने के लिए हरसंभव कोशिश करने वाली थीं। उन्होंने कहा कि उन्होंने 'पिता के मुझे राजनीति में देखने के सपने' को अपने जीवन का मिशन बना लिया था।

उन्होंने तय कर लिया था कि इसे पाने के लिए यदि उन्हें क़ुर्बानियां देनी पड़ीं तो वो ज़रूर देंगी। सबसे पहली क़ुर्बानी थी रोहतक से निकलकर हरियाणा से दूर, अपने राज्य राजस्थान जाने की।

यूट्यूब एनालिटिक्स से उन्हें मालूम चला कि वो हरियाणा में इतनी मशहूर नहीं थीं जितना यूपी, मध्य प्रदेश, बिहार और राजस्थान में थीं। लेकिन इन चारों में से सिर्फ़ राजस्थान में उन्हें ये फ़ायदा मिल रहा था कि वो उनका अपना राज्य था।

उन्होंने इसी प्रदेश से आने वाले भाजपा के एक सांसद से बात भी कर ली थी और अपनी ये मंशा भी ज़ाहिर की थी कि वो उनके साथ जुड़ना चाहती थीं। इन सांसद महोदय ने राज्य में कांग्रेस सरकार के ख़िलाफ़ बड़े स्तर पर कैम्पेनिंग की थी और राजस्थान के बाहर भी हिंदुत्ववादी ताकतों के बीच धमक रखते थे।

कवि को उनसे और उनके साथियों की तरफ से अच्छे संकेत मिले थे। वो उनसे जुड़ना चाहती थीं क्योंकि सांसद जी राज्यभर में घूमते थे, यात्राएं निकालते थे, कांग्रेस पर हमला बोलते थे और हिंदुत्व को बढ़ावा देते थे।

कवि को ये संभावना पसंद आ रही थी। रामकेश ने उनके लिए जिस यात्रा का नक्शा बनाया था, वो किसी काम का नहीं रह सका। लेकिन 2024 के चुनावों के माहौल में कवि को एक नयी सड़क मिल गयी थी, जिस पर वो जल्द से जल्द निकल पड़ना चाहती थीं।

भाग 2

बारूदी काव्य: कमल आग्नेय

कमल आग्नेय - परिचय

हिंदू अरमानों की जलती एक चिता थे गांधी जी
कौरव का साथ निभाने वाले भीष्मपिता थे गांधी जी।

साल है 2017 और ग़ाज़ियाबाद में आयोजित इस कवि सम्मेलन में पांव धरने की भी जगह नहीं है।[1] यहां तक कि स्टेज पर भी कवियों और आयोजनकर्ताओं की भीड़ सी दिख रही है और सभी नीचे बिछे पतली रूई के गद्दों पर मसनदों के सहारे बैठे हैं।

प्रस्तुति देने वालों की फ़ेहरिस्त में सबसे कम उम्र के कवि को बुलाया जाता है। उसने चमकीला भगवा कुर्ता पहना है और उसके गले में इसी रंग का गमछा पड़ा हुआ है। कमल आग्नेय, जिनका असल नाम कमल वर्मा है, माइक तक पहुंचते हैं और अपने कुर्ते की दाहिनी बाजू कोहनी तक खींच लेते हैं।

सामने बैठी श्रोताओं की भीड़ को बताते हैं कि वो जो कविता पेश करने जा रहे हैं, उस पर वो दो साल से काम कर रहे हैं। ये कविता है एक शहीद के बारे में जिसे लोगों ने भुला दिया है। 'लेकिन मुझे इसके लिए सही ऑडियंस नहीं मिल रही थी।' फिर एक छोटे से विराम के बाद बोले, 'आज से पहले।'

ये आयोजन एक कट्टर हिंदू-राष्ट्रवादी यति नरसिंहानंद द्वारा आयोजित किया जा रहा था जो उत्तर भारत के डासना नामक शहर के एक बहुचर्चित मंदिर के महंत हैं।[2]

इस आयोजन से क़रीब सालभर पहले यति ने ऐलान किया था कि वो इस्लामिक स्टेट के ख़िलाफ़ लड़ने के लिए हिंदुओं की एक धार्मिक सेना बनाने जा रहे हैं और वो 50 ऐसे केंद्र खोलेंगे, जहां हिंदू लड़कों और आदमियों को प्रशिक्षण दिया जाएगा।[3]

हिंदुत्व तंत्र में उनकी धाक दिन-प्रतिदिन जमती जा रही थी। नरसिंहानंद को उनके भड़काऊ भाषणों के लिए जाना जाता है, जिसमें वो मुसलमानों को निशाना बनाते हैं, उन्हें 'असुर' कहते हैं और दावा करते हैं कि वो भारत को 'इस्लाम-मुक्त' राष्ट्र बना देंगे।[4] उनकी बयानबाज़ी भाजपा को भी इस कदर नागवार गुज़री कि उन्हें गिरफ़्तार कर लिया गया और हरिद्वार ज़िला जेल में एक महीना बिताना पड़ा। उन्हें जनवरी 2022 में ज़मानत मिल गयी।[5,6]

डासना में उनके मंदिर के बाहर एक नोटिस लगा है, जो बताता है कि मंदिर में किसी भी मुसलमान का प्रवेश वर्जित है।[7]

उधर, मंच पर कमल अपने पीछे लगे आयोजन के बैनर की ओर इशारा करते हैं और बताते हैं कि उस पर भी उस शहीद की तस्वीर नहीं लगी है, ये कविता इस कदर विवादास्पद है।

जिस शहीद की बात वो कर रहे थे, उसका नाम था नाथूराम गोडसे, जिन्होंने महात्मा गांधी की हत्या की। कमल ने जैसे ही गोडसे का नाम पुकारा (वो हर बार, बेहद करीने से, गोडसे के नाम से पहले 'पंडित' शब्द का इस्तेमाल ज़रूर कर रहे थे), तालियों का शोर उठ पड़ा। नरसिंहानंद बड़ी फुर्ती में उठे और उनके हाथों में नारंगी गेंदे की माला देखी गयी। कमल ने नरसिंहानंद को देखा और उनके चेहरे पर एक चौड़ी मुस्कान फैल गयी। उन्होंने हाथ जोड़े और नरसिंहानंद की ओर झुक गए, जिसपर उन्हें माला पहनायी गयी।

अगले तेरह मिनट, गांधी और गोडसे पर अपने कवितापाठ से गांधी और स्वाधीनता संग्राम में उनकी भूमिका और उनके प्रयासों पर कालिख पोतने और गोडसे के कुकर्मों की बड़ाई करने में गुज़रे। कविता में गांधी को हर बात के लिए ज़िम्मेदार ठहराया गया – भगत सिंह, राजगुरु और सुखदेव की फांसी न रुकवाने से लेकर आज़ाद भारत के पहले प्रधानमंत्री पद के लिए दूसरे नेताओं की जगह नेहरू को आगे बढ़ाने तक। लेकिन कविता में जो गूढ़ बात कही जा रही थी, वो साफ़ मालूम चल रही थी: गांधी जी की हत्या सही और जायज़ थी। वजह? गांधी जी बस मुसलमानों का तुष्टिकरण कर रहे थे और हिंदू, उनकी ही वजह से प्रताड़ित थे। उनकी कविता की एक लाइन है:

गांधी जी का प्रेम अमर था, केवल चांद-सितारे से।

अपनी कविता के ज़रिये कमल ये तस्वीर गढ़ना चाह रहे थे कि गांधी को मुसलमानों के दुख से दुख पहुंच रहा था लेकिन विभाजन के वक़्त, जब पाकिस्तान का जन्म हुआ और वो हिंदुस्तान से अलग हुआ, तब वो हिंदुओं की पीड़ा को अनदेखा कर रहे थे।

रेलों में हिंदू काट-काटकर, भेज रहे थे पाकिस्तानी
टोपी के लिए दुखी थे, पर चोटी की एक न मानी।
सत्य-अहिंसा का ये नाटक बस केवल हिंदू पर था।

इसके बाद कमल गांधीजी की हत्या के मौके को जीवंत करने की कोशिश करते हैं। वो गोडसे की मानसिक स्थिति बताते हुए श्रोतओं से कहते हैं:

उस दिन नाथू के महा-क्रोध का पानी सर से ऊपर था,
गया प्रार्थना सभा में करने गांधी को प्रणाम,
ऐसी गोली मारी उनको कि याद आ गए श्री राम।

सामने बैठी जनता लहालोट थी। तालियों का शोर ऐसा उठा कि कमल को कुछ देर के लिए रुकना पड़ा। वो हाथ जोड़े, मुस्कुराते हुए हर ओर देख रहे थे। तालियां, लोगों का हल्ला कुछ सैकंड और चला। श्रोताओं में से भी कुछ लोग स्टेज पर चढ़ आये और गेंदे की मालाएं कमल के गले में एक के बाद एक पड़ती गयीं। कुछ ही देर में मालाओं के बीच से कमल का चेहरा झांकता हुआ दिख रहा था।

लेकिन कमल का काम अभी ख़त्म नहीं हुआ था। उनकी एक आख़िरी चोट अभी बाक़ी थी। वो अब किसी भी तरह से गोडसे के काम को जायज़ ठहराने के साथ-साथ ये भी बताना चाह रहे थे कि गांधी जी की हत्या बेहद ज़रूरी भी थी।

अगर गोडसे की गोली उतरी न होती सीने में
तो हर हिंदू पढ़ता नमाज़ मक्का और मदीने में।

मूक अहिंसा के कारण भारत का आंचल फट जाता,
गांधी जीवित होते तो फिर देश दोबारा बंट जाता।

~

जिस रोज़ महात्मा गांधी को गोली मारी गयी थी, उसके ठीक 43 साल बाद कमल का जन्म हुआ था। हालांकि आज उनकी वायरल हो चुकी कविता के ज़रिये गांधी की हत्या के उस मौके को, एक क्लिक में, बार-बार जीवंत किया जा सकता है और दसियों लाख बार किया जा चुका है।

कमल इस देश के उन चुनिंदा कवियों में से एक हैं जिनकी कविता लगभग पूरी तरह से हिंदुत्व के इर्द-गिर्द ही घूमा करती है। उनकी कविताएं अलग-अलग तरीक़े से हिंदुत्व को आगे बढ़ाने की कोशिश करती हैं। अपनी विचारधारा के मूल सिद्धांतों पर ज़ोर देने का कोई न कोई तरीका वो निकाल ही लेते हैं। वो हिंदुओं के 'दुश्मन' की ऐसी साफ़ तस्वीर पेश करते हैं कि सुनने वाले को कोई शुबह न रह जाए, फिर इस 'दुश्मन' के प्रति गुस्सा और घृणा भरते हैं और फिर अपनी भाषा के ज़रिये उन्हें निकृष्ट क़रार देकर नए दुश्मन बनाने से भी जी नहीं चुराते हैं।

इस सबके क्रम में, अट्ठाईस साल के कमल, कविताओं और डिजिटल प्लेटफ़ॉर्म्स का इस्तेमाल करते हुए राजनीतिक प्रोपेगेंडा फैलाने के क्षेत्र में क्रांतिकारी बदलाव लेकर आ रहे हैं।

कमल अपने श्रोताओं को देश और हिंदुओं के सामने खड़े काल्पनिक दुश्मनों के बारे में बताते हैं। इसमें मुसलमान समुदाय[8] से लेकर छात्रों[9] का कोई समूह होता है, भाजपा के आलोचकों[10] से लेकर विवादित कृषि कानूनों के चलते सरकार के विरुद्ध लामबंद हो चुके किसानों तक, कोई भी हो सकता है। कमल इन सभी के ख़िलाफ़ लोगों में गुस्से का बीज बोते हैं। वो लोगों में ये डर भी डालते हैं कि इंडिया एक इस्लामिक देश बन जाएगा या मोदी के विरोधी सत्ता में आये तो पाकिस्तान देश के कई हिस्से ले उड़ेगा या अपने ही घर में हिंदुओं को रहने की जगह नहीं मिलेगी।

कमल किसी भी हाल में इतिहास को इस तरह से लिख देना चाहते हैं कि उससे हिंदू राष्ट्रवादियों को भरपूर फ़ायदा हो। इसके लिए वो भूतकाल की घटनाओं को नए कलेवर में बेचते हैं और हिंदू राष्ट्रवादियों को बुरा साबित करने वाली घटनाओं को अलग ही

रंग दे देते हैं। इसके लिए वो अक्सर इतिहास के बड़े नामों को एक-दूसरे के सामने खड़ा कर देते हैं और फिर श्रोताओं से उस एक शख्स को किनारे कर देने को कहते हैं, जो हिंदू राष्ट्रवाद का आलोचक होता है।

कमल छोटे शहरों, दूरदराज के कस्बों और गांवों में जाते हैं और अपनी कला के ज़रिये हिंदुत्व का संदेश पहुंचाते हैं। वो इस विचारधारा को वहां तक पहुंचाते हैं जहां तक पॉप कल्चर किसी भी मुख्यधारा के तरीक़ों से सेंधमारी नहीं कर पाता है। 2017 में शुरुआत करने वाले कमल ने हर साल ऐसे दर्जनों कार्यक्रमों में कविताएं पढ़ी हैं। देश के उत्तरी, पश्चिमी और पूर्वी इलाक़ों में उन्होंने सबसे ज़्यादा इवेंट अटेंड किये हैं और ये एक इत्तेफ़ाक ही हो सकता है कि इन्हीं जगहों से भाजपा को सबसे ज़्यादा वोट मिलते हैं।

अपने काम से कमल जो संदेश देना चाहते हैं उसे समझना कोई मुश्किल काम नहीं है: वो गुज़रे हुए कल की सुनहरी कहानियां सुनाते हैं, बताते हैं कि वर्तमान कितना वीभत्स है और फिर दर्शकों को भयावह होते भविष्य का डर दिखाते हैं।

वो कई बार श्रोताओं से सीधा सवाल पूछते हैं। उनकी एक कविता जो बहुत चर्चित रही है, क्रांतिकारी चंद्रशेखर आज़ाद पर केन्द्रित है। उसका शीर्षक है, 'चंद्रशेखर को क्या मिला?' इस कविता में वो तुलना करते हुए दिखाते हैं कि कैसे आज़ाद शहीद हो गए और लोगों ने उन्हें भुला दिया, जबकि जवाहरलाल नेहरू को प्रधानमंत्री की कुर्सी पर बिठा दिया गया। इन समझी-बूझी तुलनाओं के पीछे उनकी राजनीति और उनके मकसद छिपे हैं। असल में, इस तरह की तुलना छुपाती बहुत कुछ है, दिखाती बहुत कम है। भारी भीड़ के बीच उनकी शैली और उनकी ज़ोरदार वाक्पटुता, सुनने वालों को मजबूर कर देती है कि वो अपना तर्क और अपने विचार एक तरफ रख दें और जो वो कह रहे हैं, उसी भावना को, जितना हो सके, आत्मसात कर लें।

कमल अपने श्रोताओं को बताते हैं कि कैसे चौबीस वर्ष की उम्र के चंद्रशेखर आज़ाद को ब्रिटिश हुकूमत की पुलिस ने उस वक़्त के इलाहाबाद के अल्फ्रेड पार्क में गोली मार दी थी। चंद्रशेखर आज़ाद ने दस साल देश की आज़ादी की लड़ाई में लगाए थे। पहले वो गांधीजी के असहयोग आंदोलन के सहभागी थे और फिर क्रांतिकारियों द्वारा बनायी गयी हिंदुस्तान रिपब्लिकन असोसिएशन से जुड़ गए थे।

कमल चंद्रशेखर आज़ाद की कुर्बानी और योगदान की तारीफ़ तो ज़रूर करते हैं, लेकिन वो गांधी और नेहरू के योगदान का कोई ज़िक्र नहीं करते। वे ये नहीं बताते कि

स्वाधीनता संग्राम में नेहरू और गांधी ने क्या किया, दोनों ने कितनी लंबी लड़ाइयां लड़ीं, और उन्होंने कितने साल जेल में बिताये।

समस्या ये है कि ऐसी कविताएं बेहद जटिल ऐतिहासिक मुद्दों या घटनाओं को काले या सफ़ेद में बांट देती हैं। मसलन, हिंदूवादी या ग़ैर हिंदू, अच्छा या बुरा। आम दर्शक या श्रोता के लिए इन्हें समझना और इनसे जुड़ाव महसूस करना बेहद आसान होता है क्योंकि ऐसे मौकों पर इन मुद्दों या घटनाओं का कोई सन्दर्भ या प्रसंग ज़रूरी नहीं होता। बल्कि, उन्हें बस अपनी भावनाओं, पूर्वाग्रहों की बात सुननी होती है और मन बनाना होता है।

कमल जो मुद्दे उठाते हैं, वो आमतौर पर भाजपा और हिंदू दक्षिणपंथ की विचारधारा से उठाये गए मालूम देते हैं। फिर चाहे वो भारत में मुसलमानों की बढ़ती जनसंख्या का डर दिखाना हो या हिंदुओं और हिंदू धर्म के अस्तित्व पर बढ़ते ख़तरे को लेकर डर पैदा करने की बात हो। यहां तक कि जवाहरलाल नेहरू यूनिवर्सिटी जैसे लिबरल आर्ट्स के संस्थानों पर हमला करने से लेकर मुस्लिम फ़िल्म अभिनेताओं को निशाना बनाना भी उनके काम का एक हिस्सा दिखाई देता है। कमल कभी खुलकर बीजेपी का समर्थन नहीं करते, लेकिन उनके निशाने पर हमेशा बीजेपी के विरोधी रहते हैं — फिर चाहे वो मीडिया के आलोचक हों या विपक्षी पार्टियां और उनके नेता।

हिंदुत्व ज़िंदा रहे और फलता-फूलता रहे, इसके लिए दुश्मन और लगातार नए दुश्मनों का आना बेहद ज़रूरी है। कमल लगातार पुराने दुश्मनों की याद दिलाते रहते हैं और नए दुश्मनों की पहचान कराते हैं और हिंदुत्व के पूरे सिस्टम को, इन दोनों क्षेत्रों में लगातार काम करने में मदद करते हैं – ताकि इन दुश्मनों को विलेन बनाना और गोडसे जैसे 'असली' नायकों को महान दिखाना जारी रह सके।

ये सब करते हुए, कमल अपने काम के ज़रिए हिंदुत्व की सबसे कट्टर और ज़हरीली सोच को सामान्य बनाते जाते हैं। वो घृणा और पूर्वाग्रहों से भरे नज़रिये को एक लोकप्रिय, देशभक्त कवि की राय की तरह पेश करते हैं। नतीजतन, कमल जैसे हिंदुत्ववादी कवि, इन सांस्कृतिक आयोजनों में आए दर्शकों के सामने, मनोरंजन की शक्ल में राजनीतिक प्रोपेगेंडा परोसते हैं।

जब कमल अलग-अलग कवि सम्मेलनों के मंच से बार-बार हिंदुत्व की मुख्य विचारधाराओं को दोहराते हैं, तो वो इन बातों को सिर्फ़ फैलाते ही नहीं, बल्कि उन्हें एक तरह की वैधता भी देते हैं। इसका असर ये होता है कि दूसरी जातियों या समुदायों के बारे

में भड़काऊ बातें करना या ऐतिहासिक घटनाओं को लेकर झूठी जानकारियां फैलाना अब एक सामान्य बात लगने लगती है।

आख़िर में, ये सब मिलकर बीजेपी और आरएसएस की पकड़ को और मज़बूत करता है और उनकी विचारधारा को बहुत आगे तक ले जाता है। उदाहरण के तौर पर, नेहरू की आलोचना करती हुए कमल की कविताओं में जो भी बातें होती हैं, वो पूरी तरह से वैसी ही मालूम पड़ती हैं जो बीजेपी और इस पार्टी के ऑनलाइन समर्थक लगातार फैलाते रहते हैं।[11,12,13]

~

राजनीतिक और धार्मिक लामबंदी में काव्य का जो महत्व होता है, उसे अक्सर अनदेखा कर दिया जाता है। लोगों के दिमाग़ में घर बनाने या उनकी सोच को प्रभावित करने में कविताएं बेहद प्रभावकारी साबित हुई हैं लेकिन इस दिशा में बहुत ज़्यादा ध्यान नहीं दिया गया है।

रामायण की कहानी को बताते हुए, सोलहवीं सदी में रचा गया काव्य *रामचरितमानस*, आज हिंदू धर्म के सबसे बड़े ग्रंथों में एक है। ये भी कहा जा सकता है कि ये 'हिंदी भाषी क्षेत्र का सबसे ज़्यादा प्रभावशाली धार्मिक ग्रंथ' है जिसकी मान्यता दूर-दूर तक है।[14] संत और कवि गोस्वामी तुलसीदास ने इसकी रचना की थी और माना जाता है कि भगवान राम की कहानी बताती हुई ये पहली रचना है। इससे पहले, रामकथा मौखिक रूप में एक जगह से दूसरी तक पहुंचती थी।[15] *रामचरितमानस* ने इसे बदला। इसने हिंदुओं को लिखित स्वरूप में वो दस्तावेज़ दिया जो 'उत्तर और केंद्रीय भारत के घर-घर तक राम की कथा को लेकर पहुंचा जिससे एक आम हिंदू भावनात्मक रूप से भगवान राम से जुड़ गया।'[16]

भक्ति आंदोलन और रामचरितमानस से बहुत पहले, जाति व्यवस्था को, 'व्यक्ति के ईश्वर से सीधे संबंध' पर ज़ोर देते हुए, सुधारने और उसे चुनौती देने के लिए अभियान छेड़ा गया था।[17] इस दौरान भी गुरु नानक और कबीर से लेकर मीराबाई, सूरदास और चैतन्य के रूप में काव्य ही वो आधार बना, जिसके सहारे विचारों का फैलाव हुआ।

ये वो लेखन था, जिसने धार्मिक लामबंदी की। इसी तरह से, दूसरे कुछ काव्यों ने राजनीति में भी हलचल मचाई।

उन्नीसवीं सदी के मध्य से लेकर अंत तक देश में राष्ट्रवादी विचारों को दूर तक पहुंचाने के लिए कविताओं का ही इस्तेमाल किया गया था। इस दौरान कवियों ने राष्ट्रवादी भावनाओं को धार्मिक जामा पहनाते हुए देश के नागरिकों में चेतना को जागृत करना शुरू किया। 1870 में, हेमचन्द्र बंदोपाध्याय ने अपनी बांग्ला कविता *'भारत संगीत'* में हिंदुओं को संदेश देते हुए कहा कि वो 'हथियारों के मामले में एक्सपर्ट हो जाएं और पागलपन की हद तक युद्ध करें' जिससे औपनिवेशिक ताकतों को परास्त किया जा सके।[18] इस कविता को कमाल की लोकप्रियता मिली और इसे 'आधुनिक बंगाल के राष्ट्रवादी साहित्य में मील का पत्थर' माना गया।[19]

पहले विश्व युद्ध के ठीक बाद के दौर में, पूरे भारत में मुस्लिम समुदाय के बीच तुर्की के ख़लीफ़ा के पद को पुनर्जीवित करने की मांग को लेकर चले खिलाफ़त आंदोलन ने ज़ोर पकड़ा हुआ था। उस वक्त उर्दू में लिखी गई राजनीतिक कविताओं का इस्तेमाल लोगों को एकजुट करने और आंदोलन से जुड़े राजनीतिक संदेश फैलाने के लिए किया गया।[20]

बाद में, बीसवीं सदी में प्रधानमंत्री इंदिरा गांधी ने 1975 से 1977 के बीच आपातकाल लागू कर दिया था, जिसमें स्वतंत्र प्रेस पर पूरी तरह पाबंदी लगा दी गई और बोलने की आज़ादी व अभिव्यक्ति की स्वतंत्रता पर गंभीर रूप से रोक लगायी जा चुकी थी। उस समय, देशभर के कवियों की हज़ारों कविताएं गुप्त रूप से देशभर में पहुंचीं। इनमें से कई कविताएँ आपातकाल हटने के बाद प्रकाशित भी हुईं।[21]

लेकिन कविता के ज़रिए जो जनजागरण हुआ, वो हमेशा औपनिवेशिक शासन को हटाने या जाति व्यवस्था को ख़त्म करने के लिए धार्मिक आंदोलनों का समर्थन करने जैसे सही और न्यायसंगत मकसदों के लिए नहीं हुआ। हिंदू राष्ट्रवादी आंदोलन की अगुवाई कर रहे लोगों ने भी जल्दी ही समझ लिया कि कविता का जनमानस पर कितना असर होता है।

शोधकर्ता रोसिंका चौधरी मानती हैं कि भगत जैसे कवियों की हिंदू राष्ट्रवादी कविताएं शायद राष्ट्रीय स्वयंसेवक संघ जैसे संगठित हिंदू राष्ट्रवादी संगठनों की नींव डालने का काम कर रही थीं, जो करीब पांच दशक बाद, 1925[22] में अस्तित्व में आया। वो लिखती हैं:

> भारत में हिंदू राष्ट्रवादी आंदोलन की शुरुआत 1925 से मानी जाती है, जब राष्ट्रीय स्वयंसेवक संघ की स्थापना हुई। लेकिन उन्नीसवीं सदी में जो वैचारिक

> घटनाएं इस तरह के राजनीतिक संगठनों के उभरने की ज़मीन तैयार कर रही थीं, वो बंगाल में कम से कम 1830 के दशक से काम कर रही थीं। उस वक़्त 'भारत राष्ट्र' का विचार बस आकार लेना शुरू कर रहा था। मेरा मानना है कि राष्ट्र से जुड़ी कुछ प्रभावशाली धारणाएं और छवियां लोगों के ज़हन में सबसे पहले कविता के ज़रिए आईं। इतिहास या राजनीति की ज़बान में आम हो पाने से बहुत पहले।

इसके काफी बाद, 1980 के दशक के अंत से शुरू हुए राम जन्मभूमि आंदोलन के दौरान भी, हिंदू दक्षिणपंथी संगठनों ने गाये जा सकने वाले नारों का बड़े असरदार तरीके से इस्तेमाल किया। एक नारा तो इस आंदोलन की पहचान बन गया था:

रामलला हम आयेंगे,
मंदिर वहीं बनायेंगे।

ये नारा, जो मंदिर आंदोलन के दौरान, 1986 में एक हिंदू दक्षिणपंथी रैली से आया था, आज भी लोकप्रिय है। इससे प्रेरित होकर कितनी ही कविताएं और गाने बने हैं।[23]

वैश्विक स्तर पर भी, कविता का इस्तेमाल चरमपंथी सोच फैलाने के लिए एक असरदार हथियार के रूप में किया गया है। ये बहुत कम लोगों को पता है, लेकिन इस्लामिक चरमपंथी आंदोलन ने भी लम्बे समय से अपने प्रचार के लिए कविता का जमकर इस्तेमाल किया है।

अल कायदा जैसे आतंकी संगठन, जिसकी शुरुआत 1988 में अफ़ग़ानिस्तान से हुई और जिसने बाद में दुनिया के कई हिस्सों से लोगों को अपने संगठन में शामिल किया, उसके कई टॉप लीडर अपने भाषणों में कविताओं का जमकर इस्तेमाल करते थे।[24] ओसामा बिन लादेन, अयमान अल-ज़वाहिरी और अबू मुसाब अल-ज़रकावी जैसे लोग तो ख़ुद कविताएं लिखा करते थे।[25]

चरमपंथी विचारधारा फैलाने में कविता की भूमिका पर रिसर्च करने वाले मानते हैं कि ये कला इस काम के लिए एकदम मुफ़ीद है।

शोधकर्ता एलिज़ाबेथ केंडल लिखती हैं, 'अरबी भाषा की कविताओं में वो ताक़त है जो लोगों की भावनाओं को छू सकती है, उनके मन में उतर सकती है, और उस

विचारधारा को परंपरा, सच्चाई और वैधता का रंग दे सकती है। ये सब, एक कविता को जिहादी मकसदों के लिए एकदम परफ़ेक्ट हथियार बना देती है।'[26]

वो ये भी कहती हैं, 'तर्क करने के मामले में कविता की एक और ख़ासियत है — वो तर्क में मौजूद कमज़ोरियों या सुबूत की कमी को छिपा सकती है, और पूरे मुद्दे को भावनात्मक ऊंचाई पर पहुंचाकर उसे ज़ोरदार बना सकती है।'[27]

चरमपंथी सोच को फैलाने में कविता की सबसे बड़ी ताक़त शायद इसी बात में है कि वो अपने शब्दों और कल्पनाशीलता के ज़रिए एक 'दुश्मन' को पैदा कर सकती है। केंडल के शब्दों में:[28]

> मौलिक जिहादी जैसी कोई पहचान नहीं होती। एक आइडिया होता है जिसे बार-बार दोहराया जा रहा होता है। कविता इस पहचान को गढ़ने में मदद करती है। उदाहरण के लिए, इस्लामिक इतिहास के नायकों का ज़िक्र किया जाता है, जानी-पहचानी उपमाओं का इस्तेमाल (जैसे जिहादियों को शेर और योद्धा कहना) होता है, आज के जिहादी कामों को बढ़ा-चढ़ाकर पेश किया जाता है और शहीदों की तारीफ़ की जाती है, उनके गुणों को एक मिथकीय स्वरूप दे दिया जाता है। एक ठोस 'दुश्मन' गढ़ दिया जाता है, जिससे उस पहचान को मज़बूती मिलती है और दुनियाभर के अलग-अलग स्थानीय संघर्षों को एक साझा जिहादी मकसद से जोड़ देता है।

ये बात हिंदुत्ववादी कविताओं में भी शामिल दिखाई देती है, जिसमें कमल की कविताएं भी हैं।

~

कमल के लिए, असल और काल्पनिक अन्यायों की कहानियां सुनाकर एक नया 'दुश्मन' गढ़ते रहना, उनकी कला का बेहद ज़रूरी हिस्सा है। जो 'दुश्मन' वो गढ़ते हैं, वो आमतौर पर बीजेपी की आलोचना करने वालों और असहमति जताने वालों से मेल खाते हैं।

देश की मौजूदा हिंदुत्व विचारधारा और मोदी सरकार की नीतियों के साथ इस तरह का मेल-जोल उन्हें ठोस फायदे भी देता है।

उत्तर प्रदेश और मध्य प्रदेश के चुनावों के दौरान, भाजपा के कई नेता प्रचार के लिए कमल को अपने क्षेत्र में बुलाते हैं। इन सभाओं में कमल अपने शब्दों और भाषण शैली का इस्तेमाल करके जनता के सामने उम्मीदवार का प्रचार करते हैं। कमल उनके विरोधियों पर हमला करते हैं और जहां ज़रूरत महसूस होती है वहां हिंदुत्व की बातें छिड़ककर माहौल बनाते हैं जिससे उम्मीदवार को अच्छी मदद मिलती है। इन आयोजनों में, कई बार कमल वही बातें कहते हैं जो उम्मीदवार ख़ुद नहीं कह सकते। इससे उन पर नफ़रत फैलाने और हेट-स्पीच का आरोप भी नहीं लगता।

कमल बताते हैं कि उम्मीदवार की ज़रूरत के हिसाब से वो हिंदुत्ववादी बातों की उग्रता को कम या ज़्यादा करते रहते हैं। अगर कोई अपने इलाक़े में ध्रुवीकरण चाहता है तो कमल वैसी ही कविताएं पढ़ते हैं। अगर कोई उम्मीदवार राष्ट्रवाद से जुड़ा आयोजन चाहता है, जिसमें साम्प्रदायिकता कतई न हो, कमल बगैर किसी समस्या के वैसी कविताएं भी पढ़ देते हैं।

कमल ऐसे कवि सम्मेलनों में भी सहज पाए जाते हैं जो भाजपा द्वारा आयोजित होते हैं और वहां विरोधियों को लताड़ने या पार्टी का गुणगान करने पर ही ध्यान केन्द्रित रहता है।

जनवरी 2020 में, जब दिल्ली का विधानसभा चुनाव होने को था और शहर में सीएए और एनआरसी के ख़िलाफ़ विरोध प्रदर्शन चल रहे थे, कमल एक ऐसे कवि सम्मेलन में मौजूद थे जो भाजपा ने अपने प्रचार के लिए आयोजित करवाया था।

स्टेज पर तत्कालीन दिल्ली भाजपा अध्यक्ष मनोज तिवारी और विवादित भाजपा नेता कपिल मिश्रा बैठे हुए थे, जिन्हें मुसलमानों के ख़िलाफ़ भड़काऊ बयानों के लिए जाना जाता है। इन सभी की मौजूदगी में कमल ने भाजपा की विरोधी पार्टियों, कांग्रेस और आम आदमी पार्टी को जम के लताड़ा। उन्होंने कहा कि कांग्रेस के अध्यक्ष राहुल गांधी 'बैंकॉक में समंदर के किनारे मसाज कराते हैं', जिसपर तालियों का शोर उठा। उन्होंने पाकिस्तान को न्यूक्लियर बम से ख़त्म करने को कहा, नागरिकता कानूनों में संशोधन के लिए सरकार को धन्यवाद कहा, इन बदलावों के ख़िलाफ़ प्रदर्शन करने वालों पर पुलिस की बर्बरता का स्वागत किया। कमल ने यहां तक कहा कि प्रदर्शन कर रहे स्टूडेंट्स की 'आंखों में गंगाजलरूपी एसिड' डाल दिया जाना चाहिए, जो 1980 के दशक में बिहार की घटना से प्रभावित था, जहां ऑपरेशन 'गंगाजल' के तहत बिहार के पुलिस अधिकारियों ने अपराधियों की आंखों में तेज़ाब डाल दिया था।[29,30]

कमल अक्सर ऐसे सम्मेलनों में जाते रहते हैं जो पूरी तरह से राजनीतिक तो नहीं होते हैं लेकिन भाजपा शासित प्रदेशों में पार्टी के नेताओं या सरकार द्वारा आयोजित किये जाते हैं।

इस सब के साथ, कमल उस गुप्त मशीनरी का भी हिस्सा बन चुके हैं जो सोशल मीडिया और व्हाट्सैप जैसी मेसेजिंग ऐप्स पर भाजपा के लिए काम करती है। उन्होंने ग्रेटर नोएडा में तीन-बेडरूम का एक फ़्लैट किराए पर लिया हुआ है जिसे वो अपने दो मित्रों के साथ शेयर करते हैं। ये फ़्लैट एडिटिंग रूम और शूटिंग के लिए स्टूडियो के रूप में भी इस्तेमाल होता है। यहां पर कमल अक्सर ऐसे वीडियोज़ पर काम करते हुए पाए जाते हैं जो भाजपा के विरोधियों की आलोचना करते हुए व्हाट्सैप पर फ़ॉरवर्ड होते रहते हैं। मार्च 2021 में पश्चिम बंगाल में चुनाव होने वाले थे और यहां भाजपा हर वो कोशिश कर रही थी जिससे ममता बनर्जी के नेतृत्व वाली तृणमूल कांग्रेस से सत्ता की कुर्सी हथिया सके। चुनावों से कुछ ही हफ़्ते पहले, मैंने कमल को एक वीडियो की एडिटिंग पर नज़र रखते हुए देखा जिसमें बताया जा रहा था कि कैसे बंगाल एक इस्लामिक राज्य में बदलता जा रहा था। वीडियो में जलते हुए टायर, टोपी पहने और लाठी-डंडे लिए हुए उग्र भीड़ के दृश्यों के साथ तेज़, भड़काऊ संगीत था और एक गुस्सैल आवाज़ के साथ वॉइसओवर शामिल था।

कमल का काम हल्का है। उन्हें ये मालूम है। हिंदू राष्ट्रवाद का पूरा तंत्र ये बात जानता है।

~

लेकिन कमल सबसे ज़्यादा सहज होते हैं जब वो किसी कवि सम्मेलन में मंच पर खड़े होते हैं। कवि सम्मेलन का पूरा स्वरूप जिस तरह से बदला है, जिस तरह से डिजिटल मीडिया का असर उसपर पड़ा है और वो पूरी तरह से वायरल होने पर निर्भर होने लगे हैं, ये सब कमल जैसे हिन्दुत्ववादी कवियों के लिए फ़ायदे का सौदा बन गया है।

शोधकर्ता फ़्रेंचेस्का ओर्सिनी ने अपनी किताब, *द हिंदी पब्लिक स्फ़ेयर 120-1940* में कहा है कि ज़्यादातर उत्तर भारत में आयोजित होने वाले हिंदी भाषा के कवि सम्मेलनों की शुरुआत 1920 के दशक में हुई, जहां उपस्थित श्रोताओं के सामने काव्यपाठ होता था।[31] फिर धीरे-धीरे ये ऐसे कार्यक्रम में तब्दील होता गया, जहां बड़ी संख्या में आये

लोगों का मनोरंजन होने लगा। बहुत कम समय में ऐसे कार्यक्रमों ने भारी भीड़ खींचनी शुरू कर दी। इनके इर्द-गिर्द माहौल ऐसा बनने लग गया कि स्कूल, कॉलेज, स्टूडेंट हॉस्टल और यहां तक कि भारतीय राष्ट्रीय कांग्रेस के अधिवेशनों तक ऐसे कार्यक्रम पसंदीदा आयोजन होने लगे।[32]

ओर्सिनी बताती हैं कि इन आयोजनों की लोकप्रियता का आलम ये था कि कई बार कवि सम्मेलनों में अराजकता देखने को मिलती थी और कई बार तो वो 'अश्लील सभाओं' में तब्दील हो जाते थे जहां भीड़ को नियंत्रित करना लगभग असंभव हो जाता था।[33]

ये तस्वीर बहुत हद तक बदल चुकी है। इस इंडस्ट्री से जुड़े पुराने लोग बताते हैं कि कवि सम्मेलनों की तबीयत अब नासाज़ रह रही है और वो संसाधनों के लिए तरस रहे हैं। उनका मानना है कि न ही इसे आश्रय देने वाले कोई मदद कर रहे हैं और न ही सुनने-देखने वाले बड़ी संख्या में आते हैं, जैसे वो पहले आया करते थे। अतिसंवेदनशील नेता-मंत्री भी एक वजह है जिससे इन कवि सम्मेलनों की हालत खस्ता चल रही है। बीते समय का एक दौर ऐसा भी था जब कई कवि सम्मेलन फ़ंडिंग के लिए स्थानीय नेताओं या सरकार पर निर्भर रहते थे। नेता-मंत्रियों और सरकारों के लिए ऐसे आयोजन एकदम मुफ़ीद होते हैं। वो इन्हीं आयोजनों के बहाने ख़ुद को बड़े और लोकप्रिय कवियों का नज़दीकी दिखा देते थे और साथ ही अपने इलाक़े के लोगों का अच्छा मनोरंजन भी करवा देते थे। उधर, कवि यदि व्यंग्य का या राष्ट्रवादी हो, तो वो मौजूदा हालात पर कुछ न कुछ टिप्पणी करता ही था, कई बार राजनेताओं के मज़े भी ले लेता था। नेतागण इससे नाराज़ नहीं होते थे और कई मौक़ों पर इसका स्वागत भी करते थे। पुराने लोग बताते हैं कि ये सबकुछ बदल चुका है। समय के साथ-साथ नेताओं की सहनशीलता लुप्त हो चुकी है। अब वो आलोचना और व्यंग्य पचा नहीं पा रहे हैं। इसके चलते इन सम्मेलनों का पुराना रस रिस चुका है।[34]

इस सबके बावजूद, कवि सम्मेलन आज भी मनोरंजन के लिए एक लोकप्रिय ज़रिया हैं। मेट्रो शहरों से आप जितना दूर जायेंगे, इन आयोजनों में भीड़ उतनी बढ़ती पायेंगे। इंडस्ट्री के लोग कहते हैं कि 70 प्रतिशत कवि सम्मेलन छोटे कस्बों या ग्रामीण इलाकों में आयोजित होते हैं।

इन सम्मेलनों में कुछ सौ से लेकर कुछ हज़ार तक की भीड़ आती है जो ठीक-ठाक संख्या मानी जाती है। देश की राजधानी और आस-पास के इलाक़ों में सरकारी तंत्र या

किसी नेता या प्राइवेट संस्थान द्वारा प्रायोजित कवि सम्मेलन लगातार आयोजित होते रहते हैं। नतीजे के तौर पर, कमल जैसे लोगों को लगातार काम मिलता रहता है।

इस कला के लिये इंटरनेट फ़ायदेमंद सिद्ध हुआ है। इन सम्मेलनों को सोशल मीडिया ने एक नया आयाम दिया है। कई सम्मेलन यूट्यूब पर दिखाये जाते हैं जिससे एक-एक कवि लाखों लोगों तक पहुंच जाता है। इन चैनलों के लाखों फ़ॉलोवर्स होते हैं जिनतक ये कवि एक वीडियो के ज़रिये पहुंच जाते हैं। यूट्यूब के अभाव में ऐसा संभव नहीं था।

'कवि सम्मेलन' नाम के चैनल के पास 7,20,000 फ़ॉलोवर्स हैं और इसके वीडियोज़ को साढ़े 10 करोड़ से ज़्यादा बार देखा जा चुका है। 'हाईटेक कवि सम्मेलन' नाम के चैनल के पास 3,67,000 फ़ॉलोवर्स हैं और इसे 6 करोड़ व्यूज़ मिल चुके हैं।[35]

इन सभी में जो सबसे बड़ा चैनल है, वो पूर्वी दिल्ली के लक्ष्मी नगर के दो कमरे के फ़्लैट से चलता है। इसका नाम है 'नमोकार चैनल प्राइवेट लिमिटेड'। इसके 19 लाख से ज़्यादा सब्स्क्राइबर हैं और इसके वीडियोज़ को साढ़े 17 करोड़ बार देखा गया है।[36] नमोकार चैनल 2016 से ऐसे कवि सम्मेलन कवर कर रहा है और कवियों के ऑनलाइन वायरल होने में महत्वपूर्ण भूमिका अदा की है। उदाहरण के तौर पर, कमल की गोडसे पर लिखी कविता इसी चैनल ने पहली बार शेयर की थी। कविता वायरल हो गयी और इसे टुकड़ों-टुकड़ों में, यूट्यूब पर 45 लाख व्यूज़ मिले।

लेकिन इस क्षेत्र के बहुत से लोगों का ये भी मानना है कि यूट्यूब जैसे स्ट्रीमिंग प्लेटफॉर्म्स ने कवि सम्मेलनों की [illegible] और [illegible], दोनों [illegible] है। तमाम कवियों का काम, इंटरनेट पर चुटकियों में मिल जाता है। क्या यही वजह है कि कवि सम्मेलन में भीड़ नहीं आती है? वहीं दूसरी ओर, यूट्यूब ने कवियों को ये सुविधा दे दी है कि वो अपनी फ़ॉलोइंग बढ़ा सकें और ऐसी लोकप्रियता पाएं जो पहले देखी नहीं गयी थी। लेकिन फिर, इस फ़ॉलोइंग को तो कवि सम्मेलनों में भारी भीड़ में तब्दील होना चाहिए था न? असल में, इन सभी सवालों का कोई आसान जवाब नहीं है।

नमोकार चैनल चलाने वाले चालीस वर्षीय राहुल जैन बताते हैं कि राष्ट्रवादी कविताएं, ख़ासकर जिनमें मोदी की तारीफ़ हो रही हो, यूट्यूब पर अच्छी चलती हैं। उन्होंने कहा, 'इनको सुनने वाले ज़्यादातर लोग भाजपा के सपोर्टर होते हैं। अगर कोई ऐसी कविताएं सर्च करके सुन रहा है तो इसका मतलब है कि वो भाजपा और मोदी समर्थक हैं।'

उन्होंने बताया कि अपने चैनल के एनालिटिक्स को देखते हुए वो समझ पाए थे कि ऐसी भाजपा और हिंदुत्व का समर्थन करने वाली कविताएं सुनने और पसंद करने वाले ज़्यादातर लोग युवा हैं और राजस्थान ऐसी ऑडियंस का केंद्र है।

राहुल ने बताया कि कैसे भाजपा और हिंदुत्व की शक्तियां जहां लोकप्रिय हैं, वहां कविताओं के ऐसे वीडियो ख़ूब चलते हैं।

कई कवियों ने बताया है कि कैसे कवि सम्मेलन के आयोजन के दौरान, कवियों को आमंत्रित करते हुए उन्होंने ये भी देखना शुरू कर दिया है कि अमुक कवि की ऑनलाइन फ़ॉलोइंग कैसी है। इसके पीछे कारण ये बताया जाता है कि अगर कवि ऑनलाइन पसंद किया जा रहा है, तो उसे देखने-सुनने के लिए अच्छी भीड़ आ सकती है।

इसके चलते अब कवियों ने ऐसा कॉन्टेंट बनाकर ऑनलाइन डालना शुरू कर दिया है जो वायरल हो सके। मौजूदा भारतीय हालात में, जहां नफ़रत और कट्टरता आसानी से वायरल हो सकता है, कमल जैसे कवियों को ये बात बखूबी समझ में आ चुकी है।

राहुल ने कहा कि मोदी एक 'मास्टर की (चाबी)' की तरह है जिसे बेहतर नतीजों के लिए कहीं भी लगाया जा सकता है। फिर चाहे वो कविताएं हों या कवि सम्मेलन का मंच हो। उन्होंने कहा, 'मोदी की फ़ोटो किसी भी बैनर, किसी भी प्रोडक्ट पर लगा दीजिये, वो ख़ूब बिकेगा।'

इस सबके चलते, राष्ट्रवादी कविताओं के लिखने के तरीक़े में भरी बदलाव आया है। औपनिवेशिक ताक़तों से लड़ने और उन्हें भगाने वाले बीते ज़माने के राजाओं और लड़ाकों और क्रांतिकारियों का गुणगान करने से लेकर राष्ट्रवादी कविताएं अब मोदी सरकार और उसकी नीतियों का वंदन करने में काम आने लगी हैं।

राहुल ने कहा, 'तान्हाजी, शिवाजी या चंद्रशेखर आज़ाद की जगह आज की कविताएं राम मंदिर के निर्माण या अनुच्छेद 370 को ख़त्म करने पर लिखी जा रही हैं।'

इकोसिस्टम के जंतु

मार्च 2021 में कमल एक कवि सम्मेलन के लिए पटना जा रहे थे। कमल को ख़ुशी हो रही थी क्योंकि उन्होंने महीनों से मंच पर कविताएं नहीं पढ़ी थीं। आख़िर वो कोविड-19 का दौर था जहां ऐसे सार्वजनिक कार्यक्रमों पर पूरी तरह से रोक लगी हुई थी।

शो से पहले की रात कमल सो ही नहीं सके थे। कवि शंभू शिखर और और कमल ने बस यूं ही देर-रात कार ड्राइव पर निकलने का मन बना लिया और उन्हें मात्र चार ही घंटे की नींद नसीब हुई। शंभू एक जाने-माने हास्य कवि हैं और कमल के गुरु, लाइफ़-कोच और मकान मालिक हैं।

कमल के लिए पटना एक जानी-पहचानी जगह थी। यहां वो इससे पहले दो बार परफॉर्म कर चुके थे। चूंकि वहां शंभू भी थे, इसलिए उनके लिए ये शहर और भी जाना-पहचाना हो गया था। शम्भी बिहार के मधुबनी ज़िले से ही आते हैं, जो पटना से चार घंटे की दूरी पर है।

कमल जैसे कवि, ज़्यादातर मौकों पर, सामने बैठी जनता के राजनीतिक झुकाव से मेल खाने पर निर्भर रहते हैं। ऐसे में, शहर से उनकी जान-पहचान उतनी मायने नहीं रखती, जितना ये कि उस शहर का ज़्यादातर वोट किस ओर जाता है। उदाहरण के तौर पर, कमल कहते हैं कि अक्टूबर 2019 में, जबसे महाराष्ट्र में हिंदुत्ववादी शिव सेना, कांग्रेस और एनसीपी ने गठबंधन करके भाजपा सरकार को हटा दिया, मुंबई में उनके शो

बंद हो गए। उससे पहले, जब वहां भाजपा की सरकार थी, कमल हर कुछ महीने बाद मुंबई में परफ़ॉर्म किया करते थे।

भाजपा को नुकसान पहुंचने की वजह से कमल को नुकसान इसलिए होने लगता था क्योंकि स्थानीय ऑर्गनाइज़र उस प्रकार की राजनीतिक विचारधारा में हाथ डालने से बचने लगते हैं जो सत्ताधीश सरकार से उलट बात करती हो।

जब वो कमल को लेकर आयेंगे तो सभी को मालूम है कि उन्हें क्या सुनने को मिलेगा – बगैर किसी लाग लपेट के हिंदुत्व की राजनीति की बात होगी, इशारों-इशारों में भाजपा को सपोर्ट किया जाएगा और उसके विरोधियों पर तंज़ कसे जाएंगे।

लेकिन पटना के शो में कमल को चिंता करने की कोई ज़रूरत ही नहीं थी।

नवम्बर 2020 में, भाजपा ने नितीश कुमार के जनता दल से गांठ जोड़कर राष्ट्रीय जनता दल को जैसे-तैसे पीछे किया और सरकार बनाने में क़ामयाबी पायी। चुनाव प्रचार शुरू होने से बहुत पहले ही ये कहा जाने लगा था कि सरकार भाजपा की ही बनेगी लेकिन नतीजे आये तो मालूम पड़ा कि विपक्ष मात्र दस सीटों से पीछे रह गया था।

हालांकि मार्च 2021 तक, जीत का ये छोटा सा अंतर पटना की सड़कों ने भुला दिया था।

शहर की सड़कों पर जो राजनीतिक बैनर और होर्डिंग लगी थीं, वो हर किसी को ये बार-बार जता रही थीं कि प्रदेश की राजनीतिक तस्वीर क्या थी – कि भाजपा ड्राइविंग सीट में बैठी हुई थी और एक सिकुड़ती हुई जेडीयू ने उसकी उंगली थामी हुई थी। भाजपा ने जेडीयू से कम सीटों पर चुनाव लड़ा था लेकिन उन्हें 74 सीटें मिलीं जबकि जेडीयू को 43 सीटों से ही संतोष करना पड़ा था। चुनाव कुल 243 सीटों पर हुआ था। बैनरों से मालूम चल रहा था कि नीतीश कुमार का मुख्यमंत्री होना एक मामूली सी बात थी।

जयप्रकाश नारायण हवाई अड्डे से नेहरू पथ, जिसे पहले बेली रोड कहा जाता था, और फिर डाक बंगला चौक से होते हुए गांधी मैदान तक, हर ओर ऐसे पोस्टर्स लगे हुए थे जिनमें भाजपा के युवा नेता एक बड़ी कार्यकारिणी की मीटिंग की घोषणा कर रहे थे। ये भगवा रंग के पोस्टर हर जगह थे। अस्पतालों के बाहर, फ़्लाईओवर के नीचे, फ़ुटपाथ पर। इसकी तुलना में जेडीयू के हरे पोस्टर न के बराबर थे। कई बार तो उनमें मुख्यमंत्री नीतीश कुमार की फ़ोटो तक नहीं थी। और फिर पटना की इस यात्रा के सत्रह महीने बाद,

भाजपा और जेडीयू का गठबंधन टूट गया। नीतीश कुमार आरजेडी के साथ चले गए और मुख्यमंत्री की कुर्सी पर बने रहे।

भगवा रंग में रंगे पटना में कमल को आनंद आने वाला था।

मार्च 2021 में जब पीली स्वेटशर्ट और ऑलिव पैंट पहने कमल हवाई अड्डे पर उतरे तो वो एक नये नवेले यूनिवर्सिटी से निकले स्टूडेंट जैसे लग रहे थे।

~

शो शाम को छह बजे शुरू होना था लेकिन कमल को उससे पहले और भी काम निपटाने थे। सबसे पहले उन्हें आचार्य श्री सुदर्शन जी महाराज के दर्शन करने थे, जो 84 वर्षीय धर्मगुरु हैं जिनके बिहार और झारखंड में कई शिक्षण संस्थान चलते हैं।

ये मुलाक़ात शंभू ने संभव करवायी थी। कमल और कवि सम्मेलन में आये हुए और भी कवि, पटना के जगनपुरा इलाक़े में स्थित महाराज के उस स्कूल पहुंचे हुए थे, जहां उनका आश्रम भी बना था।

इस आश्रम के केंद्र में एक बड़ा सा चबूतरा है, जिस पर महाराज की बड़ी सी मूर्ति लगी हुई है। मूर्ति में वो जिस सिंहासन पर बैठे हैं, वो उनसे भी बड़ा है। उस आश्रम में घुसने पर महाराज की मौजूदगी दिखती रहती है। हर ओर उनके मुस्कराहट भरे चेहरे के पोस्टर्स लटके हुए रहते हैं। इन तस्वीरों के साथ कुछ संदेश भी हैं:

स्लीप विद स्माइल,
गेट अप विद स्माइल

आप की आंखों में ट्विंकल होना चाहिए,
रिंकल नहीं।

आश्रम में एक गज़ीबो था जिसके हरे खम्बे और सुनहरी मेहराबें थीं। लकड़ी का एक बड़ा सा पीठा रखा हुआ था, जो महाराज के आसन का काम करता था और इसके दोनों ओर, हाथ रखने के लिए, मखमल की एक-एक मसनद रखी हुई थी। हमारे पहुंचने के दस मिनट बाद धर्मगुरु वहां आये। वे भगवा कुर्ता और उसी रंग की धोती पहने हुए थे।

इसके साथ ही उन्होंने ऐसी ही एक कोटी पहनी हुई थी, जिस पर सुनहरा ज़री का काम था। उनके गले में एक भगवा चोला पड़ा हुआ था।

शंभू ने ही ये मुलाक़ात तय करवायी थी और उन्होंने महाराज से सभी का परिचय करवाया। जब वो कमल के पास पहुंचे तो महाराज ने कहा, 'ये कमल नहीं; कमाल है।' ऐसा कहने के बाद वो ज़ोर से हंसे।

मेरी ओर देखते हुए उन्होंने कमल की ओर इशारा किया और कहा कि उनका काम सबसे अनोखा रहता है और वो अक्सर कमल को सुना करते हैं। महाराज ने कहा, 'ये आग उगलता है, आग। ऐसा लगता है कि इसके अंदर आग है।'

इन शब्दों को सुनकर कमल बमबम हो गए। जितने भी लोग वहां पहुंचे थे, कमल को अद्भुत तारीफ़ मिली थी।

हिंदुत्व के ऐसे सिपेहसलारों से इस तरह की नज़दीकी कमल के लिये बहुत महत्व रखती है। उन्हें इन सभी से शक्ति मिलने लगी और वो ऐसे दायरों में और भी जाने-पहचाने जाने लगे। इससे उन्हें परफ़ॉर्म करने के लिए और मंच मिलने लगे, जिससे उनका असर और बढ़ने लगा। इन सभी बातों-मुलाक़ातों से उन्हें उस दुनिया में भी एंट्री मिल गयी, जिसमें हिंदुत्व और राजनीति का मिलन होता है। आप किसे जानते हैं, ये तय करता है कि आप कहां पहुंचते हैं। यहां आध्यात्मिक गुरु सुपरस्टार्स के सिर पर हाथ रखते हैं, जिनके रिश्ते राजनीति और शासन के साथ काफ़ी गाढ़े होते हैं। महाराज की वेबसाइट पर ऐसी तस्वीरें मिलती हैं जिनमें वो मंच पर कई नेताओं के साथ खड़े दिखते हैं। इसमें नए और पुराने, राष्ट्रपति से लेकर मुख्यमंत्रियों तक की तस्वीरें हैं।

ऐसे शख्स से थोड़ी सी भी नज़दीकी कमल को एक और तरीक़े सी मदद करती है। इससे बहुत सारे लोग कमल के नज़दीक आना चाहते हैं, ताकि उन्हें भी बदले में कुछ मिल सके।

आश्रम से वापस आने पर हमने पाया कि होटल के कमरे में हिंदू महासभा के दो सदस्य इंतज़ार कर रहे थे। वो कमल और शंभू से मिलना चाहते थे।

अखिल भारतीय हिंदू महासभा इस देश के उन सबसे पुराने सामाजिक-राजनीतिक संगठनों में एक है जिसने देश में हिंदू राष्ट्रवाद को खुले तौर पर अपनाया था। महासभा की स्थापना 1909 में भारतीय राष्ट्रीय कांग्रेस से अलगाव के बाद हुई थी। शुरुआती दिनों में इसमें लाला लाजपत राय और पंडित मदन मोहन मालवीय जैसे दिग्गज थे, लेकिन

बाद में इसने विनायक दामोदर सावरकर और केबी हेडगेवार और श्यामा प्रसाद मुखर्जी के प्रभाव में आकर धुर-दक्षिणपंथ की राह पकड़ ली।

द मर्डरर, द मोनार्क एंड द फ़कीर, नाम की किताब में अप्पू एस्थोस सुरेश और प्रियंका कोटमराजू ऐतिहासिक साक्ष्यों को साथ रखकर ये दिखाते हैं कि महात्मा गांधी की हत्या की साज़िश के केंद्र में हिंदू महासभा ही थी।[1] सावरकर को हत्या के आरोप में गिरफ़्तार किया गया था, लेकिन सुबूतों के अभाव में वो छूट गए थे। यही सावरकर इस महासभा के अध्यक्ष थे, जबकि गांधी का हत्यारा नाथूराम गोडसे इस संगठन का सदस्य था।

लेकिन आज के दौर में भी हिंदू महासभा ने अपना जाल बिछाया हुआ है। हेडगेवार महासभा के सक्रिय सदस्य थे और श्यामा प्रसाद मुखर्जी[2] 1944 में महासभा के अध्यक्ष बन गए थे।[3] इन दोनों ने वो तस्वीर गढ़नी शुरू कर दी थी, जो आज भाजपा के रूप में हमारे सामने है। हेडगेवार आगे चलकर राष्ट्रीय स्वयंसेवक संघ के संस्थापकों में से एक बने और श्यामा प्रसाद मुखर्जी ने भारतीय जन संघ की स्थापना की, जिससे भाजपा की उत्पत्ति हुई।

ऐसी वंशावली के बावजूद, आज के वक़्त में हिंदू महासभा शक्तिहीन प्रतीत होती है। महासभा को हाशिये पर धकेला जा चुका है और इसकी कट्टर हिंदुत्व वाली विचारधारा को संघ परिवार के अंदरूनी संगठनों, जिसमें विश्व हिंदू परिषद से बजरंग दल शामिल हैं, और कई बाहरी ग्रुप्स, जैसे उत्तर प्रदेश की हिंदू युवा वाहिनी और कर्नाटका की श्री राम सेना, ने आत्मसात कर लिया है।

हालांकि समय-समय पर हिंदू महासभा अपनी हरक़तों से ख़बरों में आती रहती है। जनवरी 2019 में, हिंदू महासभा की सचिव पूजा शकुन पाण्डेय के नेतृत्व में संगठन के सदस्यों ने महात्मा गांधी की हत्या के दृश्य को दोबारा जीवंत करने की कोशिश की।[4] इस मौक़े का वीडियो देखेंगे तो पायेंगे कि पूजा के हाथ में एक एयर पिस्टल है और वो कैमरा की ओर देखकर मुस्कुरा रही हैं।[5] उनके साथ खड़े लगभग दस लोग उसी तरह से मुस्कुरा रहे थे। लगभग सभी लोगों ने भगवा रंग के कपड़े पहने हुए थे – पूजा ने भगवा साड़ी पहनी हुई थी जबकि बाकियों के गले में इसी रंग का गमछा था। इस आयोजन से सिर्फ़ और सिर्फ़ हाहाकार ही मचने वाला था, इसीलिए इसे किसी भी प्रकार की मीडिया कवरेज भी नहीं मिली थी। पूजा शकुन पाण्डेय ने एयर पिस्टल अपने हाथ में ली और महात्मा गांधी के पुतले पर गोलियां दागीं। अगले ही पल वो पुतला 'खून' से

सना हुआ था। इस हरक़त के बाद हर ओर गुस्सा और आक्रोश फैल गया। पूजा समेत दो सदस्यों को जेल भी जाना पड़ा।[6] लेकिन इस वाक़ये ने एक बार फिर इस संगठन को ख़बरों में ला दिया।

आज भी इसके दो सदस्य इसी इरादे से यहां मौजूद थे। उन्हें लोगों की नज़रों में आना था। अमित सिन्हा और राजश्री कुमारी, ये दोनों ही इस संगठन की बिहार यूनिट के सक्रिय सदस्य थे और कमल और शंभू से मिलना चाहते थे। इस मुलाक़ात के ज़रिये वो ये जानना चाहते थे कि कैसे वो ख़ुद को लोगों के सामने ला सकते थे और राजनीतिक स्तर पर ख़ुद को उठा सकते थे। लेकिन बातचीत शुरू होने के कुछ ही मिनटों में ये साफ़ हो गया कि वो असल में क्या चाहते थे। हुआ ये था कि ये दोनों महासभा में अपना भविष्य नहीं देख पा रहे थे और असल में भाजपा के साथ आना चाहते थे। क्या कमल और शंभू उन्हें इस दिशा में आगे बढ़ने में 'मदद' कर सकेंगे?

बाद में, कमल ने मुझे कहानी बतायी। कुमारी बिहार से भाजपा के टिकट पर चुनाव लड़ना चाहती थी। बाकी टिकटार्थियों से वो शंभू और कमल की मदद के दम पर ही अलग हो सकती थीं। शंभू महज़ कवि सम्मेलनों में ही नहीं बल्कि हिंदी मनोरंजन और ख़बरिया चैनलों के बीच भी जाना-पहचाना नाम हैं। शंभू ने टीवी के कई कवि सम्मेलनों में शिरकत की है जिसमें *लपेटे में नेता जी* सबसे लोकप्रिय रहा है। इस कार्यक्रम में कई हास्य कवि आते हैं और किसी राजनीतिक गेस्ट की चुटकियां लेते हैं। शंभू अपने कटीले राजनीतिक तंज़ों के लिए जाने जाते हैं और तमाम विचारधाराओं के लोगों के बीच लोकप्रिय हैं। लेकिन उनके बारे में कमल कहते हैं कि वो 'अपनी ही आइडियोलॉजी के हैं।' मतलब, जबकि उनकी कविता हर पार्टी के नेता को टार्गेट कर रही थी, लेकिन वो भाजपा के प्रति ज़्यादा सख्त नहीं होते थे। उनके वैचारिक झुकाव और काम के चलते भाजपा के भीतर उनकी अच्छी जान-पहचान हो गयी थी।

अमित सिन्हा और राजश्री कुमारी इस बात को अच्छी तरह से जान रहे थे और वो ये आशा कर रहे थे कि शंभू और कमल अपने नेटवर्क की मदद से हिंदुत्व के इन साथी सिपाहियों को आगे बढ़ा सकेंगे।

राजश्री ने अमित का परिचय करवाते हुए बताया कि वो उनके सीनियर थे और उन्होंने हिंदुत्व के लिए ज़मीनी स्तर से शुरुआत की थी। अमित सिन्हा ने यहीं पर सभी को बताया कि वो लम्बे समय से इस राह पर थे, हिंदुत्व के इस स्वर्णिम काल से भी

पहले। वो ज़ोर देकर कहते हैं कि वो मोदी के आने से पहले के अंधकार भरे समय में भी हिंदुत्व के लिए ही काम कर रहे थे।

उन्होंने कहा, '2008 में, जब कांग्रेस का काल था, तब स्थिति बहुत ज़्यादा दयनीय थी।' भाजपा 10 साल सत्ता से दूर रही थी और जिस वक़्त की अमित बात कर रहे थे, वो लगभग उसके बीच का समय था। कांग्रेस और उसकी साथी पार्टियां मज़बूत स्थिति में थीं और उन्होंने 2009 के आम चुनावों में फिर से जीत हासिल की थी।

ये बातचीत एकदम कॉर्पोरेट नेटवर्किंग की मीटिंग लग रही थी। अमित ने अपनी बात कही, फिर कमरे में सभी लोगों की ओर देखा और फिर उस कहानी में घुस गए, जो उनका नाम स्थापित करने के इरादे से सुनायी जाने वाली थी। अमित बताते हैं कि भले ही भाजपा उन दिनों कुछ कमज़ोर स्थिति में चल रही थी, लेकिन वो ज़मीन पर अकेले ही हिंदुत्व को आगे बढ़ाने और लोगों का समर्थन हासिल करने की लड़ाई लड़ रहे थे।

अमित ने आगे बताया, 'मैंने उस वक़्त क़रीब 200-250 मीटिंग की होंगी। शुरू-शुरू में तो चार-पांच लोग ही आते थे, लेकिन फिर संख्या लगभग 100 लोगों तक पहुंच गयी। बाद में 400 लोग तक आने लगे।'

इन मीटिंग्स में अमित लोगों से हिंदुत्व से जुड़ने को कहते थे। उन्होंने बताया, 'जो भी हिंदुत्व के बारे में बात करने से झिझकता था, हम उससे राष्ट्रवाद की बात करते थे और फिर समझाते थे कि राष्ट्रवाद ही हिंदुत्ववाद है। राष्ट्रवाद में सबकुछ आ जाता है।'

इसी बीच राजश्री भी कुछ कहना शुरू करती हैं। वो हर तरह से अपने सीनियर की अच्छी छवि बनाने की कोशिश में लगी हुई थीं।

उन्होंने अमित के हिंदुत्ववाद से ओत-प्रोत प्लान के बारे में बताते हुए कहा, 'भैया ने हिंदुत्व का समर्थन करने वालों को कई पार्टियों से टिकट दिलाने की कोशिश की। ये तो कहते हैं कि ऐसे लोग तो किसी भी पार्टी से लड़ सकते हैं, जेडीयू से, यहां तक कि आरजेडी से भी। बस उन्हें हिंदुत्व के लिए काम करते रहना होगा।'

कमल, जिन्होंने इन दोनों से सभी का परिचय करवाकर चुप्पी साध ली थी, इस प्लान को सुनने के बाद हरक़त में आये और बोले, 'हां, हां बिल्कुल। सावरकर भी एकदम यही चाहते थे। सावरकर ने कहा था, राजनीति का हिंदुत्वकरण होना चाहिए। लेकिन उन्होंने ये कभी नहीं कहा था कि इस पर बस एक ही पार्टी का अधिकार होना चाहिए।'

भाजपा के हिंदुत्व पर एकछत्र राज की बात का इशारा मिलते ही राजश्री ने कुछ सुर बदलते हुए भाजपा के ख़िलाफ़ बातें रखनी शुरू कर दीं। उन्होंने कहा कि भाजपा ने जनता दल (यूनाइटेड) का साथ पकड़ने के बाद से प्रदेश की मस्जिदों के मुअज़्ज़िनों को तनख़्वाह देनी शुरू कर दी थी। ये एक ऐसा दावा है जो लम्बे वक़्त से हिंदू राष्ट्रवादी ब्लॉग्स पर दोहराया जा रहा था।[7]

तुरंत ही इस बातचीत की लगाम अमित सिन्हा अपने हाथ में ले लेते हैं। वो छोटी-मोटी बातों पर ज़्यादा समय नहीं बिताना चाहते हैं। उन्होंने कमरे में चारों ओर देखते हुए कहा, 'ये सबकुछ इसलिए हो रहा है क्योंकि हम ग़लत चीज़ के लिए लड़ रहे हैं।'

उन्होंने कहा, 'हिंदुत्व की ये सारी बातें हवा हैं।' फिर एक छोटे से विराम के बाद वो बोले, 'इस देश में हर दिन 35,000 गायें काटी जा रही हैं। ये ऑफ़िशियल आंकड़ा है। लेकिन असली नंबर 90,000 से 1 लाख गायों का है।' उन्होंने अपनी बात के सपोर्ट में कोई भी डेटा नहीं दिया। जिस बैठक में वो थे, वहां डेटा वग़ैरह देने की ज़रूरत भी नहीं थी। अमित का कहना था कि अगर वाकई हिंदुत्व अपने उत्थान पर है तो इस देश में कैसे इतनी गायें रोज़ मारी जा रही हैं? ये सभी बातें हिंदुओं के अस्तित्व और उसके मूल्यों के पतन का सूचक थीं।

अमित ने कहा, 'हमारा जो आदर्श और अस्तित्व का मानक है, सब ख़त्म किया जा रहा है।' उन्होंने अपनी मुट्ठी बंद की, हवा में उठाई और उसे खोलते हुए कहा, 'कुछ भी हमारा नहीं बचा है।'

सिन्हा की कोशिश थी कि वहां जो भी लोग थे, उनकी बातें सुनकर, सभी हरकत में आएं।

उनकी बातों का मुख्य टार्गेट शंभू थे जो अभी तक शांत बैठे हुए थे और बहुत दिलचस्पी नहीं दिखा रहे थे। उन्होंने सफ़ेद कोटी और पतलून पहनी हुई थी। वो बेड पर एक ओर करवट लेकर लेटे हुए थे और पूरी बातचीत के दौरान उनकी आंखें बंद थीं। लेकिन अमित की अभी की बात ने उन्हें आंखें खोलने पर मजबूर कर दिया था। शंभू ने समझाया कि बूचड़खाने आर्थिक कारणों से चल रहे थे और इसका विरोध महज़ 'राजनीतिक शोर' मचाने के लिये किया जाता है।

इसकी जगह, शंभू कहते हैं कि अमित जैसे हिंदू राष्ट्रवादियों को ये सोचना शुरू कर देना चाहिए कि जब देश एक हिंदू राष्ट्र बन जायेगा, तब उनका क्या एजेंडा होगा। 'इस

देश को हिंदू राष्ट्र बनाना एक बड़ी ही छोटी सी बात है। बहुत आसानी से हो जायेगा ये। इन सभी चीज़ों के बारे में बात करने की जगह हमें इस प्लान के बारे में सोचना शुरू कर देना चाहिए कि जब हम हिंदू राष्ट्र बन जायेंगे तब हम आगे क्या करेंगे?'

अमित सिन्हा भौंचक्के रह गये थे क्योंकि उन्होंने सोचा ही नहीं था कि बातचीत ऐसा मोड़ ले लेगी।

शंभू अब उठकर बैठ चुके थे और ये समझ में आ रहा था कि वो बस अभी शुरू हुए थे। उन्होंने कहा, 'सौ साल बाद, हम केवल हिंदू राष्ट्र ही नहीं, अखंड भारत भी हो जाएंगे। क्योंकि दूसरी तरफ़ के लोग आपस में लड़ रहे हैं। पैगम्बर के दामाद और उनके ससुर के लोग।' शंभू ने जिस अखंड भारत की बात की थी, वो ग़ैर-विभाजित भारत का एक हिंदू राष्ट्रवादी विचार है जो पूर्व में अफ़ग़ानिस्तान से लेकर पश्चिम में इंडोनेशिया तक फैला हुआ माना जाता है।[8]

थोड़ा सा संभलने के बाद, अमित सिन्हा कुछ बोलने की कोशिश करना चाहते हैं लेकिन शंभू उन्हें कोई मौका ही नहीं देते हैं। जब शंभू की बात ख़त्म हुई, तब अमित ने कहा कि वो उनकी बातों का कुछ जवाब देना चाहते हैं। यहां पर शंभू ने फैसला किया कि वो कमरे में आये सभी लोगों को ये बता देंगे कि उन्होंने बहुत सुन लिया। वो बेड पर फिर से लेट गए और अपनी आंखें बंद कर लीं।

इस पर अमित भी थोड़े सकपका गए और नाराज़गी भरे स्वर में उन्होंने शंभू से पूछा कि क्या वो उनकी बातें सुन रहे थे। इस पर शंभू का जवाब आया, 'हम आंखें बंद करके सुन रहे हैं।'

यहां तक आते-आते दिखने लगा था कि अमित के दांव हल्के पड़ रहे थे। उन्हें भी समझ में आने लगा था कि वो जो बातें कहने आये थे, वो इतनी प्रभावशाली साबित नहीं हुई थीं। उन्होंने एक अंतिम प्रयास करने की ठानी। अमित ने एक पुराना हथकंडा अपनाया: एक भारी वाक्य से शुरुआत और फिर आगे उसके बारे में बातचीत।

अमित ने कहा, 'सारे ब्लूप्रिंट तैयार हैं साहब।' वो आंखें बंद करके लेटे हुए शंभू से मुख़ातिब थे और साथ ही एक मुस्कराहट के साथ कमरे भर के लोगों को देख रहे थे। वो एक पल के लिए रुके, मुस्कुराते रहे और फिर बोले, 'हमारे हिंदू पुराणों, हमारे प्राचीन ग्रंथों में पहले से ही ये ब्लूप्रिंट तैयार हैं। हमें कुछ भी करने की ज़रूरत नहीं है।' अब वो और ज़ोर से मुस्कुरा रहे थे।

सबसे पहले उन्होंने मोदी सरकार की गंगा को साफ़ करने की योजना के बारे में बात की। उन्होंने कहा कि सरकार ने जो मेहनत की है, उसकी कोई ज़रूरत ही नहीं थी। अमित के अनुसार, गंगा को साफ़ करने का तरीक़ा छठी शताब्दी में बता दिया गया था। 'भगवत पुराण में लिखा हुआ है कि शरद ऋतु में सभी नदियां ख़ुद को साफ़ कर लेती हैं। हमें तो बस इस बात पर ध्यान देना है कि हम उन्हें गंदा न करें।'

उन्होंने आगे कहा, 'पुराण में ये भी लिखा है कि जब भी महायंत्र बनाए जाते हैं, जो भी दिव्य होता है, नष्ट हो जाता है। यही हुआ जब कपड़े धोने के लिए वाशिंग मशीन बनने लगीं। पूरा धोबी समाज बेरोज़गार हो गया। वाशिंग मशीनों को मंज़ूरी देने से पहले सरकार को इस बारे में सोचना चाहिये था।'

बातचीत जिस तरह से नाटकीय मोड़ ले रही थी, गोहत्या से लेकर वाशिंग मशीनों को कटघरे में खड़ा किया जा चुका था, ये सब कमल के लिए अब असहनीय हो रहा था।

वो खड़े हुए और कुछ बोलने की कोशिश की, लेकिन अमित का मसाला अभी ख़त्म नहीं हुआ था। 'मुझे आशा की किरण तभी दिखाई देती है जब मैं गांवों में जाता हूं। देवताओं के ग्राम होते हैं, असुरों के नगर, ये भी उपनिषद में लिखा है।'

अमित ने कहा, 'सारा कुछ रेडी है। सब लिखा है इन्हीं किताबों में।' उनकी मुस्कान में अब एक आत्मविश्वास भी था। ऐसा लग रहा था जैसे मन ही मन उन्होंने एक बड़ी जंग जीत ली थी। उन्हें लग रहा था कि अब मामला उनके पक्ष में खिसक आया था।

शंभू और कमल हक्के-बक्के थे। कमरे में सन्नाटा था और दोनों ही हिंदुत्व के सैनिक अमित की बात पर कोई प्रतिक्रिया नहीं दे रहे थे।

शंभू ने लेटे-लेटे ही अपनी एक आंख खोली, अमित को बाईपास करते हुए उन्होंने कमल को देखा और डांटते हुए कहा, 'आप जल्दी से शेव करके आओ।'

कमल को संदेश मिल गया था। शंभू अपना धैर्य खो चुके थे और इस बातचीत पर यहीं पूर्ण विराम लगाया जाना बेहद ज़रूरी था। कमल ने बड़े अदब के साथ, बगैर किसी भी तरह का आपा खोये, अमित और राजश्री को बाहर का रास्ता दिखाया।

पता चल ही रहा था कि ये बातचीत पूरी तरह से विफल रही थी। न ही शंभू और न ही कमल ने, इन दोनों से मदद का कोई वादा किया। अमित और राजश्री ने झेंपते हुए कहा कि वो बात करते रहेंगे।

उनके जाने के बाद कमल ने जल्दी-जल्दी हाथ चलाना शुरू किया। दो घंटे में उनका शो शुरू होने वाला था और उन्हें अभी तैयार होना था। उन्हें अपनी दाढ़ी बनवानी थी और अपनी जैकेट भी इस्त्री करवानी थी। मैंने उनसे पूछा कि वो क्या सुनाने वाले थे। उन्होंने मेरी ओर देखा और बोले, 'वो अभी लिखना है।'

शो शुरू होने के आधा घंटा पहले, कमल ने एक ए4 साइज़ का काग़ज़ लिया और उसे मोड़कर अपनी हथेली के माप का बना लिया। उस पर उन्होंने लिखना शुरू किया। पंद्रह मिनट के भीतर वो तैयार थे।

~

शाम का आयोजन पटना के केंद्र में और गांधी मैदान के किनारे स्थित कालिदास रंगालय में था। ये एक स्थानीय ग़ैर-सरकारी संगठन प्रयास द्वारा करवाया जा रहा था। प्रयास हर साल, एक सप्ताह के थियेटर फ़ेस्टिवल का आयोजन करता आया है।

इस फ़ेस्टिवल में देश के तमाम थियेटर ग्रुप शामिल होते हैं। इस बार, कोविड महामारी के बावजूद असम तक से थियेटर ग्रुप आये हुए थे।

एक छोटे कद के, थकान से भरे हुए, प्रयास के मुख्य आयोजनकर्ता से मेरी बात हुई। उन्होंने बताया कि प्रयास हर साल इस फ़ेस्टिवल के अंतिम कार्यक्रम के रूप में कवि सम्मेलन का इंतज़ाम करता है और प्रदेश के मधुबनी ज़िले से आने वाले शंभू से बेहतर संचालक और कोई हो नहीं सकता था।

उन्होंने कहा, 'शंभू जी तो बहुत बड़े आदमी हैं यहां। इसीलिए हमने बहुत एडवांस में उनकी डेट बुक कर ली थीं और कह दिया था कि वो अपनी ही टीम बना लें आज के शो के लिए।' ये टीम कवियों की एक टोली है, जो शंभू ने इकट्ठी की है और कमल भी इसके एक सदस्य हैं।

उस शाम, मैंने अपनी आंखों से शंभू की लोकप्रियता देखी।

वो जैसे ही स्टेज पर आये, मंच के सामने बैठी जनता शोर मचाने लगी। हूटिंग और सीटियों का एक लम्बा दौर चला, जिसे रोकने के लिए शंभू को हाथ उठाकर इशारा करना पड़ा।

ये 500 सीटों का एक बड़ा ऑडिटोरियम था। प्राइम लोकेशन पर होने के बावजूद इसकी स्थिति गंभीर दिख रही थी। दीवारों में दरार पड़ी हुई थी, स्टेज की पेंट की हुई

कंक्रीट की फ़र्श भी उखड़ने को तैयार थी। ऊपर छत पर सफ़ेद टाइलें लगी हुई थीं, जिन पर काले धब्बे दिख रहे थे। सामने प्लास्टिक की कुर्सियां थीं जो बहुत आरामदायक नहीं दिख रही थीं।

लेकिन जैसे ही पर्दा उठा, ये सभी बातें निष्क्रिय हो चलीं।

शंभू ने अपने वन-लाइनर्स और आसपास देखी-भाली बातों से कॉमेडी करते हुए शो की जानदार शुरुआत की। इसके बाद उन्होंने अपनी टीम से सभी का परिचय करवाया। वहां कानपुर के कॉमेडियन हेमंत पाण्डेय थे, लखनऊ से कवि अभय निर्भीक थे और दिल्ली कि पद्मिनी शर्मा थीं। ये सभी आकर कमल के इर्द गिर्द बैठ गए। परिचय करवाते हुए शंभू ने सभी की तारीफ़ की लेकिन उन्होंने कमल की तारीफ़ करते हुए अलग ही माहौल बना दिया।

शंभू ने कमल के परिचय में, उनकी ओर उंगली से इशारा करते हुए कहा, 'इनका नाम कमल आग्नेय है क्योंकि इनकी कविता वो आग उगलती है जो दुश्मनों को राख कर सकती है।' उन्होंने कहा कि कमल भले ही मंच पर मौजूद लोगों में सबसे कमउम्र के हैं लेकिन उन्होंने 'बेहद ज़रूरी काम' किया है। उन्होंने वहां कमल की वीडियो सीरीज़ की बात की जहां वो 'भुला दिए गए हिंदू नायकों' पर अपनी लिखी कविताएं सुनाते हैं। शंभू ने कहा कि अपने इस काम से कमल 'इतिहास के रिक्त स्थान भर रहे हैं'।

शंभू ने कहा, 'आपको भगत सिंह पर कविताएं मिल जायेंगी लेकिन सुखदेव और राजगुरु पर नहीं।' वो लोगों को बताना चाहते हैं कि कैसे इतिहास ने मुट्ठी भर किरदारों के योगदान को ही सभी के सामने रखा है। उन्होंने कहा, 'आज की उपलब्धि कमल है।' तालियों के शोर के बीच कवियों का परिचय ख़त्म हुआ।

शंभू ग़लत नहीं थे।

~

सबसे पहले मंच पर आये निर्भीक। चशमा पहने हुए कवि महोदय ने कमल की शैली, वीर रस की अपनी कविताएं सुनायीं।

निर्भीक ने कविताओं की शुरुआत देश के सैनिकों की प्रशंसा से की लेकिन फिर उन्होंने एक अजब मोड़ लेते हुए 'टुकड़े-टुकड़े गैंग' को कोसना शुरू दिया। हिंदू दक्षिणपंथी और मोदी की भाजपा के सदस्य अपने आलोचकों को इसी नाम से बुलाते हैं।

निर्भीक अपनी कविता में कहते हैं कि टुकड़े-टुकड़े गैंग के सदस्यों को भारत से बाहर फेंक देना चाहिये। वो मोदी सरकार के आलोचकों और विपक्ष के उन नेताओं पर गरजते हैं, जिन्होंने लाइन ऑफ़ कंट्रोल के उस पार जाकर 2016 में सैन्य कार्रवाई की थी, जिसे हम 'सर्जिकल स्ट्राइक' भी कहते हैं।

कुछ ही पलों में उनकी कविताएं पूरी तरह से, बगैर किसी लाग-लपेट के, सरकार की तरफ़दारी करने लगीं। भारतीय संविधान के आर्टिकल 370 को हटाने और जम्मू-कश्मीर राज्य से विशिष्ट अधिकारों को वापस लेने के विवादास्पद फैसले की तारीफ़ करते हुए कहा कि शहीद हुए सैनिकों के लिए इससे बेहतर श्रद्धांजलि नहीं हो सकती थी। अपनी प्रस्तुति के अंत की ओर ले जाते हुए उन्होंने उन लोगों पर निशाना साधा, जो देश में बढ़ती असहिष्णुता के बारे में बात कर रहे थे। ऐसा करते हुए निर्भीक इस मामले पर भी भाजपा के साथ ही खड़े दिखाई देते हैं।

तालियों के रूप में निर्भीक को ख़ूब शाबाशी मिलती है। कमल, स्टेज के केंद्र में बैठे हुए प्रसन्न दिखते हैं। श्रोताओं की भूख जागी हुई लग रही थी।

दो और कवियों की प्रस्तुति के बाद कमल की बारी आई।

कमल ने सबसे पहले श्रोताओं को तैयार करना शुरू किया। नीले चेक के ब्लेज़र के साथ उसी रंग की पतलून और सफ़ेद शर्ट में कमल मंच पर बहुत जगह नहीं घेर पा रहे थे। लेकिन पहली ही लाइन से उन्होंने अपार आत्मविश्वास और सहजता का परिचय देना शुरू कर दिया।

कमल ने शुरू करते हुए कहा, 'अगली पंक्तियों पर आपकी तालियां मुझे बता देंगी कि मुझे क्या पढ़ना है और आज का बिहार क्या सुनना चाहता है।'

वो सच कह रहे थे। चूंकि उनकी लिखावट कई बार भड़कीली और विभाजनकारी हो सकती है, इसलिए वो शुरुआत में कुछ लाइनों से ये समझने की कोशिश करते हैं कि उन्हें आगे क्या पेश करना है और क्या नहीं। सबसे पहले वह ऐसी लाइनें पढ़ते हैं, जो राष्ट्रवाद के इर्द-गिर्द होती हैं मगर किसी को भी निशाना नहीं बना रही होतीं। इसके बाद वो आंच बढ़ाना शुरू करते हैं। कमल बताते हैं कि वो हर कदम पर श्रोताओं की प्रतिक्रिया को समझते रहते हैं। उनका ये पूरा काम यूं चलता है:

> सबसे पहले, कुछ आम सी कविताएं। तिरंगा, झंडा, सरहद पर हमारे जवान जैसी बातें। इस पर प्रतिक्रिया चेक करें। इन बातों के साथ आप कभी ग़लत

नहीं हो सकते हैं क्योंकि ये देशभक्ति के बेहद आम सन्दर्भ हैं। इसके बाद थोड़ी कट्टरता लेकर आएं। अपनी कविता में थोड़ा सा पाकिस्तान लेकर आएं, भारतीय मुसलमानों को पाकिस्तान से जोड़ते हुए, कोई भी गंभीर सीमा लांघे बगैर थोड़ी सी साम्प्रदायिकता का छिड़काव करें और तालियों के शोर को जांचें। इसके बाद, अनाम दुश्मनों पर हमला बोलते हुए धीरे से अपनी राजनीतिक विचारधारा को कविता में शामिल करें। तालियों को फिर से आंकें। अगर लोगों का उत्साह कम होता दिख रहा है तो समझ जाएं कि लोग इस सबके लिए तैयार नहीं हैं और देशभक्ति, बॉर्डर पर जवान जैसी बातों पर वापस चले जाएं। लेकिन अगर तालियां बढ़ती हैं तो असली और नकली दुश्मनों का डर दिखाते हुए अपनी कविताएं यूं ही चालू रखें। तब तक चालू रखें जब तक आप और तालियां चरम पर न पहुंच जाएं।

उन्होंने यहां यही प्रक्रिया दोहराई। सबसे पहली कविता देश के झंडे पर थी। तालियों की गड़गड़ाहट ज़ोरदार थी इसलिए कमल वापस श्रोताओं से मुख़ातिब हुए। उन्होंने कहा कि अगर आगे की लाइनें पसंद आएं तो उन्हें ज़रूर मालूम चलना चाहिए।

'यहां राष्ट्रवाद का पर्व छिड़ जाना चाहिए।'

दो महीने से भी कम समय पहले देश के गणतंत्र दिवस पर नयी दिल्ली में लगभग दंगे जैसा माहौल पैदा हो गया था। 26 जनवरी को, किसानों के एक समूह की प्रदर्शन रैली के कुछ लोग, पहले से तय किये रूट से अलग हो गये और उग्र होकर पुलिस से जा भिड़े।[9] ये सभी किसान मोदी सरकार के विवादित कृषि क़ानूनों के ख़िलाफ़ प्रदर्शन कर रहे थे। उग्र हुए कुछ किसान लाल किले में घुस गए और एक प्रदर्शनकारी को तो वीडियो पर सिखों का झंडा 'निशान साहिब' वहां फहराने की कोशिश करते हुए देखा गया।[10]

कमल ने फैसला किया कि आज वो इन प्रदर्शनकारी किसानों को निशाना बनायेंगे। ये पहला क़दम था। किसानों के प्रदर्शन को देश के कई हिस्सों में सहानुभूति मिली रही थी और बहुत से लोग सरकार के फैसलों की आलोचना कर रहे थे। शो में इतनी जल्दी इन किसानों की आलोचना का दांव उल्टा भी पड़ सकता था और बहुत से लोग उनकी प्रस्तुति से निकल भी सकते थे या वहीं उल्टी प्रतिक्रिया दे सकते थे जो और भी बुरा होता। कमल को ये बात बखूबी मालूम थी लेकिन फिर भी उन्होंने रिस्क लिया।

घोड़े बिगड़ जायें तो नाल खींच लीजिये,
हाथों से शिकारियों के जाल खींच लीजिये,
खींचा है जिसने लाल किले से तिरंगा,
दिल्ली वालों उसकी खाल खींच लीजिये।

पूरे हॉल में तालियों का शोर गूंज गया। कई लोग हूटिंग भी कर रहे थे। इस शोर ने कमल को हिम्मत दी। उन्हें समझ में आ गया था कि ये रात अच्छी निकलने वाली थी। उस हॉल में अब तथ्यों की जगह नहीं थी। भारत के राष्ट्रीय ध्वज को हटाकर वहां निशान साहिब लगाने की कोशिश किसी ने भी नहीं की थी।[11] वो जहां लहरा रहा था, वहीं था जबकि प्रदर्शनकारी ने उसके बगल वाले खम्बे पर निशान साहिब फहराया था।

तालियों के इस शोर के बावजूद कमल धीरे-धीरे कदम बढ़ाना चाहते हैं। अभी कुछ ही मिनट बीते हैं और उन्हें मंच पर लम्बा वक़्त गुज़ारना था।

इसलिए उन्होंने अपनी राजनीतिक विचारधारा पर थोड़ा ब्रेक लगाया। फ़िलहाल उन्होंने देश के जवानों की मुश्किलों के बारे में बात करनी चालू रखी, जो किसी भी ओर झुकाव रखने वाले को पसंद आयेगी।

धीरे-धीरे वो अपनी सबसे प्रचलित कविता की ओर आये। ये वो कविता है जो राजनीति में धीरे-धीरे उतरती है। इस वक़्त तक कमल की प्रस्तुति हवा में कुछ रेखाएं खींच रही थी और एक ओर राष्ट्रवादी और दूसरी ओर देश-विरोधियों को खड़ा करती जा रही थी।

घेरे में सबसे पहले आये महात्मा गांधी।

अपने जाने-पहचाने तरीक़े से, सीधे हमला करने की जगह कमल ने इस ओर धीरे-धीरे बढ़ना शुरू किया। हमेशा की तरह, उन्होंने श्रोताओं को चंद्रशेखर आज़ाद की याद दिलायी।

उन्होंने आज़ाद और गांधी की तुलना करते हुए पूछा कि चंद्रशेखर को अपने बलिदान के लिए क्या मिला? कमल पूछते हैं कि गांधी राष्ट्रपिता हैं तो उनकी फ़ोटो बड़ी-बड़ी नोटों पर छप सकती है, तो क्या दस रुपये की नोट पर आज़ाद की फ़ोटो नहीं छप सकती?

श्रोतागण सहमति दर्ज करते हैं। तालियां बजती हैं। फिर कमल एक कदम और आगे बढ़ते हैं। इस बार नेहरू की बारी थी।

नारियों के जेवर को, नर के कलेवर को क्या मिला
नेताजी सुभाष जैसे तेवर को क्या मिला,
जिन्ना को मिला पाक, नेहरू को हिंद,
कोई तो बताये चंद्रशेखर को क्या मिला

सामने बैठी जनता कुछ वक़्त के लिए सन्नाटे में थी और फिर तालियां बजाने लगी। इस बार शोर पिछली बार से ज़्यादा था। कमल बड़े करीने से अपना काम कर रहे थे लेकिन वो अपनी मंशा ज़ाहिर नहीं होने दे रहे थे। उनकी कविता में बड़ी चालाकी से जवाहरलाल नेहरू और जिन्ना को दो छोरों पर रख दिया गया था, जिन्हें देश के बंटवारे से फ़ायदा पहुंचा। वहीं आज़ाद ने अपनी जान गंवा दी और उनके योगदान को भुला दिया गया।

कमल बहुत दिमाग लगाकर काम कर रहे थे। वो एक अच्छे किस्सागो की तरह अपने जाल में आपको फांसते जाते हैं। अभी तक जिन लोगों को देश के झंडे और सैनिकों से जुड़ी देशभक्ति की कविता सुनने को मिल रही थी, अब उन्हें एक ओर आज़ाद और दूसरी ओर गांधी-नेहरू में से किसी का चुनाव करना पड़ रहा था।

जैसे-जैसे शाम बढ़ रही थी, कमल अपने श्रोताओं से किसी न किसी एक पक्ष को चुनने को कहते जा रहे थे।

कमल अब 'जेएनयू वाले' पर आ गए थे। वो अपने श्रोताओं को याद दिलाते हैं कि कैसे नवम्बर 2019 में, जेएनयू कैम्पस में स्वामी विवेकानंद की अनावृत होने वाली मूर्ति पर नारे लिखकर उसे क्षति पहुंचायी गयी थी।[12] बदमाशी करने वालों ने मूर्ति के अनावरण का विरोध करते हुए उसके नीचे 'भगवा जलेगा' और 'फ़* बीजेपी' लिख दिया था।

कमल उन्हें संबोधित करते हुए कहते हैं:

ये वामपंथ देश का आधार नहीं,
मंदिर है सरस्वती का, बाज़ार नहीं,
स्वामी विवेकानंद की मूर्ति तोड़ दे,
उनको यहां रहने का अधिकार नहीं है!

पंचलाइन आते ही हॉल में एक बार फिर तालियों का शोर भर गया। ऐसा लगा कि ये तालियां कभी रुकेंगी ही नहीं। उस मौके पर ये तो साफ़ हो गया था कि वहां बैठा एक-एक शख्स कमल की बातों से पूरी तरह सहमत था।

तालियों के इस शोर ने कमल को इस बारे में आश्वस्त कर दिया था कि श्रोता उनकी मुट्ठी में थे और राजनीति के स्तर पर उसी ओर थे जिधर वो स्वयं थे। अब नाम लेकर हमला बोलने की बारी थी।

वो वापस अनुच्छेद 370 के हटाये जाने पर आते हैं। वो मज़ाक में कहते हैं कि सरकार के इस कदम के आलोचक कैसे दयनीय स्थिति में पहुंच चुके थे और उस इलाके का विशिष्ट दर्जा ख़त्म किया जा चुका था।

उन्होंने सभी को जम्मू-कश्मीर की पूर्व मुख्यमंत्री महबूबा मुफ़्ती का 2017 में दिया गया बयान याद दिलाया, जहां उन्होंने सूबे की स्वायत्तता ख़त्म करने के कदम उठाये जाने के ख़िलाफ़ आगाह किया था। उन्होंने कहा था, 'राज्य का विशिष्ट दर्जा छीना गया तो कश्मीर में कोई भी तिरंगा झंडा नहीं उठाएगा।'[13]

कमल ने कहा कि प्रधानमंत्री मोदी और गृहमंत्री अमित शाह ने राज्य के विशिष्ट दर्जे के साथ वही किया जो 'सचिन तेंदुलकर और वीरेन्द्र सहवाग शोएब अख्तर के साथ करते थे।' एक बार फिर वो कुछ अहम किरदारों को अलग-अलग पक्षों में रख रहे थे। मोदी और शाह सचिन-सहवाग थे और मुफ़्ती शोएब अख्तर थीं।

अचानक ही उन्होंने अपना लहजा बदला और ज़ोरदार आवाज़ में बोले:

देश के तिरंगे को उठाने वाले हैं करोड़ों,
आप ख़ुद की अर्थी को उठाने वाला ढूंढिये।

कमल इस लाइन पर अपने हाथों से ज़ोरदार इशारे करते हैं। उनका दाहिना हाथ फैला हुआ था और तर्जनी उंगली ऊपर की ओर इशारा कर रही थी।

तालियों का शोर बढ़ता ही जा रहा था। मैंने इधर-उधर देखा और पाया कि कमल के मंच पर आने से पहले हॉल जितना भरा हुआ था, अभी उससे कहीं ज़्यादा भीड़ थी। शायद हॉल में तालियों के शोर ने बाहर के लोगों को अंदर खींचने में बड़ी भूमिका निभायी थी। बाहर की कैंटीन अब खाली हो चुकी थी और वहां इक्का-दुक्का लोग ही

थे। शो शुरू होने पर जो युवा इधर-उधर घूम-टहल रहे थे, वो भी ऑडिटोरियम में आकर कमल को सुनने लगे थे।

मुफ़्ती वो पहली नेता थीं जिनका नाम लेकर इस शो में हमला किया गया था। जैसी प्रतिक्रिया वहां की जनता कमल को दे रही थी, समझ में आ रहा था वो ऐसा ही कुछ चाहते थे।

कमल ने इशारा समझा और एक के बाद एक, राजनीतिक चेहरों के पीछे पड़ गए। फ़ारुक अब्दुल्ला से लेकर राहुल गांधी तक का ज़िक्र हुआ। ऐसी ही एक राजनीतिक कविता के बाद भीड़ में से एक लड़का, जिसने दो दशक से कुछ ज़्यादा का ही वक़्त निकाला था, खड़ा हुआ और मुट्ठी भींचकर, ऊपर की ओर झटके से उठाते हुए चीखा, 'भारत माता की जय!' उसके अगले दो प्रयासों में आस-पास के कुछ लोग भी इसमें शामिल हो गए।

कमल को ये भी इशारा ही लगा और उन्होंने कहा:

'इन लोगों ने तो भारत माता की जय बोलने पर भी फतवा लगा दिया है।'

जनता ने सहमति में हूटिंग शुरू कर दी।

बंज़र ज़मीन पर कभी गुलिस्तां नहीं हो सकता,
जो भारत माता की जय न बोले वो कभी भाई नहीं हो सकता।

इन लाइनों के बाद तालियां और हूटिंग और बढ़ गयीं। कमल ने इसे भी पकड़ा और प्रधानमंत्री मोदी की याद दिलाते हुए, लोगों से साथ में शामिल होने को कहा।

'दोनों हाथों की मुट्ठी बंद करके हाथ ऊपर उठाइये और मेरे साथ बोलिए – भारत माता की जय!' सामने बैठे लोगों ने तीनों बार बुलंद आवाज़ के साथ कमल का साथ दिया।

जनता जोश में थी और मौका देखकर वो राहुल गांधी की ओर चल पड़े, जो नरेंद्र मोदी के विरोधी और आलोचक हैं और जिनसे नफ़रत करना मोदी के समर्थकों को बेहद पसंद है।

जब राहुल गांधी ने महिलाओं के ख़िलाफ़ बढ़ते अपराधों को लेकर बयान दिया था तो उन्हें माफ़ी मांगने को कहा गया था। इसपर राहुल गांधी ने कहा था कि उनका नाम 'राहुल गांधी है, राहुल सावरकर नहीं'।[14] ये सावरकर पर एक तंज़ था क्योंकि

उन्होंने अंडमान की सेलुलर जेल में रहते हुए ब्रिटिश हुक़ूमत को कई बार – कम से कम सात बार – माफ़ीनामे लिखे थे।[15] हिंदू राष्ट्रवाद के आलोचक कहते हैं कि ये माफ़ीनामे सावरकर की 'कायरता' के सबूत थे। कमल ने राहुल गांधी के उसी बयान का ज़िक्र किया।

उन्होंने कहा कि वो राहुल गांधी के साथ पूरी तरह से सहमत थे। कमल ने कहा कि सावरकर होने के लिए आपको समंदर में तैरना आना चाहिए। इस मौके पर कमल उस घटना का ज़िक्र कर रहे थे, जब लंदन से इंडिया लाये जाने के दौरान मार्से नाम के फ़्रेंच बंदरगाह से सावरकर ने पुलिस की गिरफ़्त से भागने का प्रयास किया था।[16]

कमल ने कहा, 'आप समंदर के किनारे बैठकर मसाज लेते हुए सावरकर नहीं बन सकते।' कमल की दहाड़ती हुई आवाज़ के बदले में लोगों ने तालियों और सीटियों से और भी ज़्यादा शोर मचाया।

ये शोर कई सैकंड तक चला। कमल 20 मिनट से ज़्यादा वक़्त मंच पर बिता चुके थे और उनका निर्धारित समय ख़त्म होने को था। शो वैसे भी कुछ देरी से शुरू हुआ था और उसे समय पर ही ख़त्म होना था। कमल को एक प्रस्तुति और देनी थी। उन्होंने साफ़ किया कि इसके बाद उनका सबसे बड़ा काम सभी के सामने आने वाला था।

'मैं अब ख़त्म होने तक चुप नहीं रहूंगा। आप ख़त्म होने के बाद चुप मत रहना।'

अपनी आख़िरी प्रस्तुति के लिये वो जेएनयू पर वापस जाते है।

देशद्रोह की डिग्री लेने आये हैं जेएनयू में;
फिर से संकट के बादल अब छाये हैं जेएनयू में,
इससे काले दिन क्या होंगे भारत की बर्बादी के,
दिल्ली में नारे लगते हैं कश्मीर की आज़ादी के,
अंजाम समझना होगा अब इनके क़ातिल मंसूबों का,
भारत में अब अभिनंदन होगा अफ़ज़ल और याकूबों का।
इनका इलाज करना होगा लोहे की जेल सलाखों में;
गंगाजल का तेज़ाब डालना होगा अब इनकी आंखों में,
मोदी जी भूल नहीं सकते हैं किये देश से वादों को
सबक सिखा देंगे अफ़ज़ल की नाजायज़ औलादों को।

श्रोतागण पूरी ताक़त और जोश के साथ तालियां बजा रहे थे। ये शोर त्वरित था और देर तक चलता रहा। पीछे के लोगों ने हूटिंग शुरू कर दी। कई लोगों ने एक बार फिर पढ़ने की भी मांग उछाली। भारत माता की जय के नारों से तालियों का शोर कुछ टूट सका।

कमल ने दोनों हाथ जोड़कर, झुककर, अभिवादन स्वीकारा। सुनने वाले जागृत हो चुके थे। तालियां रुकने का नाम नहीं ले रही थीं और नारे बुलंद होते जा रहे थे।

शंभू उठकर मंच पर बीच में आये और फिर से भारत माता की जय का नारा लगाया। लोगों ने और भी ज़ोर से जवाब दिया। ये इस शाम का सबसे ज़ोरदार नारा था।

शंभू ने माहौल को भांप लिया था। उन्होंने कहा, 'भारत आजकल माता नहीं बाप है। और जिस तरह से दाढ़ी बढ़ा रहे हैं, शायद दादा भी बन जाए।'

कमल ने, अपनी प्रस्तुति में, बड़े करीने से, जनता से चंद्रशेखर आज़ाद और गांधी में से एक को चुनने को कहा, जिन्ना और नेहरू को एक जैसा दिखाया और मोदी के विरोधियों की भर्त्सना की। शंभू ने एक कमेन्ट के ज़रिये देश और मोदी को लगभग एक सामान बता दिया।

जनता हंसी और दोगुने जोश के साथ तालियां बजाने लगी।

‘हम सब भाजपाई’

पटना में हुए उस शो के कुछ ही हफ़्तों के भीतर भारत देश कोविड-19 संक्रमण की दूसरी वेव झेल रहा था।

महामारी को लेकर सरकार की हीलाहवाली का ख़ामियाज़ा लोगों को अपनी जान गंवाकर भुगतना पड़ा।[1] अप्रैल और मई 2021 में कोविड-19 के मामले बड़ी संख्या में सामने आये और नतीजतन इस देश के अस्पताल और श्मशान, चौबीसों घंटे काम पर लगे हुए थे। मरीज़ों को जगह नहीं मिल रही थी। मृतकों को भी नहीं। शहर की सड़कों पर लोग दम तोड़ रहे थे क्योंकि लगभग हर चीज़ की कमी थी। अस्पताल से लेकर ऑक्सीजन तक की।[2]

कमल के लिए इस समय का मतलब था कि उनके शो कैंसिल हो रहे थे और उससे आर्थिक समस्याओं का जन्म हो रहा था।

2020 में महामारी आने के बाद से ही पैसों के आगमन को लेकर स्थिति डावांडोल ही रही थी। उनकी आमदनी का मुख्य ज़रिया लाइव शोज़ ही था, जो बंद हो गए थे। पहली वेव के गुज़रने के बाद कार्यक्रमों का आयोजन धीरे-धीरे शुरू होने लगा था। पटना का शो इसी क्रम में आयोजित हुआ था। दूसरी वेव ज़्यादा भयावह मालूम दे रही थी। इस पूरे दौरान कमल को लग रहा था कि उस साल शायद ही कोई शो आयोजित हो सकेगा।

कमल और उनके जैसे तमाम दूसरे कलाकारों के लिये, राहत की बात ये रही कि कोविड के केस मई में चरम पर पहुंचे और जुलाई आते-आते स्थिति काबू

में आती हुई दिखने लगी। कुछ ही समय बाद कवि सम्मेलन आदि भी शुरू होने लगे। मैंने कमल से कहा कि मैं उन्हें और भी कार्यक्रमों में परफ़ॉर्म करते हुए देखना चाहता था।

उन्हें कुछ जगहों से बुलावा भी आ रहा था, पर वो बोले, 'लेकिन कुछ मज़ा नहीं आ रहा।' बाद में मुझे समझ में आया कि या तो उन्हें पैसे कम मिल रहे थे या फिर वो कार्यक्रम कुछ ज़्यादा ही स्थानीय थे और ऐसे 'छोटे' मंचों से वो जुड़ना नहीं चाहते।

ये सब हैरान करने वाला था। क्योंकि कमल को पैसों की ज़रूरत थी। उनका मासिक ख़र्चा तो था ही, जो बढ़ता भी जा रहा था। दूसरी ओर उन्हें अपने घर के लिए एक मोटरसाइकिल ख़रीदनी थी जिसे वो अपने पिता को दे सकें, क्योंकि उन्हें आने-जाने के लिए दूसरों पर निर्भर होना पड़ रहा था। कमल के अपने खर्चे थे। घर का किराया देने से लेकर बाक़ी दैनिक चीज़ें थीं। भले ही उस घर में दो लोग और थे, लेकिन वो ग्रेटर नोएडा की एक पॉश जगह पर रह रहे थे।

लेकिन, कमल के लिए न कहना भी उतना ही ज़रूरी था।

कमल की पैदाइश और उनके बढ़ने के दिन गोसाईंगंज में गुज़रे। ये लखनऊ के किनारे, 45 मिनट की दूरी पर बसा एक छोटा सा क़स्बा है, जहां की आबादी 10,000 के आसपास की है।

यहीं पर उन्होंने पहली बार किसी को कविता पढ़ते सुना था। ये एक काव्य गोष्ठी थी जहां आस-पास के कवि आते, अपनी लिखी कविताएं सुनाते और आपस में उस पर चर्चाएं होतीं। कमल के पिता, अशोक वर्मा, कविताओं के मुरीद थे, सभी स्थानीय लेखकों से परिचित थे और ऐसी गोष्ठियों में जाते रहते थे। धीरे-धीरे कमल भी उनके साथ जाने लगे। इन गोष्ठियों में कमल की आंखों में जिस कवि की छाप रह गयी, वो थे रामेश्वर प्रसाद द्विवेदी प्रलयंकर।

प्रलयंकर एक राष्ट्रवादी कवि हैं और उनकी कविताएं देश के सामाजिक और राजनीतिक हालात पर बात करती थीं। उन दिनों, प्रलयंकर स्थानीय स्तर पर आयोजित गोष्ठियों में कविताएं पढ़ते और स्कूल में पढ़ रहा कमल बैठकर उन्हें सुनता। वो चकित भाव से प्रयलंकार के टैलेंट, उनके हिंदू धर्म के प्रति विचारों और हिंदी भाषा पर पकड़ को देखा करता।

लेकिन जैसे-जैसे कमल ने अपने इन गुरु की राह पर चलना शुरू किया, उसे ये समझ में आता गया कि प्रलयंकर इतने गुणी होने के बावजूद अपने प्रदेश के बाहर कोई पहचान ही नहीं रखते थे।

कमल ने कहा, 'उन्होंने अपनी कविताओं को लेकर करियर बनाने जैसी दिशा में नहीं सोचा। शायद इसलिए कि वो फ़ुल-टाइम टीचर का काम करते थे। इसलिए वो आगे बढ़कर और कुछ नहीं करना चाहते होंगे।' इसके चलते ऐसे कार्यक्रम, जहां उन्हें अपने शहर से बाहर जाना पड़े, उनमें वो नहीं दिखते थे। चाहे लखनऊ हो या दिल्ली, प्रलयंकर को कार्यक्रमों के लिए न ही कहना पड़ता होगा क्योंकि वो अपने काम से गायब नहीं रह सकते थे।

इसकी भरपाई करने के लिए प्रलयंकर गोसाईंगंज के आस-पास से आने वाले हर बुलावे पर पहुंच जाते थे। वो आस-पास के ज़िलों में, छोटे कस्बों में, स्थानीय कवि-सम्मेलनों में ख़ूब जाते थे। इस दौरान उन्हें लिफ़ाफ़े की मोटाई और पहचान की कोई परवाह नहीं होती थी।

'वो तो कहीं भी निकल जाते थे अपने स्कूटर पर।'

कमल जब अपने गुरु को ऐसा करते देखते तो उन्हें दुख होता। कमल का ये मानना था कि जब आप ऐसे छोटे कार्यक्रमों में जाते हैं जहां न ढंग से इज़्ज़त मिलती है न पैसा तो आपके टैलेंट और कला की कोई कद्र नहीं होती। ऐसी जगहों पर जाने का एक नतीजा ये भी निकलता था कि आपको जो मिलता जाता है, आप उसमें संतोष करते जाते हैं और बड़े मंच, ज़्यादा भीड़ और पैसे की भूख क्षीण होती जाती है।

कमल के लिये, ये वो बातें थीं जिनसे किसी भी प्रकार का समझौता नहीं किया जा सकता था।

इन्हीं जगहों पर आकर कमल को अपने गुरु से अलग होना पड़ा। कमल महत्वाकांक्षी थे और उन्होंने कविताओं की दुनिया में अपना सबकुछ लगा छोड़ा था। पैसा और पहचान, दोनों ही ज़रूरी थे। जब भी उन्हें लोकल लेवल के सम्मेलन का न्योता आता, जहां कम पैसे और कम भीड़ होती थी, कमल अपने पहले गुरु को याद करते और मना कर देते।

फिर अक्टूबर 2021 के दौरान पड़ने वाली नवरात्रि के पर्व के दौरान कमल के लिए चीज़ें बदलना शुरू हुईं।

उन्हें जिस सबसे पहले शो के लिए न्योता आया, वो था कानपुर ज़िले का एक छोटा सा क़स्बा रसूलाबाद। कानपुर शहर से इसकी दूरी लगभग डेढ़ घंटे की थी। ये कार्यक्रम स्थानीय स्तर पर रामलीला करवाने वाले लोग आयोजित करवा रहे थे। ये कवि सम्मेलन 16 अक्टूबर 2021 को, दशहरे के दिन, अंतिम कार्यक्रम के रूप में होने वाला था।

कमल ने कहा कि वो 'जो भी चाहें' प्रस्तुत कर सकते हैं। मतलब, वहां कोई भी उनकी राजनीतिक कविताओं को रोकने-टोकने वाला नहीं था।

मैं उनके साथ इस कार्यक्रम में जा रहा था और इसको लेकर मैं उत्साहित भी था। ये उत्साह महज़ कार्यक्रम में शामिल होने का नहीं था बल्कि इसके इर्द-गिर्द बन रहे राजनीतिक माहौल को देखने-समझने का था।

पूरे देश में, ख़ासकर उत्तर प्रदेश में, राजनीतिक माहौल गर्म था। चार महीने में प्रदेश में चुनाव होने वाले थे और इन्हीं चुनावों से हिंदू राष्ट्रवादी मुख्यमंत्री और हिंदुत्ववाद के एक बड़े चेहरे, योगी आदित्यनाथ का भविष्य तय होने वाला था। ये चुनाव नरेंद्र मोदी सरकार का आंकलन करने के लिहाज़ से महत्वपूर्ण था क्योंकि इनकी पार्टी ने उत्तर प्रदेश की राजनीति को 2014 से अपनी मुट्ठी में किया हुआ था। अकेले इस एक प्रदेश ने 543 में से 80 सांसद दिए थे। इसलिए मोदी के लिए ये बेहद ज़रूरी था कि वो इस प्रदेश पर अपनी पकड़ उतनी ही मज़बूती से बनाये रखें। लेकिन जो दिख रहा था, उसके हिसाब से, मामला हाथ से निकलता हुआ दिख रहा था।

मोदी सरकार द्वारा लाये गए तीन कृषि क़ानूनों के ख़िलाफ़ किसानों का विरोध प्रदर्शन ज़ोर पकड़ रहा था। कुछ ही दिन पहले, उत्तर प्रदेश के लखीमपुर खीरी ज़िले में तीन कारों ने विरोध करते हुए किसानों को कुचल दिया था। इन कारों में भाजपा के नेता और कार्यकर्ता थे, जिनमें से एक केंद्रीय गृह राज्य मंत्री अजय मिश्रा टेनी के पुत्र आशीष मिश्रा भी थे।[3] इस घटना में कुल आठ लोग – चार किसान, एक पत्रकार, दो भाजपा कार्यकर्ता और आशीष मिश्रा का ड्राइवर – मारे गए थे।[4]

इस घटना के बाद पूरे देश से इसको लेकर प्रतिक्रियाएं आने लगीं। विरोध प्रदर्शन हुए और किसान संगठनों और विपक्ष ने मिलकर आशीष मिश्रा की गिरफ़्तारी और उसके पिता अजय मिश्रा के इस्तीफ़े की मांग करनी शुरू कर दी, जिससे जांच में निष्पक्षता बनी रह सके।[5,6] विपक्षी पार्टियां लखीमपुर पहुंचने की कोशिश कर रही थीं लेकिन उन्हें ज़िले में घुसने से रोका जा रहा था। कांग्रेस की नेता प्रियंका गांधी वाड्रा को गिरफ़्तार कर लिया

गया था, समाजवादी पार्टी के अध्यक्ष को घर में नज़रबंद कर दिया गया था। इस दौरान बाकी नेताओं को लखनऊ हवाई अड्डे से बाहर ही निकलने नहीं दिया जा रहा था।[7,8] पांच दिन बाद, अजय मिश्रा को गिरफ़्तार किया गया।[9]

इस घटना ने पूरे देश को हिलाकर रख दिया था। कार के किसानों पर चढ़ने का वीडियो वायरल हो गया था और उसे सोशल मीडिया और न्यूज़ चैनलों पर लगातार चलाया जा रहा था। भाजपा ने आरोप दूसरों पर डालने की कोशिश की।

चुनावी माहौल में ऐसी घटना भाजपा को गहरी चोट दे सकती थी और मझे विश्वास था कि पार्टी हर वो कोशिश करेगी जिससे सारी कहानी उसके पक्ष में आ गिरे। इस पूरे काम में, घटना को अलग ही रोशनी में रखने के काम में, कमल और उनके जैसे और साथी बेहद ज़रूरी भूमिका अदा करने वाले थे।

मैंने अपना सामान पैक करना शुरू किया और कानपुर के लिए निकल पड़ा।

~

कानपुर में मेरी फ़्लाइट लैंड होने ही वाली थी कि एक पायलट की उत्साह भरी आवाज़ सुनायी दी। वो हमें बता रहे थे कि हम तय समय से 10 मिनट पहले ही लैंड करने वाले थे।

लेकिन कुछ ही मिनटों में उसका उत्साह चला गया और हम सभी यात्रियों की कानपुर हवाई अड्डे से पहली मुलाक़ात हुई। जहाज़ उतरकर रन-वे पर चल रहा था लेकिन पायलट ने बताया कि टर्मिनल तक पहुंचने में वक़्त लगने वाला था। वजह? क्योंकि कानपुर का हवाई अड्डा एक समय पर एक ही हवाई जहाज़ संभाल सकता था।

जब आप कानपुर के हवाई अड्डे पर बने रन-वे पर अटके होते हैं तो आपको जहाज़ के दोनों ओर अनंत दूरी तक खेत दिखते हैं। वहां मौजूद सुरक्षाकर्मी बड़ी, घनी और ऊंची झाड़ियों के बीच चल रहे होते हैं।

आंखें जितनी दूरी तक देख सकती हैं, कोई भी घर दिखाई नहीं देता है। ऐसा शायद इसलिए है क्योंकि असल में, इस हवाई अड्डे को एयर फ़ोर्स स्टेशन बनना था। भारतीय वायु सेवा के ऐतिहासिक दस्तावेज़ दिखाते हैं कि इस हवाई पट्टी की शुरुआत भारत में द्वितीय विश्व युद्ध के दौरान ब्रिटिश हुक़ूमत ने की थी।[10] ब्रिटेन तो नाज़ी जर्मनी के नेतृत्व वाली एक्सिस पॉवर से लड़ रहा था लेकिन उसे सुदूर पूर्व में जापान से भी ख़तरा था। जापान लगातार अपनी ताक़त बढ़ाता जा रहा था।

एक कॉलोनी होने के नाते, भारत ने पश्चिम में चल रहे युद्ध और पूर्व में होने वाले युद्ध के बीच बैलेंस बनाए रखने के लिए एकदम सही जगह चुनी थी। दिल्ली से सिर्फ 400 किलोमीटर दूर, उत्तर भारत के कानपुर को रॉयल एयर फ़ोर्स की 'मेंटेनेंस यूनिट' के लिए चुना गया था, जहां जैसे लिब्रेरेटर, लैंकेस्टर, हरीकेन, टेम्पेस्ट और डकोटा जैसे लड़ाकू बमवर्षक विमानों की युद्धकालीन ऑपरेशंस के दौरान सर्विसिंग और लोडिंग की जाती थी।[11] भारत की आज़ादी के बाद, इस हवाई पट्टी को भारतीय वायु सेना ने अपने कब्जे में ले लिया। तबसे ये जगह कुछ-एक नागरिक विमानों के साथ-साथ सेना के काम आ रही है। दूर से, मैं एक बड़े हैंगर के बाहर खड़े सैन्य विमानों को देख पा रहा था। ये इतनी दूरी पर थे कि आम नागरिकों की नज़र से दूर रहें।

रन-वे पर लगभग पच्चीस मिनट इंतज़ार करने के बाद जहाज़ अंततः अपनी जगह से हिला और हम एक सफ़ेद तम्बू में पहुंचे जो हवाई अड्डे का आगमन पक्ष बना हुआ था। इस टेंट के अंदर एक धूल भरी लाल दरी पड़ी हुई थी और कपड़ों से ही दीवार बना दी गयी थी। हवाई अड्डे पर कन्वेयर बेल्ट नहीं थी। उसकी जगह दीवार में एक छेद बना दिया गया था, जिसमें से दो लोग सामान अंदर की ओर डाल रहे थे। जहाज़ से उस जगह तक सामान एक ट्रैक्टर से खिंचकर आ रहा था।

मेरा बैग बहुत बाद में आया। मुझे लगा कि कानपुर हवाई अड्डे पर मिलने वाले अनुभव यहीं ख़त्म होने वाले थे, लेकिन ऐसा नहीं था।

हवाई अड्डे के बाहर लगभग बीस ही टैक्सी खड़ी थीं। दूसरे हवाई अड्डों की तरह यहां उतनी फ़्लाइट्स तो आती नहीं थीं, लिहाज़ा टैक्सी वाले यहां रुककर सवारियों का इंतज़ार नहीं करते थे। इसकी जगह वहां प्रीपेड टैक्सी मिलती थीं। लेकिन चूंकि मुझे बैग के लिए बहुत इंतज़ार करना पड़ा था इसलिए मेरे बाहर जाने तक सभी टैक्सी जा चुकी थीं। टैक्सी बुक करने का सेंटर एक कोने में था, जहां बहुत सारे यात्री गुस्से में खड़े थे और अपनी टैक्सी का इंतज़ार कर रहे थे। इनमें से कई लगातार ओला और ऊबर भी चेक कर रहे थे लेकिन कानपुर में ये ऐप भी ढंग से काम नहीं करतीं। कुछ देर बाद वहां मैं अकेला बचा था, जिसे टैक्सी नहीं मिल सकी थी। मेरा इंतज़ार एक घंटे लंबा चला।

उधर, कमल अपने दोस्त के घर पर मेरी राह देख रहा था। जब तक मैं पहुंचा, शाम के साढ़े चार बज चुके थे।

~

वहां पहुंचने पर मुझे मालूम पड़ा कि कमल जिस मित्र की बात कर रहे थे, वो भी कवि थीं और उनका नाम था शिखा सिंह। शिखा भी कमल की तरह राष्ट्रवादी कवि थीं और हिंदुत्व की ओर झुकाव रखती थीं। शिखा अपनी उम्र के तीसरे दशक में चल रही थीं और कई मामलों में अनोखी थीं।

मैंने जितने कवि सम्मेलन देखे, सभी में एक बात समान थी। हर जगह, प्रति चार या पांच पुरुष कवियों पर एक महिला कवि दिखती थी। ऐसा मालूम देता था जैसे ये कोई फ़ॉर्मूला है और कोई भी इससे बाहर नहीं आना चाहता। एक शो में तो संचालक महिला कवि का नाम ही लेना भूल गया था, फिर जब किसी ने याद दिलाया तो श्रोताओं से उनका परिचय करवाया जा सका।

हिंदी कवि सम्मेलनों में जितना मुश्किल महिला कवियों को ढूंढना है, उससे भी ज़्यादा मुश्किल उन महिला कवियों को ढूंढ पाना है, जो राजनीतिक कविताएं लिखती और पढ़ती हैं। मैंने जिन महिला कवियों को सुना, लगभग सभी श्रृंगार रस ही लिखती थीं।

लेकिन शिखा अलग थीं। उनका काम बहुत कुछ कमल जैसा ही था। दोनों ही हिंदुत्व के कट्टर समर्थक थे वो ये बताने में कतई नहीं झिझकते थे कि वो भाजपा के समर्थक थे। इसके साथ ही, दोनों अपने काम के ज़रिये भाजपा के आलोचकों को निशाना बनाते रहते थे।

हालांकि इंटरनेट पर, शिखा की मौजूदगी, कमल की तुलना में बेहद कम है। उनके बहुत ही कम वीडियोज़ मौजूद हैं। लेकिन कुछ-एक पर अच्छी प्रतिक्रियाएं आयी दिखती हैं। दिसंबर 2018 के एक वीडियो में शिखा उन लोगों पर हमला बोलती मिलती हैं जो देश में बढ़ती धार्मिक असहिष्णुता की आलोचना कर रहे थे।[12]

सबसे पहले उनके निशाने पर थीं पत्रकार बरखा दत्त। शिखा ने उनका अक्टूबर 2015 का एक ट्वीट निकाला, जहां वो करवा चौथ के पर्व की आलोचना कर रही थीं। बरखा दत्त ने इसे एक ऐसा पर्व बताया जो प्रतिगामी था और पितृसत्ता का प्रतीक था।[13] इसके बाद शिखा ने बरखा के एक और ट्वीट का ज़िक्र किया जिसमें मुसलमानों के त्यौहार रमज़ान का ज़िक्र था। इस ट्वीट में बरखा ने अपने फ़ॉलोवर्स को रमज़ान की मुबारक़बाद दी थी। रमज़ान वाला ट्वीट, करवा चौथ वाले ट्वीट के आठ महीने बाद, जून 2016 में आया था लेकिन शिखा कहती हैं कि वो 'कुछ ही दिनों के बाद' किया गया था।

अपनी प्रस्तुति के दौरान शिखा कहती हैं, 'आप सभी समझदार, पढ़े-लिखे लोग हैं और मैं आपसे ये पूछना चाहती हूं। एक संविधान, एक देश, एक चांद, दो धरम, दो त्यौहार, तो एक पिछड़ा और एक प्रगतिशील कैसे?'

इसके बाद शिखा ने भाजपा के कार्यकाल के दूसरे आलोचकों पर हमला बोलना शुरू किया। ऑल इंडिया मजलिस-ए-इत्तेहादुल मुस्लिमीन (एआईएमआईएम) के अध्यक्ष असदुद्दीन ओवैसी और केरल के उन नेताओं तक, 'जो गाय काटते हैं और उसका मांस बांटते हैं' से लेकर रवीश कुमार तक।[14]

कमल मुझसे कहते हैं कि वो शिखा का काम बहुत पसंद करते हैं और मानते हैं कि वो आगे बहुत कुछ करके दिखायेंगी। लेकिन कमल के अनुसार, जो एक बात शिखा को आगे बढ़ने से, नाम कमाने से रोक रही है, वो है उनका कविताओं को अपना पूरा समय न दे पाना, जैसा स्वयं कमल ने किया। असल में, शिखा आगरा की निचली अदालत में काम करती हैं और अपने पति के साथ कानपुर में रहती हैं।

मैं आशा कर रहा था कि शिखा से मेरी मुलाक़ात होगी लेकिन ऐन मौक़े पर उन्हें आगरा वापस जाना पड़ा। इसलिए, उनके 34 वर्षीय पति आकाश, मेरी और कमल की आवभगत कर रहे थे। आकाश पेशे से एक शिक्षक थे और ख़ुद पढ़ाई भी कर रहे थे जिससे कुछ दिनों में एक अच्छी सी एजुकेशन टेक्नोलॉजी कंपनी में काम कर सकें। उस रात, शो के लिए आकाश ही हमें अपनी गाड़ी से कानपुर से रसूलाबाद लेकर जाने वाले थे।

आकाश और कमल, दोनों कविताओं से प्रेम करते थे और एक जैसी ही विचारधारा भी रखते थे।

हम तीनों आकाश की मारुती सुज़ुकी ऑल्टो में बैठकर रसूलाबाद के लिये निकल पड़े। इन दोनों के बीच किसानों के विरोध प्रदर्शन को लेकर बातें शुरू हो गयीं। कमल कुछ बौखलाये हुए थे और उन्होंने अपना गुस्सा पंजाब पर निकालना शुरू कर दिया। पंजाब ही वो प्रदेश था, जहां के किसान इस पूरे प्रदर्शन के अगुवा थे।

कमल मानते हैं कि किसान आंदोलन असल में सरकार और हिंदुओं के ख़िलाफ़ एक बहुत बड़ी साज़िश थी और इसका सारा ताना-बाना, चुपचाप, पंजाब में बुना जा रहा था।

कमल ने आकाश से एक, 'वहां हालात बहुत ख़राब हैं।'

उनके अनुसार पंजाब में दो चीज़ें एकसाथ घटित हो रही थीं: पंजाब में सिख हिंदुओं को प्रताड़ित कर रहे थे और उसी वक़्त सिखों को विदेशी ईसाई ताक़तों ने 'बेवकूफ़' बनाने का काम जारी रखा हुआ था।

उन्होंने कहा, 'भयंकर कन्वर्ज़न चल रहा है वहां सिखों का अभी।' अपनी इस बात को और मज़बूत बनाने के लिए, वो कुछ सैकंड के लिए रुके और फिर आधिकारिकता के भाव से बोले कि पंजाबियों की आंखों के सामने जो हो रहा था, उन्हें दिख ही नहीं रहा था। उन्होंने आकाश से कहा, 'चीज़ें इतनी बुरी हैं कि वहां दुनिया का चौथा सबसे बड़ा चर्च बन रहा है, लेकिन कोई कुछ कहने को राज़ी नहीं है।'

वो जालंधर में बन रहे चर्च ऑफ़ साइंस एंड वंडर्स के बारे में बात कर रहे थे, जो अपनी वेबसाइट पर दावा करता है कि वो 'पंजाब में सबसे तेज़ी से फैलने वाला चर्च' बन गया है।[15] सोशल मीडिया पर कई ऐसे पोस्ट हैं जो दावा करते हैं कि वहां धड़ल्ले से लोगों का धर्मांतरण किया जाता है और उन्होंने ही इसे दुनिया का चौथा सबसे बड़ा चर्च बताया है।[16]

कमल के आत्मविश्वास ने आकाश को अपने पक्ष में कर लिया था। पंजाब और पंजाबियों पर खुले में जो लांछन लगाये जा रहे थे उसकी घोर राजनीतिक वजहें थीं।

जब प्रदर्शन के दिन चल रहे थे, भाजपा के बेहद सीनियर लोगों ने इन किसानों पर ढेरों हमले किये थे। इस मामले में प्रधानमंत्री अगुवाई कर रहे थे और उन्होंने कह दिया कि किसान 'भटके हुए' थे और उन्हें 'बहलाया गया' था।[17] उनके साथियों ने उनकी हां में हां मिलायी। हरियाणा के मुख्यमंत्री एम.एल. खट्टर ने कहा कि किसानों के बीच खालिस्तानी मौजूद थे,[18] केंद्रीय मंत्री पीयूष गोयल ने कहा कि किसानों द्वारा शुरू किये गए इस प्रदर्शन में 'वामपंथियों' ने सेंधमारी कर दी थी,[19] जबकि एक और मंत्री, रावसाहेब दानवे ने कहा कि इस प्रदर्शन का सारा ईंधन पाकिस्तान और चीन द्वारा सप्लाई किया जा रहा था।[20] ऐसे बयानों से वर्चुअल दुनिया में खलबली मच गयी थी जहां भाजपा के सोशल मीडिया फ़ॉलोवर्स ने उनपर गालियों की बौछार कर दी और झूठी साज़िशों की बुनियाद पर आंदोलन को बदनाम करने की मुहिम छेड़ दी।

कमल जो भाषा बोल रहे थे, वो राजनीतिक तौर पर बीजेपी की भाषा जैसी ही थी। कवि सम्मेलन में मुझे ये दिखने वाला था कि वो इसके साथ कितनी दूर तक जा सकते थे।

~

कार्यक्रम की जगह पर पहुंचने से कुछ पहले, कुछ कवि रुककर एक स्थानीय, रसूखदार बिज़नेसमैन से मिलना चाहते थे। इन सभी कवियों को इस बिज़नेसमैन के कृषि उत्पादों के स्टोर पर आने का न्योता मिलता है, जो कानपुर से आने वाले हाइवे के किनारे ही मौजूद है। यहीं पर मेरी दूसरे कवियों से मुलाक़ात हुई। मैं हेमंत पाण्डेय और अभय निर्भीक से मिला। ये दोनों उत्तर प्रदेश के ही कवि थे और मैं इनसे पटना में कमल की परफ़ॉरमेंस के दौरान मिल चुका था। हेमंत तो कॉमेडियन थे और निर्भीक वीर रस के कवि थे।

दुकान में बैठे हुए, कमल ने दोबारा मेरा परिचय करवाया। अभय निर्भीक बेहद मृदुल स्वभाव के व्यक्ति थे और उन्होंने मुझे पहचान लिया। हेमंत मुझे भूल गये थे लेकिन उन्हें कुछ ही देर में याद आ गया और फिर बड़े जोश में उन्होंने मुझे नमस्ते कहा।

कमल ने उन सभी को बधाई दी और कहा कि वो बहुत ख़ुश थे कि उन्होंने नयी ज़िम्मेदारियां क़ुबूल कर ली थीं।

मैं इस बारे में और जानकारी चाहता था। इसलिए मैंने उनकी बातचीत को बीच में रोका। मालूम पड़ा कि हेमंत और अभय, दोनों ने भाजपा की सदस्यता ले ली थी। उन्हें पार्टी की विचारधारा को कला और संस्कृति के ज़रिये दूर-दूर तक फैलाने की ज़िम्मेदारी दी गयी थी। स्टील के गिलास में चाय पीते हुए हेमंत ने बताया, 'बेसिकली, हम पार्टी के साथ मिलकर बैठेंगे और तय करेंगे कि कैसे कला, संस्कृति और मनोरंजन को और बेहतर तरीक़े से इस्तेमाल किया जा सकता है जिससे पार्टी की लोकप्रियता और बढ़ती रहे।'

कमल ने बात आगे बढ़ाते हुए कहा कि दोनों लोगों को प्रदेश के अलग-अलग इलाक़े दे दिये गये थे, जिनपर उन्हें अपना ध्यान केन्द्रित करना था।

मैं इस भेद के खुलने से हैरान था। लेकिन उससे ज़्यादा हतप्रभ इस पूरी 'घटना' के भावी असर से था। ये दोनों ही लोकप्रिय कवि थे और देशभर में जाकर अपनी प्रस्तुतियां देते थे। ख़ासकर हेमंत पाण्डेय, जो अक्सर टीवी पर भी आया करते थे। वो जिन शोज़ में आते थे, उसमें तटस्थ दिखने वाले कवि अलग-अलग विचारों वाले नेता-मंत्रियों की चुटकियां लिया करते थे। अपनी लोकप्रियता और पहुंच के साथ, दोनों ही पार्टी के लिए बहुमूल्य साबित हो सकते थे।

ऐसा 'इंतज़ाम' इस बात पर भी सवाल उठाता है कि ये कवि अपनी परफ़ॉरमेंस के लिये मटीरियल लिखते हुए कितने स्वतंत्र होते हैं। दोनों में से एक ने, अकेले में मुझसे

ये कहा कि उन्हें मालूम था कि अबसे उन्हें भाजपा को लेकर सीमित कमेंट्स करने होंगे और उन सभी बातों को गौर से सुना भी जा रहा होगा। लेकिन उनके अनुसार, ऐसी बातें, ऐसे 'इंतज़ामों' के अनेकानेक फ़ायदों के साथ आती ही हैं।

मैं उनसे और भी गहराई में जाकर बात करने को कहता हूं लेकिन इतनी ही देर में कुछ कवि अपनी कुर्सी से खड़े हुए और उन्होंने बताया कि शो बस कुछ ही देर में शुरू होने वाला था। हेमंत और अभय, दोनों खड़े हुए और हड़बड़ी में बाहर निकल गये।

हम आयोजनस्थल से दो किलोमीटर दूर थे लेकिन माइक पर हो रहा अनाउन्समेंट हमें साफ़ सुनायी दे रहा था। कुछ ही मिनट में हम वहां पहुंच गए।

रसूलाबाद का रामलीला मैदान एक मेले की तरह सजा हुआ था। इस जगह की ख़ासियत ये है कि यहां नवरात्रि की पूजा दशहरे के एक दिन बाद तक चलती है। पूरे कस्बे में जगमगाहट फैली हुई थी और माना जा रहा था कि कस्बे के सभी लोग और आस-पास के कुछ लोग भी वहां आयेंगे ही आयेंगे।

आयोजन स्थल की ओर आने वाली दोनों सड़कें रौशनी में नहायी हुई थीं। सड़कों के दोनों ओर, जगमग करती झालरों की कतार ने एक दीवार बनायी हुई थी। जब कमल, मैं और आकाश उस गली में घुसे तो मालूम पड़ा कि स्टेज पर एक लोक गायक, कोई भजन गा रहे थे। एक बड़े मैदान में पूरा पंडाल फैला हुआ था। खाने के स्टॉल लगे हुए थे, उनके इर्द-गिर्द लोगों की भीड़ थी और इसी बीच कहीं जगह बनाकर एक बड़ा सा झूला लगा हुआ था। घर के तमाम तरह के सामान – कपड़ों, बर्तनों से लेकर बेडशीट्स तक – की दुकानें इधर से लेकर उधर तक फैली हुई थीं।

रात के 9 बजने को थे और मैदान खचाखच भरा हुआ था।

कमल को इन सबमें कोई दिलचस्पी नहीं है। वो स्टॉल के आगे बने धरमगढ़ बाबा के मंदिर में गए। आकाश और कमल एक साथ अंदर घुसे लेकिन एक ओर आकाश अलग-अलग देवताओं के सामने जाकर पूजा कर रहे थे, वहीं कमल मुख्य देवता के सामने रुक गए और कुछ मिनटों तक प्रार्थना में लीन रहे। प्रार्थना समाप्त कर वो बाहर आये और सीधे मंच की ओर लपके।

इतने में अनाउन्समेंट भी हो गयी और सम्मेलन शुरू हो चला।

~

इस शाम के मंच संचालक थे रसूलाबाद से 50 किलोमीटर पूर्व में पड़ने वाले औरैया से आये लम्बी-चौड़ी कद-काठी के कवि और लेखक, अजय अंजाम।

अजय ने हिंदी पट्टी से आये इन सभी कलाकारों का परिचय करवाना शुरू किया। इस सम्मेलन में कुल सात कवि थे जिनमें मात्र एक महिला थीं। जैसा कि फ़ॉर्मूला कहता है, नोएडा से आयी हुईं पल्लवी त्रिपाठी हल्की-फुल्की हंसी-ठिठोली के साथ श्रृंगार रस की कविताएं सुनाने वाली थीं।

कवियों का परिचय कराते हुए अजय अंजाम, पल्लवी त्रिपाठी का ज़िक्र करना भूल गये। मंच पर कुछ फुसफुसाहट हुई और संचालक तक बात पहुंचाई गयी। उन्होंने हड़बड़ी में पल्लवी का परिचय करवाया और लोगों से उनके लिये ज़ोरदार तालियां बजाने को कहा, जो उनका शर्मिंदा होने से बचने का तरीका मालूम दे रहा था। ये दूसरा वाक़या था जब मैं इस बात का गवाह बना कि संचालक किसी महिला कवि का परिचय देना ही भूल गया हो।

कमल का परिचय करवाते हुए अजय ने नपे-तुले शब्दों का इस्तेमाल किया। उन्होंने कहा कि कमल एक युवा कवि हैं लेकिन उन्हें और भी ज़रूरी कामों की ज़िम्मेदारी मिली हुई है।

'हिंदुत्व के लिये, सनातन धर्म के लिये, अपने देश की जितनी संस्थाएं हैं, अपने वेद, उपनिषद पे लगातार काम करके, उन्हें अपनी कविता के माध्यम से देश तक पहुंचाने वाले, कमल आग्नेय जी।'

अजय ने जब अपनी बात ख़त्म की, तब तक तालियां बजना शुरू हो गयी थीं। हालांकि तालियों का शोर उतना नहीं था जितना दूसरे कवियों की बारी आने पर उठा था, लेकिन कमल के माथे पर शिकन नहीं आयी। उन्होंने श्रोताओं की ओर देखा और अपने हाथ जोड़े।

इसी मौके पर, भाजपा के नये-नवेले सदस्य हेमंत पाण्डेय ने माइक संभाला। वही इस शो के होस्ट थे। जैसे ही उनका नाम आया, सामने बैठे लोगों ने तालियां बजानी शुरू कर दीं।

हेमंत ने सबसे पहले वीर रस के कवि और हेमंत के भाजपाई साथी, निर्भीक को बुलाया।

निर्भीक ने माइक पर आकर सभी को बताया कि वो एक सैनिक के बेटे हैं और वो सभी को बतायेंगे कि एक सैनिक की मनोदशा कैसी होती है। उनकी पहली कविता

कश्मीर की घाटी पर है। वो कहते हैं कि वहां हर रोज़ तिरंगा जलाया जाता है और इसके लिए 'टुकड़े-टुकड़े गैंग' ज़िम्मेदार है। तालियों में वो जोश नहीं था लेकिन श्रोताओं में कुछ ने 'ज़िंदाबाद!' के नारे लगाए।

निर्भीक ने अपनी दोनों बाहें फैला दीं। उनकी आवाज़ ऊंची थी और उनका हाव-भाव मोदी जैसा मालूम दे रहा था। वो रुक-रुककर बोल रहे थे लेकिन अपनी हर बात पर बेहद ज़ोर देते चल रहे थे।

इस बीच उन्होंने कहा, 'मैं थोड़ा और कटु होता हूं।'

उनकी अगली कविता भी 'देश के दुश्मनों' को निशाना बना रही थी। उन्होंने कई परिभाषाएं दीं:

जिन लोगों को देश पड़ोसी भाता,
जिन लोगों को भारत मां से प्यार नहीं,
जिन लोगों न 'वन्दे मातरम' किया स्वीकार नहीं।

अपनी अंतिम लाइन में वो दहाड़ते हुए कहते हैं कि ऐसे सभी लोगों को देश से निकाल दिया जाना चाहिए।

कुछ और तालियां बजीं। तालियों में अब गर्माहट आना शुरू हो रही थी। निर्भीक ने दोबारा याद दिलाया कि वो एक सैनिक के बेटे हैं और इसीलिए वो उन लोगों से सवाल पूछना चाहते हैं जो देश की सेना की बहादुरी पर सवाल उठाते हैं।

वो कहते हैं कि एक कवि कभी भी किसी सरकार या पार्टी के समर्थक नहीं होते। आगे उन्होंने कहा, 'एक कवि सच देखता है और उसे वैसा का वैसा लिख देता है।' वो ये बात दबा ले गए कि वो ख़ुद एक राजनीतिक पार्टी के सदस्य बन चुके थे।

निर्भीक ने कहा कि आजकल वो क्रोधित हो जाते हैं, 'जब लोग मोदी का विरोध करते-करते देश का विरोध करने लग जाते हैं।'

निर्भीक कवि, पल भर में निर्भीक भाजपा सदस्य में तब्दील हो जाते हैं।

अपने विस्फोटक अंदाज़ में उन्होंने बताना शुरू किया कि भारत अब बदलने लगा था। उन्होंने कहा कि मोदी दुनिया के नक़्शे से पाकिस्तान को मिटा देंगे। ये भी कहा कि भारत चुप नहीं बैठेगा।

हम बलोचिस्तान तुमसे छीनने से न डरेंगे,
और अब मोदी तुम्हारे तन पर शिव तांडव करेंगे।

लेकिन श्रोतागण क़ायदे से प्रतिक्रिया नहीं दे रहे थे। तालियां ठंडी पड़ने लगी थीं और निर्भीक 'ज़िंदाबाद!' के छिट-पुट नारों के बीच हाथ जोड़कर वापस अपनी जगह पर जाकर बैठ गये।

उनकी आज की परफ़ॉरमेंस लगभग सात महीने पुरानी, पटना की परफ़ॉरमेंस जैसी ही दिखी। उनकी कविता में अभी भी पाकिस्तान, कश्मीरियों और 'टुकड़े-टुकड़े गैंग' सरीखे अनजान दुश्मनों को निशाना बनाया जा रहा था। इस दौरान उन्होंने देश की मौजूदा स्थिति और किसान आंदोलन जैसी बातों का ज़िक्र ही नहीं किया।

अगली पेशकश थी एक हास्य कवि की जो ख़ुद को मुन्ना बैट्री कहते हैं।

वो अपनी प्रस्तुति के बीच में कहते हैं कि वो अमूमन राजनीति पर बात नहीं करते हैं क्योंकि वो उनका विषय नहीं है। लेकिन उनकी एक शिकायत ये थी कि 'कुछ लोगों' को हर उस चीज़ से दिक्कत होती है, जो मोदी करते हैं। उन्होंने कोविड-19 के टीकाकरण की ओर इशारा किया और कहा कि देश में उस वक़्त तक 95 करोड़ लोगों को टीके लग चुके थे। लेकिन कुछ लोगों को इससे भी तकलीफ़ थी।

उन्होंने कहा, 'ये अच्छी बात है कि देश में लोग कुछ संकोची होते हैं। वरना स्थिति तो ऐसी है कि कुछ लोग मोदी के स्वच्छ भारत कैम्पेन को फ़ेलियर दिखाने के लिए सड़क पर हगने लगेंगे।'

नरेंद्र मोदी ने 2019 में दूसरी बार प्रधानमंत्री पद की शपथ ली थी। इसके बारे में बात करने से ठीक पहले उन्होंने अपनी बात दोहरायी कि वो राजनीति के बारे में बात नहीं करेंगे।

बैट्री बताने लगे कि एक बूढ़ी महिला मर गयी तो स्वर्ग में पहुंची और फिर एक बात बताने के लिए वहां से वापस आ गयी। वो आकर बोली, 'जानते हो क्या? आयेगा तो मोदी ही।' चुनावों में ये भाजपा का स्लोगन बन चुका था।

बैट्री ने मोदी के आलोचकों को निशाने पर लेना शुरू किया। इसके साथ ही पाकिस्तान और कश्मीर के 'जिहादियों' का भी ज़िक्र हुआ। लेकिन वो लगातार यही कहते रहे – राजनीति के बारे में बात नहीं करेंगे।

बैट्री डिस्चार्ज होने के बाद माइक फिर से हेमंत पाण्डेय के पास आ गया। अगले कवि को बुलाने से पहले, उन्होंने श्रोताओं को बताया कि उत्तर प्रदेश में कुछ किसानों का सामना एक नेता से हुआ तो क्या हुआ। हेमंत ने एक काल्पनिक कहानी शुरू कर दी। उन्होंने बताना शुरू किया कि राहुल गांधी जब गन्ने के किसानों से मिले तो उन्होंने पूछा कि फसल में गुड़ कब आने लगेगा। इस पर किसानों ने जवाब दिया, 'जब तुम प्रधानमंत्री बन जाओगे, तब।'

जनता लहालोट हो गयी और ठहाकों के बीच तालियों का शोर उठ गया।

अगला नंबर था हास्य कवि सुदीप भोला का।

बगैर नाम लिए भोला ने कहा कि स्टेज पर हर कोई मोदी-मोदी कर रहा था। लेकिन वो ऐसा नहीं करेंगे।

उन्होंने कहा, 'मैं बैलेंसवादी हूं।' लेकिन फिर तुरंत ही उन्होंने ये भी जोड़ा, 'लेकिन अंदर से वैसा ही हूं जैसे आपलोग हैं।' ये कहकर वो हंसने लगे और लोग तालियां बजाने लगे।

आगे उन्होंने कहा, 'ये सब हल्की-फुल्की बातें हैं। बाद में, मैं भी कमल आग्नेय ही हूं।'

भोला ने पेट्रोल के बढ़ते दाम पर तंज कसा। हाल ही में एक लीटर पेट्रोल की कीमत ने 110 रुपये के आंकड़े को छुआ था। उनका मानना था कि ये लोगों के लिये बहुत ज़्यादा कीमत थी और इसे नीचे लाना ही होगा।

उन्होंने पूछा कि वहां भाजपा वाले कहां बैठे थे। इस बीच शो के होस्ट हेमंत ने माइक पकड़ा और कहा, 'सब भाजपाई ही हैं।'

भोला एक जाने-पहचाने कवि हैं। हेमंत की तरह भोला भी समय-समय पर टीवी कार्यक्रमों में, ख़ासकर हास्य सम्मेलनों और राजनीतिक टीका-टिप्पणी वाले कार्यक्रमों में, आते रहते हैं।

आज की शाम, भोला की परफ़ॉरमेंस राजनीतिक विचारधारा की ओर झुकाव लिए हुए थी। उन्होंने पूरे दौरान राहुल गांधी और दूसरे ग़ैर-भाजपाई नेताओं का मज़ाक उड़ाना जारी रखा। उन्होंने राहुल गांधी को 'पप्पू' कहा, समाजवादी पार्टी के अध्यक्ष अखिलेश यादव को 'भतीजा' और बहुजन समाज पार्टी की अध्यक्ष मायावती को 'बुआ' कहकर संबोधित किया। ये वही शब्दावली है जो भाजपा समर्थक ऑनलाइन ट्रोल इस्तेमाल किया करते हैं। ऐसे शब्द किसी भी भाजपा नेता के लिए इस्तेमाल नहीं होते।

उन्होंने बगैर नाम लिए राहुल गांधी और उनकी बहन प्रियंका गांधी वाड्रा की 'राजनीतिक सैर-सपाटे' के लिए आलोचना की। जहां किसानों पर गाड़ी चढ़ा दी गयी थी, घटना के तुरंत बाद उसी लखीमपुर तक राहुल और प्रियंका नहीं पहुंच पाये थे क्योंकि योगी सरकार ने इसकी अनुमति ही नहीं दी थी।

भोला ने उस घटना का ज़िक्र नहीं किया लेकिन राहुल और प्रियंका के वहां जाने पर कटाक्ष ज़रूर किया। भोला ने सिंघू बॉर्डर पर प्रदर्शन कर रहे किसानों के बीच निहंग सिखों द्वारा एक व्यक्ति के गला काटने की घटना[21] की ओर इशारा करते हुए कहा, 'अरे भैय्या, अगर यहां आना ज़रूरी था तो आपको किसानों के प्रदर्शन में भी जाना चाहिये था जहां एक सिख व्यक्ति का सर काट दिया गया था।'

भोला ने राहुल गांधी पर पूरा एक गाना सुनाया – पप्पू फेल हो गया। श्रोताओं ने इसे ख़ूब सराहा और तालियां बजीं।

अगली बारी कमल की थी।

हेमंत ने जल्दी से बढ़कर उनका परिचय करवाया। परिचय करवाते हुए उन्होंने कहा, 'कमल कम उम्र के हैं लेकिन इनका देशभर में नाम बहुत इज़्ज़त के साथ लिया जाता है। मैं उनके ही शब्दों में उनका स्वागत करना चाहता हूं:

अटकी है इस पार तो इस पार कहेंगे,
कश्ती है उस पार तो उस पर कहेंगे,
चाहे कन्हैया कुमार हो या बदतमीज़ ओवैसी,
गद्दार को ललकार के गद्दार कहेंगे।'

जनता की प्रतिक्रिया वैसी नहीं आयी, जैसी कमल को उम्मीद होगी। शायद गर्मजोशी में इस कमी के चलते ही वो नर्वस दिखाई दे रहे थे। उनकी शुरुआत कुछ हिली हुई थी।

वो हल्के-फुल्के तरीक़े से शुरू करना चाहते थे। इसलिए वो अफ़ग़ानिस्तान पर तालिबान के कब्जे से शुरुआत करते हैं।

'मैं एक रेस्टोरेंट में गया तो वहां चिकन अफ़ग़ानी नाम से एक डिश थी। मैंने कहा कि भाई इसका नाम तो अब चिकन तालिबानी करना होगा।' ये चुटकुला असरहीन रहा। इक्का-दुक्का लोगों के अलावा, कोई हंसता हुआ दिखाई नहीं दिया। लोगों को उनसे

जैसी अपेक्षा रखने को कहा गया था, ये उसके आसपास का भी मटीरियल नहीं था। जनता कमल के आगे के कॉन्टेंट का इंतज़ार कर रही थी।

उन्होंने सुरक्षित शुरुआत करने की सोची – चंद्रशेखर आज़ाद पर अपनी कविता सुनानी शुरू की। सबसे पहले उन्होंने भूमिका बनानी शुरू की। भारतीय नोटों पर गांधी की फ़ोटो का ज़िक्र किया और फिर वही सवाल पूछा कि क्या आज़ाद इतने गए-गुज़रे हैं कि दस रुपये की नोट पर भी उन्हें जगह नहीं मिल सकती?

मैंने ये सभी बातें पहले भी सुनी हैं। पटना में और इंटरनेट पर मौजूद तमाम वीडियोज़ में। वो अपनी लीक पर क़ायम रहते हुए नेहरू और गांधी पर चोट करते रहते हैं।

इतिहास में दबे हुए हैं इतने सवाल, अब तक आयी न जवाब की कहानियां
सागर से ज़्यादा हैं तालाब की कहानियां, चेहरों से ज़्यादा हैं नक़ाब की कहानियां
कोट पे गुलाब की कहानियां सुना करके, देश से मिटा दीं इंक़लाब की कहानियां।

कमल की फ़ॉर्म वापस आ चुकी थी। सामने बैठे लोगों ने जी भरकर तालियां बजायीं। ये उतनी तालियां नहीं थीं जितनी की कमल को आदत लग चुकी थी लेकिन उस माहौल में ये काफ़ी थीं। मंच पर बैठे साथी कवियों की ओर से 'वाह! वाह!' के स्वर सुनायी दिये।

लोगों की प्रतिक्रिया से कमल कुछ-कुछ सहज होते दिख रहे थे।

अब वो अफ़ग़ानिस्तान में चल रहे घटनाक्रम पर आये। कुछ ही दिन पहले आयीं मीडिया रिपोर्ट्स के मुताबिक़ अफ़ग़ान लोगों को तालिबान के डर से अपने-अपने घर छोड़कर भागना पड़ रहा था। उन्होंने तंज़ कसते हुए कहा कि वो सोच रहे थे कि अफ़ग़ानिस्तान के लोग तालिबान के ख़िलाफ़ धरना-प्रदर्शन पर क्यूं नहीं बैठ रहे थे।

मुझे समझ में आ रहा था कि वो अपनी अगली प्रस्तुति के लिए माहौल बना रहे थे और ये भी साफ़ होता जा रहा था कि आगे क्या आने वाला था। नेहरू के बाद अब गांधी की बारी थी। वो उनकी अहिंसा और सत्याग्रह की बातों की आलोचना करने वाले थे।

हो सके तो धरने पर बैठकर भोले भाले तालिबानियों को समझाकर देख लीजिये,

भारत तो एक बार आज़मा चुका ये शस्त्र, अब एक बार आप भी तो आज़माकर देख लीजिये,

शायद आज़ादी मिल जाए आपको तुरंत,
एक बार चरखा चलाकर देख लीजिये।[22]

पंचलाइन आने पर भीड़ का एक बड़ा हिस्सा उछल पड़ा। तालियों के शोर में भी बढ़ोत्तरी हुई।

मैंने देखा कि स्टेज पर जहां मैं बैठा था, वहीं पास में एक युवा लड़का कमल को सबसे ज़्यादा शाबाशी दे रहा था। परिचय के वक़्त मालूम चला था कि वो एक स्थानीय कवि है और उसका नाम शिवम है। पूरे शो के दौरान, ख़ासकर कमल की प्रस्तुति के दौरान, मैंने उसे सबसे ज़्यादा प्रोत्साहन देते हुए देखा।

इधर, कमल अफ़ग़ानिस्तान मुद्दे में गहरे उतरते जा रहे थे। वो वहां बैठी जनता को बताते हैं कि वो जानते थे कि कौन से लोग अफ़ग़ानिस्तान छोड़कर भाग रहे थे।

लोग कमल की ओर टकटकी लगाकर देख रहे थे। कमल कुछ पल के लिए रुके। वो अपनी बात का जवाब तुरंत ही नहीं देने वाले थे। उन्होंने कहा कि आगे वो जो कहने वाले थे, उस पर लोगों की प्रतिक्रिया ही उन्हें बतायेगी कि आगे का शो किस दिशा में लेकर जाना था।

'हो सकता है कि इस कवि सम्मेलन की सबसे हॉट पंक्ति पढ़ने जा रहा हूं मैं।'

इस्लामी देशों से ये भागे जो मुसलमान,
शर्म हो तो ऐसा निज़ाम छोड़ देना चाहिये,
इस्लामियों पे इस्लाम का ही अत्याचार,
हो सके तो ऐसा इस्लाम छोड़ देना चाहिये।

अंतिम दो लाइनों पर जितनी तालियां बजीं, उतनी अबतक नहीं बजी थीं। इस बार तो हूटिंग भी हुई। भीड़ में से किसी ने चिल्लाकर कहा, 'कह गये रे भैया!' मच पर हेमंत पाण्डेय ने माइक पकड़ा और कहा, 'हिम्मत है! इतने दम से कहने वाले कवि!'

अचानक ही कवि ने बात को मोड़ते हुए एक हालिया घटना का ज़िक्र किया, जहां जम्मू-कश्मीर में आतंकियों और सुरक्षाबलों के बीच मुठभेड़ हुई थी। फिर वो 2019 में हुए पुलवामा हमले की ओर जाते हैं, जो भारतीय ज़मीन पर सुरक्षाबल

पर हुए सबसे घातक हमलों में से एक था। पुलवामा हमले में देश के 40 जवान शहीद हो गए थे।

आज उनकी बातचीत बहुत सहज नहीं मालूम दे रही थी। वो जिन-जिन विषयों की बात कर रहे थे, उनमें कोई बहाव नहीं दिख रहा था। ऐसा लग रहा था जैसे वो एक लिस्ट लेकर आये थे और कैसे भी सभी मुद्दे कवर करना चाहते थे। एक मौके पर वो चंद्रशेखर आज़ाद के बारे में बात करते हैं, फिर वो अनुच्छेद 370 ख़त्म होने पर मज़ाक करते हैं। फिर अचानक वो जेएनयू के छात्रों पर हमला करने लगते हैं। कुछ ही देर में वो जम्मू-कश्मीर की पूर्व मुख्यमंत्री महबूबा मुफ़्ती का मज़ाक उड़ाने लगते हैं।

मैंने महसूस किया कि अपनी परफ़ॉरमेंस के बीच में कैसे कमल ने किसान आंदोलन या किसी भी हालिया ख़बर या घटना का कोई ज़िक्र किया ही नहीं। किसी चालू घटनाक्रम के सबसे नज़दीक वो तभी पहुंचे थे जब उन्होंने अफ़ग़ानिस्तान की मुसीबत का ज़िक्र किया। हालांकि ये भी बदला।

'वो एक हकला... क्या नाम है, शाहरुख़ खान?'

3 अक्टूबर 2021 को, इस शो से कुछ ही हफ़्ते पहले, शाहरुख़ खान के बेटे आर्यन को नारकोटिक्स कंट्रोल ब्यूरो ने मुंबई में ड्रग्स लेने और एनडीपीएस ऐक्ट के तहत गिरफ़्तार कर लिया था।[23] उस घटना के तीन हफ़्ते बीत चुके थे लेकिन आर्यन अभी भी जेल में ही थे। दो अलग-अलग अदालतों ने उनकी ज़मानत याचिका ख़ारिज कर दी थी।

इस गिरफ़्तारी का समय भाजपा के लिए मुफ़ीद था। ये घटना लखीमपुर खीरी वाली घटना के एक दिन पहले ही हुई थी और गिरफ़्तारी के चलते मीडिया का ध्यान दो जगहों पर बंट गया था। किसानों की मौत, उसके बाद के घटनाक्रम और इसके ख़िलाफ़ विपक्ष के प्रदर्शनों को आर्यन की गिरफ़्तारी पर मीडिया की रिपोर्टिंग ने ढंक लिया। ज़्यादातर चैनलों ने लखीमपुर की घटना को छोड़कर आर्यन खान की गिरफ़्तारी पर ध्यान केन्द्रित का दिया। शाहरुख़ खान के घर से लेकर जिस जेल में आर्यन थे, वहां तक सभी चैनलों के रिपोर्टर मौजूद थे।

आर्यन के गिरफ़्तार होने से ध्यान बंट गया था और भाजपा को इसकी सख्त ज़रूरत थी।

कमल भी ध्यान बांटने वाले थे।

उन्होंने सामने बैठी जनता को शाहरुख़ खान के 2015 में दिए बयान की याद दिलायी, जब उन्होंने देश में फैल रही धार्मिक असहिष्णुता की बात की थी।[24]

'वो कह रहा है हमें देश में डर लग रहा है,' कमल की आवाज़ में तंज़ साफ़ झलक रहा था। 'तुम्हारे घर में इतनी चरस है, फिर भी डर लग रहा है?'

स्टेज पर बैठे कवियों में कई चौंक गए। एक कवि के मुंह पर चौड़ी सी मुस्कान आ गयी जिसे उन्होंने अपने हाथों से ढांप लिया। लेकिन श्रोताओं में ज़्यादातर ठहाके मारकर हंस पड़े। लेकिन कमल की बातें अभी खत्म नहीं हुई थीं।

'अरे शाहरुख़ खान, अगर ये देश की युवा पीढ़ी, जो मेरे सामने है, वो अगर अपने घर से 500 के नोट चुराकर अपनी गर्लफ्रेंड के साथ तुम्हारी *वीर ज़ारा* या *डीडीएलजे* नहीं देखती तो तुम आज भी चौपाटी में अमिताभ बच्चन की कार का पंचर बनाने का काम कर रहे होते।'

जनता ठट्ठा मारकर हंस रही थी। साथ में तालियां और सीटियां भी थीं।

'मैं देश के युवाओं को कहना चाहता हूं। ये ऋषियों का देश है, चरसियों का देश नहीं। अगर देश को बचाना है तो याद रखना असली हीरो कौन है। ये शाहरुख़, सलमान, सैफ़ असली जीवन में ज़ीरो हैं। वीर शिवा के सेनापति तान्हाजी असली हीरो हैं।'

लोग पूरी तरह से कमल से सहमत थे। लगभग हर कोई तालियां बजा रहा था और सीटियां मार रहा था। कमल ने बड़े करीने से तीन मुसलमान एक्टर्स का नाम लिया था। उस शाम को, उन्होंने किसी भी हिंदू फ़िल्म कलाकार का नाम नहीं लिया। जो उन्होंने कहा, उसमें बात हीरो और नॉन-हीरो की नहीं थी बल्कि हिंदू बनाम मुसलमान की थी।

कमल अपनी प्रस्तुति के अंत की ओर बढ़ रहे थे। उन्हें समझ में आ गया था कि उन्होंने श्रोताओं को अच्छे से तैयार कर दिया था और अब अंतिम शॉट के लिए मैदान तैयार था। उन्होंने कहा कि अब वो जो कहने जा रहे थे, वो एक कड़वा सच था।

जितना तालिबान नहीं है अफ़ग़ानिस्तान में,
उससे ज़्यादा तालिबान है अपने हिंदुस्तान में।
हम बन्दर के हाथों में तलवार थमाकर बैठे हैं
भारत में एक छोटा तालिबान बनाकर बैठे हैं।

बॉलीवुड में ख़ूब सुनी थी ताक़त बड़ी पठानों की
किन्तु हक़ीक़त आज सामने आ गयी है अफ़ग़ानों की

कमल का मसाला अभी ख़त्म नहीं हुआ था। लेकिन लोग खड़े हो चुके थे, तालियां और सीटियां बजा रहे थे। बहुत सारे लोग, इसमें कवि भी शामिल थे, कमल के पास आये और उन्हें गेंदे के फूलों की माला पहनायीं। कमल हाथ जोड़कर सभी का धन्यवाद कह रहे थे।

कमल गदगद थे और वो अपनी अगली लाइनों की तैयारी कर रहे थे।

उन्होंने लोगों को बताया कि अफ़ग़ानी शरणार्थियों पर लिखी उनकी कविता, शरणार्थियों की तकलीफों का मज़ाक उड़ाने के लिए नहीं है। बल्कि उनकी पीड़ा के माध्यम से वह देश के हिंदुओं को आगाह कर रहे थे।

मानवता के नाते हमको भी हमदर्दी है
लेकिन ये तो स्वयं तुम्हारी अपनी दहशतगर्दी है
तुमने अपना जीवन अपने हाथों नरक बनाया है
हमने सदियों से दुनिया को अपना दर्द बताया है।
विश्वगुरु हैं हम तो पूरी दुनिया को समझाना है
लेकिन सबसे पहले हमको अपना देश बचाना है।
जागो जागो भारतवंशियों, तुम न आज जो जागोगे,
वायुयान में लटक-लटककर, तुम भी एक दिन भागोगे।

लखीमपुर खीरी और किसान आंदोलन भुलाया जा चुका था। आज की शाम रसूलाबाद से अफ़ग़ानिस्तान नज़दीक और लखीमपुर दूर नज़र आ रहा था।

एक धर्मनिरपेक्ष अतीत

लखनऊ शहर से बीस किलोमीटर पूर्व में गोसाईंगंज में बचपन गुज़ारते हुए कमल ने जो ज़िन्दगी निकाली, अब कमल उससे सामंजस्य नहीं बिठा सकते।

कमल का शुरुआती वक़्त वैसा बिल्कुल भी नहीं था जैसे वो अब जीवन जीते हैं। उनकी परिस्थितियां भी अब वैसी नहीं हैं। उन दिनों उनके परिवार के कुछ बेहद करीबी मित्र मुसलमान हुआ करते थे। कमल अक्सर उनके घर भी आया-जाया करते थे। वो मित्र कमल के घर भी आते थे। हिंदू राष्ट्रवाद से कमल बहुत दूर थे और उन्होंने अपने जीवन का पहला वोट समाजवादी पार्टी के अखिलेश यादव को दिया था। वो सेक्युलरिज़्म में विश्वास रखते थे और इस बात के घोर समर्थक थे कि देश में धार्मिक नफ़रत की कोई जगह नहीं थी।

कमल तबसे बदल चुके थे। गोसाईंगंज वैसा का वैसा था।

ऐतिहासिक दस्तावेज़[1] देखे जाएं तो समझ में आता है कि ये एक ऐसा शहर था, जहां बाज़ार लगा करती थीं और अच्छा व्यापार होता था। इस इलाक़े पर राजा हिम्मत गिर गोसाईं का राज था और 1764 में, बक्सर के युद्ध के बाद जब सात फुट कद के अवध के नवाब शुजा-उद-दौला को ईस्ट इंडिया कंपनी ने परास्त कर दिया था, तो उन्होंने शुजा को किले में घुसने नहीं दिया।[2]

आज भी व्यापार ही गोसाईंगंज की अर्थव्यवस्था को संभालता है और इस क़स्बे की मुख्य सड़क ही इसकी रीढ़ है। जीवन, धर्म और आजीविका, सब इसी रीढ़ के इर्द-गिर्द

ही घूमता है। मुख्य मंदिर इसी सड़क के किनारे है। यही हाल सरकारी और प्राइवेट स्कूलों का भी है। पुली थाना भी इसी सड़क पर है। मुख्य सड़क होते हुए ये इतनी व्यस्त रहती है कि एक बार में एक ही गाड़ी गुज़र सकती है और पैदल चल रहे लोग दिक्कत का सामना करते हैं। आती-जाती कारों को पैदल और मोटरसाइकिल वालों की गुस्से से भरी नज़रों का सामना करना पड़ता है। शायद इसीलिए यहां गाड़ियां कम ही दिखती हैं। 2011 की जनसंख्या के अनुसार इस क़स्बे में 10 हज़ार लोग रह रहे थे, लेकिन आप जब इसकी सड़क देखेंगे तो इस बात पर विश्वास करने से इंकार कर देंगे।

बाज़ार में हर दूसरी दुकान आभूषणों की है। वहां या तो ज्वेलरी बेची जा रही होती है या फिर बन रही होती है। इसमें कमल का परिवार भी शामिल है। उनके चाचा, पिता और अब बड़े भाई भी आभूषण डिज़ाइन करने और बनाने के कुशल कारीगर और व्यापारी हैं। परिवार की एक छोटी सी वर्कशॉप भी है जो गोसाईंगंज से कुछ किलोमीटर बाहर ही है।

परिवार के घर के मुख्य कमरे में इसकी निशानियां भी देखने को मिलती हैं। वहां एक मेज़ रखी है, जिस पर सोने और चांदी के कुछ टुकड़े रखे होते हैं। ये मेज़ घरेलू वर्कशॉप है जिस पर कमल के पिता अशोक वर्मा काम करते हैं।

मुख्य सड़क के बगल वाली गली में कमल का घर है। ये एक साधारण सा, दो तल्ले वाला घर है। जब मैं यहां अक्टूबर 2021 में पहुंचा था, तो घर के ज़्यादातर हिस्से की मरम्मत चल रही थी और एक नया फ़्लोर भी जुड़ने वाला था। ये नया फ़्लोर परिवार की महत्वाकांक्षाओं का सबूत था। पड़ोस का घर, जो लगभग वैसा ही बना था, कमल के चाचा का है। इससे ये फ़ायदा होता है कि दोनों परिवार अलग-अलग घरों में रहते हुए भी एकसाथ रहते हैं। चूंकि कमल के घर में काम चल रहा था, इसलिए वहां मात्र किचन और एक बिस्तर ही काम आने योग्य था। इसको देखते हुए हम सभी उनके चाचा के घर पहुंचे। मुख्य कमरा लम्बा और संकरा था और वहां एक बेड और सोफ़ा, सीधी रेखा में रखे हुए थे। बाहर की गली की तरह यहां भी चलने-फिरने को जगह कुछ कम ही थी।

दोनों परिवारों की आर्थिक स्थिति कुछ ऐसी है कि कभी-कभी मुश्किल खड़ी हो जाती है। इस व्यापार में, स्थानीय स्तर पर ही, कम्पटीशन इतना बढ़ चुका है कि कई बार काम मिलना मुश्किल हो जाता है। इसके साथ-साथ कोविड महामारी और उससे प्रभावित हुई आमजनों की आर्थिक स्थिति ने भी काम ख़राब करके रखा हुआ था। गोसाईंगंज जैसी छोटी जगहों पर इसकी बड़ी मार पड़ी है।

घर पर जो भी काम चल रहा है, उसका सारा खर्चा कमल उठा रहे थे। उन्होंने तमाम कार्यक्रमों और लिखाई से होने वाली कमाई के बल पर इस काम का बीड़ा उठाया था। अशोक वर्मा मानते हैं कि यदि कमल नहीं होते तो मरम्मत का काम और भी ज़्यादा दिनों तक टलता रहता।

अशोक अब 61 वर्ष के हो चले थे और अपनी उम्र से भी लड़ रहे थे। कमल को चिंता थी कि उनके पिताजी अब उस ऊर्जा के साथ काम नहीं कर पाने की स्थिति में थे जिसकी उस व्यापार में ज़रूरत पड़ती है। कमल के बड़े भाई ने अपनी ही दुकान खोल दी थी लेकिन वो अभी शुरुआती दिनों में ही थी। परिवार को जब भी कोई ज़रूरत पड़ती, कमल को मदद के लिये आगे आने होता। घर के नये फ़्लोर, बेहतर घर, नयी मोटरसाइकिल, पिता की मदद के लिए एक सहायक, इन सभी ज़रूरतों के लिए कमल अपनी इच्छाओं पर विराम लगाकर मदद करते रहते हैं।

~

अशोक वर्मा इस बात में विश्वास रखते हैं कि कमल आज जिस प्रकार के हिंदुत्ववादी कवि हैं, उन्हीं की वजह से हैं। कई मामलों में उनका ये मूल्यांकन एकदम सही है।

अपने बचपन के दिनों में अशोक वर्मा को हिंदी कविताओं का बहुत शौक था। उन्हें कविताएं पढ़ने और कवि सम्मेलनों में जाना बेहद पसंद था। उन्हें इस बात का अहसास भी नहीं हुआ कि अपना ये शौक उन्होंने कमल को भी दे दिया था।

अशोक वर्मा कई बार देखते थे कि कमल हिंदी कविताएं पढ़ रहे होते थे। वो अक्सर अपने पिता से कविताएं पढ़कर सुनाने को कहते। उन्हें इस सबमें कुछ भी अलग नज़र नहीं आ रहा था। उन्हें ऐसा लगा कि जैसे ज़्यादातर बच्चे कहानियां सुनना चाहते हैं, उसी तरह से कमल को कविताएं पसंद थीं।

लेकिन फिर धीरे-धीरे कमल के अनुरोध बढ़ने लगे। अशोक जी ने कहा, ‘वो मुझसे एक ही कविता चार-चार, पांच-पांच बार सुनाने को कहता और मैं सोचता था कि ऐसा क्यूं कर रहा है।’ अशोक जी अपने बेटे को कई-कई बार कविताएं सुनाते। फिर दो दिन बाद कमल आकर उन्हें वही कविता सुना देते थे। ‘मुझे नहीं मालूम था कि वो ये कैसा कर लेता था लेकिन वो कविता मुंहज़बानी याद कर लेता था और आकर मुझे सुनाता था।’

धीरे-धीरे कमल की ये आदत बनती गयी। फिर दस साल के कमल को वो अपने साथ कवि सम्मेलनों में ले जाने लगे।

कमल को इसमें बड़ा आनंद आता। बारह साल का होने तक कमल को कविताओं में मज़ा आने लगा, भले ही उन्हें सभी समझ में नहीं आती थीं। वो बस कविताएं सुनते रहना चाहते थे। इसलिए जब भी वो कवि सम्मेलन में जाते, कमल अपने पिता को खींचकर उन स्टॉल पर ले जाते, जहां कवियों की कैसेट बिक रही होती थीं। घर आकर वो उनके कवितापाठ को घंटों सुना करते और कविता कैसे सुनानी है, ये सीखने की कोशिश करते।

इस बात ने असर दिखाना शुरू कर दिया। बेहद जल्दी ही कमल ने स्कूल में मौका मिलते ही कविताएं पढ़ना शुरू कर दिया। कमल को इस सबमें बहुत मज़ा आता था। कमल के उत्साह को देखते हुए स्कूल ने उसे हर सुबह 'दिन का विचार' सुनाने का जिम्मा दिया, जिससे बच्चों को प्रेरित किया जा सके। उसे बस एक या दो लाइनें बोलने को मिलती थीं लेकिन इस काम का इंतज़ार उसे बेसब्री से रहता था।

और आज कमल को ऐसा लगता है कि दिन का विचार सुनाते हुए उन्हें सार्वजानिक जगहों पर लोगों को संबोधित करने की आदत लगनी शुरू हो गयी और झिझक आने से पहले ही चली गयी। दसवीं क्लास में आते-आते कमल ने ख़ुद अपनी कविताएं लिखनी शुरू कर दी थीं।

ये सब उस वक़्त की बात है जब कमल कविता में और गहराई से डूबते जा रहे थे और वो भी अनजाने में, अपने पिता की वजह से। लेकिन उसी दौरान वर्मा की ज़िंदगी का एक और पहलू भी था, जिसकी तरफ कमल खिंचते जा रहे थे।

गोसाईगंज में अशोक वर्मा के सबसे क़रीबी दोस्तों में एक मुसलमान दोस्त और उसका परिवार सबसे ऊपर था। दोनों परिवार एक-दूसरे के घर आते-जाते थे, साथ खाना खाते थे, कई-कई दिन साथ बिताते थे। दोनों एक-दूसरे के सुख-दुख में शामिल होते रहते थे। दोनों परिवार में इतने नज़दीकी रिश्ते थे कि जब भी कमल अपने पिता के उस दोस्त से मिलते, उनके पैर छूते।

लेकिन समय के साथ ये दोस्ती कारोबार से भी जुड़ गई। अशोक ने ज़रूरत के समय में मदद करते हुए अपने उस मुस्लिम दोस्त को दुकान किराये पर दे दी थी। दोनों एक-दूसरे को परिवार के सदस्य की तरह मानते थे और परिवार के बीच कोई लिखित समझौता

नहीं होता, यही सोचा हुआ था। इसलिए किसी ने काग़ज़ी काम कराने की ज़रूरत नहीं समझी। वैसे भी ये परमानेंट काम नहीं था। दोस्त जैसे ही दुकान खरीदने की स्थिति में आता, वो दुकान छोड़ देने वाला था।

अशोक वर्मा बताते हैं कि कुछ ही दिनों बाद दोनों के बीच दरार आ गई। हुआ ये कि उनके दोस्त ने दुकान खाली करने से मना कर दिया। मामला धीरे-धीरे बढ़ता गया और कड़वाहट भी बढ़ती गयी। हालात काफ़ी बिगड़ गए। कई मौकों पर तो दोनों के बीच सार्वजनिक रूप से भी झगड़े हुए। कमल ने ऐसा ही एक झगड़ा अपनी आंखों से देखा। उनके पिता ने अपने दोस्त पर आंख मूंदकर भरोसा किया था, किसी तरह के काग़ज़ पर साइन नहीं किये और करवाये थे। अब उनकी जगहंसाई हो रही थी। उनका भरोसा टूट चुका था। कमल के लिए बात बर्दाश्त से बाहर जा चुकी थी।

उन्होंने एक सरिया उठाया और सीधा उस आदमी की तरफ बढ़े जो कभी उनके पिता का भाई समान दोस्त था। लेकिन इससे पहले कि कमल कुछ कर पाते, अशोक वर्मा ने उनका हाथ पकड़कर पीछे खींच लिया। अपने बेटे की इस हरकत से हैरान अशोक ने कमल को सबके सामने थप्पड़ जड़ दिया। वो आज उस दिन को याद करते हुए कहते हैं, 'मैंने उससे कहा कि वो मेरे दोस्त को हाथ भी न लगाये।'

कमल को वो घटना आज भी वैसी की वैसी याद है। दस साल बाद भी। पहले पहल तो ये एक ऐसी घटना थी जिसमें एक दोस्त ने दूसरे को धोखा दिया था और दोनों के बीच खटास भर गयी और खाई गहराती गयी। लेकिन जैसे-जैसे समय गुज़रता गया, कमल ने चीज़ों को नये नज़रिये से देखना शुरू कर दिया। समय बीतते-बीतते जब वो हिंदू राष्ट्रवादी कवियों और उनके साहित्य को पढ़ने लगे, उन्हें समझ में आने लगा कि जो भी हुआ था वो कोई अनोखी बात नहीं थी बल्कि एक बड़ी साज़िश का हिस्सा था – हिंदुओं का विश्वास जीतकर मुसलमान उन्हें धोखा देते हैं।

ठीक उसी वक़्त, एक और घटना घटी जिसने कमल के दिमाग में उनके विचारों की पुष्टि कर दी।

जब कमल किशोरावस्था में थे, तभी उन्होंने सुना कि उनके कस्बे के बाहर के एक इलाक़े में बड़ी संख्या में मुस्लिम परिवार बसने लगे थे। स्थानीय हिंदू दक्षिणपंथी संगठनों ने इस बसावट का विरोध करना शुरू कर दिया और ये डर फैलाने लगे कि अगर इसे नहीं रोका गया तो गोसाईंगंज जल्द ही 'इस्लामी क़ब्ज़े' का शिकार हो जाएगा।

गोसाईंगंज जैसे इलाक़े में व्यक्तिगत और राजनीतिक चीज़ों को अलग करना अक्सर मुश्किल होता है। यहां का सामाजिक ढांचा आपस में इस तरह उलझा होता है कि किसी की राजनीतिक सोच ज़्यादा मायने नहीं रखती।

कमल के परिवार की जिन कई लोगों से गहरी जान-पहचान थी, उनमें कुछ लोग ऐसे भी थे जो पार्ट टाइम हिंदू दक्षिणपंथी नेता थे। ये लोग अक्सर वर्मा को समझाते कि वो अपने बच्चों को हर रविवार को मंदिर के पास लगने वाली संघ की शाखा में भेजा करें। अशोक वर्मा ने ये बात मान ली, क्योंकि उन्हें लगा कि इससे बच्चों में अनुशासन और शारीरिक फ़िटनेस आएगी।

अरविंद गुप्ता एक स्थानीय भाजपा नेता हैं और पहले आरएसएस के छात्र संगठन अखिल भारतीय विद्यार्थी परिषद (एबीवीपी) से जुड़े थे। वो मुस्लिम प्रवासियों के ख़िलाफ़ हुए इस आंदोलन में भी शामिल थे। अरविन्द ने बताया कि इस आंदोलन के दौरान उनकी रणनीति यही थी कि स्थानीय हिंदू व्यापारियों और दुकानदारों से मुलाक़ात की जाए और इस मुद्दे पर उनका समर्थन जुटाया जाए। इन दुकानदारों और व्यापारियों में अशोक वर्मा भी शामिल थे। चूंकि उनके बच्चे पहले से ही शाखा में जा रहे थे जिसके चलते अरविन्द और उनके कार्यकर्ता आसानी से बातचीत कर सकते थे।

अरविंद और दूसरे हिंदुत्व कार्यकर्ताओं ने स्थानीय लोगों को एकजुट किया और सरकार से इस मामले में कार्रवाई की मांग की। हालांकि, इस विरोध प्रदर्शन से कोई बड़ा नतीजा नहीं निकला, लेकिन इस पूरे मामले के चलते इन संगठनों को अपना दायरा फैलाने में मदद ज़रूर मिली।

जिस 'इस्लामिक कब्ज़े' की बात हो रही थी, वो नहीं हुआ लेकिन कमल को कुछ भी कर न पाने का मलाल आज भी है। उन्हें तब नहीं समझ में आया था लेकिन आज पता चल चुका है कि उनका डर एकदम सही था। गोसाईंगंज की तरह इंडिया भी 'इस्लामिक कब्ज़े' के मुहाने पर खड़ा था।

~

कमल के चारों ओर ये घटनाएं घट रही थीं और इसी बीच वो उस दिशा में बढ़ रहे थे, जिससे उन्हें प्रेम था – कविताएं।

अशोक अपने बेटे कमल को जिन काव्य गोष्ठियों में ले जाते थे, उनमें से एक में रामेश्वर प्रसाद द्विवेदी 'प्रलयंकर' नाम के कवि आये थे। कमल ने आगे चलकर उन्हें ही अपना गुरु मान लिया। प्रलयंकर की कविताएं सनातन धर्म की महिमा को स्थापित करने के इर्द-गिर्द ही घूमती थीं। वो हिंदू ग्रंथों में बताए गए मूल्यों और नैतिकता का दोहराव करते थे और उनका नज़रिया काफ़ी परम्परावादी था। 2010 में जब सुप्रीम कोर्ट ने लिव-इन रिलेशनशिप को क़ानूनी मान्यता दी थी, तब प्रलयंकर भड़क उठे थे और उन्होंने एक कविता लिख डाली। इस कविता में उन्होंने पूछा कि क्या अब सुप्रीम कोर्ट विवाहेत्तर संबंधों को भी क़ानूनी मान्यता देगा?

शुरुआत में कमल उनकी शुद्ध हिंदी, छंद और कविता की धाराप्रवाह प्रस्तुति से बहुत प्रभावित हुए। लेकिन समय के साथ उन्होंने प्रलयंकर को कई बार मंच पर देखा और वो उनकी बातों की ओर और ज़्यादा खिंचते चले गए। प्रलयंकर लगातार अपने काव्य में हिंदू धार्मिक ग्रंथों का ज़िक्र करते। उनकी बातों में पुराणों और वेदों से लेकर पौराणिक पात्रों और देवताओं तक का ज़िक्र आता था। इस सबके साथ ही उनकी कविताओं में हिंदू राष्ट्रवाद का ज़ोरदार एंगल भी शामिल रहता था।

उनके पिता को अपने मुस्लिम दोस्त से मिला धोखा हो या फिर 'इस्लामी कब्ज़े' के डर में हिंदू दक्षिणपंथी संगठनों का आंदोलन हो, इन सबके असर और प्रलयंकर की कविताओं ने मिलकर कमल को हिंदुत्व की विचारधारा की ओर खींचना शुरू कर दिया। अब उन्हें अपने पिता के साथ हुए धोखे की एक वैचारिक व्याख्या दिखाई दे रही थी। और ये भी समझ में आया कि अगर हिंदू सड़कों पर न उतरे होते, तो न जाने गोसाईंगंज का क्या हश्र होता।

~

व्यक्तिगत नुकसान को राजनीति से जोड़ना और इसी सबके चलते किसी दक्षिणपंथी विचारधारा की ओर झुक जाना, इस प्रक्रिया से अकेले कमल ही नहीं गुजरे हैं।

2020 में अमेरिका में कुछ पूर्व श्वेत वर्चस्ववादियों पर एक स्टडी की गयी थी।[3] इसमें मालूम चला था कि ये बात कितनी आम है। इस स्टडी में पाया गया कि बचपन में घटी नकारात्मक घटनाओं ने लोगों के सामाजिक और मानसिक विकास को प्रभावित किया और ऐसे लोगों के कट्टरपंथ की ओर झुकने की संभावना प्रबल हो जाती है।

> निष्कर्ष में हमें यही मालूम चलता है कि लोग अपने नुकसान से जुड़े दर्द और परेशानी को शांत करने के लिए चरमपंथी विचारधारा अपनाने लगते हैं।
>
> नतीजे के तौर पर ऐसे लोग श्वेत वर्चस्ववादी संगठनों के प्रचार के आसान शिकार बन जाते हैं। खासकर वे युवा जो परेशान रहते हैं, अपने जीवन की समस्याओं का हल ढूंढ रहे होते हैं, परिवार से बाहर अपनेपन की तलाश कर रहे होते हैं और जिनमें परिपक्वता की कमी होती है या जो कट्टर विचारधारा के गंभीर नतीजों को पूरी तरह समझ नहीं पाते।

हालांकि ये स्टडी अमेरिका और वहां के श्वेत कट्टरवाद पर केंद्रित थी, इसके नतीजे अमेरिका से बाहर की स्थिति समझने में भी मदद करते हैं।

कमल की राजनीतिक विचारधारा धीरे-धीरे एक आकार ले रही थी लेकिन चुनावी राजनीति को लेकर उनकी राय अब भी तय नहीं थी। तब तक वह प्रलयंकर की कविताओं, हिंदू राष्ट्रवादी साहित्य और आरएसएस की गतिविधियों से परिचित हो चुके थे, लेकिन जब 2012 में उन्होंने पहली बार वोट डाला, तब उन्होंने जिसे वोट दिया, वो बड़ी अनोखी बात थी।

ये वो वक़्त था जब बसपा की सरकार ने अपने पांच साल पूरे कर लिए थे। मायावती मुख्यमंत्री थीं, और अब उनका सामना एक युवा और अनुभवहीन नेता अखिलेश यादव से था। अखिलेश सपा की कमान संभाल रहे थे। उनके पिता और पार्टी के संस्थापक, मुलायम सिंह यादव ने चुनाव अभियान की ज़िम्मेदारी अपने बेटे को सौंप दी थी। ऑस्ट्रेलिया से पर्यावरण इंजीनियरिंग में मास्टर्स डिग्री लेकर लौटे अखिलेश, राजनीति में एक नया नाम थे। उन्होंने 'सकारात्मक राजनीति',[4] राज्य में नए औद्योगिक निवेश और दसवीं और बारहवीं पास छात्रों को फ्री लैपटॉप और टैबलेट देने का वादा किया था।[5]

कमल को मायावती कुछ खास पसंद नहीं थीं। मायावती का कार्यकाल बिजली कटौती के लिए जाना गया, जिससे गोसाईंगंज बुरी तरह प्रभावित था और ये बात कमल के दिमाग में जमी हुई थी। करोड़ों रुपयों की लागत से बन रही मूर्तियों की खबरें मीडिया में छाई हुई थीं और ये भी कमल को खटकती थीं।[6]

कमल को इस बात से कोई फ़र्क नहीं पड़ा कि मुसलमान और यादव अखिलेश और समाजवादी पार्टी का वोट बैंक थे। न ही उन्हें मुलायम सिंह यादव की धर्मनिरपेक्ष छवि

से कोई दिक्कत थी। कमल ने अखिलेश को वोट दिया और जब उन्हीं की सरकार बनी तो वो बहुत खुश हुए।

लेकिन ये खुशी ज़्यादा दिन नहीं टिक पायी।

अखिलेश के कार्यकाल के पांच सालों में बहुत कुछ बदल गया। नरेंद्र मोदी प्रधानमंत्री बन गये। 2014 के लोकसभा चुनावों में बीजेपी ने यूपी की 80 में से 71 सीटें जीतकर राज्य में बम्पर जीत हासिल की। अब हिंदू राष्ट्रवाद सिर्फ़ उन कवि सम्मेलनों तक सीमित नहीं था जहां कमल जाया करता था।

2017 के विधानसभा चुनाव आने तक कमल को अहसास हुआ कि उनकी विचारधारा पूरी तरह से हिंदुत्व के इर्द-गिर्द आ चुकी थी। वो पूरे देश में मंचों पर ज़ोरदार हिंदुत्ववादी कविताओं का पाठ कर रहे थे। और अब उनकी पहचान एक हिंदुत्व समर्थक कार्यकर्ता के रूप में हो रही थी जहां से उन्हें शोहरत और पैसा, दोनों मिल रहे थे।

अब उन्हें अखिलेश की कमियां भी दिखाई देने लगी थीं। कमल के हिसाब से, अखिलेश और उनकी पार्टी की राजनीति का मकसद सिर्फ़ मुसलमानों को खुश करना था। हिंदुओं में भी, ताक़तवर सिर्फ़ यादव हो रहे थे। बाकी उपेक्षित रह गए थे। विदेशी डिग्री वाले युवा नेता के रूप में अखिलेश के प्रति कमल के मन में जो आकर्षण था, वो कब का फुर्र हो चुका था। कमल ने कहा, 'अखिलेश ने मुसलमानों को दंगे करने और हिंदुओं को मारने की खुली छूट दे दी, क्योंकि मुसलमानों को हिंदू औरतों से छेड़छाड़ की इजाज़त नहीं दी जा रही थी।'

कमल का इशारा 2013 के मुज़फ़्फ़रनगर दंगों की ओर था, जिनमें यूपी के सबसे पश्चिमी हिस्से मुज़फ्फरनगर और शामली ज़िले जल उठे थे। यहां कई दिनों तक जाट हिंदुओं और मुसलमानों के बीच झड़पें चली थीं। इन दंगों में कम से कम साठ लोगों की जान गयी और चालीस हज़ार से ज़्यादा लोग बेघर हो गए थे।[7] इन दंगों को लेकर अलग-अलग कहानियां सामने आयीं। कमल जैसे बहुत से लोगों का मानना था कि एक मुस्लिम युवक ने किसी हिंदू युवती से बदसलूकी की थी, जिसके बाद सारा बवाल शुरू हुआ।[8] जब उसके भाइयों ने विरोध किया, तो मामला बढ़कर सांप्रदायिक दंगों में बदल गया। वहीं कुछ लोगों का कहना था कि एक बाइक एक्सीडेंट से बात शुरू हुई, जिसमें मुस्लिम और हिंदू लड़के आपस में भिड़ गये और यहां से बात बढ़ते-बढ़ते दंगों तक पहुंच गयी।[9]

सरकार की ओर से गठित जांच आयोग भी ये तय नहीं कर पाया कि दंगों की असली वजह क्या थी।[10] लेकिन आयोग की रिपोर्ट और अन्य रिपोर्टों में भाजपा नेताओं की भूमिका पर सवाल ज़रूर उठे। कहा गया कि उन्होंने पाकिस्तान के कुछ पुराने वीडियोज़ को तोड़-मरोड़कर पेश किया और झूठे दावे किये कि दंगों में हिंदू पुरुषों की 'निर्मम' हत्या हुई।[11] रिपोर्ट में ये भी लिखा हुआ था कि भाजपा नेताओं ने पहले से ही तनावपूर्ण माहौल में और नफ़रती भाषण दिये और जानते-बूझते हुए हिंसा को हवा दी।

लेकिन ये सब बातें कमल के दिमाग में कहीं नहीं थीं। कमल के लिए ये दंगे उनकी आशंकाओं और पूर्वाग्रहों की पुष्टि कर रहे थे।

निजी स्तर पर भी, कमल को अखिलेश सरकार ने बहुत निराश किया था। उन पांच सालों में कई बार ऐसा हुआ जब उन्हें और उसके परिवार को अपनी सुरक्षा को लेकर डर लगा। कमल एक वाकये का ज़िक्र करते हैं, जब उनके पिता ने एक नयी दुकान खरीदी थी जहां वो अपनी ज्वेलरी शॉप शुरू करने वाले थे। इसी दुकान से लौटते वक़्त उन्हें गोसाईंगंज और लखनऊ को जोड़ने वाले हाइवे पर लुटेरों ने घेर लिया। वो दुकान उनके घर से 10 किलोमीटर से भी कम दूरी पर थी। शुक्र था कि पिताजी को कोई चोट नहीं आई, लेकिन दोबारा ऐसी घटना की आशंका इतनी डरावनी थी कि परिवार ने दुकान खोलने का इरादा ही छोड़ दिया। कमल के दो चाचाओं के साथ भी लूटपाट हुई। एक बार तो उनके एक भरोसेमंद कर्मचारी ने ही सोना-चांदी पर हाथ साफ़ कर दिया। दूसरी बार कुछ हथियारबंद लुटेरों ने पास की ही एक सड़क पर उन्हें लूट लिया।

इधर, भाजपा ये दावा कर रही थी कि यदि वो सत्ता में आयी तो अपराध पर सख्त कार्रवाई करेगी।[12] इसके साथ ही भाजपा का राम मंदिर बनाने का दावा तो था ही।

चुनाव प्रचार शुरू होने से बहुत पहले ही कमल के मन में एक बात घर कर चुकी थी। अखिलेश को हराना ही था।

~

इस वक़्त तक हिंदुत्व से जुड़ी कविताएं ज़ोर पकड़ने लगी थीं। कमल भी कवि सम्मेलनों में आने लगे थे और उनका नाम बनने लगा था। उनकी कुछ कविताएं तो इंटरनेट पर वायरल भी हो चुकी थीं।

जब चुनाव आये तो स्थानीय भाजपा नेताओं ने उनसे संपर्क करना शुरू कर दिया। कमल पार्टी के लिए कैम्पेन करने को तैयार थे। इसलिए चुनाव से तीन महीने पहले उन्होंने लखनऊ में एक भावी विधायक की पब्लिक मीटिंगों में जाकर उनके समर्थन में बोलना शुरू कर दिया।

अगले दस दिनों में कमल पूरे चुनाव क्षेत्र में घूमकर आ चुके थे। वो शहर के हर कोने पर लोगों को संबोधित कर रहे थे। उनका दिन सुबह 9 बजे शुरू हो जाता और देर रात तक लोगों से बातचीत का सिलसिला चला करता। इस दौरान हरसंभव मौके पर वो उम्मीदवार के समर्थन में, लोगों के सामने अपनी बात रखते। हालांकि ये कोई बड़ी रैलियां नहीं थी। कमल कहते हैं, 'कभी-कभी 200 लोग होते थे, कभी 20,000 भी आ जाते थे। लेकिन बड़ी या छोटी भीड़ से फ़र्क नहीं पड़ता। लोग आये हैं तो मुझे परफ़ॉर्म करना है।'

कमल के लिए ऐसी रैलियां एक नया अनुभव थीं। यहां ऐसा नहीं हो सकता था कि वो बस मंच पर आयें, अपनी कविताएं सुनायें और निकल जायें। यहां उन्हें अपनी राजनीतिक विचारधारा को खुलकर सभी के सामने रखना था और काव्य और भाषणबाज़ी के बीच की खाई को पाटना था। कमल के लिये ये कोई मुश्किल काम साबित नहीं हुआ। उन्हें बस अपने विश्वास और विचारों पर टिके रहना था।

वो लिबरलों का मज़ाक उड़ाते थे और मोदी सरकार के विरोधियों पर हमला बोलते थे।

इस देश ने कई मुश्किल परिस्थितियां देखी थीं। कई मौकों पर गौरक्षा के नाम पर हिंदू दक्षिणपंथियों ने लिंचिंग की थी, जिसमें ज़्यादातर पीड़ित मुसलमान थे।[13] इसमें सबसे शुरुआती केस जो याद आता है, वो है उत्तर प्रदेश में 52 साल के मोहम्मद अखलाक़ का, जिन्हें गाय काटने के शक़ में हिंदू भीड़ ने पीट-पीटकर मर डाला था।[14,15]

इस हत्याकांड ने देशभर में बवाल मचाया था। मोदी सरकार की चुप्पी और इसका बचाव और महिमामंडन करने वाले अपने नेताओं[16] पर लगाम लगाने में विफलता के चलते देश के कई कलाकारों और बुद्धिजीवियों ने विरोधस्वरूप, सरकारी पुरस्कार वापस करने शुरू कर दिये। इस सबके चलते नरेंद्र मोदी को अपनी प्रतिक्रिया देनी पड़ी और उन्होंने इस घटना को 'दुखी करने वाली और अवांछनीय' बताया।[17]

कमल ने इस घटना का ज़िक्र करते हुए मज़ाक बनाया, '1 अखलाक़ मरा तो उसको मिले 45 लाख।' इसके बाद उन्होंने पुरस्कार वापस करने वालों को 'अवॉर्ड वापसी गैंग' कहकर संबोधित किया और उन पर हमला बोला।

लेकिन वो सार्वजनिक सभाओं में ये सब नहीं बोल रहे थे। हर रात, कमल को एक चार्ट मिलता, जिसमें उन्हें अगले दिन का पूरा शेड्यूल बताया जाता था। इसके साथ साफ़ शब्दों में ज़रूरी निर्देश भी लिखे होते थे। इसमें सभा की लोकेशन, समय, आने वाली भीड़ का एक अनुमान और जाति-जनजाति का समीकरण, लोगों का आर्थिक स्तर आदि अनादी जानकारियां शामिल थीं। इस सबके अलावा एक और बेहद महत्वपूर्ण जानकारी दी जाती थी। कमल बताते हैं, 'उम्मीदवार और उसकी टीम मुझे साफ़-साफ़ बताते थे कि कहां जाकर मुझे अच्छी भाषा का इस्तेमाल करना है और कहां मैं थोड़ा सा इधर-उधर जा सकता था।'

इधर-उधर जाने का मतलब था कि वो अपने हिसाब से बात कर सकते थे – विवादास्पद बयान, या ध्रुवीकरण करने वाली बातें।

कमल ने साफ़ जानकारी दी कि अगर किसी इलाक़े में सांप्रदायिक ध्रुवीकरण करना था तो उन्हें पहले से बता दिया जाता था।

कमल ऐसे मौकों पर सहज महसूस करते थे। उन्होंने कहा, 'ऐसे समय में मैं जैसा हूं, वैसा ही सभी के सामने रहता था। जो मैं महसूस करता था, वो मैं सबसे कह सकता था। जहां मुझे थोड़ा सॉफ़्ट रहने को कहा जाता था, वहां मुझे अपनी विचारधारा को थोड़ा रोककर रखना पड़ता था।'

एक महीने में कमल ने लगभग 200 सार्वजनिक सभाएं कीं। उनकी मेहनत रंग लायी। वो उम्मीदवार 20,000 से भी अधिक वोटों से जीता। भाजपा भारी बहुमत के साथ सत्ता में आयी, 402 में से 312 सीटें उनकी हुईं। अखिलेश को हराया जा चुका था।

~

अखिलेश को दूसरी बार चुनाव जीतने से रोकने और भाजपा का समर्थन करने के दौरान की पूरी मेहनत कमल के लिये फलदायी रही। भाजपा की प्रचंड बहुमत के साथ जीत और आश्चर्यजनक तरीक़े से योगी आदित्यनाथ के मुख्यमंत्री बन जाने की ख़बर कमल के लिए बेहद सुखदायी थीं।

कमल को भाजपा से जुड़े हुए बेहद कम समय हुआ था लेकिन उन्होंने काफ़ी असर डाला था। इसके साथ ही, उन्हें जिस तरह से लोग पहचानने लगे थे, जल्दी ही संघ और उससे जुड़े संगठनों के कई बड़े नाम उनसे संपर्क करने लगे। इन संगठनों में हिंदू

युवा वाहिनी भी थी, जो एक हिंदू दक्षिणपंथी समूह था और जिसकी स्थापना योगी आदित्यनाथ ने की थी।

चुनाव के बाद कमल ने इसके कई नेताओं से बातचीत की थी। उन सभी ने कमल को ढेरों शाबाशी दी, राजनीतिक झुकाव और कविताओं की तारीफ़ की। उधर योगी आदित्यनाथ मुख्यमंत्री पद की शपथ ले रहे थे, इधर कमल को लग रहा था कि उन्होंने सफलता पा ही ली थी।

उत्तर प्रदेश के 2017 के चुनावों के बाद कमल पूरी तरह से प्रोपेगेंडा फैलाने के रोल में आ चुके हैं।

लखनऊ के बाद उन्होंने उतर प्रदेश के दूसरे इलाकों और मध्यप्रदेश के छतरपुर ज़िले में भी चुनाव प्रचार किया। हर आने वाले काम के लिए कमल उस तंत्र में और गहरे उतरते गए जो भाजपा और हिंदू राष्ट्रवाद को चलायमान रखने के लिए दिन-रात काम किया करता है। इस सबने कमल को लोकप्रिय बनाया है और उन्हें इस पूरे तंत्र में अहम ज़िम्मेदारियां मिलती गयीं।

लखनऊ से छतरपुर तक, पार्टी को उनसे लगभग एक जैसी ही अपेक्षाएं थीं। अब कमल को अपने काम की अहमियत और भी अच्छे से मालूम चलने लगी थी। वो बस एक कवि नहीं थे, जो अहम लोगों के मंच पर आने से पहले हिंदुत्व से जुड़ी बातें करें। उन्हें इस बात की भी जांच करनी थी कि भीड़ किस तबीयत की थी, उनके बीच एक माहौल तैयार किया जा सके और वो मुख्य वक्ता को सुनने के लिये पूरी तरह से तैयार हों। राजनीतिक रैलियां एक बहुत बड़ा और विस्तृत इवेंट होती हैं। कई बार ये रैलियां तीन से पांच घंटे तक चलती हैं। रैली आयोजित करने वालों के लिए आयोजन कोई बहुत बड़ी चीज़ नहीं होती बल्कि लोगों का ध्यान रैली में ही लगा रहे, इसका प्रबंध करना सबसे मुश्किल काम होता है। इसके साथ ही, पार्टी के वरिष्ठ नेताओं का उलझा हुआ शेड्यूल, उनके समय की कमी, एक जगह से दूसरी जगह का ट्रैवल, इस काम को और भी मुश्किल बना देता है।

इसलिए आयोजकों को भीड़ को रोककर रखना पड़ता है, जब तक सारे सीनियर लीडर्स मंच पर आ न जायें। वरना इस बात का भी ख़तरा होता है कि नेता जी मंच पर आयें और सामने खाली कुर्सियां ही मिलें। यहीं पर कमल जैसे लोग डबल रोल निभाते हैं: वो लोगों का मनोरंजन भी करते हैं, साथ ही विचारधारा भी फैलाते हैं। इससे जनता का ध्यान रैली में ही लगा रहता है।

कमल के पास क्रिकेट से जुड़ा एक सन्दर्भ तैयार था। उन्होंने इसी के ज़रिये अपना काम समझाने की कोशिश की। उन्होंने कहा कि वो अपनी टीम के ओपनिंग बल्लेबाज़ थे। उनका काम था अपनी टीम को एक अच्छी शुरुआत देना। कमल ने कहा, 'जैसे ओपनर आता है और वो जल्दी-जल्दी चालीस-पचास रन बनाने की कोशिश करता है जिससे बाकी के खिलाड़ियों को प्रेशर न महसूस हो।' बाकी के नेताओं को सोच-समझकर, नाप-तौलकर बात करनी होती है, कमल के पास थोड़ी सी छूट होती थी। ये जोड़ी अक्सर काम आती थी और मामला उम्मीदवार के पक्ष में ही रहता था। कमल ने कहा, 'मेरी बातों से लोगों को पता चल जाता था कि कैंडिडेट की ये आईडियॉलजी है।'

दोनों कैम्पेन में कमल को एक फ़ायदा और मिला था। वो भाजपा के काम करने का तरीका और बड़े-बड़े नेताओं को बेहद पास से देख सकते थे। कमल बताते हैं कि उन्होंने कई ऐसी रैलियों में हिस्सा लिया था जिसमें राजनाथ सिंह, उमा भारती और मनोज सिन्हा जैसे लोग शामिल थे।

2022 के उत्तर प्रदेश चुनावों में, जब योगी आदित्यनाथ अपने दूसरे कार्यकाल की तैयारी में जुटे हुए थे, कमल को एक बार फिर शामिल किया गया। लेकिन इस बार सार्वजानिक सभाओं के लिये नहीं बल्कि एक ऐसे प्लान के लिये जिससे वो हज़ारों गुना ज़्यादा लोगों तक पहुंच सकते थे – लोगों के मोबाइल फ़ोन्स के ज़रिये।

कमल तैयार थे। ये उनके जीवन का सबसे महत्वपूर्ण चुनाव होने वाला था और वो इसमें अपनी पूरी ताक़त झोंक देने वाले थे।

मौत और असंतोष

अपना तो किसी ग़ैर से भी बैर नहीं है,
किन्तु राम के विरोधियों की खैर नहीं है।
राम जन्मभूमि का ये केस छोड़ दीजिये,
अन्यथा ये राम जी का देश छोड़ दीजिये।

2022 के उत्तर प्रदेश चुनाव आने को थे और इसके पहले कमल ने योगी सरकार के रिकॉर्ड का बचाव करना शुरू कर दिया।

जैसा कि मैंने रसूलाबाद में अक्टूबर 2021 के शो में देखा था, कमल किसी भी हाल में रक्षात्मक तरीके से काम नहीं करने वाले थे। वो आगे बढ़कर योगी और मोदी सरकार से जुड़े विवादों को टक्कर देने वाले थे।

बीते काफ़ी समय से कमल ने अपनी कविताओं में हिंदी फिल्म एक्टर्स, अफ़ग़ानिस्तान से भागने वाले शरणार्थियों और पंडित जवाहलाल नेहरू को निशाना बनाया था। उन्होंने बड़े सलीक़े से हर उस चुनौती को नज़रंदाज़ कर दिया जो भाजपा के सामने खड़ी थीं। चाहे वो मोदी सरकार द्वारा लाये गए कृषि क़ानूनों के ख़िलाफ़ हो रहे प्रदर्शनों की बात हो या फिर कोविड-19 महामारी की बदइंतज़ामी हो, जिसमें गंगा में तैरती हुई लाशें देखने को मिली थीं और हज़ारों लोग ऑक्सीजन से लेकर अस्पताल के बिस्तरों की कमी से जूझ रहे थे।

अपने प्रदेश में भाजपा की जीत कमल के लिये बेहद ज़रूरी थी। लेकिन इस बार, उनकी बहुत सी चीज़ें दांव पर लगी हुई थीं। हिंदुत्व के तंत्र में शामिल ज़्यादातर लोगों की तरह कमल के लिए भी योगी आदित्यनाथ पसंदीदा चेहरा थे। योगी ही वो नेता थे, कमल ने ख़ुद को जिसके सबसे क़रीब महसूस किया था। उनके लिए योगी हिंदुत्व के वो सिपेहसलार थे, जिन्होंने राजनीति को अपने ऊपर हावी होकर अपनी कट्टर हिंदू राष्ट्रवादी सोच को हल्का नहीं पड़ने दिया।

योगी के मुख्यमंत्री बनने से पहले ही कमल हिंदू युवा वाहिनी के नेताओं के काफ़ी करीब थे। ये एक कट्टरपंथी हिंदुत्व संगठन है जिसे खुद योगी आदित्यनाथ ने शुरू किया था और 2017 में मुख्यमंत्री बनने तक उसे बड़ी सावधानी से आगे बढ़ाया था।[1] 2002 से ही इस संगठन पर उत्तर प्रदेश में सांप्रदायिक ध्रुवीकरण फैलाने के आरोप लगते आये हैं। हिंदू युवा वाहिनी का नाम कई हिंसक दंगों, मुस्लिमों पर हमलों और मॉब लिंचिंग से जोड़ा गया है।[2,3,4]

जब 2017 में योगी मुख्यमंत्री की गद्दी पर बैठे तो कमल को लगने लगा कि इन नेताओं से नज़दीकी अब उनके काम आएगी। इसी उम्मीद में कमल ने तय किया कि वो अपनी तरफ़ से हर मुमकिन कोशिश करेंगे ताकि योगी आदित्यनाथ, जिन्हें वो इतना पसंद करते थे, मज़बूती से जीत सकें।

उत्तर प्रदेश की इस राजनीतिक लड़ाई में इंटरनेट एक बड़ा हथियार बनने जा रहा था। हमेशा की तरह बीजेपी अपनी ताक़तवर सोशल मीडिया टीम के दम पर इसका पूरा फायदा उठा रही थी। पार्टी का दावा था कि पूरे राज्य में उसके पास 17 लाख से ज़्यादा कार्यकर्ता थे जिनके पास स्मार्टफ़ोन थे और जिनका काम आसपास के लोगों तक डिजिटल कॉन्टेंट पहुंचाना था।[5] बीजेपी एक साथ कई सारे अभियान चला रही थी ताकि अलग-अलग तरीक़ों से अलग-अलग तरह के वोटर्स को लुभाया जा सके। फिर चाहे वो हिंदुत्व में यक़ीन रखने वाले हों या अपराध पर सख़्त नियंत्रण चाहते हों।[6]

इस नज़रिये से कमल का काम बेहद महत्वपूर्ण बन चुका था। चुनाव से पहले कमल ने एक वीडियो सीरीज़ शुरू की जिसका नाम था 'कमल का कमाल'। इस सीरीज़ के वीडियो अबतक के किसी भी प्रोजेक्ट से ज़्यादा प्रोफ़ेशनल लग रहे थे। वीडियो में कमल काफ़ी स्टाइलिश लग रहे थे। उनके बाल अच्छे से सेट किए हुए थे, साफ़-सुथरे कुर्ते और जैकेट पहने हुए थे। वो पहले से थोड़े गोरे और कहीं ज़्यादा फ़िट दिखाई दे रहे थे।

हिंदुत्व नेटवर्क में उनके पुराने संबंध थे। इससे फ़ायदा ये हुआ कि उनके वीडियो अलग-अलग सोशल मीडिया पेजों पर लगातार अपलोड होते रहे। इन वीडियोज़ में कमल बीजेपी के विरोधियों का मज़ाक उड़ाते नज़र आ रहे थे। ये अंदाज़ पहले वाले कमल से बिल्कुल अलग था। अब वो न गुस्से में भाषण दे रहे थे, न हिंदुत्व के दुश्मनों पर गरज रहे थे, न किसी के खिलाफ़ ज़हर उगलते दिख रहे थे।

अब उनकी लिखावट में ह्यूमर दिखाई दे रहा था। इन वीडियो में कमल की एंट्री पर हंसी की आवाज़ आती, हंसी-मज़ाक से भरी टिप्पणियां करते, तंज़ कसते और मुस्कुराते हुए वर्डप्ले करते। वीडियो में म्यूज़िक, साउंड इफ़ेक्ट्स और तालियां भी होती थीं। अखिलेश यादव को 'टीपू', राहुल गांधी को 'पप्पू', और मायावती को 'बहनजी' कहा जाता।

ये शो बड़ी होशियारी से पेश किया जा रहा था। इसमें बीजेपी के मुख्य विरोधियों की आलोचना की जाती थी, लेकिन ये कभी खुलकर नहीं बताया जाता था कि वीडियो के पीछे कौन था। साथ ही, बीजेपी की सीधी तारीफ़ भी नहीं की जाती थी, ताकि दर्शकों को किसी खास झुकाव का शक न हो। लेकिन जो दर्शक समझदार थे, वो साफ़ देख सकते थे कि किसे निशाना बनाया जा रहा था और कैसे वीडियो सिर्फ़ विपक्ष को ही निशाना बना रहे थे।

कमल ने मुझे बताया कि उन्हें नहीं पता कि भाजपा ने कभी उन वीडियोज़ को आधिकारिक प्रचार सामग्री के तौर पर इस्तेमाल किया या नहीं। लेकिन उन्होंने माना कि भाजपा समर्थक पेजों और फ़ेसबुक ग्रुप्स ने ज़रूर इन वीडियोज़ को बड़े पैमाने पर फैलाया। इसका मतलब यही था कि उनका संदेश अपने दर्शकों तक पहुंच रहा था।

2021 के अंत तक, कमल के काम को पहचान मिलने लगी। अब कमल पहले से कहीं ज़्यादा मशहूर हो चुके थे और और भाजपा की चुनावी टीम के अंदरखाने तक पहुंचने के बेहद क़रीब थे।

~

चुनावों से बस कुछ महीने पहले तक ये समझ में आने लगा था कि बीजेपी को उत्तर प्रदेश में आसानी से जीत मिलने वाली थी। लगने लगा था कि योगी दोबारा मुख्यमंत्री की कुर्सी पर बैठेंगे। लेकिन चुनाव जैसे-जैसे करीब आने लगे, चुनौतियां भी बढ़ती गयीं।

योगी आदित्यनाथ के लिए हालात उतने आसान नहीं दिख रहे थे। लेकिन संख्याएं और आंकड़े उनके साथ नहीं दिख रहे थे। पिछले चालीस साल में राज्य की किसी भी सत्तारूढ़ पार्टी को दोबारा सत्ता नहीं मिली थी। हालांकि बीजेपी ने 2017 में भारी बहुमत से सरकार बनाई थी, लेकिन पिछली तीनों सरकारें एकल पार्टी बहुमत वाली थीं। इनमें से कोई भी दोबारा सरकार नहीं बना सकी।

उधर, ज़मीनी स्तर पर विपक्षी पार्टियां एकजुट होकर पूरा ज़ोर लगा रही थीं कि योगी की वापसी को रोका जा सके। समाजवादी पार्टी ने राष्ट्रीय लोकदल के साथ गठबंधन किया था, जो पश्चिमी यूपी में जाट किसानों के बीच मज़बूत पकड़ रखती है। ये गठबंधन बीजेपी की पकड़ को चुनौती दे सकता था और जाट वोटों को काट सकता था।[7] अखिलेश यादव ने कुछ इलाकों और जातीय समूहों में पकड़ रखने वाली कई छोटी-छोटी पार्टियों के साथ भी गठबंधन किया था।[8]

लेकिन कमल की सबसे बड़ी चिंता ये नहीं थी। वो भाजपा के अंदर घट रही घटनाओं से ज़्यादा चिंतित थे।

कमल ने हिंदुत्व नेटवर्क में योगी का उत्थान देखा था। उन्होंने देखा था कि कैसे एक छोटे से कट्टर हिंदू संगठन का नेता देश के सबसे बड़े राज्य का मुख्यमंत्री बन गया था। कमल के लिये ये प्रेरणादायक था। कमल समेत कई लोग, जो उन्हें कट्टर हिंदुत्व के चेहरे के रूप में देख रहे थे, अब उन्हें देश के प्रधानमंत्री पद तक पहुंचते देखना चाहते थे। आप बस फ़ेसबुक पर 'योगी फ़ॉर पीएम' सर्च करके देखें। इन पेजों की संख्या देखकर आपको पता चल जाएगा कि भाजपा और हिंदुत्व के समर्थकों के बीच ये भावना किस कदर लोकप्रिय थी।

लेकिन जैसे-जैसे योगी आदित्यनाथ की लोकप्रियता बढ़ रही थी, पार्टी के भीतर फुसफुसाहटें भी बढ़ रही थीं। 2021 में, जब कोविड की दूसरी लहर यूपी में कहर बरपा रही थी, तब ये फुसफुसाहटें शोर में तब्दील हो गयीं। भाजपा ने मोदी के बेहद क़रीबी नौकरशाह ए.के. शर्मा को यूपी भेजा और विधान परिषद का सदस्य बना दिया।[9] इस कदम ने अटकलों को हवा दी। क्या मोदी योगी को काबू में रखना चाहते थे? क्या बीजेपी नेतृत्व योगी आदित्यनाथ पर नज़र रखना चाहता था? इन सवालों के कोई स्पष्ट जवाब नहीं थे।

जैसे-जैसे चुनाव करीब आते गए, इन बातों ने और ज़ोर पकड़ना शुरू कर दिया। हिंदुत्व नेटवर्क में कमल जैसे कई लोगों को लगने लगा था कि पार्टी नेतृत्व जानबूझकर

योगी की अगुवाई में लड़ी जा रही यूपी की लड़ाई को कमजोर कर रहा था। देखा जाए तो इसका कोई ठोस सुबूत नहीं था। प्रधानमंत्री और पार्टी के बड़े नेता लगातार यूपी के दौरे कर रहे थे। लेकिन कमल ने बताया कि कई लोगों को लगता था कि पार्टी के वरिष्ठ नेता उन उम्मीदवारों को टिकट नहीं देना चाहते जो योगी के क़रीबी थे, ताकि प्रदेश और देश की राजनीति पर उनकी पकड़ ढीली हो सके। अगर पार्टी हारती है या बहुमत हासिल करने में मुश्किल होती है तो योगी को किनारे करने का एक ठोस बहाना मिल जाएगा। कमल और उनके जैसे तमाम हिंदू राष्ट्रवादियों के लिये ऐसे विचार परेशानी का सबब बने हुए थे।

ये बात है फ़रवरी 2022 की शुरुआत की। सात चरणों का मतदान 10 फरवरी को शुरू होना था। एक दिन अचानक कमल को एक कॉल आया। कमल ने मुझे बताया कि ये कॉल विश्व हिंदू परिषद के एक वरिष्ठ नेता का था। उन्हें तुरंत ही, कमल की मदद चाहिए थी।

10 और 14 फ़रवरी को पहले दो चरणों की वोटिंग थी। ये दोनों चरण बेहद अहम माने जा रहे थे। और शायद यही वो चरण थे जिनमें भाजपा ख़ुद को सबसे कमज़ोर पा रही थी। इन दोनों चरणों में पश्चिमी यूपी की सीटों पर वोटिंग होनी थी। ये इलाक़ा गन्ने की खेती और पैसे वाले जाट किसानों के लिए जाना जाता है। यही वो इलाका था जिसने मोदी सरकार के ख़िलाफ़ चले किसान आंदोलन में बढ़-चढ़कर हिस्सा लिया था। भारतीय किसान यूनियन (बीकेयू) के प्रवक्ता राकेश टिकैत जैसे आंदोलन के प्रमुख नेता यहीं से आ रहे थे। एक साल से ज़्यादा चले इस किसान आंदोलन के बाद, यूपी चुनाव से दो महीने पहले, दिसंबर 2021 में मोदी सरकार ने तीनों विवादित कृषि कानून वापस ले लिए थे।[10]

लेकिन पश्चिमी यूपी के बहुत से लोग अब भी मोदी सरकार से नाराज़ थे।

टिकैत और किसान यूनियन ने आंदोलन में बड़ी भूमिका निभाई थी, जिससे जाटों का बड़ा तबका लामबंद हुआ। जाटों में ग़ुस्सा था। उन्होंने बीजेपी को सबक सिखाने की धमकी दी थी। क्योंकि सरकार ने न सिर्फ़ उनकी मांगों का विरोध किया था, बल्कि आंदोलन कर रहे किसानों से बदसलूकी भी की थी।

विश्व हिंदू परिषद के नेता ने कमल से कहा कि उन्हें किसानों के इस गुस्से को ख़त्म या कम करने में मदद करनी होगी। कमल भी पश्चिमी यूपी को लेकर उनकी चिंता से

सहमत थे। वो चाहते थे कि योगी इस मुश्किल को पार करें। सवाल एक था कि ऐसा कैसे किया जा सकता था।

विपक्षी पार्टियों ने जाटों का गुस्सा समझा और उसका इस्तेमाल करने की कोशिश की। उन्होंने जाटों और स्थानीय मुसलमानों के बीच उस सामाजिक रिश्ते को फिर से जगाने की कोशिश की, जिसकी परम्परा इस इलाके में दशकों से चली आ रही थी। जाट और मुसलमान, आर्थिक और कई बार सामाजिक रूप से एक-दूसरे पर निर्भर रहा करते थे। वहां की मेरी यात्राओं के दौरान मैंने देखा कि ये दोनों समुदाय कैसे आपसी समझदारी से साथ रहा करते थे। अमीर जाटों के लिये मुसलमान काम करते थे या फिर अमीर मुस्लिम डेयरी किसान हिंदू व्यापारियों को दूध सप्लाई थे जो उसे बेचकर पैसा कमाते थे।

लेकिन ये आपसी समझौतों से चल रहा जीवन 2013 के हिंदू-मुस्लिम दंगों के बाद झंझावातों का शिकार बन चुका था। ये दंगे मुख्य रूप से मुज़फ़्फ़रनगर और शामली जिलों के कुछ इलाकों में हुए थे। जाट और मुसलमान आमने-सामने आ गए थे।[11,12] इन दंगों ने दोनों समुदायों के बीच की सामाजिक एकता को कुचलकर रख दिया था।

हालांकि कुछ ऐसे पक्ष भी थे जिन्हें इससे कोई ख़ास समस्या नहीं थी। इन दंगों के बाद से भाजपा इस इलाके में चुनाव दर चुनाव जीतती चली आयी थी।[13]

लेकिन, 2022 में हालात बदलते दिख रहे थे। नाराज़ जाटों ने भाजपा से मुंह मोड़ना शुरू कर दिया था और सालों की सुलह की कोशिशों के बाद जाट-मुस्लिम समीकरण धीरे-धीरे बेहतर होता दिख रहा था। ये भाजपा के लिए अच्छा संकेत नहीं था।

कमल से कॉल पर बात करते हुए, हिंदू परिषद नेता ने अपना प्लान बताया। वो चाहते थे कि कमल तीन ऐसे किरदारों पर कविता लिखें जो स्थानीय किंवदंतियों का हिस्सा थे। कमल ने मुझे बताया कि ये तीनों 'हिंदू नायक' माने जाते हैं, जिन्होंने 14वीं सदी के अंत में तैमूर के आक्रमण के दौरान, उसके खिलाफ़ लड़ाई लड़ी थी। ये तीन नाम थे गोकुल जाट, जोगराज गुर्जर और रामप्यारी गुर्जरी। कमल से कहा गया कि वो इन तीनों को ऐसे पेश करें कि लोग याद करें कि कैसे उन्होंने 'मुस्लिम' आक्रमणकारी सेना से लड़ते हुए अपनी जान दे दी थी। विश्व हिंदू परिषद के नेता ने कहा कि इन गुर्जर और जाट नायकों ने इसलिए जान दी थी, ताकि हिंदू ज़िंदा रह सकें और फल-फूल सकें। अब वक्त था कि उनकी कुर्बानी को याद किया जाए। लोगों को यही समझाना था कि इससे बेहतर क्या

होगा कि ऐसी सरकार का साथ दिया जाए जो उन नायकों को सम्मान देती है और वही लड़ाई आज भी लड़ रही है। यही बात जाटों तक पहुंचायी जानी थी।

एक ऐसे समय में, जब मुसलमान और जाट, बीती बातों को भूलकर साथ आ रहे थे, कमल को इतिहास उठाकर इस तरह से पेश करना था जिससे उन्हें अपनी पुरानी अदावतें याद आ सकें।

विश्व हिंदू परिषद के नेता ने कमल को बताया था ये कि मामला कितना गंभीर था। उन्हें अगले कुछ ही दिनों में तीन किरदारों पर तीन कविताएं चाहिए थीं, और हर कविता पर वीडियोज़ भी। कमल अमूमन मिनटों में कविता लिख लेते हैं। लिहाज़ा तीन दिन का समय थोड़ा ज़्यादा ही था। वो इस काम को पूरी तल्लीनता से करना चाहते थे और इतने बड़े काम को जल्दबाज़ी में निपटाना उनके लिए ठीक नहीं था। वो चाहते थे कि उनका काम दमदार हो, इतना असरदार हो कि पश्चिमी यूपी के हिंदू वोटर अपने भविष्य का फ़ैसला उस बीते हुए अतीत के आधार पर करें, जिसे वो कमल की कविता के ज़रिए देखने जा रहे थे।

इस सबको ध्यान में रखते हुए, कमल ने विनम्रता से सुझाव दिया कि वो तीनों पर नहीं, बस एक किरदार पर ध्यान देंगे – जोगराज गुर्जर पर।

हिंदू दक्षिणपंथी वेबसाइटों, पोर्टलों और हिंदुत्व समर्थकों के ब्लॉग्स पर जोगराज गुर्जर को 'भयानक' और 'महाबली' बताया जाता है। मान्यता है कि वो सात फ़ीट नौ इंच लम्बे कद के थे और इतने ताक़तवर थे कि उनके हथियार और कवच आज के लोग उठा भी नहीं सकते।[14]

इन लोककथाओं में जोगराज गुर्जर को अपनी सेना का 'सुप्रीम कमांडर जनरल' बताया जाता है। जोगराज गुर्जर उन चंद लोगों में से एक थे, जिन्होंने तैमूर की ताक़तवर सेना को चुनौती दी थी, जब वो उत्तर भारत में लूटपाट और इलाकों पर क़ब्ज़ा करता घूम रहा था। इन क़िस्सों के मुताबिक़, जब तैमूर की सेना हरिद्वार पर हमला करने ही वाली थी, तब जोगराज गुर्जर ने उस पर धावा बोल दिया। उनके शरीर पर 'पैंतालीस घाव' लगे, फिर भी वो डटे रहे और तैमूर की फ़ौज को 'नेस्तनाबूद' कर दिया।

कमल का काम था इस कहानी को हिंदुत्व की चाशनी में डुबोकर फिर से लोगों के सामने पेश करना।

~

असल मामला ये था कि इन बातों में सच्चाई बेहद कम थी। तैमूर ने हिंदुस्तान में सालभर से भी कम समय बिताया था। उसकी सत्ता समरकंद में थी जो मौजूदा उज़्बेकिस्तान में स्थित है। अपनी हिंदुस्तान यात्रा के अंत की ओर, तैमूर ने अपने सैनिकों को बताया कि वो हिंदुस्तान काफ़िरों के ख़िलाफ़ युद्ध छेड़ने के लिए आया था।[15] लेकिन, देखा जाए तो इस दौरान, उसने जिन दुश्मनों से लड़ाई की और हराया, वो सभी मुसलमान थे जिनमें दिल्ली के सुल्तान नसीरुद्दीन महमूद शाह भी शामिल थे।[16] सच्चाई ये थी कि तैमूर के आक्रमण का मुसलमानों और हिंदुओं ने एक बराबर विरोध किया था। इस मुख़ालफ़त के चलते हिंदू और मुसलमान, दोनों सम्प्रदाय के लोगों ने अपनी जान गंवाई। दिल्ली की ओर बढ़ते हुए, जब तैमूर ने भटनेर के किले पर आक्रमण करने की तैयारी की, तब मुसलमानों के साथ हर समुदाय के लोग खड़े हुए थे। इसमें राजपूत भी शामिल थे और उन सभी की पत्नियों और बच्चों ने आत्मदाह कर लिया था क्योंकि उन्हें मालूम था कि तैमूर से लड़ने जा रहे लोगों का वापस आना लगभग असंभव था।[17]

इस सबके अलावा, जोगराज गुर्जर, गोकुल जाट और रामप्यारी गुर्जरी जैसे किरदार असल में थे, इसका भी कोई सबूत नहीं मिलता है। के.एस. लाल नाम के एक बड़े इतिहासकार हुए हैं जिन्होंने तैमूर के आक्रमण पर एक किताब भी लिखी है। के.एस. लाल पर हिंदू दक्षिणपंथ का पक्ष लेने का आरोप भी लगता रहा है। उनकी किताब में तैमूर के हरिद्वार पर हमले और दूसरी लड़ाइयों का ज़िक्र था लेकिन उसमें इन तीनों नामों का कोई ज़िक्र नहीं मिलता है।

इंटरनेट पर सर्च करें तो इन नामों के बारे में जानकारी देती हुई ऐसी वेबसाइट्स मिलती हैं, जिन पर भरोसा नहीं किया जा सकता। इसमें छोटी वेबसाइट्स, हिंदुत्व की ओर झुकाव रखने वाले ब्लॉग्स या पोस्टकार्ड जैसी प्रोपेगेंडा और झूठी जानकारियां फैलाने वाली वेबसाइट्स मिलती हैं।[18,19] ओंटेरियो के यॉर्क यूनिवर्सिटी से पीएचडी करने वाले युगेश कौशल ने *टाइम्स ऑफ़ इंडिया* में एक लेख लिखा। उन्होंने साफ़ शब्दों में बताया कि ये किरदार मनगढ़ंत थे और दक्षिणपंथ के पूरे तंत्र में ये छाये हुए थे।[20]

लेकिन कमल को इस सबसे कोई फ़र्क नहीं पड़ता था। न ही उस हिंदू परिषद के नेता को, जो कमल से संपर्क में थे। कमल को तो बस एक ऐसी कहानी बुननी थी जो उनकी पार्टी को फ़ायदा पहुंचा सके।

कमल अपने काम पर लग चुके थे। कुछ ही घंटों में उनकी कविता तैयार थी। अगले ही दिन उन्होंने एक वीडियो भी बनाकर तैयार कर लिया।

वीडियो में कमल एक भगवा रंग का कुर्ता पहने हुए थे जिस पर हल्की गुलाबी नेहरू जैकेट थी। उनके बाल अच्छे से कढ़े हुए थे और भृकुटियां तनी हुई थीं। पृष्ठभूमि में एक किरदार दिख रहा था जिसके चेहरे पर गुस्से से भरे भाव थे, दाढ़ी थी और उसने एक तलवार पकड़ी हुई थी। ये शायद तैमूर था। उस इंसान के पीछे मंदिर जैसी इमारतें थीं जो टूटी हुई थीं और आस-पास हथौड़े पकड़े कई सारे लोग खड़े दिख रहे थे। इसके अलाव एक और शख्स था जिसके कंधे चौड़े थे और मूंछों पर ताव था। ये शख्स जोगराज गुर्जर की ओर इशारा कर रहा था।

तैमूरलंग की आंधी हिंदू दीप बुझाने वाली थी
प्यासी तलवारें दिल्ली से आगे जाने वाली थीं
हरिद्वार के मंदिर तोड़े जाने की तैयारी थी
लेकिन उनपर वीर हिंदुओं की सेनायें भारी थीं
सारे सैनिक देश धरम पर लड़ जाने के लायक थे
जोगराज सिंह गुर्जर उनके अद्भुत सेनानायक थे।

ये कविता जोगराज गुर्जर का गुणगान करती जा रही थी। बता रही थी कि कैसे जोगराज ने तैमूर की सेना को आगे बढ़ने से रोक दिया जबकि वो भयानक दर्द में थे। कमल ने उन्हें 'मां गंगा का सच्चा बेटा' बताया।

कमल ने अपनी कविता का अंत एक अपील के साथ किया:

इसीलिए वीर गुर्जरों जागो,
ये एकदम सही मुहूरत है,
इस देश धरम को आज तुम्हारी,
फिर से बड़ी ज़रूरत है।

भाजपा का साथ देने वाले कई सोशल मीडिया पेजेज़ पर ये वीडियो रिलीज़ हुआ। वीडियो जिस दिन आया, दूसरे चरण के मतदान में बस दो ही दिन बचे थे। हर किसी को समझ में आ रहा था कि उस इलाक़े के गुर्जरों से क्या करने को कहा जा रहा था।

हालांकि कमल ने ही ये वीडियो फैलाना शुरू किया था लेकिन उन्हें मालूम नहीं था कि उसका कोई असर होगा या नहीं। चुनाव बस दो ही दिनों बाद था। विश्व हिंदू परिषद के लोग और पूरे सिस्टम के बाक़ी लोग कैसे उस वीडियो को इतने कम समय में लोगों तक पहुंचाएंगे, कमल इस बारे में सोच रहे थे। उन्हें मालूम था कि भाजपा का आईटी सेल देश के डिजिटल तंत्र में ये वीडियो हरसंभव तरीके से पहुंचा देगा। फिर चाहे बात व्हाट्सैप की हो या फ़ेसबुक, इन्स्टाग्राम, शेयरचैट, ट्विटर (अब एक्स) जैसे सोशल मीडिया प्लेटफ़ॉर्म्स की। लेकिन फिर भी, कमल यही सोच रहे थे कि एक दिन में ये वीडियो कितने ही लोगों तक पहुंच पायेगा।

13 फ़रवरी को, वोटिंग के एक दिन पहले, कमल को अपने इस सवाल का जवाब मिल गया।

उनके व्हाट्सैप पर बम्पर संख्या में स्क्रीनशॉट और मैसेज आने लगे। उनका वीडियो कंगना रानौत ने अपने फ़ेसबुक पेज पर शेयर कर दिया था।[21] इसके साथ उन्होंने एक मैसेज भी लिखा था:

> अत्याचारी आक्रांता तैमूरलंग को पराजित करने वाले महाबली जोगराज सिंह गुर्जर की वीर गाथा इस वीडियो में सुनो। सभी मतदाताओं से आग्रह है कि अपने वीर पूर्वजों के बलिदानों का सम्मान करो। मतदान के दिन राष्ट्र की रक्षा के लिए मतदान करो।

उस वक़्त कंगना के 77 लाख फ़ॉलोवर्स थे। इस एक पोस्ट से कमल के वीडियो को ऐसा धक्का मिला कि वो हर जगह पहुंच गया।

10 मार्च को चुनाव के नतीजे आ गए और कमल के पास जश्न मनाने की एक से ज़्यादा वजहें थीं। न केवल योगी आदित्यनाथ ने बहुमत हासिल करते हुए प्रदेश में दूसरी बार सरकार बनायी बल्कि कमल को ये अहसास था कि इस जीत में उनका भी बड़ा योगदान था। दूसरे चरण में, उनका वीडियो रिलीज़ होने के बाद हुए मतदान

में भाजपा विजयी रही थी। उस इलाक़े की 55 सीटों में से 32 भाजपा के खाते में आयी थीं।[22]

~

कमल के लिये, 2022 एक ऐसा साल था जो बहुत अच्छे से शुरू हुआ और उसी ढंग से ख़त्म होने वाला था। कोविड-19 की यादें लोगों के दिमाग से निकल रही थीं और मंचीय कार्यक्रम शुरू हो रहे थे जिसमें कवि सम्मेलन भी एक था। दो साल के बुरे दौर से गुज़रने के बाद, जहां काम मिलना मुश्किल हो रखा था, अब कमल को काव्यपाठ के लिये लगातार आमंत्रित किया जा रहा था। पूरे साल उन्होंने यात्राएं कीं। उनके आने-जाने के बार में उनके व्हाट्सैप स्टेटस से पता लगता रहा और वो लगातार प्राइवेट जहाज़ों से अपनी सेल्फ़ियां पोस्ट भी करते रहे।

इस सबके बीच कमल ने लगातार हिंदुत्व से जुड़ी कविताएं लिखनी जारी रखीं। जब उत्तर प्रदेश की एक स्थानीय अदालत ने मथुरा की शाही ईदगाह मस्जिद को हटाने के लिए दायर की गयी याचिका को अनुमति दे दी,[23] कमल ने एक कविता लिखी और कहा कि अयोध्या और काशी के बाद मथुरा को ही आज़ाद किया जाना चाहिए। ये साफ़ कर रहा था कि हिंदू राष्ट्रवादी मस्जिदों की क्या गति करना चाहते थे।

कमल न केवल हिंदुत्व के समर्थन में लिख रहे थे, वो भाजपा और मोदी को हर उस चुनौती से बचाने के फेर में भी लगे हुए थे, जो उनके सामने खड़ी होने वाली थी। फिर चाहे वो नयी संसद की इमारत पर राष्ट्रीय चिह्न से 'छेड़छाड़' के मसले पर विपक्षियों का हमला हो[24] या फिर राहुल गांधी की भारत जोड़ो यात्रा को गति मिलने की बात हो।

कमल के पास हर मौके के लिए एक कविता तैयार थी।

कमल के पास कट्टरवादी हिंदुत्व को दोहराने के लिए ढेरों कविताएं थीं। कई मौकों पर बो ऐसा किस्सा सुनाते, जिससे उनकी बात लोगों तक पहुंच सकती थी। 2022 तक के हर शो में, जिसमें मैं ख़ुद शामिल था, कमल ने एक किस्सा ज़रूर सुनाया। ये नीबुओं का किस्सा था।

कमल कहते हैं कि कुछ दिन पहले उन्होंने एक नीबू खरीदा था। वो पका हुआ था और हरा-हरा था, इसलिए उन्होंने उसे एक कपड़े में बांधकर रख दिया। 'पांच दिन बाद, जब मैंने उसे खोला तो देखा कि वो भगवा रंग का हो चुका था।'[25] कमल अपनी इस

लाइन के बाद कुछ पलों के लिए रुकते हैं। वो इस बात का इंतज़ार करते हैं कि लोगों को समझ में आये कि वो कहना क्या चाह रहे थे। अमूमन लोग नहीं समझते हैं।

फिर वो बताते हैं, 'इससे पता चलता है कि जो आज हरे हैं, समय के साथ-साथ उन्हें भगवा होना ही पड़ेगा।' कमल ने ये जो कहा, उसमें 'होना ही पड़ेगा' पर इतना ज़ोर था कि वो एक वाक्य कम बल्कि चेतावनी ज़्यादा लग रही थी।

इस सबके बावजूद एक ऐसी चीज़ थी जो कमल को खाये जा रही थी। न जाने कितने समय से कमल ने हिंदुत्व की विचारधारा को मज़बूत करने के लिए और उसे लोकप्रिय बनाने के लिये काम किया था। कई मौकों पर कमल ने देशव्यापी बहस को प्रभावित करने सरीखा काम भी किया था। और कई बार उनकी वजह से बहसें शुरू भी हुई थीं, जैसे 2016 में उनकी गांधी-वध पर लिखी कविता हो।[26]

इस सबके बावजूद, कमल को समझ में आता जा रहा था कि इस सबका बहुत कुछ मतलब था नहीं। उन्होंने सोचा कि भाजपा के स्तर पर उन्हें कुछ पहचान मिलेगी। उन्हें पार्टी के लिए समर्थन जुटाने के बदले में कुछ शाबाशी मिलेगी। योगी आदित्यनाथ के दूसरी बार मुख्यमंत्री बनने पर उन्होंने बहुत सी अपेक्षाएं पाल ली थीं। उनका मानना था कि इस मामले में उनका भी खासा योगदान था।

शायद, कमल ने ये समझ लिया था कि अपने दूसरे कार्यकाल में योगी आदित्यनाथ उनके जैसे तमाम लोगों को पुरस्कृत करेंगे, जिन्होंने उनका पलड़ा भारी करने के क्रम में दिन-रात एक कर दिया था। लेकिन बहुत समय बीत जाने पर भी कमल को ऐसा कुछ भी होता हुआ दिखाई नहीं दिया।

इसके बावजूद, कमल वही करते गए जो उन्हें सबसे अच्छे से आता था। उन्होंने हिंदुत्व को आगे बढ़ाने के लिए अपने प्रयास जारी रखे। उनके ख़िलाफ़ अपनी लड़ाई जारी रखी, जिन्हें वो अपना दुश्मन मानते थे। इसके साथ ही उन्होंने मोदी के आलोचकों को निशाना बनाना जारी रखा।

आर्थिक मामले में, चीज़ें बेहतर होती दिख रही थीं। कवि सम्मेलनों के अलावा, कमल को लिखने का काम भी मिल रहा था। उन्हें शॉर्ट-डॉक्युमेंट्री के साथ-साथ अनाम रूप से किताबें लिखने का भी मौका मिल रहा था। कमल की रोज़मर्रा की ज़िन्दगी में भी बदलाव दिखाई दे रहा था। अब उनके पास आईफ़ोन का लेटेस्ट मॉडल था और वो जल्दी ही एक कार खरीदने वाले थे।

लेकिन एक सफल दिख रहे साल के अंत पर उनका जीवन हमेशा के लिए बदल गया। 11 दिसंबर 2022 की रात उन्हें घर से एक फ़ोन कॉल आया।

उनके 61 वर्षीय पिता जी, गोसाईंगंज में अपने घर के बाहर ही, पड़ोसियों के साथ बैठकर बात कर रहे थे और अचानक बेहोश होकर गिर पड़े। उन्हें आनन-फानन में अस्पताल ले जाया गया लेकिन वो होश में ही नहीं आये। उस वक़्त कमल ग्रेटर नोएडा के अपने घर में थे। मिनटों के भीतर वो अपने मकान मालिक और दोस्त शंभू शंकर की मारुती आल्टो में बैठे और घर के लिए निकल पड़े। आठ घंटे बाद कमल अपने घर में थे। डॉक्टरों ने बताया कि कमल के पिता को ब्रेन हैमरेज हुआ था और वो डीप-कोमा में थे। परिवार को बताया गया कि डॉक्टर उन्हें बचाने की हरसंभव कोशिश करेंगे।

चार दिन बाद, अशोक वर्मा ने इस दुनिया को अलिवदा कह दिया।

~

अशोक एक हंसमुख स्वभाव के खुशदिल इंसान थे। वो कमल के जीवन की धुरी थे।

कमल को कविताओं की दुनिया में लाने वाले उनके पिता ही थे। अशोक ने पाया कि उनका बेटा कविताओं के प्रति आकर्षित होता है, इसलिए वो उसे कवि सम्मेलनों में ले जाने लगे। कमल ने यहीं पर कवियों को मंच पर कविताएं पढ़ते हुए देखना शुरू किया।

पिता की मृत्यु के बाद कवि को यही सारी बातें रह-रहकर याद आ रही थीं।

परिवार में भी, कमल को जो शख्स सबसे ज़्यादा समझता था, वो उनके पिता ही थे। अशोक वर्मा एक बार मुझे बता रहे थे कि कैसे शुरुआती दिनों में वो चाहते थे कि कमल अपनी बातों को कुछ हल्के हाथ से सामने रखा करें। ख़ासकर तब, जब वो इस्लाम के ख़िलाफ़ बातें कह रहे होते थे। कमल से उन्होंने ये बातें बार-बार कही थीं लेकिन उन्हें मालूम था कि कमल इतना आगे निकल चुके थे कि पिता की बातों का कोई असर नहीं पड़ने वाला था।

अशोक वर्मा कहते थे, 'ये या तो आग उगलता था, या फिर चुप रहता था। इसीलिए इसका नाम कमल आग्नेय रखा।'

जब कमल कुछ लिख रहे होते थे, तब वो अपने आपको एक कमरे में बंद कर लेते थे और किसी भी दोस्त या परिवार के सदस्य से न बात करते थे, न ही खाना खाते थे। ऐसे मौकों पर अशोक ही वो थे, जो सभी को समझाते थे कि कमल को अपना काम करने दें।

यही शख़्स कमल से दूर चला गया था। जो उनका हर कदम पर साथ दिया करता था।

कमल के भीतर भावनाओं का बवंडर नाच रहा था। इसके ऊपर, आर्थिक स्थिति भी डावांडोल हो रही थी। पिता के इलाज और मृत्योपरांत के इंतज़ामों में जो खर्चा आया, वो काफ़ी ज़्यादा और अचानक आया। अगले कुछ महीने कमल के पास जो भी काम आता, वो उसे मना कर देते क्योंकि वो स्टेज पर आकर परफ़ॉर्म करने की स्थिति में ख़ुद को पा ही नहीं रहे थे।

उनके दुख में उनकी मां का दुख भी शामिल हो चला था। कमल ने बताया कि उनकी मां अचानक से अपने पति को खो देने के बाद संभल ही नहीं पा रही थीं। उन्हें लगने लगा था कि उनकी दुनिया खाली हो गयी थी। महीनों तक घर से दूर रहने वाले कमल को अब हर दूसरे हफ़्ते घर जाना होता था। कोई त्यौहार हो, या कोई भी ऐसा मौका हो जहां कमल को लगता था कि उनकी मां ख़ुद को अकेला पायेंगी, तो कमल तुरंत अपने घर चले जाते। ऐसा ही एक मौका फ़रवरी में आया था जब उनके पिता और मां की शादी की वर्षगांठ आती है।

इस दुख ने उनकी आर्थिक स्थिति को भी बहुत नुकसान पहुंचाया। जब मैं कमल से फ़रवरी 2023 में मिला, कमल ने बताया कि उनके बैंक अकाउंट में कुछ हज़ार रुपये बचे थे। उन्होंने पिछली रात ही राजस्थान में कविता पाठ किया था लेकिन वहां से नोएडा लौटते वक़्त उनकी गाड़ी ख़राब हो गयी और उसे ठीक करवाने में ही 10,000 रुपये लग गए।

लेकिन कमल इस मुश्किल दौर से बहुत हताश नहीं थे। उन्होंने ज़ोर देकर कहा कि उन्हें अपनी क़ाबिलियत और काम पर पूरा भरोसा था। कमल ने बीते लम्बे समय में अपने आपको ऐसी विषम परिस्थितियों के लिये तैयार करके रखा हुआ था क्योंकि उन्हें मालूम था कि जिस तरह का वो काम करते हैं, उसमें कुछ समय तक बगैर किसी आमदनी के रहना पड़ सकता है।

शुरुआत में, उन्हें अपनी क़ाबिलियत पर संदेह हुआ करता था। जब भी उन्हें ऐसे शो नहीं मिलते थे, जो उन्हें लगता था कि मिलने चाहिए थे, तो मन ही मन वो अपने टैलेंट पर सवाल उठाने लगते थे। लेकिन अब, पिता के चले जाने के बाद उनकी चिंताएं बदल गयी हैं। अब वो आर्थिक अस्थिरता के प्रति सजग होकर सोचने लगे हैं कि काम न होने की सूरत में वो क्या कर सकेंगे।

इस दुख और संताप की घड़ी में, जब दुनिया की एक अलग रंग की तस्वीर दिखाई देने लगी, पीड़ा से गुज़र रहे कमल ने अपने भीतर की आग से झुलसाने को एक नया निशाना बनाया: भारतीय जनता पार्टी।

~

कई दशकों से, कवि सम्मेलनों के पीछे राज्य संरक्षण एक बड़ी ताक़त बनी रही है। आयोजनकर्ता, कवि आदि सभी इससे फ़ायदा पाते हैं।

देश में आयोजित होने वाले सबसे प्रतिष्ठित कवि सम्मेलनों में से एक है राष्ट्रीय कवि सम्मेलन। इसे लाल क़िला कवि सम्मेलन के नाम से भी जाना जाता है क्योंकि हर साल ये लाल क़िला में ही होता है। दिल्ली सरकार की हिंदी अकादमी ही इसके पीछे की ताक़त है। इसी तरह से, क्षेत्रीय और स्थानीय स्तर पर राज्य और ज़िला प्रशासन ऐसे कवि सम्मेलन आयोजित करवाता रहता है। उदाहरण के तौर पर, 2022 में उत्तर प्रदेश सरकार ने पूर्व प्रधानमंत्री अटल बिहारी वाजपेयी की जयंती के मौक़े पर एक ऐसा ही आयोजन किया था।[27] इसी तरह से, मोदी सरकार ने भारतीय स्वाधीनता दिवस के 75 वर्ष पूरे होने पर कई सम्मेलन आयोजित करवाये थे।[28]

ऐसे आयोजनों में कौन आ सकता है, कौन नहीं, इस पर कड़ा पहरा था। नौकरशाहों या प्रशासनिक स्तर पर रसूख रखने वाले कलाकार सबकुछ कंट्रोल करते हैं। कमल जैसे कवियों के लिए ऐसे मंचों पर पहुंच सकने के दो ही तरीके होते हैं: या तो आप इतना अंदर तक पहुंच जाएं कि सरकारी तंत्र आपको वरीयता दे या फिर आप इतने बड़े कवि बन जाएं कि आपको नज़रंदाज़ करना असंभव हो जाए।

कमल इन दोनों ही खांचों में फ़िट नहीं होते थे। उन्हें दुख अपने कम मशहूर होने का नहीं बल्कि इस बात का था कि 'उनकी' सरकार ने, जिसे सत्ता में लाने के लिए उन्होंने ख़ून मेहनत की थी, उन्हें अभी तक ऐसे मंचों के लायक़ नहीं समझा था। योगी के दूसरी बार जीतने के कुछ ही दिनों बाद जो नाराज़गी उनके भीतर बस गयी थी, पिता के जाने के बाद वो कई गुणा बढ़ चुकी थी। ये वो दिन थे जब उनके बैंक अकाउंट में कुछ और पैसे होते, तो उन्हें इतनी दिक्कतों का सामना नहीं करना पड़ता।

फ़रवरी 2023 में जब हम मिले थे तो उन्होंने कहा, 'अब हाल ये है कि सरकार सेक्युलर बन जाना चाहती है। उन्हें लगता है कि एक मुसलमान कवि को बुला लेंगे तो कोई भी उन्हें सांप्रदायिक नहीं कहेगा।'

अपनी झल्लाहट और गुस्से में वो उस समय को याद कर रहे थे जब उन्होंने पार्टी के उम्मीदवारों के लिए प्रचार किया था। कितनी बार वो उम्मीदवार उनसे कहते थे कि वो 'बिना रोक-टोक के' बातें कहें, मुसलमानों के ख़िलाफ़ ज़हर उगलें।

एक-दो बार कमल ने ऐसा करने से मना कर दिया था। वो उनसे विनती करते और कहते कि उन्हें हिंदुत्व के लिये आवाज़ उठानी ही चाहिये। 'मैंने उनसे ही पूछ लिया कि "आप ख़ुद कब हिंदुत्व के लिए बोलना शुरू करेंगे? कहां चला जाता है आपका हिंदुत्व, जब आप मुसलमान कवियों को कवि सम्मेलन में बुला लेते हो?" उनके पास बोलने को एक भी शब्द नहीं था।'

शोक और गुस्से की धुंध के बीच कमल को दुनियादारी साफ़ दिखाई देने लगी थी। वो हिंदू दक्षिणपंथी तंत्र के साथ अपनी साझेदारी को एक शतरंज के खेल की तरह देख रहे थे।

वो एक बिसात के मोहरे थे जिसे एक ख़ास प्रकार की ज़िम्मेदारी मिली हुई थी। इससे उन्हें कोई दिक्क़त नहीं थी। वो दूसरे पक्ष के मोहरों से जा भिड़ने को तैयार थे। लेकिन उनके लिए सबसे ज़रूरी बात थी इस बात की तस्दीक कि ये अस्तित्व की लड़ाई थी और उनके पक्ष को यदि जीवित रहना था तो हर हाल में जीत हासिल करनी ही होगी। उन्हें इस बात से किसी भी तरह का समझौता नहीं चाहिये था। मुसलमान कलाकारों को आमंत्रित करके उन्हें पैसे देना और 'अपने' लोगों को नज़रंदाज़ कर देना कमल को बर्दाश्त नहीं था।

~

समय आगे बढ़ा और कुछ महीने बीत गए। कमल ने ज़मीनी कार्यकर्ता होने के नुकसानों को आत्मसात करना शुरू कर दिया।

2023 के मध्य में, कमल ने पाउलो कोएलो की किताब द *एल्केमिस्ट* का हिंदी अनुवाद पढ़कर ख़त्म किया था। सेंटिएगो नामक गड़रिये और उसकी दबे हुए खज़ाने को ढूंढने की मुश्किल यात्रा के साथ उन्होंने ख़ुद को जुड़ा हुआ पाया। कमल को सबसे ज़्यादा आकर्षित उस आत्ममंथन ने किया जो मुश्किल यात्रा के दौरान सेंटिएगो कर रहा

था और इस बात ने भी कि हर इंसान अपने भीतर एक खज़ाना लेकर घूम रहा होता है, बस उसे समझने के लिए वक़्त और धैर्य की ज़रूरत होती है।

धीरे-धीरे कमल ने और काम लेना शुरू कर दिया। सबसे पहला काम आया सुदर्शन न्यूज़ से, जो चैनल का चोगा ओढ़कर हिंदुत्व प्रोपेगेंडा फैलाने का काम करता है। सुदर्शन न्यूज़ एक विरोध प्रदर्शन करने जा रहा था और कमल को इसका होस्ट बनना था। असल में, चैनल के संस्थापक सुरेश चव्हाणके ने 2021 में नफ़रती भाषण दिया था, जिस पर सुप्रीम कोर्ट ने सख्ती दिखाई थी। इस भाषण में सुरेश ने हिंदू राष्ट्रवादियों को देश को हिंदू राष्ट्र बनाने के लिए 'लड़ने, मरने और मारने' की कसम खाने को कहा था।[29,30]

कोर्ट ने दिल्ली पुलिस को भी चव्हाणके के ख़िलाफ़ कोई कार्रवाई न करने के लिए डपटा था। इससे नाराज़ होकर सुदर्शन न्यूज़ ने कोर्ट की टिप्पणियों के ख़िलाफ़ प्रदर्शन करने का फैसला किया था।[31] मैं कमल को काम करते हुए देखना चाहता था इसलिए उनके साथ हो लिया।

इस विरोध प्रदर्शन में कुछ सौ लोग दिल्ली के जंतर-मंतर पर इकट्ठा हुए थे। ये फ़रवरी 2023 का एक सुस्त दिन था। हिंदुत्व के कट्टर राष्ट्रवादी लोग मंच पर बैठे हुए थे। उन्हें नफ़रत भरी बातें करने की योग्यता के क्रम में बिठाया गया था।

कमल कुछ देरी से पहुंचे इसलिए वो इस 'आयोजन' में एंकरिंग नहीं कर पाये। इसकी जगह, उन्होंने मंच पर कवितापाठ किया और सुरेश चव्हाणके का बचाव करते हुए एक जोशीला भाषण भी दिया। एक ओर, लगभग सभी वक्ताओं ने ख़ुद को चव्हाणके के साथ खड़ा हुआ बताया, कुछ ने कोर्ट पर हमलावर रुख अपनाया, वहीं बाक़ी लोगों ने देश को हिंदू राष्ट्र बनाने के लिए मुसलमानों के प्रति हिंसा को एकमात्र रास्ता बताया।

कमल ने तय किया कि वो इन सभी से एक कदम आगे बढ़कर बात करेंगे। सीधे शब्दों में बात रखने की बजाय, कमल ने वहां मौजूद सभी से कहा कि वो उनके साथ देश को हिंदू राष्ट्र बनाने की कसम खाएं। 2021 में ऐसी ही कसम सुरेश चव्हाणके ने खिलायी थी, जिसके चलते ये प्रदर्शन हो रहा था। इस काम ने कमल को अलग ही रोशनी में दिखाना शुरू कर दिया। वो अपने एक कदम से, सभी वक्ताओं से अलग दिखने लगे थे।

कुछ ही हफ़्तों बाद, कमल को मध्य प्रदेश के छतरपुर में बागेश्वर धाम में आमंत्रित किया गया। ये हिंदू धर्म को मानने वाले श्रद्धालुओं के बीच एक लोकप्रिय तीर्थ स्थल है।

एक मंदिर चर्चा में चल रहा था क्योंकि उसके मुख्य पुजारी धीरेन्द्र शास्त्री ने हिंदुत्व के समर्थन में कुछ कदम उठाये थे। उन्होंने 'घर वापसी' का काम शुरू कर दिया जिसके तहत ईसाई आदिवासियों का धर्मांतरण करके उन्हें हिंदू बना दिया गया था। धीरेन्द्र शास्त्री ने सार्वजानिक रूप से योगी आदित्यनाथ के मुसलमानों का घर बुलडोज़र से गिराने के फैसलों का समर्थन किया था। इसके साथ ही उन्होंने हिंदुओं से 'जाग जाने' को कहा और 'पत्थरबाज़ों का घर बुलडोज़र से गिरा देने' की वक़ालत की।[32,33,34]

अपनी हिंदुत्व की बातों के अलावा शास्त्री को भविष्यवक्ता के रूप में भी जाना जाता है। वो लोगों से मिलने के कुछ ही मिनटों के भीतर उनके बीते हुए जीवन की घटनाओं की जानकारी देने का दावा करते हैं। ये सबकुछ जिस तरह से होता है, वो बड़ा मज़ेदार होता है। जो भी उनसे पहली बार मिलने आ रहा होता है, उसे सहायकों द्वारा स्टेज पर लाया जाता है। उन्हें अपनी परेशानियां बताने को कुछ सैकंड का समय मिलता है जिसके बाद धीरेन्द्र शास्त्री उनके जीवन की घटनाओं के बारे में एक पर्चे पर लिखने लगते हैं और फिर बगैर उस श्रद्धालु की मदद के, सभी को बताने लगते हैं।

इन सबके चलते धीरेन्द्र शास्त्री देशभर में पहचाने जाने लगे थे। सोशल मीडिया पर उनके वीडियोज़ छाये हुए थे और सरकार के पक्ष में काम कर रहे टीवी चैनल्स धीरेन्द्र शास्त्री के क्रियाकलापों को दिखाते रहते थे। ऐसे मंच पर प्रस्तुति देने का मौका मिलना कमल के लिए बड़ी बात थी। वो इसको और इससे मिलने वाले दूसरे मौकों को लेकर उत्साहित थे। कमल को इस बात का अहसास था कि उनकी परफ़ॉरमेंस को अनोखा होना पड़ेगा, तभी उन्हें फ़ायदा पहुंचेगा। ये उनके लिए हिंदुत्व का रॉकस्टार बनने का एक मौका था।

मंच पर पहुंचकर, कमल ने वो करना शुरू किया जो अभी तक धीरेन्द्र शास्त्री को ही करते हुए देखा गया था। उन्होंने बताना शुरू कर दिया कि धीरेन्द्र शास्त्री के मन में क्या चल रहा था। कमल ने कहा, 'गुरुजी भारत को हिंदू राष्ट्र घोषित करवाना चाहते हैं। भटके हुए मानव की घर वापसी करवायेंगे गुरु जी। हिंदू बेटियों को लव-जिहाद से बचाना चाहते हैं। हिंदू विरोधी तत्वों की ठठरी बांधने का उत्तम प्रबंध है। आत्मरक्षा के लिए बुलडोज़र खरीदना चाहते हैं।'

कमल जब बोल रहे थे, धीरेन्द्र शास्त्री अपनी कुर्सी पर उछल रहे थे और उनके हाथ हवा में ऊपर उठे हुए थे। कमल का भाषण एकदम हिट था।

बागेश्वर धाम की उनकी यात्रा से एक बात मालूम पड़ी कि कैसे हिंदुत्व से जुड़े तमाम तंत्र एक-दूसरे को पोषण दे रहे थे। अपनी प्रस्तुति के दौरान कमल ने धीरेन्द्र शास्त्री का यशगान किया। बदले में, शास्त्री ने कमल को बड़ा नाम बना दिया।

हर खेमा विजयी था।

इस विजय के बाद, कमल ने धीरे-धीरे उन सभी कामों की भरपाई करनी शुरू कर दी, जो उनके हाथ से निकल गए थे। एक बार फिर उनके शोज़ की संख्या बढ़ने लगी, उन्हें और काम मिलने लगा। उनमें फिर से उत्साह दिखने लगा। विरोध का स्वर, जो उनके भीतर उठ रहा है, उसकी ठठरी बांधी जा चुकी थी और कमल एक बार फिर हिंदुत्व के पक्ष में निकल चुके थे। लेकिन वो ज़मीनी कार्यकर्ता बनकर नहीं रहना चाहते थे, जो हिंदुत्व के पक्ष में तीखी, चुटीली बातें करता हो। वो और भी चीज़ें चाहते थे।

कमल ने भाजपा और संघ के अंदरूनी लोगों से बात करनी शुरू कर दी। इसके अलावा दूसरे हिंदूवादी संगठनों में भी जान-पहचान के लोगों से उन्होंने संपर्क साधा। पार्टी के 2024 की कैम्पेन में वो कुछ बड़ा काम करना चाहते थे। मगर मोदी के लिये नहीं। वो योगी के चुनाव अभियान में अपनी सेवाएं देना चाहते थे। वो नए कथानक गढ़ना चाहते थे और उन्हें नए तरीक़ों से लोगों तक पहुंचाना चाहते थे। उनकी ताक़त भी यही थी।

मार्च 2023 तक, उन्होंने अपनी जीवनयात्रा के अगले हिस्से का खाका तैयार कर लिया था। कमल आग्नेय कवि अब कोशिश करेगा कि वो राजनीतिक रणनीतिकार बन जाये। और प्लान के मुताबिक़, पहला कदम होगा, अपने हिंदुत्व के हीरो योगी आदित्यनाथ से मुलाक़ात।

भाग 3

एक सांस्कृतिक युद्धः संदीप देव

संदीप देव - एक परिचय

साल 2019 का अंत क़रीब था। एक थकी हुई इतवार की शाम को, मुझे एक कॉल आया। फ़ोन के दूसरे छोर पर मेरी चाची थीं, जो लंदन में रहती थीं। चाची और चाचा मुझसे बात करना चाहते थे और ऐसा अमूमन नहीं होता था। मैं चौंका तो ज़रूर पर यही समझ रहा था कि यूं ही कुछ बात करनी होगी। लेकिन फिर डेढ़-दो मिनट बात करने के बाद भेद खुला। कॉल करने के पीछे का मकसद दिलचस्प था।

मेरे चाचा यूनाइटेड किंगडम में भारतीय प्रवासी हैं और इससे पहले वो युगांडा में रहते थे। वो एक भारतीय पत्रकार को कुछ पैसे डोनेट करना चाहते थे। चाचा का कहना था कि ये पत्रकार 'सच सामने लेकर आता है', 'जो जैसा है, वैसा बताता है' और 'निडर' है। उन्होंने कहा कि वो बतकही नहीं करता है बल्कि अच्छी रिसर्च के साथ अपनी बात सभी के सामने रखता है।

मैं हैरत में पड़ा हुआ था। मेरे चाचा पक्के भाजपा सपोर्टर हैं और उससे भी पक्के हिंदू दक्षिणपंथी। जबसे भाजपा सत्ता में आयी थी, उन्हें सत्ता से सवाल पूछने वाले पत्रकार पसंद आने बंद हो गए थे। उनकी निष्ठा हिंदू दक्षिणपंथ के साथ थी और उनके परिवार के सदस्य हिंदू स्वयंसेवक संघ, जो आरएसएस का विदेशी खंड है, से जुड़े हुए थे।

इन वजहों से ही उस पत्रकार के बारे में उनकी बातें सुनकर मेरे कान खड़े हो गए। मैं और भी जानकारी चाहता था।

उन्होंने बताया कि वो उस पत्रकार का काम पूरी तरह से फ़ॉलो करते थे और महसूस करते थे कि उनकी जितनी संभव हो, मदद की जानी चाहिये। उनकी पत्रकारिता महत्वपूर्ण थी और इसीलिये मेरे चाचा अपने कर्तव्य का निर्वहन करना चाह रहे थे। वो कुछ पाउंड्स देना चाहते थे लेकिन भारतीय मुद्रा में ये हज़ारों रुपये हो जाते। लेकिन इससे पहले कि वो पैसे भेजते, उन्होंने सोचा कि उस पत्रकार के बारे में मुझसे बात कर लें।

तो, इस तरह से मेरी मुलाक़ात संदीप देव से हुई।

छियालीस वर्षीय संदीप एक दिलचस्प आदमी हैं।

वो एक पूर्व पत्रकार हैं, जिन्होंने किताबें भी लिखीं और अब यूट्यूबर बन चुके हैं। संदीप स्वयं को खुले तौर पर हिंदू राष्ट्रवादी बताते हैं। हिंदुत्व और भाजपा के प्रति संदीप पूरी तरह से निष्ठावान हैं लेकिन फिर भी वो आपको ये समझाने की पूरी कोशिश करते हैं कि वो वो निष्पक्ष पत्रकार हैं और किसी को भी नहीं बख्शते हैं।

इसके साथ, संदीप मानते हैं कि वो एक योद्धा हैं, जो संस्कृति युद्ध में हिस्सा ले रहा है। संदीप के अनुसार ये सांस्कृतिक युद्ध हिंदू लड़ रहे हैं और उनके दुश्मन हैं मुख्यधारा की मीडिया, पश्चिमी देश, इस्लाम, और यहां तक कि नेटफ़्लिक्स भी। उनका मानना है कि हिंदुओं पर हर दिशा से हमला बोला जा रहा है और उन्हें इस बात का अहसास भी नहीं हो रहा। संदीप इन सभी को अपना दुश्मन मानते हैं और इन सभी के ख़िलाफ़ डर, गुस्से और नफ़रत की आग उगलते हैं।

इस व्यापक युद्ध को लड़ने के लिए संदीप ने कई फ्रंट खोल रखे हैं।

इनमें जो सबसे लोकप्रिय है, वो है उनका यूट्यूब चैनल जिसका नाम है 'इंडिया स्पीक्स डेली'। इसके अलावा संदीप इसी नाम की वेबसाइट के एडिटर-इन-चीफ़ भी हैं, जो हिंदुत्व के एजेंडा से दूर कभी भी जाती नहीं दिखती। वह अपने चैनल और वेबसाइट के ज़रिये हिंदुत्व की मशाल को जागृत रखते हैं, उसकी ऊर्जा को दूर तक फैलाने की कोशिश करते हैं और विरोधियों पर हमलावर होते हैं, जिसके दौरान अक्सर तथ्यों और अर्धतथ्यों का जाल बुनते हैं।

लेकिन ये वो बातें नहीं हैं जो उन्हें अनोखा बनाती हैं। अपने काम के ज़रिये अपनी विचारधारा को फैलाने के क्रम में संदीप लाखों व्यूज़ पाते हैं, पैसे बनाते हैं। लेकिन ऐसा कई और यूट्यूबर भी कर रहे हैं। संदीप की एक बड़ी महत्वाकांक्षा है, जो यदि साकार हो गयी तो हिंदुत्व की उनकी सेना और भी फ्रंट्स पर दिखाई दिया करेगी।

संदीप कपोत नाम के पब्लिशिंग हाउस के संस्थापक हैं। यहां विशेषकर ऐसी किताबें छपती हैं जो कट्टरपंथी हिंदू राष्ट्रवाद को बढ़ावा देती हैं। कपोत का मकसद है लिखित तरीके से अध्यात्म, धर्म, राजनीति और इतिहास जैसे अलग-अलग विषयों की किताबों में इस विचारधारा को उतारकर, हिंदुत्व का प्रचार करना। ये किताबें इतिहास को नए नजरिए से देखती हैं। इनमें या तो घटनाओं को एक नया रूप दिया गया है या फिर पुरानी ग़लतियों को इस तरह जायज़ ठहराया गया है कि वो हिंदू राष्ट्रवादियों के एजेंडे के अनुकूल लगने लगती हैं।

कपोत जिन किताबों को छापता और बेचता है, उनका दायरा काफ़ी बड़ा है। यहां ऐसी किताबें हैं जो 'अब्राहमिक धर्मों' की 'हक़ीक़त को बेनकाब' करती हैं। ये उनकी वेबसाइट पर एक कैटेगरी है जिसमें, *लव जिहाद; धर्म परिवर्तन का खौफनाक सच* से लेकर इतिहास पर आधारित किताबें, जैसे *मुस्लिम आक्रांताओं को रोकने वाले वीर नायक* और *कौन कहता है अकबर महान था?* जैसी किताबें शामिल हैं। कपोत उन किताबों की भी बिक्री करता है जो नाथूराम गोडसे द्वारा महात्मा गांधी की हत्या को जायज़ ठहराती हैं।[1] उनके पास ऐसी किताबें भी हैं जो आज़ादी की लड़ाई में शामिल कांग्रेस नेताओं, जिसमें नेहरू[2] से लेकर गांधी तक शामिल हैं, को गलत रोशनी में पेश करती हैं।[3,4]

ऐसी किताबों के चयन में संदीप का खुद का लेखक-अनुभव भी अहम भूमिका निभाता है। उन्होंने हिंदी में छह किताबें लिखी हैं और इसमें *हमारे श्री गुरुजी* भी शामिल है, जो हिंदू राष्ट्रवादी विचारक और पूर्व आरएसएस प्रमुख एम.एस. गोलवलकर की जीवनी है। गोलवलकर ने देश की अल्पसंख्यक आबादी से निपटने के लिए नाज़ियों से सीख लेने की बात कही थी।[5] संदीप की पहली किताब, *साज़िश की कहानी तथ्यों की ज़ुबानी*, 2012 में लिखी गई थी। ये किताब 2002 के गुजरात दंगों के बारे में है, जिसमें लगभग 1200 लोग मारे गए थे। मरने वालों में ज़्यादातर मुसलमान थे। इस किताब में, इन दंगों को मोदी के खिलाफ़ रची गई साज़िश बताया गया है।[6] संदीप ने उत्तर प्रदेश के मुख्यमंत्री योगी आदित्यनाथ और योगगुरु से व्यापारी बने बाबा रामदेव की भी जीवनी लिखी है, जो हिंदू दक्षिणपंथ से काफ़ी नज़दीकियां रखते हैं।

कपोत की लोकप्रियता लगातार बढ़ रही है। इसके पास लगभग 2,200 शीर्षक हैं और संदीप के कार्यालय के मुताबिक, 2022 में इसने 25,000 से ज़्यादा किताबें बेचीं।

संदीप के नज़रिए से देखा जाए तो पब्लिशिंग का काम शुरू करने के कई रणनीतिक फ़ायदे हैं। उनके लिए किताबें, इतिहास को अपने तरीके से दोबारा गढ़ने का ज़रिया हैं, हिंदू राष्ट्रवादियों के भीतर मौजूद डर और पक्षपात को वैधता देने का ज़रिया हैं, और इन सबको बड़ी संख्या में और लोगों तक पहुंचाने का माध्यम भी है। हिंदू महासभा और संघ की सोच के अनुरूप, संदीप भी ये मानते हैं कि एक सच्चा हिंदुत्व योद्धा बनने के लिए 'चरित्र निर्माण' बहुत ज़रूरी है। संदीप के लिए किताबें एक नैतिक हिंदू चेतना जगाने का ज़रिया हैं।

इसी वजह से, कपोत के पास घोर राजनीतिक किताबें भी हैं और अध्यात्मिक भी। लेकिन दोनों ही तरह की किताबों में हिंदुत्व के विचारों को ही केंद्र में रखा गया है। और जहां एक तरफ़ वो अपनी पब्लिशिंग का दायरा बढ़ा रहे हैं, वहीं संदीप का इरादा ऑनलाइन किताबों की दुनिया में मौजूद एकाधिकार वाली वितरण व्यवस्था को भी चुनौती देने का है। उनके हिसाब से ये एक चीज़ है जो हिंदुत्व के विस्तार में एक बड़ी बाधा है।

संदीप का मानना है कि पश्चिमी देशों ने अपनी बड़ी-बड़ी प्राइवेट कंपनियों के ज़रिए भारत के ई-कॉमर्स सिस्टम को काबू में रखा है और इसी के ज़रिए वो देश में किताबों के वितरण को नियंत्रित कर रहे हैं। संदीप बहुत ग़लत भी नहीं हैं। अमेजन और फ्लिप्कार्ट, रिटेल के मामले में ये दो बहुत बड़ी कंपनियां भारत की ई-कॉमर्स दुनिया पर हावी हैं और इन्हें अमेरिका की कंपनी अमेज़न और वालमार्ट का सहारा मिला हुआ है।

संदीप के लिए, इसका मतलब ये है कि कुछ गिनी-चुनी पश्चिमी कंपनियां ये तय कर रही हैं कि भारत के लोग क्या पढ़ेंगे और क्या नहीं। उनके मुताबिक, पश्चिमी ताकतें, इन्हीं कंपनियों के ज़रिये, हिंदुओं और हिंदुत्व के खिलाफ़ अपनी इस लड़ाई में हिंदुत्व को बढ़ावा देने वाली किताबों को निशाना बनाएंगी।

इसीलिए संदीप सिर्फ़ इस तरह की किताबें छापने तक नहीं रुके। उन्होंने इन दोनों ई-कॉमर्स वेबसाइटों के बहिष्कार की सार्वजानिक रूप से घोषणा भी कर दी। वो कपोत की किताबों को इन प्लेटफ़ॉर्म्स पर बेचने से साफ़ मना करते हैं।

इसके बजाय, उन्होंने अपनी खुद की ई-कॉमर्स वेबसाइट बनाई है ताकि वो इन 'हिंदू-विरोधी' वेबसाइट्स को धता बताते हुए अपनी किताबें लोगों तक पहुंचा सकें।

इस वेबसाइट का नाम भी कपोत ही है, जिस पर संदीप ने अपनी 2,200 से ज़्यादा किताबों को लिस्ट किया है। इस वेबसाइट के ज़रिये कपोत की किताबें भारत के साथ-

साथ दुनिया के बाकी देशों में भी जा सकती हैं। लेकिन धीरे-धीरे संदीप और उनके भाई अमरदीप, इस वेबसाइट को एक हिंदू, 'स्वदेशी', घरेलू ई-कॉमर्स प्लेटफ़ॉर्म में बदल रहे हैं, जहां वो सिर्फ़ देश में बने उत्पाद ही बेचेंगे। इसमें किताबों से लेकर रोज़मर्रा की घरेलू चीज़ों तक का सामान होगा।

साल 2022 की दीवाली पर इसकी एक झलक देखने को मिली। इस वेबसाइट पर भारत में बनी झालरें और पूजन सामग्री बेची जा रही थी। संदीप देव और अमरदीप देव (देव बंधु) इस बात को अच्छे से समझते हैं कि वेबसाइट को संदीप की हिंदुत्व योद्धा वाली छवि से मेल खाना चाहिए। विचारधारा और व्यापार का ऐसा मेल हुआ कि उन्हें लगने लगा कि 2023 में इस वेबसाइट पर और भी प्रोडक्ट्स बढ़ाये जाने चाहिएं। अब वो घरों में पूजन के लिए मंदिर और बाक़ी ज़रूरी सामान भी बेचते हैं।

लेकिन संदीप इस लड़ाई की सीमाओं को लेकर भी सजग हैं। उन्हें इस बात का अहसास है कि केवल डिजिटल दुनिया में लड़कर ही दुश्मनों को हराया नहीं जा सकता। बिहार के दरभंगा ज़िले के एक गांव में बिताए अपने बचपन ने उन्हें सिखाया है कि सोशल मीडिया भले ज़रूरी हो, लेकिन वो उन दूर-दराज़ के इलाकों तक नहीं पहुंच सकता, जिन्हें वो हिंदुत्व के विचारों से जागृत करना चाहते हैं।

इसलिए संदीप का अगला कदम है इस युद्ध को ऑफ़लाइन मोड में लेकर जाना। छोटे शहरों और क़स्बों तक। संदीप चाहते हैं कि वो इस देश के 1,000 शहरों-क़स्बों में दुकानें-कम-लाइब्रेरी खोलें जिससे लोग सामर्थ्यानुसार इन किताबों को ख़रीद या वहीं बैठकर पढ़ सकें। इससे होगा ये कि वो लोग, जो इन किताबों को नहीं ख़रीद सकते, उन्हें भी युद्ध में उतरने से पहले अच्छी ट्रेनिंग मिल सकेगी।

लेकिन इससे भी बड़ी महत्वाकांक्षा है देश में ऐसे केंद्र खोलने की, जहां हिंदू बालकों को शास्त्र, धार्मिक ग्रंथ के ज्ञान के साथ-साथ शस्त्रविद्या भी दी जाए। संदीप मानते हैं कि इस सांस्कृतिक युद्ध में शास्त्रीय ज्ञान के साथ-साथ शारीरिक स्तर पर दुश्मन से लड़ने का ज्ञान भी बेहद ज़रूरी है। मेरे चाचा जैसे लोगों से जो पैसा उन्हें मिलता है, संदीप के अनुसार, वो ऐसे ही केंद्रों में लगाया जायेगा।

ये तो एकदम साफ़ है कि संदीप के ऐसे विचार लोगों को पसंद आते हैं और लोग इससे सहमति रखते हैं। उन्हें सोशल मीडिया प्लेटफ़ॉर्म्स पर कुल 4,30,000 लोग फ़ॉलो करते हैं। इनमें से बहुत सारे लोग उनकी आर्थिक मदद भी करते हैं। संदीप कभी

ख़ुद को एक योद्धा के रूप में प्रस्तुत करते हैं तो कभी वो हिंदुओं के शास्त्रोचित गुरु बन जाते हैं और पौराणिक कथाएं सुनाते हैं जिसमें आधुनिक समय के बारे में सीख मिलती है। एक अच्छे पत्रकार, जिसकी राजनीतिक समझ परिपक्व मालूम देती हो, और एक आध्यात्मिक गुरु की ये मिली-जुली छवि बहुत से लोगों को आकर्षक और विस्मयकारी लगती है।

संदीप देव कितने लोकप्रिय हैं, इसकी बानगी मिलती है उन्हें आने वाले मैसेजेज़ और कॉल्स की संख्या से। सैकड़ों की संख्या में हिंदूजन उनसे संपर्क करते हैं और अपने जीवन के संघर्षों, मुश्किल वक़्त के बारे में बात करते हैं और उनसे मार्गदर्शन पाने की उम्मीद रखते हैं। जैसे एक मौके पर, जब दिल्ली के उत्तम नगर में संदीप एक यूट्यूब लाइव में बैठे हुए थे और एक तीस साल का शख्स उन्हें कॉल पर कॉल किये जा रहा था। मुझे ये बात मालूम है क्योंकि मैं भी उसी कमरे में एक किनारे बैठा हुआ था। वो शख़्स संदीप से बेहद प्रभावित था और तुरंत ही उनकी मदद चाहता था: उसने कहा कि वो तीस साल का है और उसे अभी तक समझ में नहीं आया है कि उसे जीवन में क्या करना चाहिये।

उसकी ये मनोस्थिति उसे खाये जा रही थी और उसे लगता था कि संदीप ही उसे राह दिखा सकते थे।

~

बीसवीं सदी की शुरुआत में, हिंदू राष्ट्रवाद संगठित होना शुरू हुआ। ऐसे समूह बने जिन्होंने सीधे तौर पर हिंदुत्ववाद को आगे बढ़ाने का बीड़ा उठाने का ऐलान कर दिया। 1915 में अखिल भारतीय हिंदू महासभा का उदय हुआ। इस किताब में इससे पहले जिस महासभा का ज़िक्र हुआ था, वो एक बड़ा संगठन था जिसके नीचे हिंदुओं की कई छोटी सभाएं काम करती थीं और उनकी विचारधारा 'मुस्लिम-विरोधी' थी।[7] एक दशक के बाद, सितम्बर 1925 में, नागपुर में राष्ट्रीय स्वयंसेवक संघ की स्थापना हुई। इन दोनों संगठनों ने हिंदू बल को और बढ़ाने का लक्ष्य तय किया और लोगों में हिंदुत्व की चेतना का विस्तार करने की ठानी, ताकि अपनी विचारधारा के अनुरूप हिंदू छवि को ढाला जा सके।[8]

हिंदू महासभा ने ईसाइयों और मुसलमानों को हिंदुओं के लिये सबसे बड़े ख़तरे के रूप में चिह्नित करना शुरू कर दिया।[9] ये सब ख़ासकर सावरकर के नेतृत्व में हुआ। महासभा

ने ज़ोर देकर कहा कि इन 'खतरों' से निपटने का एकमात्र रास्ता यही था कि हिंदू अपने अंदरूनी मतभेदों और जातियों-उपजातियों के बीच के बंटवारे से ऊपर उठकर एकजुट हों। इसके साथ ही महासभा ने ये भी प्रस्ताव रखा कि हिंदुओं का सैन्यीकरण किया जाए, उन्हें आत्मरक्षा और हथियारों के इस्तेमाल की ट्रेनिंग दी जाए।[10]

संघ इस बात से सहमत था। गोलवलकर, जो संघ के दूसरे सरसंघचालक और सबसे अहम विचारकों में से एक थे, कहते थे कि हिंदू 'युद्ध की स्थिति' में थे और उन्हें अपनी आज़ादी हासिल करने के लिए युद्ध करना ही होगा।[11]

ये लड़ाई सिर्फ़ देश के औपनिवेशिक शासकों से नहीं थी। गोलवलकर के लिए ये एक 'त्रिकोणीय युद्ध' था: हिंदुओं, अंग्रेज़ों और मुसलमानों के बीच।[12]

हिंदुत्व के शुरुआती विचारकों ने जब ऐसी घोषणाएं की थीं, उसके लगभग एक सदी बाद, संदीप अब उन्हें नये सिरे से बाहर निकाल रहे हैं, उन पर जमी धूल झाड़ रहे हैं और उन्हें नए ढंग से पेश कर रहे हैं। सांस्कृतिक युद्ध, हिंदुओं के अस्तित्व पर मंडराते ख़तरे और प्रतिकार की ज़रूरत जैसी बातों को वो नई पीढ़ी के हिंदुओं तक पहुंचा रहे हैं, जिन्हें शायद महासभा का नाम भी न पता हो।

संदीप की ज़्यादातर बातों की जड़ें पहले पहल शुरू हुए हिंदू राष्ट्रवादी आंदोलनों में पायी जाती हैं। बस, वो इन्हें एक नये पैकेट में सभी के सामने ला रहे हैं। वो मानते हैं कि ये युद्ध वही है जो हिंदुत्व से जुड़े लोग सदियों से लड़ते आ रहे हैं। फ़र्क बस इतना है कि संदीप के लिए ये एक ऐसा युद्ध है जिसे वो खुद लड़ते हैं, जिसमें वो खुद रणनीति बनाते हैं, युद्ध भड़काते भी हैं और सारथी बनकर हिंदुओं को युद्धभूमि की ओर ले भी जाते हैं।

इस युद्ध के लिए सैन्यबल और संसाधन जुटाने में उनकी मदद करता है इंटरनेट।

भारत में कई ऐसे इन्फ़्लुएंसर हैं जिनके अपने यूट्यूब चैनल हैं और जो हिंदू दक्षिणपंथ के साथ खड़े दिखते हैं। ये लोग सबकुछ परोसते हैं। भड़काऊ और सांप्रदायिक भाषणों से लेकर 'विश्लेषण' और अपनी ओपिनियन तक। इनका अंदाज़ भी लगभग एक जैसा होता है। इन्होंने अपने घर या दफ्तर में जुगाड़ से स्टूडियो बनाये होते हैं जहां से ये वीडियोज़ बनाते हैं या लाइव आते हैं। ज़्यादातर वीडियोज़ में ये अकेले होते हैं और कभी-कभी किसी और 'विशेषज्ञ' मेहमान के साथ भी दिखते हैं। इस तरह से काम करते हुए ये आस-पास चल रही घटनाओं पर अपनी राय पेश करते हैं।

ऐसे इन्फ़्लुएंसर भाजपा के बहुत काम आते हैं। ये लोग किसी भी मुद्दे पर जनता की सोच और लोगों के बीच होने वाली बातचीत को बड़े करीने से उस दिशा में मोड़ने का काम करते हैं, जिससे पार्टी की स्थिति मज़बूत बनी रहे। ध्यान देने योग्य बात ये है कि ऐसा करते हुए ये इन्फ़्लुएंसर सीधे तौर पर इसमें शामिल नहीं होते। ये लोग अक्सर मोदी सरकार की नीतियों के लिए ज़मीन तैयार करते हैं। किसी बड़े मुद्दे पर पहले से ही माहौल बनाते हैं, ताकि जब सरकार फैसला ले, तबतक एक बड़ा वर्ग पहले से ही समर्थन करने को तैयार हो और 'वाह-वाह!' का इतना शोर उठे कि विरोध की सभी आवाज़ें दब जाए। ऐसा ही एक उदाहरण तब देखने को मिला जब मोदी सरकार ने भारतीय संविधान के अनुच्छेद 370 को हटाने का फैसला किया और जम्मू-कश्मीर की स्वायत्तता समाप्त कर दी। ज़्यादातर लोग हैरान थे कि ये फैसला इतनी जल्दी और बिना इस मुद्दे से जुड़े ज़रूरी लोगों से बात किए कैसे लिया गया। लेकिन भाजपा के समर्थकों ने इस क़दम का मज़बूती से समर्थन किया क्योंकि उन्हें बहुत पहले से ये बताया जा रहा था कि राज्य का स्पेशल स्टेटस ख़त्म करने से स्थानीय कश्मीरी हिंदू अपनी 'वापसी की लड़ाई' लड़ सकेंगे।[13]

इस तरह से काम करने वाले इन्फ़्लुएंसर अक्सर ऐसी बातों को भी आगे बढ़ाते हैं, जो पार्टी अपने झंडे तले, खुले मुंह से नहीं कह सकती।

उदाहरण के तौर पर, अक्टूबर 2022 में उस वक़्त की दिल्ली सरकार के मंत्री राजेन्द्र पाल गौतम ने एक कार्यक्रम में हिस्सा लिया। इस कार्यक्रम में 10,000 लोगों ने बौद्ध धर्म अपनाया था। इस दौरान, बौद्ध धर्म से जुड़ रहे सभी लोगों को वो शपथ दिलायी गयीं, जो डॉ. भीमराव आंबेडकर ने अपने अनुयायियों को बौद्ध धर्म की दीक्षा के वक़्त दिलायी थीं। इस पर भाजपा ने आम आदमी पार्टी के राजेन्द्र पाल को जमकर घेरा।

भाजपा ने इस कार्यक्रम को पकड़ लिया और इसके वीडियो ख़ूब दिखाये। उन्होंने इस कार्यक्रम और राजेन्द्र पाल को 'हिंदू-विरोधी' कहना शुरू कर दिया।[14] मीडिया की कई रिपोर्ट्स में इस आलोचना को 'सोचा समझा अभियान' बताया।[15] संदीप ने इस मामले को अपने एक वीडियो का विषय बनाया और एक कदम आगे बढ़कर सत्तारूढ़ आम आदमी पार्टी को 'ईसाईयत' का एजेंट बता दिया।[16] उन्होंने राजेन्द्र पाल और आंबेडकर के अनुयायियों को जमकर लताड़ा। संदीप ने उन्हें म्लेच्छ तक कहा, जो असल में एक जातिवादी टिप्पणी है।[17] संदीप ने कहा कि 'ये नव-बौद्ध' ईसाईयों जैसे ही हैं और एक तरह से 'अब्राहमिकों' के एजेंट हैं।

संदीप जिस तरह से नव-बौद्धों और दलितों के बारे में बोल रहे थे, भाजपा ऐसी बातें कभी नहीं बोल सकती थी। ऐसी स्थिति इसलिये भी थी क्योंकि भाजपा ख़ुद दलित समुदाय को ख़ुश करने के प्रयास में लगी हुई थी।[18] लेकिन संदीप ऐसा कर सकते थे और उनका ऐसा करना भाजपा को फ़ायदा पहुंचा सकता था। संदीप का ये भाषण, भाजपा को दिल्ली में आम आदमी पार्टी का विरोध करने वाली एकमात्र पार्टी बता रहा था, जिससे हिंदू वोटर उनके पक्ष में आ सकते थे।

एक ऐसे समय में, जब हिंदुत्व ने इस तरह का प्रभाव बनाया हुआ है और मुख्यधारा की राजनीतिक विचारधारा भी यही है, ऐसी बातें करना संदीप को आर्थिक फ़ायदा भी पहुंचाता है। सोशल ब्लेड, एक अमेरिकी वेबसाइट जो सोशल मीडिया एनालिटिक्स पर नज़र रखती है, के अनुसार संदीप का यूट्यूब चैनल, 'इंडिया स्पीक्स डेली', अपने फ़ॉलोवर्स और रीच के दम पर सालाना क़रीब 25,00,000 रुपये कमाता है।[19]

इसीलिए, इस बात पर भी आश्चर्य नहीं होता है कि हिंदुत्व का संदेश ऑनलाइन फैलाने का जो काम संदीप कर रहे हैं, वही और भी यूट्यूब इन्फ़्लुएंसर करने की फ़िराक़ में हैं।

फ़र्स्ट-ड्राफ़्ट एक वैश्विक ग़ैर-लाभकारी संस्थान है, जो सोशल मीडिया पर तथ्यात्मक रूप से ग़लत ख़बरों की ख़बर रखता है। इसी फ़र्स्ट-ड्राफ़्ट ने जुलाई 2021 की अपनी एक रिपोर्ट में बताया कि भारत में यूट्यूब पर इस्लाम को ग़लत रोशनी में दिखाने वाला कॉन्टेंट तेज़ी से फल-फूल रहा था और इसने दर्शकों को प्लेटफ़ॉर्म पर मौजूद और भी मुस्लिम-विरोधी वीडियोज़ तक पहुंचाया है।[20] इन्होंने ऐसा कॉन्टेंट भी पाया था जिसमें कोविड-19 जैसी महामारी फैलाने के लिये मुसलमानों को दोषी ठहराया और ये यूट्यूब पर ख़ूब चल रहा था।

इसी तरह, जून 2022 में, न्यू यॉर्क यूनिवर्सिटी स्टर्न सेंटर फ़ॉर बिज़नेस एंड ह्यूमन राइट्स की एक रिपोर्ट में बताया गया कि 45 करोड़ यूज़र्स वाले 'इंडिया में यूट्यूब का सबसे ज़्यादा ग़लत इस्तेमाल' सत्तारूढ़ भाजपा के समर्थकों और दूसरे दक्षिणपंथी हिंदू राष्ट्रवादी समूहों द्वारा मुसलमानों को निशाना बनाने के लिए किया जा रहा है।[21] जैसा कि संदीप कर रहे थे।

अपने वीडियोज़ के ज़रिये वो भाजपा को कई तरीक़ों से फ़ायदा पहुंचाते हैं। ऐसे इक्का-दुक्का दिन ही होते हैं जब पार्टी की आलोचना की जा रही होती है। ऐसे दिनों में

संदीप मामले को ऐसे मोड़ते हैं कि आलोचना को किनारे रख दिया जाता है। ऐसा करने के क्रम में तथ्यों को मनमुताबिक़ पेश किया जाता है और उन्हीं घटनाओं के बारे में बात की जाती है, जो काम बना सकती हैं।

जून 2020 में, लद्दाख की गलवान घाटी में, एलएसी (लाइन ऑफ़ एक्चुअल कंट्रोल) पर तैनात भारतीय और चीनी सैनिकों में झड़प हो गयी। इस झड़प में बीस भारतीय जवान शहीद हुए और कई घायल हुए। लेकिन, चीनी पक्ष ने अपने ओर की सैन्य मौतों की जानकारी देने से मना कर दिया। इसके चलते उनके पक्ष को कितनी क्षति पहुंची थी, इसकी सही-सही जानकारी पाना मुश्किल हो गया। कई दशकों में, शांतिकाल में भारतीय सेना पर हुए हमलों में ये सबसे बड़ा था। इन हमलों के तुरंत बाद विपक्षी पार्टियों और कई सैन्य विशेषज्ञों ने चीनी आक्रामकता से निपटने में पारदर्शिता की कमी को लेकर मोदी सरकार की आलोचना भी की थी। सरकारी तंत्र में शामिल बहुत से लोग चाहते थे कि जल्दी से जल्दी इस हिंसक झड़प में भारतीय सेना को 'विजयी' होने का तमगा मिल जाए। मोदी सरकार में मंत्री और पूर्व आर्मी चीफ़ जनरल वी.के. सिंह (रिटायर्ड) ने बताया कि उस झड़प में चालीस से ज़्यादा चीनी सैनिक मारे गये थे।[22] वहीं उत्तरी सेना कमांडर जनरल, लेफ़्टिनेंट वाई.के. जोशी ने कहा कि चीनी पक्ष में कम से कम पैंतालीस जवान मारे गये थे।[23]

सरकार को समर्थन करने वाले न्यूज़ चैनल और सोशल मीडिया हैंडल्स पर कई ऐसे दावे किये जा रहे थे जिनका कोई ठोस आधार नहीं था। वो लगातार यही कह रहे थे कि चीनी खेमे को बड़ी क्षति पहुंची थी।[24,25] सरकारी अधिकारी मरने वाले चीनी सैनिकों की सख्या चालीस से लेकर सौ तक बता रहे थे।[26]

कुछ मामलों में तो न्यूज़ एंकर भी वायरल व्हाट्सअप मैसेजों का हवाला देते हुए ये दावा कर रहे थे कि भारतीय सैनिकों के हाथों चीन को भारी नुकसान उठाना पड़ा था।[27] ये सब कवायद इसलिए हो रही थी ताकि सरकार की आलोचना पर किसी तरह लगाम लगायी जा सके और मोदी सरकार जिस राष्ट्रवाद को अपनी ढाल बनाकर चलती थी, वो सलामत रहे। इन सभी तथ्यहीन दावों के बीच, फ़ैक्ट-चेक करने वाले ओवरटाइम काम कर रहे थे।[28]

आठ महीनों के बाद, फ़रवरी 2021 में, अंततः चीन ने ये स्वीकारा कि उस झड़प में उनके चार जवान मारे गए थे। कहां 100 मौतों की बात हो रही थी और कहां मामला चार पर आ गया था। लेकिन देव को इसकी बहुत चिंता नहीं थी।

संदीप ने अपने चैनल के लाइव वीडियो में, जवानों की मौत के चीनी क़ुबूलनामे को भारत की जीत घोषित कर दिया, भले ही जितनी मौतों का दावा किया जा रहा था, उसका एक बहुत ही छोटा हिस्सा असल आंकड़ा था। उन्होंने इस क़ुबूलनामे के आधार पर सरकार की आलोचना करने वालों को भी लताड़ना शुरू कर दिया। उन्होंने उन फ़ैक्ट-चेकर्स को भी निशाना बनाया, जो निराधार दावों की पड़ताल कर रहे थे।

उनका लाइव बड़े-बड़े दावों से शुरू हुआ। उन्होंने बताया कि चीन का प्रोपेगेंडा उसी देश की एक बड़ी सी बिल्डिंग से चलता है और कैसे चीन ने इंडिया के साथ-साथ दुनियाभर में अपने एजेंट फैला रखे हैं।[29] जब वो ये दावे कर रहे थे, स्क्रीन पर उनके चेहरे के साथ 2008 की खींची हुई एक तस्वीर आती है, जिसमें राहुल गांधी चीन के प्रधानमंत्री शी जिनपिंग से हाथ मिला रहे थे। उन्होंने वीडियो में कहा कि राहुल गांधी 'चाइनीज़ एजेंट नंबर वन है और एक अम्ब्रेला एजेंट है... और वो चीन के पक्ष में लगातार बोलता रहता है।'

अपने इन दावों के लिए वो कोई भी सुबूत सामने नहीं रखते हैं। वो राहुल गांधी के एक बयान की ओर इशारा करते हैं, जिसके बारे में मीडिया ने बताया था कि उन्होंने भारतीय जवानों के हथियारबंद न होने की आलोचना की थी।[30] इस पर संदीप कहते हैं कि चीन ने माना है कि उनके चार जवान मरे थे, ये बताता है कि 'गर्दनें उनकी टूटी थीं।' चीन ने 4 जवानों की मौत को क़ुबूल किया था, इस आधार पर संदीप ने राहुल गांधी को ग़लत साबित कर दिया और कहा कि राहुल का प्रोपेगेंडा फेल हो गया। लेकिन संदीप ने एक बार भी इस बात का ज़िक्र नहीं किया कि भारतीय सेना के 20 जवान शहीद हो गये थे। और इस तरह, संदीप ने सारा ध्यान झूठे दावों, तथ्यहीन रिपोर्टिंग और भारतीय खेमे को पहुंचे नुकसान से हटाकर विपक्ष पर ला दिया, जिनपर सभी लम्बे समय से हमलावर रहे ही हैं।

जैसे-जैसे वीडियो आगे बढ़ता है, ऑडियंस सकारात्मक प्रतिक्रिया देती रहती है। कमेंट सेक्शन गुलज़ार दिख रहा है। चंद्रभान पांडेय नाम का एक यूज़र कमेंट करता है, 'ऐसी क्या चीज़ है जो हमें इन गद्दारों को फांसी देने से रोक रही है?' एक और कमेंट कहता है कि ऑल्ट-न्यूज़, जो एक फ़ैक्ट-चेकिंग एजेंसी है और जिसका संदीप अक्सर ज़िक्र करते हैं, पर तुरंत बैन लगा देना चाहिये। इससे पहले ऑल्ट न्यूज़ ने ऐसे कई फ़र्ज़ी दावों की पोल खोली थी जो दर्जनों चीनी सैनिकों की मौत की भ्रामक ख़बर बता रहे थे। एक और यूज़र कहता है कि बीबीसी को भी भारत में बैन कर दिया जाना चाहिये। कई

लोग राहुल गांधी को जेल में डालने की बात कहते हैं, कई उन्हें गद्दार कहते हैं और बाक़ी उन्हें और भी बुरी बातें बोलते हैं। सैंतीस मिनट के इस लाइव में 150 से ज़्यादा लोगों ने कमेन्ट किया और इसे कुछ ही मिनटों में 35,000 से ज़्यादा व्यूज़ मिले।

संदीप का काम हो गया था।

~

संदीप के भाषण अक्सर बेहद सोच-समझकर तैयार किए गए परफ़ॉरमेंस जैसे लगते हैं, जो डर, गुस्सा, नफ़रत और राहत जैसी अलग-अलग भावनाएं जगाते हैं। आमतौर पर, उनके भाषण की शुरुआत किसी दुश्मन के खिलाफ डर और गुस्से से होती है। ये दुश्मन कोई विपक्षी नेता, मुस्लिम समुदाय, पश्चिमी देश या फिर मीडिया, कोई भी हो सकता है। धीरे-धीरे, संदीप अपनी बात आगे बढ़ाते हैं और साथ ही दर्शकों के गुस्से को भी बढ़ाते हैं। जिस मौके पर वो वीडियो बना रहे होते हैं, उसी के अनुसार वो ऐसा माहौल बनाते हैं जिससे उन्हें देख रहे लोगों को महसूस हो कि उनके साथ धोखा हुआ है या वो किसी खतरे में हैं या फिर उन्हें सताया गया है।

ये डर और गुस्सा धीरे-धीरे चरम पर पहुंचता है। लाइव कमेंट्स में लोग उस मुद्दे का कोई उग्र समाधान सुझाने लगते हैं और अपनी बेबसी ज़ाहिर करते हैं। अगर उन्हें लगता है कि संदीप उनसे सहानुभूति रखेंगे, तो वो ग़लत हैं। संदीप उन्हें डांटते हैं, लगभग ताना मारते हुए कहते हैं कि बस कमेंट करने से कुछ नहीं होगा। वो पूछते हैं, 'इस दुश्मन से लड़ने के लिए आप कर क्या रहे हैं?' सवाल में ही जवाब छिपा होता है: कुछ नहीं।

लेकिन मैं कुछ कर रहा हूं, वो कहते हैं। वो बताते हैं कि उन्होंने क्या-क्या किया है। पब्लिशिंग हाउस, जो किताबें छापता है, जो ट्रेनिंग सेंटर्स वो खोलना चाहते हैं, जो ई-कॉमर्स वेबसाइट उन्होंने बनाई है। वो दोबारा पूछते हैं, 'आप क्या कर रहे हैं?' क्या बस वीडियो देखते रहना काफ़ी है? संदीप कहते हैं कि वो हिंदुओं की रक्षा करने की कोशिश कर रहे हैं और एक हिंदू इकोसिस्टम बना रहे हैं। पूरी तरह से अपने दम पर।

संदीप अपने दर्शकों के गुस्से और डर में, अब अपराधबोध भी भरने की कोशिश करते हैं। वो इन भावनाओं को अपने भाषण के दौरान पनपने देते हैं। और फिर आख़िर में, जब भाषण खत्म होने वाला होता है, वो एक समाधान पेश करते हैं। वो कहते हैं कि उन्हें फ़ंड किया जाए, पैसों से उनकी मदद की जाए। एक बार, अपनी बातचीत के बीच

में उन्होंने इसी सन्दर्भ में कहा था, 'जिस तरह शरीर के लिए खाना फ़्री नहीं होता, वैसे ही सोच के लिए खाना फ़्री कैसे हो सकता है?'

वीडियो के अंत तक, जो दर्शक गुस्से में, डरे हुए और इस लड़ाई के विचार से थक चुके होते हैं, उन्हें संदीप एक आसान रास्ता दिखाते हैं कि उन्हें खुद युद्ध नहीं लड़ना।

उन्हें बस संदीप का साथ देना है। वही उनका योद्धा है। वही उनके लिए लड़ेगा।

एक झलक, एक चेतावनी और एक दुश्मन: वो पकड़ जो संदीप को बल देती है

ये बात 2021 के स्वाधीनता दिवस से बस कुछ ही दिनों पहले की है। इतवार की सुबह संदीप दिल्ली के प्रदर्शन स्थल जंतर-मंतर जा रहे थे। उनके साथ उनके स्टाफ़ का एक सदस्य भी था।

जंतर-मंतर दिल्ली के केंद्र में स्थित अट्ठारहवीं शताब्दी में बनी वो जगह है जिसे बनाया तो खगोलीय वेधशाला के लिए गया था लेकिन अब यहां हर प्रकार के धरने-प्रदर्शन होते हैं।

इस सुबह जंतर मंतर पर भारत जोड़ो नाम से एक सार्वजानिक रैली होने वाली थी। ये प्रदर्शन भारतीय क़ानून व्यवस्था से अंग्रेज़ों के ज़माने के क़ानूनों को हटाने के लिये किया जा रहा था। अंग्रेज़ों के ज़माने के क़ानून कि आड़ लेकर मामला कुछ और ही करने का था। इसके तार हिंदू दक्षिणपंथ से जुड़े थे। इस प्रदर्शन के ज़रिये, भाजपा के नेता अश्विनी उपाध्याय धर्म-आधारित क़ानूनों को हटाकर समान नागरिक संहिता की ज़मीन तैयार करना चाह रहे थे, जो हिंदू दक्षिणपंथ की एक पुरानी डिमांड रही है। मुस्लिम पर्सनल लॉ को लेकर इस पर न जाने कबसे बात चल ही रही थी।

अपनी पसंदीदा पीली शर्ट और बादामी रंग का, कपड़े का मास्क लगाकर संदीप रैली की ओर बढ़ चले। रास्ते में उन्हें मालूम चला कि पुलिस ने इस रैली की लोकेशन

आख़िरी समय में बदल दी थी और उस जगह तक पहुंचने के लिए किसी भी गाड़ी को जाने की इजाज़त नहीं थी। इसके चलते, मजबूरन, संदीप को 2 किलोमीटर चलना पड़ा। इस 2 किलोमीटर चलने वाली बात को, संदीप ने अपने शाम के लाइव में अनेक बार दोहराया, जिससे लोगों को उनकी निष्ठा और प्रतिबद्धता का सुबूत मिलता रहे और लोगों को ये भी मालूम चलता रहे कि रैली को कुचलने के लिए सरकार ने क्या-क्या प्रयास किये थे।

रैली के कुछ घंटों बाद संदीप अपने चैनल पर लाइव थे। वो अश्विनी उपाध्याय, इस प्रदर्शन के मुख्य आयोजक, का इंटरव्यू ले रहे थे।

अश्विनी उपाध्याय भाजपा के एक कम लोकप्रियता रखने वाले नेता है और दिल्ली से सुप्रीम कोर्ट के वकील भी हैं। वो संदीप के चैनल पर अक्सर आया करते हैं। बहुत वक़्त तक अश्विनी अपनी पहचान के तौर पर ये बताते थे कि आम आदमी पार्टी के 'संस्थापक सदस्यों' में से एक वो भी थे। उन्हें केजरीवाल की आलोचना करने पर, 'पार्टी-विरोधी गतिविधियों' में संलिप्त पाये जाने के चलते निष्कासित कर दिया गया था। इसके छह महीने बाद उन्होंने भाजपा का दामन थाम लिया था।

उन्हें भले ही टीवी चैनलों पर प्राइम-टाइम डिबेट के कार्यक्रमों में नहीं बुलाया जाता हो, वो संदीप के चैनल पर अक्सर आया करते थे। ये रिश्ता पूरी तरह से लेन-देन वाला था। अश्विनी इस चैनल के ज़रिये अपने काम के बारे में बात करते थे, जो ज़्यादातर हिंदुत्व के उद्देश्यों से जुड़ी पीआईएल फ़ाइल करने तक सीमित रह गया था। वहीं संदीप, इन वीडियोज़ में अश्विनी को एक 'पुराना मित्र' कहते रहते हैं और यूं वो भाजपा के चेहरों के साथ अपनी नज़दीकी दिखाकर दर्शकों के बीच अपनी छवि मज़बूत कर लेते हैं।

अश्विनी हिंदू दक्षिणपंथ के अंदरखाने में एक मिली-जुली अहमियत रखते हैं। वो भले ही बहुत लोकप्रिय नहीं हैं लेकिन कई लोगों का मानना है कि उनकी दायर की गयी पीआईएल के चलते सरकार हिंदुत्व के एजेंडे पर बात कर पाती है। एक डिजिटल न्यूज़ चैनल ने तो अश्विनी का परिचय करवाते हुए कहा, 'उनकी पीआईएल सरकार को क़ानून बनाने में मदद करती है।'[1]

संदीप, अश्विनी के परिचय में कहते हैं कि उन्होंने मोदी सरकार के काम करने से बहुत पहले आर्टिकल 370 को हटाने और ट्रिपल तलाक़ बैन करने को लेकर सुप्रीम कोर्ट में याचिकाएं दायर की थीं।

इस शाम हो रही बातचीत की परिस्थितियां कुछ अलग थीं। जंतर मंतर पर हुआ विरोध प्रदर्शन सुर्खियों में तो आया, लेकिन गलत कारणों से। अश्विनी ने सरकार पर अपनी मांगें मनवाने का दबाव डालने के लिए इस आंदोलन का आह्वान किया था। हज़ारों लोग जमा भी हुए, लेकिन शुरुआत में जो मुद्दा था, समय बीतते-बीतते वही बदल गया। इस सभा में उग्र हिंदू दक्षिणपंथी संगठनों के सदस्य शामिल हो हुए थे। उन्होंने मुसलमानों के खिलाफ नरसंहार की बातें कहनी शुरू कर दीं।[2] एक वीडियो क्लिप में 20 से 30 साल की उम्र के कुछ युवक जोशीले नारों में राम का नाम लेते हुए मुसलमानों को मारने की धमकी देते दिखे।[3] एक और वीडियो में वही लोग बाकी हिंदुओं से मुसलमानों का आर्थिक बहिष्कार करने की अपील कर रहे थे।[4] खुद अश्विनी ने भी एक भाषण दिया, जिसमें उन्होंने 1990 के दशक की शुरुआत में जम्मू-कश्मीर से कश्मीरी हिंदुओं के पलायन की तुलना पश्चिम बंगाल की स्थिति से की। ये ऐसी तुलना है जो कई बीजेपी नेताओं द्वारा तृणमूल कांग्रेस-शासित राज्य की हिंसा की आलोचना में की जाती रही है।

पिछले कुछ महीनों से अश्विनी 222 'काले औपनिवेशिक कानूनों' को रद्द करने की मांग का नेतृत्व कर रहे थे। इनमें 1860 की भारतीय दंड संहिता भी शामिल थी, जो देश की आपराधिक न्याय प्रणाली की नींव मानी जाती है। उनकी मांग थी कि इन कानूनों को दोबारा लिखा जाए, ताकि वे आज की ज़मीनी परिस्थितियों के अनुरूप काम कर सकें। उनकी ये मांगें राजनीतिक ज़मीन पर ही खड़ी थीं। जिन नए कानूनों की उन्होंने वकालत की, उनमें पांच तो साफ़तौर पर हिंदू दक्षिणपंथी राजनीति के अनुरूप थे। इसमें जनसंख्या नियंत्रण के लिए नया कानून और सभी धार्मिक समुदायों के लिए समान नागरिक संहिता, जो संघ परिवार की प्रमुख मांगों में है, मुख्य थीं। उन्होंने एक समान शिक्षा संहिता की भी मांग की, जो इस्लामी शिक्षण संस्थानों, खासकर मदरसों पर परोक्ष हमला ही था।

उस दिन, जो लोग अब तक उनकी राजनीति का समर्थन करते आए थे, वे सब जंतर मंतर पर सक्रिय हो उठे थे।

सोशल मीडिया पर कई हेट-स्पीच और नफ़रती नारे वायरल हो रहे थे, जिससे लोगों में आक्रोश भी फैल रहा था। जब ये विरोध प्रदर्शन खबरों में छा गया, तो मोदी सरकार पर, जो दिल्ली पुलिस को भी कंट्रोल करती है, दबाव बढ़ने लगा। इस घटना से महज़ दो हफ़्ते पहले, अमेरिका के तत्कालीन विदेश मंत्री एंटनी ब्लिंकन ने मोदी को ये साफ़ संकेत दे दिया था कि अमेरिका भारत में बिगड़ती मानवाधिकार स्थिति पर नज़र रख रहा था।

बढ़ते दबाव के बीच, उसी शाम, अश्विनी संदीप के शो पर नज़र आए। ये उन गिने-चुने शो में से एक था जिनमें वे दिखे।

~

सबसे पहले संदीप स्क्रीन पर नज़र आये। उनके चेहरे पर चिंता और बेचैनी के भाव थे।[5] उन्हें अश्विनी से शिकायत थी। लेकिन ये शिकायत उन नफ़रत भरे नारों को लेकर नहीं थी। उन्होंने पूछा, 'विरोध प्रदर्शन को ज़्यादा संगठित तरीके से क्यों नहीं किया गया? लोग कपड़े लेकर आए थे, सोचकर कि तीन-चार दिन रुकेंगे, लेकिन प्रदर्शन तो आधे दिन में ही ख़त्म हो गया।'

इस पर अश्विनी उपाध्याय ने माफी मांगी और इसका दोष दिल्ली पुलिस पर डालते हुए कहा कि पुलिस ने ऐन मौके पर विरोध स्थल बदल दिया और सड़कों को इस तरह से बंद किया कि प्रदर्शनकारियों को वहां पहुंचने से रोका जा सके। संदीप ने इस पर भी सहमति जतायी। उन्होंने बताया कि उन्हें खुद कई किलोमीटर पैदल चलना पड़ा था।

इसके बाद अश्विनी ने कहा कि उनके आंदोलन को नाकाम करने की एक 'साज़िश' की गयी थी। इस पर संदीप ने अपनी सहमति जतायी। असल में, दोनों ही बातों को घुमा-फिराकर कह रहे थे, लेकिन धीरे-धीरे साफ़ होने लगता है कि इशारा किस ओर था – मोदी सरकार और उसकी दिल्ली पुलिस की तरफ़। जैसे-जैसे बातचीत आगे बढ़ी, दिखाई देने लगता है कि संदीप अश्विनी से भी ज़्यादा गुस्से में थे। उन्होंने कहा, 'मैं किसी का नाम नहीं लेना चाहता, लेकिन सरकारें सिर्फ़ चुनाव से पहले हिंदुओं की समस्याओं की ओर इशारा करती हैं और नकारात्मकता फैलाती हैं ताकि वोट मिल जाएं। लेकिन वो कुछ हल नहीं करतीं।' इसके बाद उन्होंने ये भी जोड़ दिया कि क्रांतिकारी चंद्रशेखर आज़ाद को भी उनके अपने लोगों ने ही धोखा दिया था।

संदीप की बातों से उत्साहित होकर अश्विनी उपाध्याय ने भी मोदी सरकार पर एक तंज़ कस दिया। उन्होंने कहा, 'लोगों को समझ में आ गया है कि उन्हें मूर्ख बनाया गया है। उन्हें बार-बार बस यही याद दिलाया जाता है कि मुग़ल बादशाहों ने क्या किया था।' इसके बाद, बगैर अपने भाव बदले, उन्होंने कहा, 'अब लोग परमानेंट समाधान चाहते हैं।'

संदीप ने तुरंत ये बात पकड़ी। उन्होंने कहा, 'मैं समाधान देने की दिशा में ही काम कर रहा हूं।' फिर उन्होंने लिस्ट गिनानी शुरू की, 'एक ऐप के ज़रिए, पब्लिकेशन के ज़रिए, ई-कॉमर्स के ज़रिए। हमें हिंदुओं को एक समाधान देना होगा, नहीं तो कुछ नहीं बदलेगा।'

इन दोनों की दुनिया में 'समाधान' का मतलब अलग-अलग हो सकता है। संदीप के लिए ये एक 'सांस्कृतिक युद्ध' है, जिसमें ज़्यादा किताबें, वीडियो, वैदिक शिक्षा जैसे साधन शामिल हैं। वहीं अश्विनी के लिए इसका मतलब है जनसंख्या नियंत्रण कानून, 'छलपूर्वक धर्मांतरण' के खिलाफ़ कानून की मांग या 6 से 14 साल तक के बच्चों के लिए स्कूलों में योग को अनिवार्य करना।

लेकिन बात की तह में जाएं तो संदेश साफ़ है कि हिंदू पहचान को और मज़बूत करना है और 'दुश्मन' को सामने लाना है। ऐसा चाहे किताबों के ज़रिए हो या कानून के ज़रिए।

फिलहाल, इन दोनों को एक और लड़ाई लड़नी है, अपने ही लोगों के बीच। अश्विनी और नारे लगाने वालों पर कार्रवाई की मांग बढ़ रही थी। उसी रात गृहमंत्री अमित शाह के अधीन दिल्ली पुलिस ने अश्विनी और छह अन्य लोगों के ख़िलाफ़ FIR और जांच की घोषणा कर दी।

50 मिनट की बातचीत के आख़िर में दबाव दिखने लगता है और अश्विनी की आंखों में आंसू आ गये।

संदीप ने उनसे कहा कि वो हिम्मत न हारें। उन्होंने कहा कि सुबह की उस सभा ने 'लोगों में थोड़ी उम्मीद तो जगायी ही थी।' दोनों में से किसी ने भी नफ़रत भरे नारों की बात नहीं की। न ही किसी से उनकी निंदा की गयी। इसकी बजाय, संदीप ने उस प्रदर्शन में शामिल सभी लोगों को 'शुद्ध, सनातनी, 24 कैरेट हिंदू' बताया।

~

ये संदीप के लिए एक मुश्किल स्थिति थी।

अगर ये प्रदर्शन और उसके बाद अश्विनी उपाध्याय पर होने वाली पुलिसिया कार्रवाई किसी विपक्षी पार्टी द्वारा शासित प्रदेश में हुई होती तो उनके पास सारी बातें तैयार होतीं। वो पुलिस पर पक्षपाती और 'हिंदू-विरोधी' होने का आरोप भी लगा सकते थे।

लेकिन इस मामले में, अश्विनी के ख़िलाफ़ जिस प्रशासन ने कदम उठाया था, वो केंद्रीय मंत्री अमित शाह के अंडर काम करता है। उनकी कार्रवाई पर सवाल उठाने का

मतलब था अमित शाह पर उंगली उठाना और वो तो हिंदू राष्ट्रवादियों के लिए लगभग पूजनीय थे।

फिर उन्होंने क्या किया? अगले दिन संदीप अपने यूट्यूब चैनल पर वापस दिखे। उन्होंने दावा करना शुरू कर दिया कि वामपंथियों और लिबरल मीडिया संस्थानों ने 'साज़िशन' इस प्रदर्शन को 'एम समुदाय' के ख़िलाफ़ दिखाया है।[6] उन्होंने कहा कि उनके पास 'बिन्दुवार प्रूफ़' हैं कि ये प्रदर्शन को बदनाम करने की एक बड़ी साज़िश थी। उन्होंने पत्रकार बरखा दत्त द्वारा आयोजित एक बातचीत का ज़िक्र किया और उसमें शामिल हर शख्स पर हमलावर होते हुए कहा कि वो सभी भाजपा के आलोचक हैं और इसीलिए उनकी बातों पर किसी भी प्रकार का विश्वास नहीं करना चाहिए।

पूरी लाइवस्ट्रीम के दौरान उन्होंने इस बात को बार-बार दोहराया। इसके बाद उन्होंने एक और पत्रकार, विनोद कापड़ी पर निशाना साधा। विनोद ने जंतर मंतर पर लगाये जा रहे भड़काऊ नारों का वीडियो शेयर किया था। संदीप के पास नारों के बारे में तो कहने के लिए कुछ नहीं था, लेकिन कापड़ी द्वारा उन्हें शेयर करना उन्हें अखर गया, उन्होंने कहा कि कापड़ी अपने ट्वीट जरिये हिंदू एकता को तोड़ने की 'साजिश' रच रहे थे।

ये सभी हथकंडे काम नहीं आये। अगले दिन, अश्विनी को पुलिस स्टेशन में बुलाया गया जहां उन्हें पूरा दिन बिठाये रखा। दिन बीतने पर, देर रात उन्हें गिरफ़्तार कर लिया गया।

संदीप के लिए ये गिरफ़्तारी एक निजी चोट थी। मोदी सरकार को लेकर उनका धैर्य ख़त्म होता जा रहा था। उन्हें समझ में आया कि वो भाजपा सरकार का बचाव करते हुए मीडिया पर अब और ज़्यादा आरोप नहीं लगा सकते थे।

उस शाम, जब वो ऑनलाइन आये, माहौल गर्म था।[7]

नेवी ब्ल्यू रंग की कॉलर वाली टी-शर्ट में संदीप हिले हुए नज़र आ रहे थे। उनकी टी-शर्ट इस्त्री नहीं हुई थी और उनकी दाढ़ी कुछ बढ़ी हुई थी। अपनी बढ़ी दाढ़ी के लिए उन्होंने माफ़ी भी मांगी। 'भाग-दौड़ कुछ ज़्यादा हो रही है, इसलिए आपके बीच असमय आ रहा हूं। शेविंग तक का समय नहीं मिल पा रहा।'

गिरफ़्तारी के बारे में बात करते हुए संदीप बताते हैं कि देर रात 3 बजे गिरफ़्तार किये गए अश्विनी के साथ 'एक अपराधी की तरह, आतंकी की तरह व्यवहार किया गया।'

इस शाम को जो बातें हुईं, वो इस बात के इर्द-गिर्द घूम रही थीं कि संदीप जैसे लोग हिंदू दक्षिणपंथ के पूरे तंत्र में भले ही छोटे खिलाड़ी हैं लेकिन वो बड़ा महत्व रखते है।

संदीप ने जिस तरह से दिल्ली पुलिस की आलोचना की थी, ये उस शाम को मिलने वाला पहला संकेत था कि किस तरह से उनकी बातें एक नाटकीय मोड़ लेने वाली थीं। उन्होंने अश्विनी की याचिकाओं के बारे में बात करनी शुरू की। अनुच्छेद 370 और ट्रिपल तलाक़ का भी ज़िक्र आया। उन्होंने कहा, 'सुप्रीम कोर्ट में अश्विनी उपाध्याय ने पीआईएल सरकार द्वारा लिए गए फैसलों से काफी पहले दी थी। लेकिन फैसलों का श्रेय मोदी और शाह को ही मिला, उनके किसी नेता को नहीं।' इसके बाद उन्होंने कहा कि अश्विनी ने जब वो मुद्दे उठाने शुरू किये जो संघ परिवार के नज़दीक हैं, पार्टी ने अश्विनी को अकेले छोड़ दिया। इसके बाद उन्होंने पार्टी नेतृत्व की आलोचना तो की लेकिन किसी भी मौके पर कोई ऐसी बात नहीं की जो आगे जाकर भारी पड़े।

जिस जगह उनका वीडियो दिख रहा था, उसके बगल में लाइव चैट विंडो थी, जो ये बताती है कि ठीक उसी समय उनके दर्शकों के दिमाग में क्या चल रहा था। ऐसे दिनों में ये लाइव चैट विंडो दिखाती है कि संदीप अपने फ़ॉलोवर्स पर कैसी मज़बूत पकड़ रखते हैं। कुछ ही मिनटों में वहां हज़ारों लोगों ने उनके साथ सहमति जतानी शुरू कर दी और भाजपा के शीर्ष नेतृत्व की आलोचना का दौर शुरू हो गया। एक दर्शक ने लिखा कि वो 'MoSha पर और भरोसा नहीं कर सकता'। एक हिंदू ट्रैवलर वाले छद्म नाम के दर्शक ने साफ़ शब्दों में लिखा, 'मोदी तो ढोंगी निकला।' एक और दर्शक ने लिखा 'बीजेपी धोखेबाज़ निकली।'

ऐसी बातें संदीप के भीतर की आग में घी का काम कर रही थीं। उन्होंने कहा कि अगर कांग्रेस की किसी सरकार ने अश्विनी को गिरफ़्तार कर लिया होता तो हिंदू सड़क पर होते। 'लेकिन आज, मैं कुछ बोल नहीं सकता। क्योंकि हिंदू का मतलब है एक पार्टी, हिंदू का मतलब है एक व्यक्ति, हिंदू का मतलब है एक संगठन। इसके अलावा हिंदुत्व की बात करने का किसी को अधिकार नहीं है।'

उन्होंने अपनी बात करने के क्रम में कहा, 'विकल्पहीनता की परिस्थिति निर्माण की गयी है।'

एक यूज़र ने चैट में कहा, 'मुल्ला मोदी।'[8]

संदीप ने वो कर दिखाया था, जो वो करने चले थे। सरकार के ख़िलाफ़ गुस्सा बढ़ रहा था।

जब संदीप भाजपा की आलोचना करते हैं, तब 'स्वतंत्र' होने का ये दिखावा एक हिंदुत्व के सिपाही और पत्रकार होने के नाते, उन्हें फायदा पहुंचाता है। सरकार की ऐसी आलोचना उनके फ़ॉलोवर्स को बताती है कि वो किसी से भी नहीं डरते हैं और न ही वो किसी से कोई मदद लेना चाहते हैं। समय-समय पर ऐसी आलोचना से उनकी भाजपा का विवेक रक्षक होने की छवि बनाती है और उनकी ऑडियंस को संदेश जाता है कि वो सच ही बोलेंगे, भले ही उसके लिए उन्हें अपनी ही पार्टी के ख़िलाफ़ जाना पड़ जाए।

संदीप ने जब ये वीडियो स्ट्रीम किया, उसके कुछ ही घंटों बाद, अश्विनी को ज़मानत मिल गयी।

~

संदीप की ताकत सिर्फ़ उनके तीखे राजनीतिक विचारों से नहीं आती। उनके फ़ॉलोवर्स के लिए संदीप एक राजनीतिक जानकार तो हैं ही, साथ ही एक आध्यात्मिक मार्गदर्शक भी हैं। वो एक साफ़-सपाट और निडर पत्रकार हैं, और साथ ही एक नैतिक रूप से सिद्ध परिवारिक व्यक्ति भी। वो सच्चे अर्थों में एक हिंदुत्व योद्धा हैं जो नैतिक, आध्यात्मिक कर्तव्यों और ज़िम्मेदारियों को एक जैसी सहजता से निभाते हैं।

अपने दीर्घकालिक लक्ष्यों को ध्यान में रखते हुए, संदीप ने खुद को इन सभी भूमिकाओं में स्थापित करने की पूरी कोशिश की है।

दिन के वक्त वाले अवतार में संदीप राजनीतिक घटनाओं पर अपनी तीखी राय रखते हैं और कई बार अपने ही खेमे पर हमला करने से नहीं चूकते। लेकिन रात होते ही वो एक अलग रूप में आ जाते हैं। एक आध्यात्मिक गुरु के रूप में। वो हिंदू पुराणों और धार्मिक ग्रंथों की बातें करते हैं। इसके लिए, उन्होंने एक अलग ही चैनल बनाया हुआ है जिसका नाम है, 'जर्नी विद संदीप देव'। इस चैनल पर हर रात वो हिंदू पुराणों की किसी एक कथा पर चर्चा करते हैं। ज़्यादातर कहानियां रामायण और महाभारत से ली जाती हैं। इसके बाद वो बताते हैं कि इन कहानियों से आज की ज़िंदगी में क्या सबक लिया जा सकता है। संदीप कभी-कभी इतिहास की ओर मुड़ते हैं, तो कभी धर्म की ओर।

एक रात, संदीप ने प्रह्लाद की कथा सुनानी शुरू की। दैत्यराज हिरण्यकश्यपु के पुत्र प्रह्लाद ने अपने राक्षस पिता का मार्ग नहीं अपनाया था, बल्कि विष्णु की भक्ति को चुना। एक राक्षस का बेटा, राक्षस न बनकर भक्त बन गया, ये किसी चमत्कार से कम नहीं था। संदीप मानते हैं कि ऐसा इसलिए हुआ क्योंकि नारद मुनि ने प्रह्लाद की मां कयाधु को गर्भावस्था में एक मंत्र दिया था। संदीप अपने दर्शकों को बताते हैं कि ये पहली बार था जब मनोविज्ञान का उपयोग गर्भ में पल रहे शिशु के संस्कार और सामाजिक व्यवहार को बदलने के लिए किया गया था और उसी के चलते एक राक्षस को भगवान के भक्त में बदला जा सका। इस कहानी से साबित होता है कि गर्भवती महिलाएं, बच्चे के संस्कारों को गढ़ सकती हैं। लेकिन आज के दौर में ये बातें भुला दी गई हैं, ऐसा कहते हुए संदीप ने अफ़सोस जताना शुरू कर दिया।

'आजकल एक नया फ़ैशन चल गया है... सरोगेसी मदर।' संदीप ने कहा कि ये उन मांओं के लिए ठीक है जो गर्भाधान में सक्षम नहीं हैं। 'लेकिन फ़ैशन में, कहीं हमारी बॉडी ख़राब हो जायेगी... प्रियंका चोपड़ा, शाहरुख़ खान की वाइफ़, अलग-अलग हीरोइन जो आप देख रहे हैं, ये लोग तो गर्भ में बच्चों को रखना भी नहीं चाहती।'

संदीप ने कहा कि ये पीढ़ी उस बात को उलट देना चाहती है जो प्रह्लाद की मां ने संभव कर दिखाया था। उन्होंने एक शैतान को इंसान में तब्दील कर दिया था। 'ये तो और भी दानव की प्रवृत्ति इन सबमें आती जा रही है।'

संदीप ज्ञान देने तक सीमित नहीं रहते हैं। वो अपने परेशान फ़ॉलोवर्स से सवाल भी लेते हैं। लोग उनसे अपनी समस्याएं, नैतिक पहेलियां और निराशाएं शेयर करते थे। मई 2022 की एक रात संदीप ने गुस्से में, चिलचिलाता हुआ भाषण दिया कि कैसे हिंदुओं ने अपने उन जैसे साथी हिंदुओं की मदद करनी ही बंद कर दी, जो धर्म के उद्देश्य के लिए कितनी मेहनत कर रहे हैं।

वो अपने दर्शकों को याद दिलाते हैं कि हिंदू धर्म में सृष्टि और रक्षा के देवता भगवान विष्णु ने प्रह्लाद के पिता हिरण्यकश्यप को मार दिया था, क्योंकि वो अपने बेटे की भक्ति के लिए ख़तरा बनता जा रहा था। संदीप इस कहानी को आज के हालात से जोड़ते हैं। प्रह्लाद की जगह वो यति नरसिंहानंद सरस्वती को रखते हैं, जो डासना मंदिर के महंत हैं। जनवरी 2022 में, इस वीडियो के चार महीने पहले, यति नरसिंहानंद को एक धार्मिक कार्यक्रम में दिए गए भाषण के लिए गिरफ़्तार किया गया था। यति ने मुस्लिमों के ख़िलाफ़ हिंसा की अपील की थी, ताकि भारत 'इस्लाम-मुक्त' हो सके।[9]

संदीप अभी-अभी यति नरसिंहानंद से मिलकर लौटे थे और बहुत ग़ुस्से में थे कि उनके साथ ऐसा बर्ताव हुआ। वो ग़ुस्से में कहते हैं कि हिंदू खुद अपने लोगों का साथ नहीं दे रहे। उनका ग़ुस्सा उत्तराखंड की बीजेपी सरकार पर था, जिसकी पुलिस ने यति को गिरफ़्तार किया। लेकिन उन्होंने मोदी सरकार को भी नहीं छोड़ा। उन्होंने इस बात पर भी नाराज़गी ज़ाहिर की कि सरकार ने यति नरसिंहानंद को घर वापसी कार्यक्रम की इजाज़त नहीं दी। ये मुसलमानों को हिंदू धर्म में परिवर्तित करने की योजना है। हिंदुत्व से जुड़ा तबका मानता है कि इस देश के मुसलमान पहले हिंदू थे जिनका ज़बरदस्ती धर्म बदलवाया गया था।

संदीप कहते हैं, 'ये वही सरकार है, जो यूएई का बादशाह अगर गुज़र जाए, उसके लिए भारत के झंडे झुका देती है, ये सरकार सोच रही थी कि ये हो गया तो उनकी बदनामी होगी।'

संदीप के ये शब्द दर्शकों को हिलाने के लिए काफ़ी थे। कोई पूछता है कि हम हिंदू ये लड़ाई कैसे जीतेंगे? एक कहता है कि वो यति नरसिंहानंद को पैसे भेजना चाहता है। एक और दर्शक कहता है कि अब वक्त आ गया है कि हिंदुओं के लिए अलग बैंक हो। संदीप इन सभी बातों से सहमत थे। उन्होंने बताया कि वो एक प्लान पर काम कर रहे थे, जिसमें हिंदू पीड़ितों को फाइनेंशियल हेल्प दी जाएगी। उन्होंने इस बारे में ज़्यादा जानकारी नहीं दी। उसकी ज़रूरत भी नहीं थी। इतनी ही देर में, स्क्रीन पर एक और चिंता भरा सवाल आया। संदीप अगले सवाल पर बढ़ गए। उनके साथ, उनके दर्शक भी।

~

बहुत से लोगों के लिए ये चिंता अब सिर्फ़ चिंता नहीं रही। बात अब अस्तित्व के सवाल पर आ गयी है। और संदीप को बार-बार दो भूमिकाओं के बीच झूलना पड़ता है। एक राजनीतिक ओपिनियन-मेकर और एक आध्यात्मिक गुरु की।

इसी महीने संदीप ने एक सवाल-जवाब का सेशन रखा। उन्होंने अपने दर्शकों से सवाल लेने शुरू किये। एक दर्शक ने हिंदू समाज को लेकर गहरी चिंता से भरा सवाल पूछा:

राष्ट्र की ओर लौटना है, एम की पुस्तकें पढ़नी ज़रूरी हो गयी हैं... चैन नहीं आ रहा है, पढ़ाई में मन नहीं लगता। कैसे बचें, ये सोचता रहता हूं।

संदीप ऐसे डर से कनेक्ट कर सकते हैं।

मार्च 2021 की एक गर्म दोपहर में, हम उत्तम नगर में मौजूद संदीप के ऑफिस-कम-न्यूज़रूम-कम-स्टूडियो में बैठे थे। उस दिन उनके दिमाग में भी कुछ ऐसे ही ख़याल चल रहे थे। बीते कई दिनों से लगातार मैं उनसे मिल रहा था। इससे पहले हमारी मुलाकातें कोविड की वजह से टलती जा रही थीं। ये हमारी आमने-सामने हुई बातचीतों का शुरुआती दौर था।

दोपहर ढल चुकी थी और अब तक उन्होंने दिन का लाइव वीडियो निपटा लिया था। इसके बाद हम लंच के लिए बाहर निकले। एक मिनट की दूरी पर ही हिमालय सागर नाम का एक रेस्टोरेंट था, और ये मालूम पड़ रहा था कि संदीप यहां अक्सर आया करते थे। जैसे ही मैनेजर ने उन्हें देखा, उनकी आंखों में चमक आ गयी। वो बड़े उत्साह के साथ हमारी टेबल पर आये और संदीप ने भी गर्मजोशी से उनसे बातें कीं। संदीप ने उस दिन की स्पेशल डिश के बारे में पूछा। मैनेजर ने झट से डिशेज़ की लिस्ट गिना दी। लेकिन कुछ भी संदीप को खास नहीं लगा। वो इधर-उधर देखने लगे, जैसे ध्यान कहीं और हो। फिर कुछ देर के सोच-विचार के बाद उन्होंने धीरे से ऑर्डर दिया। इस सबके बाद, अचानक उन्होंने वो सवाल पूछ लिया जो शायद हमारे रेस्टोरेंट में घुसने के बाद से ही उनके मन में चल रहा था। 'किचन में सब अपने ही लोग हैं न? वो लोग तो नहीं हैं?'

मैनेजर के चेहरे पर एक भरोसे भरी मुस्कान आयी और उन्होंने बताया कि किचन में सभी 'अपने' ही लोग थे। संदीप ने मुझे और अपने भाई अमरदीप की तरफ देखकर कहा, 'ये लोग थूकते हैं खाने में।'

ऐसी बातें संदीप के मन में गहराई से बसी हैं, भले ही वो बाहर से अक्सर खुद को इससे ऊपर दिखाने की कोशिश करते हों।

लेकिन, लगभग एक साल बाद, जब वो एक लाइव वीडियो में मार्गदर्शक की भूमिका निभा रहे थे, तब उन्हें खुद अपनी इन चिंताओं से ऊपर उठना पड़ा।

जैसे ही एक परेशान हिंदू दर्शक ने अपने डर जताए, संदीप ने तुरंत सिर हिलाकर नाखुशी जताई। उन्होंने टोकते हुए कहा, 'तुम खुद को विष्णु क्यों समझ रहे हो?' संदीप ने समझाने के लिए पुराणों का सहारा लिया। 'हिम्मत मत हारो। क्या कृष्ण ने कभी हिम्मत हारी, जब अर्जुन उनकी बात नहीं समझ पा रहा था?'

संदीप ने बगैर गहराई में जाए कहा, 'ये लड़ाई, हज़ार साल चलेगी। हम लोग चालीस-पचास साल में क्या ही कर लेंगे?'

ऐसी काउंसलिंग अब संदीप के लिए आम बात हो गई है। जब मार्च 2020 में देशभर में पहला लॉकडाउन लगा, तब संदीप को अपने दर्शकों से बहुत सारे फ़ोन और मैसेजेज़ आने लगे। इनमें ज़्यादातर लोग शादीशुदा थे।

संदीप ने बताया, 'बीवियां फ़ोन करके कहती थीं कि उनके पति दिनभर घर पर रहते हैं और लड़ते रहते हैं।' कोई और होता तो शायद ऐसे फ़ोन उठाने ही बंद कर देता। शुरू में संदीप ने भी यही किया।

'मैंने सोचा कि मैंने कौन सा काउंसलिंग सेंटर खोल लिया है?'

लेकिन मदद की इन गुहारों को अनसुना करके भी संदीप को चैन नहीं था। इस पर उनके रात वाले अवतार ने ड्राइविंग सीट पकड़ी और उन्होंने तय किया कि वो बोध कथाएं सुनाएंगे। ये ऐसी छोटी कहानियां होती हैं, जिनमें कोई नैतिक संदेश छुपा होता है। हर रात, संदीप अपने उत्तम नगर वाले घर से ऑनलाइन आने लगे और ये कहानियां सुनाने लगे। उन्हें किसी किताब की ज़रूरत नहीं पड़ती थी। बचपन में उन्होंने इतनी कहानियां पढ़ी थीं कि उन्हें सुनाना उनके लिए बेहद आसान था।

संदीप के लिए ये घरेलू झगड़ों को सुलझाने का एक सीधा और असरदार तरीका था। 'लॉकडाउन के उन दिनों में लोगों को नींद नहीं आती थी, वो परेशान और घबराए रहते थे।' लेकिन जब उन्होंने कहानियां सुनाना शुरू किया, तो ये दिक्कतें कम हो गईं, ऐसा संदीप का कहना है। 'लोगों ने मुझे बताया कि अब मेरी कहानी सुनने के बाद, उन्हें चैन की नींद आती है।'

संदीप समझते हैं कि यही उनकी खासियत है कि वो रोज़ की राजनीति से बाहर निकलकर ऐसे विषयों पर भी बात करते हैं। और ये उन्हें यूट्यूब के तमाम बाकी 'इन्फ्लुएंसर्स' और हिंदुत्व योद्धाओं से अलग बनाता है। वो कहते हैं, बाकी लोग उस मकसद के लिए लड़ ही नहीं रहे, जिसके लिए संदीप लड़ रहे हैं। ज़्यादातर 'बिक चुके हैं'। कोई शोहरत के लिए, कोई किसी पार्टी के लिए, कोई पैसों के लिए बिक चुका है।

'ज़्यादातर लोग रात में आकर राजनीति पर ज़ोरदार एनालिसिस देते हैं। क्यों? क्योंकि तब एनआरआई लोग जागते हैं, और उस समय उनकी व्यूवरशिप सबसे ज़्यादा होती है।' लेकिन संदीप कहते हैं कि वो ऐसा नहीं करते। 'क्योंकि मैंने देखा कि भारत में जो मेरे

दर्शक हैं, उन्हें रात में ऐसी खबरें और विश्लेषण सुनने से नींद नहीं आती थी, वो बेचैन हो जाते थे।' इससे हो रहे आर्थिक नुकसान के बावजूद संदीप कहते हैं कि वो रात में ऐसे शो नहीं करेंगे, क्योंकि इसका असर उनके दर्शकों पर पड़ता है।

हालांकि मार्च 2021 में, अपने ही एक शो में वो इसका उल्टा कहते हैं। एक बातचीत के दौरान वो समझाते हैं कि वो 'एक्सपोज़ करने वाले शो' रात में ही करते हैं, ताकि एनआरआई दर्शक भी जुड़ सकें।

लेकिन इन विरोधाभासों के बावजूद, उनके दर्शक उनके हर अवतार को अच्छे से अपनाते हैं। दो साल पहले, एक दिन संदीप अपने ऑफ़िस में थे और उनके पास एक नौजवान आया। उसने अच्छे-भले कपड़े पहने हुए थे। वो बेहद मायूस था। उसने संदीप से कहा कि वो तीस साल का था और उसे समझ नहीं आ रहा कि अपनी ज़िंदगी के साथ क्या करे। संदीप ने बताया, 'उसने कहा कि मैं आपके वीडियो देखता हूं, और मुझे लगता है कि मैंने अपनी ज़िंदगी बर्बाद कर दी।'

संदीप जिन विषयों पर इतनी गहराई और आत्मविश्वास से बोलते थे, जैसे वो सबकुछ जानते हों और जिस तरह से वो लोगों को प्रभावित करते थे, ये सब उस नौजवान को बहुत पसंद था। लेकिन उसमें खुद वो चीज़ें नहीं थीं। तो उसने ऑनलाइन उनका पता ढूंढा और सीधे दफ़्तर आ गया। उस लड़के को ये भरोसा था कि जिसे वो इतना मानता है, वो ज़रूर कोई जवाब देगा।

बकौल संदीप, 'मैंने उससे कहा कि ये कहना बंद करो कि ज़िंदगी बर्बाद हो गई।' फिर उन्होंने अमेरिका की मशहूर रेस्टोरेंट चेन केएफ़सी का उदाहरण दिया। 'उसके मालिक ने ब्रांड तब बनाया था जब वो साठ साल का था।'

लेकिन संदीप समझ गए कि इतना काफ़ी नहीं था। उन्हें उस लड़के के बारे में ज़्यादा कुछ नहीं पता था, लेकिन इस बात से कोई फ़र्क नहीं पड़ा रहा था। 'मैंने उससे कहा कि अगर तुम डिप्रेशन में हो, तो इसका मतलब है कि तुम दूसरों को ज़्यादा देख रहे हो और खुद को कम। तुमने तीस साल दूसरों को जज करते हुए निकाल दिए, लेकिन कभी खुद को नहीं देखा।'

इतना कहकर संदीप ने उसे विदा कर दिया। वो लड़का दोबारा कभी नहीं आया। संदीप ने बताया कि ऐसे बिना बुलाए लोग उनके ऑफ़िस में अक्सर आते हैं। उन्होंने हंसते हुए कहा, 'मैंने तो बहुतों को नौकरी छोड़ने तक के लिए कह दिया।'

लेकिन सबसे ज़्यादा जो लोग उनके पास आते हैं, और जीवन में राह दिखाने को कहते हैं, वो होते हैं मां-बाप और उनके बच्चे।

'कभी माता-पिता बच्चों को घसीटकर लाते हैं, और कभी बच्चे अपने मां-बाप को।' दोनों को एक-दूसरे से शिकायत होती है, लेकिन बात कहीं नहीं बनती। संदीप मानते हैं कि ये एक नैतिक दिशाहीनता की समस्या है। 'माता-पिता खुद कन्फ्यूज़ हैं, इसलिए बच्चे भी हैं। ये ऐसा है जैसे कोई नाव हो, लेकिन पता ही न हो कि जाना कहां है।' संदीप को साफ लगता है कि गलती कहां है। 'समस्या युवाओं में नहीं है। जड़ में है, फल में नहीं।'

संदीप की नज़र में ये सारी समस्याएं वहीं हैं, जहां आज के भारत के नैतिक पतन की जड़ें हैं। हर ओर पश्चिम का प्रभाव है। मां-बाप पश्चिमी आदर्शों को अपनाते हैं और अपने बच्चों को टैलेंट हंट में भेज देते हैं। वो चाहते हैं कि उनके बच्चों को पश्चिमी शिक्षा मिले और इसके चलते, वो अपनी जड़ों से कट जाते हैं। पश्चिम के असर की ये शिकायतें सड़कों तक भी पहुंचती हैं। एक दिन उन्होंने सड़क पर ही एक नज़ारा दिखाते हुए, ऐलान करने के अंदाज़ में मुझसे कहा कि घर में अब प्यार ही नहीं बचा। हमारे सामने एक कार थी, जिसकी पिछली सीट पर बच्चों वाली सीट लगी थी और बच्चे उसमें बैठे थे। संदीप ने कहा, 'अगर परिवार में सच में प्यार होता, तो मां-बाप कभी अपने बच्चे को पीछे चाइल्ड सीट में नहीं बिठाते।'

संदीप का मानना है कि ये कोई छोटा सा काम नहीं है, बल्कि इससे बच्चे के मन पर बड़ी गहरी छाप छूटती है। 'बच्चा सब देख रहा है। और जैसे ही वो बड़ा होगा, वो भी अपने मां-बाप को पीछे की सीट पर डाल देगा, और गाड़ी चलाते हुए अपनी बीवी को अपने पास बिठाएगा।' ऐसे ही विश्लेषण और जवाब सुनने के लिए लोग संदीप के पास आते हैं।

'कहीं न कहीं, उन्हें लगता है कि मैं आध्यात्मिक सोच वाला इंसान हूं, और लोगों को यही बात छू जाती है।'

~

राजनीतिक विश्लेषक, 'इन्वेस्टिगेटिव जर्नलिस्ट' और साथ आध्यात्मिक व नैतिक मार्गदर्शक का जो मिश्रण संदीप के भीतर है, उसी ने उनके मकसद को गढ़ा और पारदर्शी किया है।

संदीप अब एक बड़ी लड़ाई के लिए तैयार हैं। ये लड़ाई है उस शय के ख़िलाफ़, जिसे वो एक धीमा, सोचा-समझा और अदृश्य हमला मानते हैं जो भारत की आत्मा को मिटाने की कोशिश कर रहा है।

संदीप का मानना है कि ये हमला हिंदुओं पर किया जा रहा है। ज़्यादातर लोग, ठीक उनकी तरह, जो शादी के बाद मां-बाप को पीछे की सीट पर बैठा देते हैं, पश्चिम के असर में ऐसे डूब चुके हैं कि उन्हें ये तक नहीं समझ आता कि उनके साथ हो क्या रहा है। वो एक ऐसे हमले के शिकार हैं, जिसकी उन्हें ख़बर तक नहीं। और, जो उनके लिए लड़ रहे हैं, वो जागे हुए हिंदू हैं। संदीप जैसे लोग।

जब परेशान युवा, मां-बाप और उनके साथ आए बच्चे संदीप के पास अपनी उलझनों का हल ढूंढने आते हैं, तो संदीप के मन में ये और पक्का हो जाता है कि उनके आस-पास सांस्कृतिक युद्ध चल रहा है। ये लड़ाई अब लोगों के मन और रिश्तों तक पहुंच चुकी है। घर बदल रहे हैं, परिवार बिखर रहे हैं, मां-बाप और बच्चों के बीच दूरी बढ़ रही है। ये सब देखते हुए, संदीप को लगता है कि सनातन की शाश्वत और अनादि परंपरा के दुश्मनों के खिलाफ़ अब जल्दी से जल्दी कदम उठाना ज़रूरी है।

जब संदीप ने इस लड़ाई की शुरुआत की, तो उनका ध्यान बार-बार आदि शंकराचार्य की कही बातों पर जाता था। वो 8वीं सदी के महान हिंदू दार्शनिक और धर्मशास्त्री थे।

अगस्त 2019 में, संदीप ने पहली बार अपने एक वीडियो में बताया कि कैसे आदि शंकराचार्य ने भी एक ऐसी ही लड़ाई लड़ी थी। बताया गया कि तब हिंदू धर्म को वज्रयान या तांत्रिक बौद्ध परंपरा से ख़तरा था, जिसमें पांच चीज़ों को ज़रूरी माना जाता था:[10] मद्य (शराब), मांस, मछली, मुद्र (भुना हुआ अनाज) और मैथुन (संभोग)।

आदि शंकराचार्य ने इन पांचों को 'पंचमकार' कहा और बताया कि ये सनातन धर्म के लिए एक बहुत बड़ा ख़तरा था।

संदीप ने अपने 2019 के वीडियो में कहा था, 'ये जो पंचमकार था, उसने सनातन को इतना नष्ट कर दिया था, इतना दूषित कर दिया था कि इससे सनातन समाज को बचाने के लिए, बाहर निकालने के लिए, बहुत सारा काम करना पड़ा।'

संदीप ने बताया कि शंकराचार्य ने नई व्याख्याएं लिखीं, नये ग्रंथों की रचना की और अंततः अद्वैत वेदांत की परंपरा की स्थापना की। इसी के ज़रिए सनातन धर्म को फिर से जीवन मिला और उसे खतरे से बचाया जा सका। अब एक बार फिर वैसी ही लड़ाई का

समय आ चुका था। बस फ़र्क ये था कि इस बार दुश्मन बदल गए थे। बिना सीधे कहे, संदीप खुद वही काम करने लगे जो शंकराचार्य ने 1200 साल पहले किया था। उन्होंने कहा कि अब समय था एक नया शब्द गढ़ने का, एक नया नाम उन दुश्मनों के लिए, जिनसे सनातनी हिंदुओं को लड़ना होगा।

संदीप ने बताया कि सनातन का रथ आज जिन पंचमकारों के दलदल में फंसा हुआ था, उससे निकलना ज़रूरी है। लेकिन उन्होंने इसमें एक छोटा सा बदलाव भी किया। पहले 'मकार' का मतलब था 'तत्व'। संदीप ने इस शब्द को थोड़ा सा बिगाड़ा और कहा 'पंचमक्कार'। 'मकार' की जगह मक्कार' ने ले ली। 'मक्कार यानी धोखेबाज़, चालबाज़। अमूमन ये नकारात्मक अर्थों में ही इस्तेमाल किया जाता है।

'पर इस बार, न आदि शंकराचार्य आएंगे, न गोरखनाथ जी आएंगे। ये काम हमें ही करना होगा।'

यही कहकर, संदीप खुद को इस नए सांस्कृतिक युद्ध में सनातन के रथ का सारथी घोषित कर देते हैं।

संदीप देव: पंचमक्कार के ख़िलाफ़ एक युद्ध

बिहार के दरभंगा में पलने-बढ़ने के दौरान संदीप ने हरसंभव मौके पर कहानियों की ओर रुख किया। खाना खाते हुए, दोपहर में सोने से पहले, रात को सोने जाते हुए, जब भी संदीप और अमरदीप को मौका मिलता, वो अपने दादा-दादी से कहानी सुनाने की ज़िद करते।

उनके दादा-दादी ने हिंदू पौराणिक कथाएं सुनाई। मर्यादा पुरुषोत्तम कहे जाने वाले राम की कहानियां, एक पुत्र के रूप में उनके अनुशासन और आज्ञा का पालन करने की कहानियां, एक भाई के रूप में लक्ष्मण के प्रेम की कहानियां, एक आदर्श परिवार की कहानियां, अर्जुन को कृष्ण द्वारा दिए गए ज्ञान की कहानियां, तमाम हिंदू राजाओं और उनके विस्मयकारी युद्धों की कहानियां दोनों भाइयों की दिनचर्या का हिस्सा बन गयीं।

ये कहानियां उन्हें उस मुश्किल ज़िंदगी से कुछ देर के लिए निकाल ले जाती थीं, जो 1980 के दशक के ग्रामीण बिहार में उनके सामने मुंह बाये खड़ी रहती थीं। उनके गांव में बाढ़ आना आम बात थी। बिजली का चले जाना भी। एक बार गांव का ट्रांसफ़ॉर्मर खराब हो गया। संदीप को याद है कि उसे ठीक करवाने में लगभग दस साल लग गए। तब तक गांव के लोग इन्वर्टर के सहारे जीते रहे। सड़कों की हालत इतनी खराब थी कि 20 किलोमीटर का सफ़र तय करने में दो घंटे से ज़्यादा का समय लग जाता था।

ऐसे हालात में कहानियां कुछ राहत देती थीं। बार-बार सुनते-सुनते, संदीप ने इन कहानियों को अपने मन में बसा लिया। वो उनसे तब भी जुड़े रहे जब कहानी सुनने की उम्र को वो बहुत पहले अलविदा कह चुके थे। कुछ बातें बाकी चीज़ों से ज़्यादा असर करती थीं। जैसे हिंदू संत और कवि तुलसीदास की कहानी। उन्होंने राम गुणगान करते हुए रामचरितमानस लिखी, लेकिन बस लिखने तक सीमित नहीं रहे। संदीप के लिए तुलसीदास इसलिए महान नहीं हैं क्योंकि उन्होंने इतना महान काव्य लिखा, जिसने राम के जीवन और चरित्र को हम तक पहुंचाया। बल्कि इसलिए हैं कि उन्होंने रामचरितमानस लिखने के बाद उसे लोगों तक पहुंचाने के लिए उसका नाट्य रूपांतरण तैयार किया, जिससे नाटकों की शैली में उनकी रचना आमजन तक पहुंच सके। आज इसे हम रामलीला कहते हैं। संदीप इस घटनाक्रम को कभी नहीं भूलते।

संदीप कहते हैं, 'रामचरितमानस तो घर-घर रामलीला से ही पहुंची थी, है न?'

या फिर जैसे महाभारत में जब पांडव और कौरव आपस में लड़ रहे थे, तब कृष्ण ने ये नहीं कहा कि मैं दोनों का रिश्तेदार हूं, इसलिए तटस्थ रहूंगा। उन्होंने साफ़ शब्दों में कहा कि वो पांडवों के साथ थे और खुलकर उनका साथ दिया। और इसी से बाज़ी पलट गई।

संदीप के लिए ऐसी कहानियां आज भी रास्ता दिखाती हैं। वो इनसे मिली सीख को अपनी ज़िंदगी में अमल में भी लाते हैं।

तुलसीदास ने रामचरितमानस को लोगों तक पहुंचाने में जो मेहनत की, उसका नतीजा ये निकला कि राम की कहानी उन लोगों तक पहुंच सकी, जो रामचरितमानस पढ़ नहीं सकते थे। इससे संदीप ने सीखा कि अगर आप किसी सही मकसद के लिए काम कर रहे हैं, तो ज़्यादा से ज़्यादा लोगों तक पहुंचना ज़रूरी है।

इससे उन्होंने सीखा कि किसी को भी अपनी मेहनत के बाद रुक नहीं जाना चाहिए, जैसे तुलसीदास ने रामचरितमानस जैसी महान रचना के बाद भी समय व्यर्थ नहीं किया और लोगों तक उसके प्रचार में लग गए। संदीप इस बात को बार-बार दोहराते हैं और बताते हैं कि सिर्फ़ वीडियोज़ में आना और हिंदुत्व के लिए आर्टिकल लिखना काफ़ी नहीं है। तुलसीदास की तरह, संदीप ज़्यादा से ज़्यादा लोगों तक पहुंचना चाहते हैं और बहुत कुछ करना चाहते हैं।

इसी तरह से, भगवान कृष्ण का पांडवों का साथ देने का उदाहरण एक पक्ष चुनने के मामले में संदीप का पसंदीदा उदाहरण है। पत्रकारों का स्वतंत्र होना और तटस्थ होना

बेकार की चीज़ें हैं। आख़िर, जब पत्रकार भी वोट देते हैं तो क्या वो राजनीतिक रूप से वाकई स्वतंत्र और तटस्थ हो सकते हैं? संदीप कहते हैं कि तटस्थता के इस झंडे को फेंककर हर पत्रकार को अपनी विचारधारा के बारे में खुलकर बात करनी चाहिए।

वो ख़ुद अपने बारे में बात करते हैं, 'मैं साफ़ कहता हूं। मैं भाजपा का सपोर्टर हूं। लेकिन मैं पार्टी की आलोचना करता हूं, बहुत आलोचना करता हूं। यहां तक कि प्रधानमंत्री मोदी की भी।'

बचपन में जो पौराणिक कहानियां उन्होंने सुनीं, उनसे जो सबक लिए, संदीप अब उन्हें अपनी ज़िंदगी में ज़िंदा कर रहे हैं। ये कहानियां अब किताबों में ही बंद नहीं हैं। ये ज़िंदा हो चुकी हैं और आज के हालात में सामने आ रही हैं।

बस, अंतर ये है कि नए कलेवर में गढ़ी गयी इन कहानियों में वो ही नायक हैं। वो ही मुख्य किरदार हैं जो सच के पक्ष में युद्ध लड़ रहे हैं। वो तुलसीदास हैं जो हर किसी तक पहुंचकर उन्हें जागृत करने की कोशिश कर रहे हैं। वो कृष्ण हैं जो एक सारथि के रूप में, ध्रुवीकरण की राजनीति के बीच में एक पक्ष चुन चुके हैं। वो कृष्ण का वो पक्ष भी हैं, जो एक दार्शनिक और मार्गदर्शक हैं और अपने फ़ॉलोवर्स की वैसे ही मदद करते हैं जैसे अर्जुन की मदद की गयी थी। वो राम भी हैं, मर्यादा पुरुषोत्तम – वो लगातार बात करते हैं कि कैसे उन्होंने बार-बार केंद्र और राज्य की भाजपा सरकारों के ऐड के पैसों को न कहा है, जिससे उनकी स्वतंत्रता पर कोई आंच न आये। जब वो अपने फ़ॉलोवर्स से अपने प्रोडक्ट्स को सब्स्क्राइब करने को कहते हैं, तो वो महज़ सब्सक्रिप्शन ही नहीं बल्कि 'गुरु दक्षिणा' मांग रहे होते हैं। संदीप कहते हैं, 'मैं उन्हें अपने विचार दे रहा हूं, मेरे संसाधन और ज्ञान उसमें खपा रहा हूं। और ज्ञान कभी मुफ़्त में नहीं मिलता।'

ये संदीप के उस काल्पनिक ब्रह्माण्ड में ही संभव है कि वो आदि शंकराचार्य भी हैं, जिन्होंने पंचमकार के विरुद्ध युद्ध लड़ा। शंकराचार्य के सैकड़ों सालों बाद, संदीप ने इस शब्द को झाड़ा-पोंछा है और उसे एक नये फ़्लेवर में परोसा है।

~

1997 में, बनारस हिंदू यूनिवर्सिटी से, समाजशास्त्र से बीए में ग्रेजुएट होने के बाद संदीप को मालूम था कि उन्हें आगे क्या करना था। देश के एनजीओ सेक्टर को लेकर वो हमेशा आशंकाओं से भरे रहते थे। उनका मानना था कि विदेश से आने वाले फ़ंड्स के चलते

उनके हित देश के हितों से मेल नहीं खाते थे। वो इस सेक्टर में पनप रही गंदगी को समझना चाहते थे। उनकी बीए की डिग्री से उनके पास बहुत काम आ नहीं रहा था। इसीलिए उन्होंने दिल्ली के इंडियन इंस्टिट्यूट ऑफ़ ह्यूमन राइट्स में दो साल के पोस्ट-ग्रेजुएट डिप्लोमा में एडमिशन ले लिया।

कोर्स से निकलते हुए ही संदीप ने तय किया कि वो पत्रकारिता में उतरेंगे। उन्हें मालूम था कि यही एक तरीका था, जिससे वो समाज में दिखने वाली गंदगी को साफ़ कर सकते थे।

उन्होंने सबसे पहले *वीर अर्जुन* नाम के एक दैनिक अख़बार की एडिटिंग डेस्क से काम शुरू किया। ये अख़बार नयी दिल्ली से निकलता था और 1951 में देश के पूर्व प्रधानमंत्री अटल बिहारी वाजपेयी इसके सिटी एडिटर हुआ करते थे।[1] अगले ही साल, उन्होंने नौकरी बदली और *दैनिक जागरण* के लिए काम करने लगे, जो देश का सबसे लोकप्रिय हिंदी अख़बार था जिसे साढ़े 6 करोड़ लोग पढ़ते थे।[2] 2003 से 2012 के बीच संदीप *दैनिक जागरण* से एक और हिंदी अख़बार *नयी दुनिया* गए और वापस *दैनिक जागरण* आ गए।

संदीप ने इन दोनों अख़बारों के लिए दिल्ली से ही रिपोर्टिंग की और इस दौरान उन्होंने हर बीट कवर की। प्रशासन से लेकर क्राइम और राजनीति, रेलवे, यहां तक कि अदालतों की कार्रवाई तक। लगभग एक दशक का समय बहुत था यह समझने के लिए कि मीडिया कैसे काम कर रहा था।

संदीप ने एक ऐसी ख़बर की सच्चाई दिखाई थी, जो एक हिंदी न्यूज़ चैनल ने ये कहकर चलायी थी कि दिल्ली की सड़क पर एक बिना ड्राइवर की काली गाड़ी चलती दिखाई दी थी। कौन चला रहा है कार?[3] सस्पेंस बनाने वाले और ड्रामा बढ़ाती हुई म्यूज़िक के बीच बताया जा रहा था कि कोई 'मिस्टर इंडिया' या कोई दूसरी शक्ति ये गाड़ी चला रही थी। संदीप ने बताया कि उन्होंने स्थानीय पुलिसवालों से बात की और उन्हें मालूम चला कि ये ऐसा मामला था, जिसमें किसी लड़के ने मज़ाक करने के चक्कर में कुछ देर पीछे की सीट से गाड़ी चलाने की कोशिश की थी और उसका वीडियो बन गया था। उस न्यूज़ चैनल का सम्पादक झल्ला गया और उसने संदीप के सम्पादक को फ़ोन करके कहा कि उसे नौकरी से निकाल दें। संदीप बच तो गये लेकिन वो अंदर से हिल गये थे।

बाद में, जब उन्होंने कांग्रेस के गांधी परिवार से जुड़े कुछ 'कारनामों' की जांच करनी शुरू की तो उनके सम्पादक उस कहानी को दबाकर बैठ गए और छापा ही नहीं। संदीप ने बताया कि बाद में उन्होंने वो ख़बर दूसरी न्यूज़ एजेंसी को दे दी और वहां तुरंत छप गयी। उनके सम्पादक तमतमाए हुए थे। 'उन्होंने कहा कि अब मुझे अहमद पटेल को जवाब देना होगा।' अहमद पटेल कांग्रेस की मुखिया सोनिया गांधी के करीबी और राजनीतिक सलाहकार थे।

ऐसी कोई भी मीटिंग तो नहीं हुई लेकिन संदीप इस निष्कर्ष पर पहुंचे कि कांग्रेस भ्रष्ट थी और स्वतंत्र मीडिया को दबाकर रखती थी। उन्होंने जितना समय न्यूज़रूम में गुज़ारा, इस पार्टी को और नापसंद करते गये। दिल्ली में कांग्रेस का दस साल का प्रभुत्व और संदीप की रिपोर्टिंग के दिन एक समय में रहे। संदीप कहते हैं कि उन्होंने राजनीतिक रिपोर्टिंग को कांग्रेस के हिसाब से रखा और कोई भी मुश्किल सवाल नहीं पूछा।

संदीप की दुनिया में, सत्ताधारी कांग्रेस और भाजपा में ज़मीन-आसमान का अंतर है। जैसा उन्हें लगता है, देश की मीडिया अब प्रतिशोध से भर चुकी है और मोदी को दंड दे रही है, जैसा कांग्रेस के साथ कभी नहीं हो सका।

'आपने देखा है कैसे ये मीडिया मोदी को गाली देती है? इस देश में मीडिया ने किसी भी प्रधानमंत्री को इस तरह से गालियां नहीं दीं, जैसे उन्हें मिली हैं।'

संदीप के विश्वास में तथ्यों की कोई जगह नहीं है। रिपोर्टर्स विदआउट बॉर्डर द्वारा जारी की गयी वर्ल्ड प्रेस फ्रीडम इंडेक्स में, 2014 के बाद से भारत 140[4] से 150[5] पर खिसक आया है। 2022[6] में जारी किये गए एक बयान में इस संस्थान ने नौ और संस्थानों के साथ मिलकर भारतीय अधिकारियों से कहा कि वो 'पत्रकारों और ऑनलाइन आलोचकों को निशाना बना बंद करें'। 2021 में इस इंडेक्स[7] ने भारत को उन देशों के भी नीचे रखा था, जिन्हें 'बुरा' माना जाता है और पत्रकारिता के लिहाज़ से ख़तरनाक भी। 2014 में सत्ता पाने के बाद से मोदी ने आजतक भारतीय ज़मीन पर एक भी प्रेस कॉन्फ्रेंस नहीं की है।

जो कुछ भी उन्होंने देखा, उसको देखते हुए संदीप ने 2012 में पत्रकारिता छोड़ दी और किताब लेकर आये, *साज़िश की कहानी, तथ्यों की ज़ुबानी* । इस किताब में 2002 के दंगों में गुजरात के तत्कालीन मुख्यमंत्री नरेंद्र मोदी के ख़िलाफ़ 'साज़िशों' की तहक़ीकात की गयी थी। आधिकारिक आंकड़ों[8] के मुताबिक़, दंगों में कम से कम

254 हिंदू और उससे तीन गुणा मुसलमान मारे गए थे। लेकिन संदीप का कहना था कि मोदी की मिलीभगत और लापरवाही की सभी रिपोर्टें मनगढ़ंत थीं और इन्हें कांग्रेस ने फैलाया था। हिंदू राष्ट्रवादियों के समाज में संदीप की इस किताब को पहचान मिली।

कुछ ही दिनों में उन्होंने भाजपा की सदस्यता ले ली और 2013 के आगामी दिल्ली विधानसभा चुनावों के लिए पार्टी मैनिफ़ेस्टो का मसौदा तैयार करने वाली कमिटी के सदस्य बन गए। ये पद न ही बहुत कुछ करने दे रहा था और न ही यहां कोई बहुत काम था। लेकिन, कम से कम इसके चलते वो उस पार्टी के साथ तो जुड़े हुए थे, जिसकी विचारधारा उनसे मेल खाती है। कुछ ही महीनों में, एक बार फिर, उनका भ्रम टूट गया।

उन्होंने ख़ुद को कई बंधनों में पाया। बेहद कम लोकतंत्र, ढेर सारी रुकावटें। ढेर सारा वक्तव्य लेकिन बेहद कम आलोचना। संदीप कहते हैं, 'एक आदमी दूसरे को खींचने में लगा है। पूरा कीचड़ था।' उन्होंने बहुत ही जल्द उस पद और पार्टी की सदस्यता से इस्तीफ़ा दे दिया।

संदीप ने अगले कुछ साल भटकते हुए बिताये। उन्होंने छह नए काम शुरू किये और एक-एक करके सभी बंद कर दिये। हर बार उन्होंने दफ़्तर भी बदले। हर बार उन्हें प्राइवेट संस्थानों से फ़ंडिंग भी मिल जाती थी, लेकिन हर बार उनका काम ठप्प पड़ जा रहा था। संदीप को याद है कि उन्हें निर्देश आते रहते थे, *लोगो चेंज करो, कॉन्टेंट टोन डाउन करो, ऐसा मत लिखो, वैसा मत लिखो* । वो कहते हैं कि प्राइवेट इन्वेस्टर्स के चलते उनकी स्वतंत्रता ख़तरे में दिख रही थी। कुछ भी काम करता नहीं दिख रहा था।

परेशानी के उस अन्धकार भरे समय में संदीप को समाज में फैली सड़ांध और अच्छे से दिखने लगी थी।

हर बार, जब उन्हें असफलता नहीं मिलती थी, उन्हें देश में क्या ख़राबी है, इसकी और अच्छी जानकारी मिलती जाती थी।

उनके जीवन में निराशा की कोई जगह नहीं थी। संदीप को समझ में आ चुका था कि असल दुश्मन कौन था। शंकराचार्य की तरह, संदीप को अहसास हो चुका था कि सामने जो दुश्मन था, जिसे वो पंचमक्कार कहते थे, एक हाइड्रा (जलव्याल) के जैसे सिर वाला विशालकाय राक्षस है, जिससे वो सीधी मुठभेड़ करने वाले थे।

~

2019 में, अपने एक वीडियो में, संदीप ने अपने इन दुश्मनों के नाम गिनाये। शुरुआत करने से पहले वो अपने दर्शकों से कहते हैं, पेन डाउन कर लो।[9] संदीप अगले कुछ ही पलों में हिंदुत्व के दुश्मनों के नाम उजागर करने वाले थे।

सबसे पहला था 'मसीहा-वाद', मिशनरी। मानवाधिकार के क्षेत्र में अपने दो साल के डिप्लोमा में संदीप को समझ में आ गया था कि कैसे एनजीओ का पूरा नेटवर्क काम करता था और वो इसी निष्कर्ष पर पहुंचे थे कि एनजीओ, मिशनरी बड़े स्तर पर धर्म परिवर्तन करवाने में जुटी हुई थीं और इसमें मानवाधिकार से जुड़े कार्यकर्ता भी उनका साथ दे रहे थे। इन सभी को एक साथ देखा जाना चाहिए था। संदीप मानते हैं कि एनजीओ गरीबों को राशन का लालच दिखाकर ऐसा करती हैं और इसीलिए उन्हें भी दुश्मनों की श्रेणी में ही रखा जाना चाहिए, जैसे शंकराचार्य ने मुद्र को रखा था।

संदीप ने अपने पत्रकारिता वाले काल में जितने मीडिया संस्थानों में काम किया, उन्हें यकीन हो गया था कि ज़्यादातर काम करने वाले वामपंथी, लेफ़्ट विचारधारा के लोग थे और वो वामपंथ के वादों के मारे हुए थे। आदि शंकराचार्य का मद्य के विरुद्ध युद्ध की जगह संदीप के 'मार्क्सवाद' के ख़िलाफ़ युद्ध ने ले ली थी। संदीप के अनुसार, मार्क्सवाद का प्रभाव किसी भी बुरे नशे जैसा नतीजा ही देता है।

तीसरा ख़तरा था ऐंटी-नेशनल लोगों से। ये वो लोग थे जो देश के टुकड़े-टुकड़े करना चाहते थे। आदि शंकराचार्य को मत्स्य के विरुद्ध युद्ध शुरू करना पड़ा था और संदीप को इन ऐंटी-नेशनलों से युद्ध करना उसी के बराबर मालूम पड़ता है। आख़िर, बड़ी मछली ही छोटी मछली को खा जाती है और यही काम ऐंटी-नेशनल और अर्बन-नक्सल और माओवादी करना चाहते हैं। वो भारत के केरल, पश्चिम बंगाल जैसे इलाक़ों पर अपना प्रभाव बनाना चाहते हैं और धीरे-धीरे देश को अपने कब्जे में लेना चाहते हैं।

संदीप ने जब भी, किसी भी सेक्टर में पांव जमाने की कोशिश की, चाहे वो पत्रकारिता हो या ख़ुद का कोई काम हो, अभिजात वर्ग हमेशा उनकी राह का रोड़ा बना। संपन्न लोगों ने सबसे ऊपर कब्जा जमाया हुआ था और नीचे क्या होगा, कैसे होगा, उन्हीं के निर्देशों पर हो रहा था। संदीप के अनुसार, जो अंग्रेज़ी बोलते थे, अंग्रेज़ी में ही सोचते थे और उन लोगों को हेय दृष्टि से देखते थे, जो ऐसा नहीं कर सकते थे, वो देश के लिए चौथा सबसे बड़ा ख़तरा थे। संदीप इसे 'मैकाले-वाद' कहते थे। ये नाम जाने-माने प्रबंधक

थॉमस मैकाले के नाम पर आया, जिनके बारे में कहा जाता है कि उन्होंने भारतीय शिक्षा-व्यवस्था का पाश्चात्यीकरण किया था।

आदि शंकराचार्य ने मैथुन को अंतिम ख़तरा बताया था।[10] आज के भारत में मुसलमानों ने मैथुन को हथियार बनाते हुए हिंदू लड़कियों को रिझाने का काम करना शुरू कर दिया है और उन्हें इस्लाम में शामिल कर, बच्चे पैदा कर, हिंदुओं से आगे निकल जाने की साज़िश में लगे हुए हैं। ऐसा संदीप ने अपनी ऑडियंस को बताया।[11] मैथुन एक हथियार बन चुका था और संदीप के पास इसके अलावा कोई चारा नहीं था कि वो सभी के सामने इसका ज़िक्र करें। उन्हें इसे नाम दिया 'मोहम्मद-वाद'। ये कट्टर इस्लामिक सोच के लोगों द्वारा इस्तेमाल किया जा रहा था।

ये सभी दुश्मन मिलकर पंचमक्कार बनाते हैं। और यही संदीप के जीवन को परिभाषित भी करने वाले थे और उन्हें एक उद्देश्य देने वाले थे। इस वीडियो से उनकी दृढ़ता की झलक मिल रही थी। इस वीडियो का टाइटल था: *पुरातन 'पंच-मकार' को आदि शंकर ने नष्ट किया था, आधुनिक 'पंच-मक्कार' को कौन समाप्त करेगा?*

वीडियो के अंत होते-होते, संदीप को जवाब देने की ज़रूरत नहीं थी।

~

संदीप को हमेशा अपने दुश्मनों के बारे में जानकारी रहती है और वो इस युद्ध के हर कदम पर अपनी आंखें खुली रखते हैं। मई 2018 की एक दोपहर में वो दिल्ली के कॉन्स्टिट्यूशन क्लब ऑफ़ इंडिया में घुस गए। यहां देश के जाने-माने न्यूज़ चैनल *इंडिया टीवी* के मालिक रजत शर्मा का एक कार्यक्रम चल रहा था।

रजत शर्मा एक हाई-प्रोफ़ाइल टीवी एंकर थे, जो मीडिया कंपनी के मालिक बन गए। उनमें और संदीप में कुछ समानताएं थीं – वो भाजपा के समर्थक थे और पार्टी के नज़दीकी जान पड़ते थे। लेकिन, यदि किसी को लगता था कि ये बातें दोनों को एक सा बना देंगी तो उसे ग़लत ठहराने को संदीप तैयार खड़े थे।

संदीप की चटख गुलाबी (फ़्यूशिया) रंग की शर्ट की बांहें ऊपर चढ़ी हुई थीं। जैसे ही रजत ने अपना भाषण ख़त्म किया, संदीप ने अपना हाथ उठाया।

चार महीने पहले, जम्मू-कश्मीर के कठुआ शहर में एक आठ साल की बच्ची को अगवा कर उसका बलात्कार किया गया और फिर उसकी हत्या कर दी गयी थी। उसे

कई दिनों तक भूखा रखा गया था और फिर एक पत्थर से कुचलकर मार दिया गया था। इसके बाद उसकी लाश जंगलों में फेंक दी गयी थी, जहां से वो बरामद हुई और ये मामला सामने आया। ख़बर के बाहर आते ही रेप की घटनाओं से आक्रोशित देश उबल पड़ा और कुछ ही दिनों में इसमें धार्मिक एंगल आ गया। ऐसा बताया गया था कि वो मुस्लिम बच्ची एक हिंदू मंदिर में ले जायी गयी थी,[12] जहां उसे बेहोश कर उसके साथ बार-बार बलात्कार किया गया और इस कृत्य में उस मंदिर का पुजारी और उसका बेटा भी शामिल थे।[13] हिंदू राष्ट्रवादी संगठनों ने आरोपियों को रिहा करने की मांग उठानी शुरू कर दी क्योंकि उनके अनुसार हिंदुओं को जानबूझकर निशाना बनाया जा रहा था। इन प्रदर्शनों में जम्मू-कश्मीर सरकार के हिंदू मंत्रियों ने भी हिस्सा लिया।[14,15]

संदीप लगातार इस मामले में चल रही पुलिस की जांच को एकतरफ़ा और हिंदुओं के ख़िलाफ़ पक्षपाती होने का दावा कर रहे थे। उन्होंने कहा था कि ये राज्य की मुख्यमंत्री महबूबा मुफ़्ती द्वारा रची गयी साज़िश थी और वो अपने तरीक़ों से हिंदू संस्कृति को नष्ट करने की कोशिशें कर रही थीं। संदीप ने ये भी कहा कि भाजपा के जिन मंत्रियों ने रैलियों में हिस्सा लिया था, उन्होंने आरोपियों का साथ नहीं दिया था बल्कि मामले की सीबीआई जांच की मांग की थी। हालांकि संदीप की इस बात का कोई सबूत मौजूद नहीं था। संदीप ने अपने शोज़ में ये तक कहा था कि इस बलात्कार की घटना पर जो आक्रोश दिख रहा है, वो दंगाई मीडिया और दिल्ली की तमाम एनजीओ का बनाया हुआ है, जो पंचमक्कार का हिस्सा हैं।

उनके पास मौका था, ऐसे ही एक चैनल के मालिक को घेरने का।

वो खड़े हुए और बोलना शुरू किया। उनके बायें हाथ में माइक था और दाहिना हाथ हवा में आक्रामकता के साथ डोल रहा था। संदीप ने कहा कि वो रजत शर्मा से एक सवाल पूछना चाहते थे, 'क्योंकि बहुत बड़े सम्पादक हैं आप।'[16]

संदीप ने सवाल दागा, 'मेनस्ट्रीम मीडिया ने ग्राउंड रिपोर्टिंग को क्यूं भुला दिया है?' इसके साथ ही उन्होंने वहां बैठे सभी लोगों को बताया कि वो पंद्रह साल तक रिपोर्टर रहे हैं इसलिए वो जानते हैं कि वो क्या कह रहे हैं। संदीप की समस्या ये थी कि रजत शर्मा के जैसे चैनलों के रिपोर्टर इस मामले में पुलिस की जांच पर आंख मूंदकर भरोसा क्यूं कर रहे थे। उन्होंने ज़ोर देकर पूछा, 'आप पुलिस की चार्जशीट पर भरोसा करके प्रोपेगेंडा क्यूं फैला रहे हैं?' अचनाक ही उस हॉल में तालियों की गड़गड़ाहट शुरू हो

गयी। संदीप ख़ुद चौंक गए। वो कुछ सैकंड के लिए रुके और तालियों के शोर के कम होने का इंतज़ार करने लगे।

संदीप के लिए ये तालियां बेहद महत्वपूर्ण थीं क्योंकि जो बौद्धिक युद्ध वो लड़ रहे थे, उसमें मीडिया की आलोचना और उसकी कमियां निकालकर सामने रखना बेहद ज़रूरी था। मीडिया भी पंचमक्कार का हिस्सा थी और उससे भी लोहा लिया जाना था। लेकिन ऐसे कामों का और भी इस्तेमाल था।

अपनी दुनिया में, संदीप एक ऐसे निडर, स्पष्ट और ईमानदार पत्रकार हैं जो अपने शब्दों को तोड़ते-मरोड़ते नहीं हैं और सत्ता एवं ताक़त को ज़्यादा कुछ समझते नहीं हैं। वो ऐसे पत्रकार नहीं हैं जो ताकतवर की भक्ति में जुट जाए। वो ऐसे पत्रकार हैं जो सभी से सवाल करते हैं और किसी को भी नहीं बख्शते हैं। रजत शर्मा जैसे लोकप्रिय और देश की बड़ी शख्सियतों के साथ उठने बैठने वाले पत्रकार से यूं सवाल पूछकर उन्होंने इस बात को स्थापित कर दिया था।

ऐसी मुठभेड़ों का एक और इस्तेमाल ये है कि इससे वो अपने पत्रकार होने के ओहदे को ठोस आकार दे देते हैं और ये भी दिखा सकते हैं कि वो रजत शर्मा जैसों से कितने अलग भी हैं।

जब उन्होंने अपना परिचय दिया था तो उन्होंने बताया था कि वो पंद्रह साल लम्बे करियर वाले पत्रकार थे। उन्होंने साफ़ शब्दों में तो ऐसा नहीं कहा था लेकिन बताना यही चाहते थे कि वो एक असली पत्रकार थे, न कि *मेनस्ट्रीम मीडिया* जैसे, जिसका प्रतिनिधित्व उस वक़्त रजत शर्मा कर रहे थे। संदीप जैसे लोगों के लिए और भाजपा द्वारा जनित एक बड़ी इन्फ़्लुएंसर जमात के लिए, इस अंतर को साफ़ कर देना बेहद ज़रूरी होता है।

शिवम शंकर और आनंद वेंकटनारायणन[17] ने अपनी किताब, *द आर्ट ऑफ़ कॉन्ज्यूरिंग ऑल्टरनेट रियेलिटीज़* में डॉनल्ड ट्रम्प के 2016 के राष्ट्रपति चुनाव प्रचार को बारीकी से दिखाया है। इसके एक हिस्से में ये समझाने की कोशिश की गयी है कि कैसे ट्रम्प ने यूएस की पारंपरिक मीडिया पर हमला बोला, जो उनकी आलोचक थी। इन हमलों का नतीजा ये निकला कि ऐसे मीडिया संस्थानों की साख पर बट्टा लगता रहा और ट्रम्प के ख़िलाफ़ होने वाली जांच का असर जाता रहा।

भारत में ये काम 2014 से चलता आ रहा है, जबसे नरेंद्र मोदी देश के प्रधानमंत्री बने हैं। मीडिया का पारंपरिक तबका हमले का शिकार हुआ है, जिसका नेतृत्व स्वयं

प्रधानमंत्री ने किया है, जिन्होंने इन्हें 'न्यूज़ बेचने वाला' कहा।[18] उनके साथी और केंद्रीय मंत्री जनरल वी.के. सिंह (रिटायर्ड) ने 'प्रेस्टिट्यूट' शब्द गढ़ा जो अब मोदी समर्थकों द्वारा सरकार की आलोचना करने वाले किसी भी मीडिया पर फेंककर मारा जाता है।[19] शीर्ष नेतृत्व की ऐसी बातों को सोशल मीडिया और व्हाट्सैप जैसे मैसेजिंग ऐप्स पर चल रहे प्रोपेगेंडा का अच्छा साथ मिलता है। फ़र्ज़ी ख़बरें और भ्रामक जानकारियां धड़ल्ले से फैला करती हैं और अक्सर इनके साथ एक संदेश जुड़ा होता है: *बिकाऊ मीडिया ये सच आपको नहीं दिखायेगी।*

इस सबके चलते, सरकार के किसी भी आलोचनात्मक पक्ष को कोई तवज्जो ही नहीं मिलती है।[20] अब, जब मीडिया संस्थानों की कोई इज़्ज़त रह ही नहीं गयी है, ऐसे में संदीप जैसे लोगों के लिए खेलने का मैदान इतना बड़ा हो जाता है कि वो जहां और जब चाहें, ख़ुद को असली मीडिया के रूप में सामने रख सकते है और वो दिखा सकते हैं, जो मेनस्ट्रीम मीडिया नहीं दिखाता है।

उस चिलचिलाती गर्मी वाली दोपहर को, जब रजत शर्मा का सामना संदीप से हुआ, संदीप और उनके फ़ॉलोवर्स के लिए, ऐसा होना तय था, बस वक़्त की बात थी। उस दोपहर, संदीप ने समस्या को सभी के सामने रख दिया था और बड़े करीने से, ख़ुद को उसका समाधान भी बता दिया था। रजत शर्मा ने संदीप देव की बातों का जवाब देने की कोशिश भी की, लेकिन दर्शक संदीप की बातों से इस कदर आवेश में आ चुके थे कि वो रजत को बीच में ही टोकने लगे। ये टोका-टाकी कई बार हुई। उस हॉल में बैठी जनता पहले ही तय कर चुकी थी कि वो किसके पक्ष में थी।[21]

~

हालांकि मीडिया बस एक समस्या है, जिससे संदीप लड़ रहे थे।

2021 की शुरुआत में वो समय था जब दर्शक नेटफ़्लिक्स, एमेज़ॉन प्राइम जैसे ओटीटी प्लेटफ़ॉर्म्स पर फ़िल्मों और सीरीज़ों को हाथों-हाथ ले रहे थे। कोविड-19 की वजह से थियेटरों पर ताला पड़ा हुआ था। यहां तक कि टीवी शोज़ का प्रोडक्शन भी बमुश्किल हो पा रहा था। इसके चलते दर्शक ओटीटी प्लेटफ़ॉर्म्स पर जा पहुंचे थे।

संदीप परेशान और व्याकुल थे। उन्हें चिंता थी कि न जाने ये पाश्चात्य प्लेटफ़ॉर्म मनोरंजन के नाम पर क्या परोस रहे थे? उन्हें ख़ुद ये जानकारी लेनी थी, इससे पहले कोई

पंचमक्कार इस पर कब्जा जमा ले। आख़िर, एक इतनी बड़ी अनुभवहीन जनसंख्या के दिमाग में अपनी मर्ज़ी के विचारों का प्रवाह करने के लिए मनोरंजन से बेहतर और कोई चीज़ नहीं हो सकती। इस व्याकुलता ने संदीप का काम बढ़ा दिया था। अभी तक वो मेनस्ट्रीम मीडिया को ही खंगालते थे, अब उन्हें ये भी देखना था कि ये प्लेटफ़ॉर्म्स क्या कॉन्टेंट उपलब्ध करवा रहे थे।

हर रात, अपना काम समेटने के बाद संदीप कोई फ़िल्म या वेब-शो देखने लगते थे।

अगले कुछ समय में उन्होंने जो देखा, वो हक्के-बक्के रह गए थे। सभी कॉन्टेंट का एक ही पैटर्न था। सभी कहानियों में एकरूपता थी। सभी भारतीय समाज के मूल्यों पर चोट कर रही थीं। उसमें नग्नता थी, गाली-गलोच था। ये दोनों ही चीज़ें भारतीय ऑडियंस के लिए नयी थीं क्योंकि थियेटर में रिलीज़ होने वाली फिल्मों में सेंसर बोर्ड इसकी अनुमति नहीं देता था। लेकिन संदीप के लिए, कुछ और था जो इस सबसे और भी भयावह था। ये वो कॉन्टेंट था जो भारतीय परिवारों में एक बिखराव दिखा रहा था – परिवार में टकराव, धोखा देते जोड़े, माता-पिता की बात न मानते बच्चे या नशा करते हुए बच्चे, जो और भी बुरा था।

एक वेब सीरीज़ ने तो स्कूल जाते हुए बच्चों को ड्रग्स की लत लगते हुए दिखा दिया। उन्होंने द *गर्ल ऑन द ट्रेन* देखी, जो एक क्राइम थ्रिलर है। उसमें परिणीती चोपड़ा थीं जो एक शराबी और तलाकशुदा महिला का किरदार निभा रही थीं। वो महिला अपनी शादी के अवसाद से न निकल पाने के चलते एक ऐसे जोड़े की खुशियों का ह्रास करने की कोशिश करती है, जिससे उसे जलन होती थी।

संदीप को दिख रहा था कि ये एक चीज़ बार-बार दिखाई जा रही थी। क्यूं ये दिखाया जाना ज़रूरी था कि भारतीय परिवार मज़बूत दौर से नहीं गुज़र रहे थे। क्यूं एक हंसता-खेलता परिवार नहीं दिखाया जा सकता था?

संदीप को इसका जवाब मालूम था। बहुत लम्बे समय से, पश्चिमी देशों ने, ख़ासकर यूके और यूएस ने भारतीयों का ब्रेनवॉश कर उस पकड़ को ख़त्म करने की कोशिश की है, जो हिंदुत्व और उसकी संस्कृति ने हिंदुओं पर बनाए रखी है। संदीप कहते हैं, 'यूरोप और अरब, जहां भी गए हैं, उन्होंने वहां की संस्कृति को बर्बाद कर दिया है। लेकिन यहां ऐसा नहीं होगा। हज़ारों सालों से वो कोशिश कर रहे हैं। लेकिन हम आज भी गायत्री मंत्र पढ़ रहे हैं।'

लेकिन अब मामला ऐसा हो गया था कि इन ताक़तों ने सोशल मीडिया और ओटीटी प्लेटफ़ॉर्म्स के ज़रिये नए हमले करने शुरू कर दिए हैं। संदीप इसके लिए लगभग तैयार थे। इसीलिए वो इन प्लेटफ़ॉर्म्स पर हर मूवी, हर नए शो का परीक्षण कर रहे थे।

संदीप के अनुसार, हिंदुत्व के विदेशी दुश्मनों को ये समझ में आ चुका था कि यदि उन्हें भारत में सेंधमारी करनी थी, तो सबसे पहले इसकी सांस्कृतिक ताक़त को कम करना होगा। ओटीटी प्लेटफ़ॉर्म्स पर इन फ़िल्मों और शोज़ को देखकर उन्हें समझ में आ गया था कि ये हमला शुरू हो चुका था।

संदीप ने कहा, 'भारतीय समाज की सबसे मूल कड़ी परिवार है। पहले फ़ैमिली, फिर अपनी जाति, फिर धर्म, फिर अपना समाज और फिर देश। आप परिवार को तोड़ दीजिये, बाकी चीज़ें तोड़ना बेहद आसान हो जाता है।'

परिवार को तोड़ने के लिये, परिवार के केंद्र पर हमला करना होता है। 'परिवार को एक महिला ही बांधकर रखती है। घर पर हिंदू धर्म की मौजूदगी परिवार की महिलाओं की वजह से ही होती है। इसलिए, पश्चिम ने महिलाओं को टार्गेट करना शुरू कर दिया है।'

संदीप का मानना है कि ये हमला *द गर्ल ऑन द ट्रेन* जैसी फ़िल्मों के ज़रिये ही किया जा रहा है। ऐसी फ़िल्में महिलाओं को ऐसे विचार देती हैं, उनके सामने बिखरे हुए रिश्तों की ऐसी तस्वीर पेश करती हैं मानो वो आम सी बात हों और इनसे प्रभावित होकर महिलाएं ऐसे कदम उठाती हैं, जिनकी ज़रूरत नहीं होती। संदीप को समाज में ये ज़हर फैलता दिख रहा है।

संदीप कहते हैं, 'आप ओटीटी पर जो भी देख रहे हैं, वो सीधे आपके बेडरूम में जा रहा है। उदाहरण के तौर पर, मेरिटल रेप। ओटीटी यहां मेरिटल रेप दिखाता है और सुप्रीम कोर्ट में वहां केसेज़ आने लगते हैं।' संदीप के अनुसार मेरिटल रेप पश्चिमी देशों द्वारा बनाया गया सबसे अच्छा हथियार है, जिससे भारतीय परिवारों में दरार डाली जा सकती है। 'जब एक कमरे में बस दो ही लोग हैं तो कोई ऐसे पक्के से कह सकता है कि उनमें से एक का रेप हुआ है? महिला के कहे को ही सही माना जायेगा और यहीं से परिवार बिखर जाएगा।'

संदीप के लिए ये सारी बातें घूम-फिरकर पंचमक्कार पर आ जाती हैं। ये 'मैकाले-वाद' का पुनर्जन्म था। 'मैकाले यही तो चाहता था कि हमारा भारतीय दिमाग पश्चिम के हिसाब से सोचने लगे।'

संदीप की चिंताओं में और लोग भी शामिल हो रहे थे। दो महीने पहले, एमेज़ॉन प्राइम पर आये *तांडव* नाम के शो ने बहुत से लोगों को आक्रोशित कर दिया था। उसमें एक एक्टर कॉलेज के नाटक में भगवान शिव का भेस बनाकर गालियां बक रहा था।[22] संदीप जैसे लोगों कि भावनाएं आहत हो चुकी थीं। हिंदू राष्ट्रवादियों ने देशभर में पुलिस में शिकायत की थी और शो से जुड़े लोगों पर गिरफ़्तारी का ख़तरा मंडराने लगा था। सुप्रीम कोर्ट ने बीच-बचाव किया और लोगों को राहत दी।[23]

इस परिस्थिति का त्वरित इलाज किया जाना था, इससे पहले कि ओटीटी देश के हर बेडरूम में घुस जाए। संदीप के अनुसार, इसका एक ही हल था: हिंदू ओटीटी प्लेटफ़ॉर्म।

इस प्लेटफ़ॉर्म पर वही कॉन्टेंट होगा, जो सनातन धर्म के मूल्यों के अनुसार बना होगा। ये समाज और परिवारों को बनाए रखने का काम करेगा, न कि तोड़ने का। ये लोगों को उन साज़िशों के बारे में भी आगाह करेगा, जिसमें विदेशी ओटीटी प्लेटफ़ॉर्म्स सम्मिलित थे। ये प्लेटफ़ॉर्म्स न केवल लोगों का समय व्यर्थ कर रहे थे और उनका ध्यान भटका रहे थे, बल्कि उनके मूल्यों का भी नाश कर रहे थे। संदीप हिंदू ओटीटी पर जल्दी से जल्दी काम शुरू कर देना चाहते थे।

इस काम के लिए संदीप को कम समय में ज़्यादा पैसा भी इकट्ठा करना था। उन्होंने अपने फ़ॉलोवर्स को भी अपने इन विचारों के बारे में बताया था और फ़ंड इकट्ठा करने के लिए मदद भी मांगी थी। ये एक सांस्कृतिक युद्ध था और इसे हर मोर्चे पर लड़ना बेहद ज़रूरी था। ओटीटी भी ऐसा ही एक मोर्चा था; किताबें भी।

~

पंचमक्कार के ख़िलाफ़ संदीप ने जो युद्ध छेड़ा हुआ था, उसके केंद्र में यही विचार था कि एक ही इलाके में रहकर ये लड़ाई नहीं जीती जा सकेगी। और, एक ही रणनीति के साथ लड़ते हुए भी जीता नहीं जा सकेगा।

संदीप इस बात में विश्वास करते हैं कि मैकाले-वाद के ज़रिये पश्चिम अपने मूल्यों को भारतीय मस्तिष्क में पहुंचा देना चाहता है और उनकी अपनी संस्कृति को नष्ट कर देना चाहता है। इसके जवाब में हिंदुओं को हल्का हाथ नहीं रखना चाहिए। हिंदुओं को और भी बहुत कुछ करने की ज़रूरत है। मसलन, जो सांस्कृतिक मूल्य ख़तरे में हैं, उन्हें सभी के सामने लेकर आएं। सनातन धर्म जिन आदर्शों पर चलता आया है, उनकी पुनरावृत्ति

करते चलें। लोगों को भारत के स्वर्णिम और असल इतिहास के बारे में बताते चलें। इसके साथ ही वामपंथी इतिहास को ठीक करते रहने की भी ज़रूरत थी, जिसे कांग्रेस की सरकारों ने स्कूल की किताबों के ज़रिये पढ़ाना शुरू किया था।

ये एक ऐसा क्षेत्र था, जिसमें संदीप को गूढ़ जानकारी भी थी और तजुर्बा भी। मोदी के राजनीतिक करियर को चोट पहुंचाने की साज़िशों के बारे में बताती उनकी पहली किताब के बाद, 2015 में संदीप ने ब्लूम्सबरी इंडिया का हाथ थाम लिया। ब्लूम्सबरी के रूप में संदीप को अपने नैतिक और राजनीतिक प्रोजेक्ट के लिए एक सहारा मिल गया। उन्होंने योग-गुरु से व्यापारी बने रामदेव, अध्यात्मिक गुरु आशुतोष महाराज और समाजसेवी-सामाजिक कार्यकर्ता बिन्देश्वर पाठक की जीवनी लिखी। इसके अलावा उत्तर प्रदेश के मुख्यमंत्री योगी आदित्यनाथ की जीवनी भी उन्होंने ही लिखी। इन सभी किताबों से इतर, संदीप ने कुछ ऐसा भी लिखा, जो न केवल भारत में, बल्कि वैश्विक स्तर पर कम्युनिस्ट आंदोलन के बारे में जानकारी देता है। उनकी इस किताब का नाम था, *कहानी कम्युनिस्टों की*। इसके ज़रिये संदीप बताते हैं कि कैसे कम्युनिस्टों ने भारतीय स्वाधीनता संग्राम और भारतीय राष्ट्रीय कांग्रेस में सेंधमारी की और इस बात पर ज़ोर देते हैं कि नेहरू ने अपने 'वामपंथी एजेंडा और पद्धति' के साथ कम्युनिस्ट आंदोलन को भारत में आगे बढ़ाया।

ब्लूम्सबरी वेबसाइट इस किताब को 'वामपंथी विचारधारा के विकास का ऐतिहासिक और समाजशास्त्रीय अध्ययन' बताती है।[24] साथ ही ये कहती है कि कम्युनिस्ट पार्टी ऑफ़ इंडिया नेहरू की मौत के बाद बंट गयी, जो देश की नीतियों में कम्युनिस्ट विचारधारा को शामिल करने के ज़िम्मेदार थे।[25]

संदीप और ब्लूम्सबरी की साझेदारी खिलने लगी। *कहानी कम्युनिस्टों की*, तीन खंडों में छपी थी और ये बताती है कि देश में कम्युनिस्ट कैसे विकसित हुए। ब्लूम्सबरी चाहता था कि संदीप और लिखते जाएं और संदीप भी ऐसा ही कुछ चाहते थे। एक ऐसे समय में, जब संदीप को काम में असफलता हाथ लग रही थी, उन्हें एक ऐसे पब्लिशर का साथ मिला था जिसका दुनिया में सिक्का चलता था और लंदन से लेकर न्यू यॉर्क तक, जिसके वैश्विक केंद्र थे। संदीप के लिए ये बड़ी बात थी। इस डील के साथ ही उनके नाम पर विश्वसनीयता का ठप्पा भी लग गया। अचानक ही, वो भड़ास निकालने वाले पत्रकार की छवि से निकलकर बड़े पब्लिशिंग हाउस के लेखक बन गए थे। संदीप कहते

हैं कि किताबों से रॉयलटी के रूप में उन्हें कुछ लाख रुपये मिल जाते हैं, जिससे उनका घर चल जाता है।

लेकिन 2020 में इस साझेदारी पर कुछ ख़तरे के बादल मंडराते हुए दिखने लगे थे।

अगस्त 2020 में ब्लूम्सबरी ने ऐलान किया कि वो एक नयी किताब लेकर आयेंगे जिसका नाम होगा *डेल्ही रायट्स 2020: द अनटोल्ड स्टोरी।* इसे मोनिका अरोड़ा, सोनाली चितलकर और प्रेरणा मल्होत्रा ने लिखा था, जिनका कहना था कि वो उसी साल फ़रवरी में हुए दंगों के पीछे की जिहादी-नक्सल मानसिकता को उघाड़कर रख देंगी। फ़रवरी 2020 में हुए साम्प्रदायिक दंगों में कम से कम 53 लोगों की मौत हुई थी और कई घायल हुए थे। सैकड़ों घरों में आग लगा दी गयी थी और लाखों-करोड़ों का नुकसान हुआ था।[26] इन दंगों की पृष्ठभूमि में कुछ भाजपा और हिंदू दक्षिणपंथी नेताओं के नफ़रती भाषण थे, जिसमें वो मुसलमानों के ख़िलाफ़ हिंसा की बात करते थे।[27]

दंगों के कुछ ही महीने बाद ये नयी किताब, नए बवाल का सूचक थी। बुक के लांच की खातिर लेखकों ने जिन्हें आमंत्रित किया था, उसमें भाजपा नेता कपिल मिश्रा भी थे। कपिल मिश्रा पर ये आरोप लगे थे कि उन्होंने ही अपने भाषणों से दंगे भड़काए थे।[28] किताब के लांच होने से पहले ही इसकी आलोचना शुरू हो चुकी थी। ब्लूम्सबरी पर प्रोपेगेंडा और झूठ फैलाने का आरोप लगने लगा था।[29]

संदीप ये सब बड़े क़रीब से और चुपचाप देख रहे थे। इस किताब की हो रही आलोचना को वो लेफ़्ट-लिबरल माफिया का किया-धरा काम मान रहे थे। संदीप के अनुसार, माफिया वही कर रहा था जो वो करना जानता है – सच को बाहर आने से रोकने की कोशिश। संदीप निश्चिन्त थे कि कुछ ही वक़्त में सब शांत हो जाएगा।

लेकिन कुछ ही दिनों में ब्लूम्सबरी ने कहा कि वो इस किताब को वापस ले रहे थे। कपिल मिश्रा जैसों के साथ जुड़कर ब्लूम्सबरी की हर ओर आलोचना हो रही थी और इस किताब के आने से पहले ही इसे वापस ले लिया गया। ब्लूम्सरी ने कहा कि समाज के प्रति उनकी एक 'ज़िम्मेदारी' है जिसके मद्देनज़र वो ऐसा कदम उठा रहे थे।[30] जब संदीप को इस बारे में ख़बर मिली तो वो बमक गए। उनकी नज़र में, ब्लूम्सबरी ने सभी के दबाव में घुटने टेक दिए थे और माफ़िया जीत गया था। संदीप के लिए, सैद्धांतिक स्तर पर ये बहुत बुरी घटना थी क्योंकि साफ़ मालूम चल रहा था कि सच को बाहर लाने की हर कोशिश नाकाम हो रही थी और ऐसी किताबों के लिए लेफ़्ट-लिबरल लॉबी, जगह

कम करता जा रहा था। इसके साथ ही संदीप को असुरक्षा के भाव ने भी घेर लिया। अगर ब्लूम्सबरी ये किताब पीछे खींच सकता है तो क्या पता संदीप के साथ भी ऐसा हो जाए?

इस अहसास के साथ, संदीप को समझ में आया कि उन्होंने जो भी काम किया था, वो चाहे कम्युनिस्टों की असलियत दिखाना हो आया फिर नरेंद्र मोदी पर 2002 के गुजरात दंगों में शामिल होने जैसी बातों का विरोध करना हो, किसी भी दिन एक झटके में मिट्टी में मिलाया जा सकता था। ठीक वैसे, जैसे हाल ही में उस किताब के साथ हुआ था। वो कुछ भी किस्मत के भरोसे नहीं छोड़ना चाहते थे। उन्होंने तय किया कि वो ऐसे प्लेटफ़ॉर्म के साथ काम नहीं करेंगे, जो वामपंथियों के दबाव में कभी भी झुक सकता था।

ब्लूम्सबरी के किताब वापस लेने के फैसले के दो ही दिनों बाद संदीप ने अपना फैसला सुना दिया। वो तुरंत ही अपनी सभी किताबें ब्लूम्सबरी से वापस ले रहे थे। प्रकाशक अब संदीप की कोई भी किताब नहीं छाप सकता था। वो कम्युनिस्टों की असलियत बताती अपनी किताब के अंग्रेज़ी अनुवाद के राइट्स भी वापस ले रहे थे।

संदीप ने किताबें वापस ली ली थीं लेकिन अपना प्लान नहीं ठप्प किया था। अब वो ख़ुद ही एक हिंदुत्व पब्लिशिंग नेटवर्क बनाने जा रहे थे, जो ब्लूम्सबरी को टक्कर देने वाला था। और इसमें, उन्हें अपनी किताबें वापस भी नहीं लेनी होंगी।

नये रास्ते, पुराने तरीक़े

लगभग एक सदी से, हिंदू राष्ट्रवादियों ने हिंदुत्व की विचारधारा को लोकप्रिय करने के क्रम में प्रकाशन को काफ़ी महत्व दिया है।

उन्नीसवीं सदी के मध्य और बीसवीं सदी की शुरुआत से ही छपा हुआ साहित्य न सिर्फ हिंदू विचारों को फैलाने का ज़रिया बना, बल्कि धार्मिक-राजनीतिक मकसदों के लिए हिंदुओं को संगठित करने का एक अहम औज़ार भी बना। इसमें जर्नल, साप्ताहिक, अख़बार, न्यूज़लेटर और किताबें शामिल थीं। चाहे गाय की हत्या बंद करवाने की मांग हो या हिंदू जाति व्यवस्था की रक्षा करना, इन सभी मुद्दों पर इस माध्यम का इस्तेमाल किया गया। ये रुझान केवल हिंदी तक सीमित नहीं था, क्षेत्रीय भाषाओं के साहित्य में भी ऐसा ही होता हुआ देखा गया।

एक अनुमान के मुताबिक, 1844 से 1852 के बीच छपी बंगाली भाषा की किताबों में से आधे से ज़्यादा धार्मिक थीं, और सभी किताबों में से एक-तिहाई अकेले हिंदू धर्म पर केंद्रित थीं।[1] तमिल भाषा के प्रकाशनों की 1865 की एक सूची बताती है कि उस समय की करीब 70 प्रतिशत तमिल किताबें धार्मिक थीं और 29 प्रतिशत किताबों का मुख्य विषय हिंदू धर्म था।[2]

विभिन्न धार्मिक आंदोलनों ने छपाई के इस माध्यम के ज़रिए ज़्यादा लोगों तक पहुंचने के फ़ायदे को समझना शुरू कर दिया था। उदाहरण के तौर पर, 1889 में शुरू हुआ, अजमेर से निकलने वाला एक साप्ताहिक अख़बार *राजस्थान समाचार* आर्य

समाज आंदोलन का मुखपत्र था, और ये दो दशकों तक इसी भूमिका में बना रहा, जब तक कि वो बंद नहीं हो गया।[3] छपाई के ज़रिए आर्य समाज को जो भी सफलता मिली, उसने अन्य ऐसे आंदोलनों को भी प्रेरित किया जो अपना दायरा बढ़ाना चाहते थे। हिंदू राष्ट्रवादी भी पीछे नहीं रहे। *सनातन धर्म पताका* और *धर्म-रक्षक* जैसे प्रकाशन सामने आए, लेकिन जल्द ही बंद हो गए।[4]

1925 में *हिंदू पंच* नाम का एक जर्नल शुरू हुआ, जिसने खुलकर राजनीतिक रुख अपनाया। उसके कवर पर ही उसका उद्देश्य लिखा गया था: हिंदू संगठन, शुद्धि संस्कार (ईसाई और मुसलमानों को वापस हिंदू धर्म में लाना), अछूतोद्धार (जातिगत छुआछूत खत्म करना), समाज सुधार और हिंदी प्रचार।[5] इस जर्नल ने अपने मकसद को बेहद साफ़ शब्दों में लिखा था: 'हिंदुओं की गरिमा लौटाना, हिंदू नाम को बचाना, भारत में हिंदू राज स्थापित करना और हिंदुओं को उनकी नींद से जगाना।' ये एक ऐसा कथानक है जो आज के हिंदू राष्ट्रवादियों के विचारों से बहुत मिलता-जुलता लगता है।

इन तमाम प्रयासों के बीच, हिंदू राष्ट्रवाद को बढ़ावा देने और उसे लोकप्रिय बनाने के लिए सबसे संगठित और असरदार कोशिश गीता प्रेस की तरफ़ से हुई। ये गोरखपुर का एक पब्लिशिंग हाउस है, जो हिंदू धार्मिक और सांस्कृतिक ग्रंथों का प्रकाशन करता आ रहा है। भगवद गीता, रामायण, पुराण और उपनिषद जैसे ग्रंथों से लेकर पत्रिकाएं और नैतिक-सांस्कृतिक मार्गदर्शिकाएं तक। गीता प्रेस को दो मारवाड़ी व्यापारियों ने 1923 में शुरू किया था और ये धीरे-धीरे दुनिया का सबसे बड़ा हिंदू धार्मिक पुस्तक प्रकाशक बन चुका है।[6] ये अंग्रेज़ी के अलावा चौदह क्षेत्रीय भाषाओं में भी किताबें छापता है।

लेकिन जैसे-जैसे इसका विस्तार हुआ, ये हिंदू राष्ट्रवाद के प्रमुख नामों से जुड़ता चला गया। चाहे वो अखिल भारतीय हिंदू महासभा हो (जिससे इसके दोनों संस्थापक जुड़े थे), या फिर बाद में राष्ट्रीय स्वयंसेवक संघ और उसकी सहयोगी संस्थाएं हों। दोनों पक्षों के बीच विचारों का आदान-प्रदान आम बात थी। इन आपसी रिश्तों ने गीता प्रेस की किताबों को एक मंच बना दिया, जहां से ये संगठन अपने विचारों को फैला सकते थे। दूसरी ओर, कई बार गीता प्रेस लोगों को ऐसे मुद्दों पर प्रभावित करती थी, जिन्हें बाद में हिंदू राष्ट्रवादी आंदोलन के रूप में उठाया जाता था। लेखक अक्षय मुकुल अपनी किताब, *गीता प्रेस एंड द मेकिंग ऑफ़ हिंदू इंडिया* में लिखते हैं कि हिंदू राष्ट्रवाद की सफलता के पीछे गीता प्रेस जैसे 'ज़मीनी कार्यकर्ताओं' की अहम भूमिका रही है।[7]

अब, गीता प्रेस के अपने मिशन पर निकले करीब सौ साल बाद, संदीप जैसे नए 'ज़मीनी कार्यकर्ता' इस सफर को आगे बढ़ा रहे हैं।

~

संदीप का प्रकाशन की दुनिया में सफर एक ऐसी घटना से शुरू हुआ, जिसका उसकी निजी ज़िंदगी से कोई सीधा लेना-देना नहीं था। 2020 के दिल्ली दंगों पर लिखी एक किताब को ब्लूम्सबरी ने वापस ले लिया था। संदीप ने जब ये फैसला लिया कि वो अपनी किताबें ब्लूम्सबरी से वापस ले लेंगे, तो इसका मतलब था कि एक अंतर्राष्ट्रीय पब्लिशर के साथ उनकी चार किताबों पर टिकी एक सफल लेखक की पहचान, एक ही झटके में खत्म हो गई।

फिर भी, संदीप को अपनी किताबों के भविष्य की चिंता नहीं थी। उन्होंने उस रात एक वीडियो में कहा, 'सभी बड़े प्रकाशक, जो अब मेरे दोस्त हैं, उन्होंने मुझे कॉल करके कहा कि अपनी किताबें हमारे पास लेकर आओ।' लेकिन उन्होंने अपने दर्शकों को बताया कि इस मुकाम तक पहुंचना कितना लंबा और थकान भरा संघर्ष रहा है।

'जब मैंने अपनी पहली किताब, जो मोदी पर थी, की पांडुलिपि इन्हीं बड़े प्रकाशकों को भेजी थी और उनसे छापने को कहा था, तो उन्होंने हाथ तक नहीं लगाया। कुछ ने कहा, "संदीप भाई, ये किताब आग है, आग।"' अब तस्वीर पूरी तरह पलट चुकी थी। छह किताबों के बाद, वो सभी उन्हें छापना चाहते थे।

लेकिन अब संदीप ऐसे प्रकाशकों पर दोबारा भरोसा करने को तैयार नहीं थे। वो झुकने वाले नहीं थे। उन्होंने तय किया कि वो इस घटना को एक मौके में बदल देंगे। वो एक ऐसा पब्लिकेशन शुरू करेंगे जो न सिर्फ़ उनकी किताबें छापेगा, बल्कि अलग-अलग लेखकों को जोड़कर हिंदुत्व साहित्य का एक संग्रह भी तैयार करेगा। अब उन्हें उन बड़े प्रकाशकों के आगे झुकने की ज़रूरत नहीं होगी जो कभी उनकी बातों को सेंसर कर देते थे, कभी किताब के विचार को मनमर्ज़ी से मंज़ूरी देते थे या रोक देते थे। और तो और, वो किसी विरोध के चलते कुछ ही पलों में किताबें वापस ले लेते थे। संदीप का पब्लिशिंग हाउस, हर उस बात को छापेगा, जिसे छपना चाहिए। बस शर्त यही होगी कि उस किताब का अंतिम उद्देश्य सनातन धर्म और व्यापक हिंदुत्व के हित में हो।

ऐसे ही पलों में जन्म हुआ 'कपोत' का। संदीप का अपना पब्लिशिंग हाउस।

ऐसा कदम उठाने से संदीप को उस बड़े सांस्कृतिक युद्ध में भी मदद मिलने वाली थी, जिसे वो लड़ रहे थे। हिंदुत्व साहित्य को छापने के लिए एक ऐसा मंच तैयार करने का मतलब था कि संदीप जैसे हिंदू राष्ट्रवादी अब उस ज्ञान पर पूरी पकड़ रख सकते थे, जो आगे जाकर तैयार होने वाला था। संभावनाएं अनंत थीं। अब वो आज़ादी से अपनी तरह की पड़तालें छाप सकते थे, साज़िशों का भंडाफोड़ कर सकते थे, जैसा कि उन्होंने गुजरात दंगों के मामले में किया था। अब वो 'असल' इतिहास लिख सकते थे क्योंकि उनकी नज़र में, इतिहास को अब तक दबाकर रखा गया था। कांग्रेस-समर्थित इतिहासकारों ने ऐसा इतिहास पेश किया, जिसमें कांग्रेस की आज़ादी की लड़ाई में भूमिका को बढ़ा-चढ़ाकर पेश किया गया था। इस क्रम में, उस गौरवशाली अतीत को नज़रअंदाज़ कर दिया गया, जिसमें हिंदू राष्ट्र भारत, मुग़ल आक्रमणों से पहले अपने स्वर्णिम काल में था। अब तक, इस 'असल' इतिहास को कहने की हर कोशिश को प्रकाशक रोकते रहे थे। लेकिन अब ऐसा नहीं होने वाला था।

संदीप ने तुरंत कई लोगों से संपर्क करना शुरू कर दिया जिसमें अपने जैसी सोच रखने वाले लेखक थे, जिन्होंने पहले किसी और प्रकाशक के लिए किताबें लिख रखी थीं। उन्होंने अपने जैसे 'विशेषज्ञों' से भी संपर्क किया, जो किसी भी विषय पर किताब लिख सकते थे और ऐसे पत्रकारों से भी, जिनकी सोच उनसे मेल खाती थी। लेकिन जैसे ही उन्होंने कपोत के लिए अपने प्लान की घोषणा शुरू की, उन्हें ये अहसास हुआ कि लेखकों को जोड़ना या किताब छापना सबसे मुश्किल हिस्सा नहीं था। भले ही वो ये सब कर भी लें, लेकिन अगर किताबों को लोगों तक पहुंचाने का कोई सिस्टम न हो, तो सारी मेहनत बेकार हो जाएगी।

सबकुछ शुरू से शुरू करना था। सबसे सीधा रास्ता था एमेज़ॉन डॉट कॉम और फ़्लिप्कार्ट जैसी पहले से मौजूद ई-कॉमर्स वेबसाइट्स का सहारा लेना, जहां से लोग किताबें ऑर्डर कर सकें। लेकिन संदीप को ये स्वीकार्य नहीं था। उनका कहना था कि ये प्लेटफ़ॉर्म हिंदू-विरोधी हैं। ऐसे बिज़नेस पर निर्भर होना, जबकि उनका मकसद हिंदू मूल्यों को फिर से खड़ा करना है, इस पर वो कभी राज़ी होने वाले नहीं थे।

उन्होंने कहा, 'इन कंपनियों को हिंदुओं की भावनाओं की कोई परवाह नहीं है। ये हमारे देवी-देवताओं की तस्वीरों वाले टॉयलेट बेचते हैं।' 2017 में, एमेज़ॉन को तब भारी विरोध झेलना पड़ा था, जब उसकी अमेरिकी रिटेल साइट पर हिंदू देवी-देवताओं की तस्वीरों

वाले टॉयलेट सीट कवर और टॉयलेट के दूसरे सामान बिकते पाये गए थे।[8] संदीप के लिए ये एक साफ संकेत था कि ये बड़ी ई-कॉमर्स कंपनियां और ऐसी बाकी कंपनियां, हिंदुओं का सम्मान नहीं करतीं। इन पर निर्भर होना और इनके लिए कारोबार बढ़ाने का तो सवाल ही नहीं उठता था। इंडस्ट्री के आंकड़ों के मुताबिक, भारत में फिलहाल किताबों की 50% से ज़्यादा बिक्री इन्हीं वेबसाइटों के ज़रिए होती है। उन्हें पता था कि इनका बहिष्कार करने का मतलब होगा कि उन्हें नुकसान उठाना पड़ेगा और वो इसके लिए तैयार थे।[9]

अब संदीप ने अपने प्लान का अगला हिस्सा सामने रखा। ये एक ऐसा कदम था जो सिर्फ उनकी मौजूदा दिक्कत का हल नहीं था, बल्कि उनके उस सपने को पूरा करने का ज़रिया भी था, जिसमें वे एक हिंदू तंत्र बनाना चाहते थे वो हिंदुओं और हिंदुत्व को समर्पित एक ई-कॉमर्स वेबसाइट बनाने जा रहे थे।

ऐसी वेबसाइट संदीप के लिए कई कारणों से एक आदर्श मंच बन सकती थी। संदीप ने समझा कि अगर उनके पास अपनी खुद की ई-कॉमर्स वेबसाइट होगी, तो वो न सिर्फ़ ऐसी किताबें छाप सकेंगे जिनकी विषयवस्तु हिंदुत्व से मेल खाती है, बल्कि वो किताबें भी बेच सकेंगे जो किसी और प्रकाशक ने छापी हैं। ये किताबें उन्हें आमदनी का एक छोटा सा ज़रिया तो देंगी ही, साथ ही उन्हें थोड़ा वक़्त भी दिला सकती थीं। कपोत अपने शुरुआती दिनों में, पहले से लिखा और छापा जा चुका हिंदुत्व साहित्य बेचकर उसके सहारे आगे बढ़ सकता था और इस दौरान संदीप धीरे-धीरे मूल और नयी किताबें तैयार करवा सकते थे। सबसे अहम बात ये थी कि अपनी खुद की वितरण व्यवस्था होने का मतलब था कि अब कोई भी व्यक्ति ये तय नहीं कर सकता कि संदीप कैसी किताबें छाप सकते हैं या उनकी पहुंच कितनी हो।

दुनियाभर के दक्षिणपंथी समूहों के बीच एमेज़ॉन और दूसरे ऑनलाइन रिटेलर्स द्वारा किताबों को सेंसर करने को लेकर ऐसी चिंताएं आम हैं। अमेरिका में एमेज़ॉन डॉट कॉम ने कई किताबों पर बैन लगा दिया है जिन्हें श्वेत राष्ट्रवादियों, नाज़ी समर्थकों और होलोकॉस्ट से इंकार करने वालों ने लिखा था।[10] इसने जेंडर और मानसिक स्वास्थ्य से जुड़ी कुछ विवादास्पद किताबों को भी ब्लॉक किया है, और ये सार्वजनिक तौर पर ऐसा बताने लगा है कि ऐसे विषयों को किस तरह से पेश किया जाना चाहिए।[11] इन प्रतिबंधों की वजह से रिपब्लिकन नेताओं और दक्षिणपंथी खेमों से तीखी प्रतिक्रियाएं आयीं, जिन्होंने एमेज़ॉन पर सेंसरशिप का आरोप लगाया है।[12]

एमेज़ॉन पर निर्भर न रहकर और अपनी खुद की ई-कॉमर्स वेबसाइट बनाकर संदीप इस तरह के किसी भी नियंत्रण से बच सकते थे। इस वेबसाइट से उन्हें एक और बड़ा फायदा ये मिल सकता था कि वो ऐसी किताबें लोगों तक पहुंचा सकते थे जो पहले से मौजूद थीं, हिंदुत्व के पक्ष में थीं, लेकिन जिनके बारे में बहुत बात नहीं हुई और बहुत लोगों ने उन्हें नहीं पढ़ा।

अब, कपोत ठीक यही काम कर रहा है।

संदीप की कंपनी अब नौ अलग-अलग कैटेगरी में करीब 2,200 शीर्षक बेचती है। इसमें आयुर्वेद से लेकर साहित्य, फ़िक्शन से लेकर धार्मिक और फिर राजनीति और नॉन-फिक्शन तक की किताबें हैं। सिर्फ़ 2022 में ही, कपोत ने 25,000 से ज़्यादा किताबें बेच लीं, जो पूरे भारत में और विदेशों में, जैसे कि यूके में मेरे चाचा जैसे प्रवासियों को भेजी गईं।

आपको कपोत का कैटलॉग बेहद विविध लग सकता है, लेकिन उसका फ़ोकस साफ़ है। कुल किताबों में से 839 'नॉन-फ़िक्शन' श्रेणी में आती हैं, जो सबसे बड़ा टुकड़ा है। उसके बाद, दूसरी सबसे बड़ी संख्या 'धार्मिक और आध्यात्मिक साहित्य' की है, जिसमें 730 किताबें शामिल हैं। यही दोनों श्रेणियां संदीप की उस छवि की बुनियाद हैं, जिसमें वो खुद को एक आध्यात्मिक रूप से जागृत योद्धा मानते हैं। एक ऐसा सेनानी, जो अधर्मियों और हिंदुओं के दुश्मनों के ख़िलाफ़ धर्मयुद्ध लड़ रहा है।

संदीप जो किताबें बेचते हैं, वो उनकी इसी छवि को और मज़बूत करने के लिए हैं। उनकी नॉन-फ़िक्शन कैटेगरी में कुछ ऐसी सीरीज़ भी हैं, जो आम दुकानों में शायद ही दिखें। जैसे, 'सच्ची कथाएं' और 'अब्राहमिक धर्म'। यही वो विषय हैं, जो कई मायनों में, कपोत के अस्तित्व में होने की मुख्य वजह हैं।

'अब्राहमिक धर्म' नाम की कैटेगरी में आपको इस्लाम और ईसाई धर्म पर केंद्रित किताबें मिलेंगी। लेकिन उन्हें इस तरह से पेश किया गया है, जिससे हिंदू राष्ट्रवादी पाठक अच्छे से इनकी तरफ़ आकर्षित हों।

'सही आख्यान' (True narrative) ये वो शब्द हैं जिसे संदीप लगातार अपने सार्वजनिक भाषणों में इस्तेमाल करते हैं, और उनके समर्थकों के लिए ये जाने-पहचाने शब्द हैं। ये हिंदू दक्षिणपंथी सोच के उस विश्वास को दिखाता है, जिसके मुताबिक़ 'असली इतिहास' को या तो छिपा दिया गया या फिर उसे तोड़-मरोड़कर इस तरह से

पेश किया गया कि वो वामपंथियों और लिबरलों के नज़रिए से मेल खाए। संदीप की दुनिया में ऐसे बदले हुए इतिहास को कहा जाता है 'फ़ेक नेरेटिव'। और जब इन्हें 'ठीक करने' की कोशिश की जाती है, तो ये बन जाता है 'सही आख्यान'।

अपने यूट्यूब चैनल पर संदीप एक सीरीज़ चला रहे थे जिसे काफ़ी पसंद किया गया। इसका नाम था 'गेम्स ऑफ़ फ़ेक नेरेटिव।' उन्होंने दावा किया कि कैसे वो झूठ का पर्दाफ़ाश कर देंगे और सच सामने लेकर आयेंगे। उन्होंने बताया कि कैसे अमेरिका के अभिजात्य वर्ग ने मोदी सरकार को निशाना बनाने की साज़िश की थी और कैसे उन्होंने भारतीयों का 'ब्रेनवॉश' करके क्रिसमस का त्यौहार मनाने पर मजबूर कर दिया है। अपने एक वीडियो में क्रिसमस के त्यौहार के बारे में बात करते हुए उन्होंने कहा, 'ये एक ऐसा दिन होता है जब प्लास्टिक के पेड़ पर बल्ब लगाये जाते हैं।' संदीप के ऐसे वीडियोज़ में तथ्य या तो बेहद कमज़ोर होते हैं या होते ही नहीं हैं। उदाहरण के तौर पर, जब संदीप ये साबित करने की कोशिश कर रहे थे कि अमेरिकी तंत्र मोदी सरकार के ख़िलाफ़ एक षड्यंत्र रच रहा था, तो उन्होंने दिसंबर 2020 में अमेरिका के तीन सेनेटरों द्वारा भारत के अमेरिकी राजदूत को भेजे एक ख़त को 'सुबूत' के तौर पर पेश किया।[13] उस समय, भारत में किसान आंदोलन अपने चरम पर था और पत्र में दिल्ली में हो रहे विरोध प्रदर्शन पर पुलिस की सख़्ती, जैसे वॉटर कैनन, बैरिकेडिंग और आंसू गैस का ज़िक्र किया गया था। सेनेटरों ने कहा कि शांति से प्रदर्शन करना सभी का अधिकार था और उन्होंने अपनी चिंता ज़ाहिर की थी। लेकिन संदीप की नज़र में ये ख़त एक गहरी, सुनियोजित साज़िश का सुबूत बन गया।

ठीक इसी तरह, जब वो क्रिसमस पर सवाल उठाते हैं, तो तर्क देते हैं कि बाइबिल में कहीं नहीं लिखा कि यीशु का जन्म 25 दिसंबर को हुआ था। और उनके मुताबिक़, इसका कोई ठोस सुबूत भी नहीं था। फिर भी, वो दुख जताते हैं कि हिंदू भेडचाल में शामिल होकर क्रिसमस मनाने लगे हैं। संदीप अपनी इन बातों में सही हैं, मगर आंशिक रूप से। यीशु के जन्म की सही-सही तारीख को लेकर लंबे समय से मतभेद रहा है[14] और सच बात तो ये है कि क्रिसमस का उत्सव, यीशु के जन्म से तीन सदी[15] पहले ही शुरू हो चुके थे।

ये वीडियो एक झलक है जिससे हमें मालूम चलता है कि संदीप कैसे काम करते हैं। वो ऐसी बातें पेश करते हैं जिसमें कुछ-कुछ सच्चाई होती है, फिर उस पर अपने

एजेंडे का मसाला लपेट देते हैं। एक ओर, वो क्रिसमस की आलोचना करते हुए कहते हैं कि ऐतिहासिक तथ्य मौजूद नहीं हैं, लेकिन इस बात को नज़रंदाज़ कर देते हैं कि जब हिंदू त्योहारों या मान्यताओं को इसी कसौटी पर परखा जायेगा, तो उसका नतीजा क्या निकलेगा।

कपोत की किताबों में ऐसे एजेंडों पर ख़ूब काम हुआ है और इनके बारे में पहले बताया जा चुका है।

'ट्रू नरेटिव' कैटेगरी में जो किताबें दी गयी हैं, उनमें एक किताब है, *ब्लीडिंग इंडिया: फोर अग्रेसर्स, थाउजेंड कट्स* । इसमें भारत के सामने चार सबसे बड़े ख़तरों की बात की गई है, जो हैं 'इस्लामी कट्टरपंथ, ईसाई प्रचारवाद, अर्बन नक्सल और मीडिया-एनजीओ-मानवाधिकार का गठजोड़'। ये बातें संदीप की अपनी 'पंचमक्कार' वाली थ्योरी से काफ़ी मेल खाती हैं।

इसी कैटेगरी में धर्म से जुड़े उन विषयों पर भी किताबें हैं, जिन पर संदीप बार-बार बात करते हैं। मसलन, एक किताब है *ए क्वायट केस ऑफ़ एथनिक क्लीन्ज़िंग: द मर्डर ऑफ़ बांग्लादेश 'ज हिंदूज़* । इसे अक्षय प्रकाशन ने छापा है और उनकी वेबसाइट[16] पर इस किताब के बारे में जो लिखा है, उसमें ये दावा किया गया है कि बांग्लादेश में हिंदुओं के साथ भेदभाव हुआ है और उनकी जनसंख्या में भारी गिरावट आई है। ये वही विचार है जो हिंदू दक्षिणपंथ में बेहद आम है। इसकी नींव संदीप जैसे तमाम लोगों के उस विश्वास पर पड़ी है जो कहता है कि इस्लाम, हिंदू धर्म का स्वाभाविक दुश्मन है। लेकिन, जो बात इस चर्चा में अक्सर पीछे रह जाती है, वो ये है कि 1971 में बांग्लादेश की आज़ादी के बाद से अब तक वहां हिंदुओं की कुल जनसंख्या में लगातार वृद्धि हुई है। हां, ये भी सही है कि उनकी आबादी का कुल प्रतिशत घटा है, लेकिन इसके पीछे कई कारण हैं, जिसमें मुस्लिम आबादी की तेज़ वृद्धि दर, छोटे परिवार और देर से विवाह करने जैसी बातें मुख्य हैं।[17,18]

और भी बहुत सी किताबें हैं जो इस्लाम और ईसाईयत के बारे में इसी तरह से बात करती हैं। उनमें विवादास्पद तथ्य हैं और वो पूर्वाग्रहों से भरी हुई हैं। ऐसी किताबों के मूल में नफ़रत और डर व्याप्त है। ऐसा कुछ नहीं, बल्कि कई कैटेगरी की किताबों में देखा जा सकता है। इतिहास की कैटेगरी में, ऐसी किताबें जिसमें किसी हिंदू शासक द्वारा 'बहादुरी' से मुस्लिम आक्रांता से लोहा लेने का ज़िक्र हो; 'असली इतिहास' में वो किताबें, जिनमें

मुस्लिम शासकों के अधीन हिंदू मंदिरों की स्थिति की बातें हों; लव जिहाद पर किताबें हों या फिर 'मुस्लिम अलगाववाद' पर लिखी किताबें हों, जो कपोत के अनुसार 'एक ऐसा पैटर्न है, जो हिंदू समाज और उसकी मातृभूमि को खंडित करता आ रहा है।'

राजनीति की कैटेगरी में ऐसी किताबें हैं जो लोकप्रिय इतिहास को चुनौती देती हैं, उसे नए चश्मे से देखती हैं और ऐसे ऐतिहासिक तथ्य और घटनाक्रम हटा देती हैं जो उनके अनुसार हिंदुत्व की विचारधारा को नुकसान पहुंचा सकते हैं। किताबों का पूरा हिस्सा है जो महात्मा गांधी पर है। कई किताबों में गांधी के हासिल पर सवाल उठाये गए हैं, कई उनकी हत्या को सही ठहराती हैं और उसका महिमामंडन भी करती हैं, कई और किताबें उनके हत्यारे, हिंदू राष्ट्रवादी नाथूराम गोडसे, को सही ठहराती हैं और उसका महिमामंडन करती हैं। कपोत वेबसाइट पर एक किताब है, जिसका शीर्षक है *गोडसे की आवाज़ सुनो* । इसके नीचे बड़े अक्षरों में लिखा है: 'वह अदालती बयान जिसे 65 साल पहले आतंकित कांग्रेस सरकार ने प्रतिबंधित कर दिया। भारत-विभाजन का अपराधी कौन?'

इस सवाल का जवाब पाने में आपको दिक्कत न हो, इसके लिए किताब के कवर पर मुस्कुराते हुए गांधी की एक बड़ी सी तस्वीर लगी हुई थी। किताब के परिचय में गांधी पर आरोप लगाते हुए लिखा गया है कि गांधी ने 'हिंदुओं को सेक्युलर ब्रांड अफ़ीम की ख़ुराक-दर-ख़ुराक देकर अंततः देश के एक-तिहाई भाग को 'दारुल-इस्लाम' में परिवर्तित कराकर उसे इस्लामी परम्परानुसार करोड़ों हिंदुओं की कब्रगाह बनाकर ही विश्राम लिया।' इस किताब की कीमत मात्र 35 रुपये है और ये बेस्टसेलर है। ऐसी कम से कम दो किताबें और हैं, *गांधी वध क्यूं?* और *गांधी वध और मैं* । दोनों किताबें इसी थीम पर हैं।

इसी सेक्शन में एक और किताब है, जो गांधी के महिलाओं से रिश्तों पर बात करती है। *महात्मा गांधी और उनकी महिला मित्र* शीर्षक की इस किताब की प्रशंसा करते हुए कपोत कहता है कि इसमें गहराई से रिसर्च की गयी है। असल में, ये *ब्रह्मचर्य गांधी एंड हिज़ विमेन असोसिएट्स* नाम की किताब का हिंदी अनुवाद है, जो 2013 में छपी थी। गौरी चटर्जी ने इस किताब का रिव्यू लिखा था, जो डीएनए अख़बार में छपा था। उन्होंने इस किताब और गांधी के महिलाओं के साथ सम्बन्धों को लेकर किये गए इशारों को 'एक रूढ़िवादी और कल्पनाहीन सोच की घिसी-पिटी व्याख्याएं, जो गांधी जैसे असाधारण व्यक्ति की जटिलताओं को समझने के बिल्कुल भी लायक नहीं हैं' बताया।[19]

रिव्यू के अंत में उन्होंने सुझाव दिया कि 'इस किताब को यूं ही किनारे नहीं रख दिया जाना चाहिए बल्कि इसे पूरी ताक़त के साथ, जितनी दूर हो सके, फेंक दिया जाना चाहिए।'

~

वेबसाइट लाइव होने के दो साल के भीतर ही कपोत ने अच्छी तरक्की कर ली है। संदीप जितनी भी किताबें बेचते हैं, वो एक सुनियोजित कार्रवाई से गुज़रती हैं। इस बारे में वो अक्सर अपने वीडियो में बात भी करते हैं। कपोत की वेबसाइट पर आने वाली हर भावी किताब सबसे पहले संदीप के पास आती है, जिसे वो 'अच्छे से' पढ़ते हैं, ताकि वो उसकी बारीकियां और उसका झुकाव समझ सकें।

संदीप अपने फ़ॉलोवर्स को बताते हैं, 'कई बार किताब के कवर पर लिखा होता है कि वो हिंदूवादी है लेकिन जब आप उसे पढ़ते हैं तो मालूम चलता है कि ये तो हमारी विचारधारा के उलट है।' वो ऐसी कोई भी साज़िश कामयाब नहीं होने देंगे। इसीलिए वो हर किताब को अच्छे से पढ़ते हैं। सिर्फ़ किताब ही नहीं, संदीप बताते हैं कि वो लेखक के पिछले जीवन की भी जांच करते हैं।

इसके बाद, जब उन्हें समझ में आ जाता है कि किताब के साथ कोई समस्या नहीं है, वो किताब को आगे जाने की अनुमति दे देते हैं। इस जगह से, उनके भाई अमरदीप का काम शुरू हो जाता है और वो सबकुछ संभालते हैं। अमरदीप के जिम्मे प्रकाशक को किताबों का ऑर्डर देने से लेकर उसे वेबसाइट पर दिखाने, पैकेजिंग और वितरण और ग्राहकों की शिकायतों या दिक्कतों का हल निकालने का काम आता है।

कपोत पर जितनी किताबें दिखती हैं, उनमें महज़ ग्यारह ऐसी हैं जो कपोत स्वयं छापता है। बाकी किताबें, जो एक बहुत बड़ी संख्या है, दूसरे प्रकाशकों से आती हैं और अक्सर ये छोटे प्रकाशनों की होती हैं।

हालांकि, संदीप जो किताबें बेचते हैं, उसका एक बहुत बड़ा हिस्सा प्रभात प्रकाशन से आता है। ये नयी दिल्ली स्थित एक पब्लिशिंग हाउस है, जिसकी शुरुआत 1958 में हुई और आज के वक़्त में ये देश के अग्रणी प्रकाशकों में एक है। प्रभात की किताबें मुख्यतः हिंदी में छपती हैं लेकिन अंग्रेज़ी किताबों की संख्या में भी धीरे-धीरे इज़ाफ़ा हो रहा है। प्रभात ने प्रकाशन में उच्च शिक्षा से जुड़ी किताबों और सरकारी परीक्षाओं की तैयारी के लिए ज़रूरी किताबों के बल पर अपनी एक पहचान बनायी है।

आधिकारिक रूप से ये प्रकाशन समूह अपने राजनीतिक झुकाव के बारे में खुलकर बात नहीं करता है। लेकिन आप इनकी वेबसाइट पर जाकर राजनीतिक किताबों का सेक्शन देखेंगे तो तस्वीर आप ही साफ़ हो जायेगी।[20] राजनीति के सेक्शन में, हर पांच में से दो किताबें ऐसी हैं जो किसी भी हिंदू राष्ट्रवादी के दिल को ठंडक पहुंचा देंगी।[21]

ये किताबें या तो हिंदू राष्ट्रवाद के विचारों का प्रचार करती थीं, या फिर विपक्षियों की आलोचना। मसलन, आरएसएस और भाजपा की यात्रा पर लिखी किताब, *ए रिमार्केबल पोलिटिकल मूवमेंट* या फिर नागरिक अधिकार कार्यकर्ता और पत्रकार, 2002 गुजरात दंगों के पीड़ितों के लिए काम करने वालीं और गुजरात के तत्कालीन मुख्यमंत्री नरेंद्र मोदी के क्रोध की वजह, तीस्ता सीतलवाड पर, द *ट्रुथ अबाउट तीस्ता सीतलवाड* जैसी किताब। तीस्ता पर आयी किताब के लेखकों में एक नाम है अनिर्बान गांगुली का, जो भाजपा के नेता हैं।[22] इसमें दूसरा नाम है अम्बा चरण वशिष्ठ का, जो *टाइम्स ऑफ़ इंडिया* की रिपोर्ट[23] के मुताबिक़, भाजपा के मुखपत्र कमल संदेश की सम्पादकीय टीम का हिस्सा थे। यहां एक किताब और दिखती है, जिसका शीर्षक है *फासिस्ट टेंडेंसीस इन द कांग्रेस पार्टी*, जिसमें विपक्षी पार्टी पर हमला करते हुए, 'कांग्रेस की लोकतांत्रिक परंपराओं की अवमानना और इसकी तानाशाही की' चर्चा है। ज़्यादातर दूसरी किताबें आरएसएस, उसके नेतागण और प्रधानमंत्री नरेंद्र मोदी का गुणगान करती मिलती हैं। प्रभात प्रकाशन की वेबसाइट पर कई किताबें ऐसी भी हैं, जिन्हें स्वयं नरेंद्र मोदी ने लिखा है: आरएसएस पर लिखी *ज्योतिपुंज*, जिसमें इसके नेताओं के बारे में विवरण है और *सोशल हारमनी* नाम की किताब भी है, जिसमें मोदी द्वारा लिखे आर्टिकल्स का संकलन है, 'जो वंचितों के प्रति उनके प्रेम, उनके सुख-दुख में साझेदारी की उनकी कोशिश, उनके विचारों और तरीकों की उत्कृष्टता, और समाज के प्रति उनकी संवेदनशीलता को दिखाते हैं।'

प्रभात शायद सबसे बड़ा प्रकाशन है लेकिन वो ऐसा करने वाला अकेला नहीं है। हिंदी साहित्य सदन भी नयी दिल्ली केन्द्रित एक पब्लिशिंग हाउस है, जो लोगों के बीच उतना जाना-माना नहीं है। इसने अपने 75 साल लम्बे इतिहास में 35,000 से ज़्यादा शीर्षक की किताबें छापी हैं। इनकी राजनीतिक किताबों की लिस्ट देखेंगे तो लगेगा आप हिंदू राष्ट्रवादियों की फ़ेसबुक कम्युनिटी की टाइमलाइन देख रहे हैं: *भारत: इस्लामी राज्य की ओर एक चेतावनी* से लेकर *भारतीय मुसलमानों के हिंदू पूर्वज मुसलमान कैसे बने?* तक। दूसरी वाली किताब के कवर पर एक दाढ़ी वाला आदमी दिखता है, जो एक गुस्से

से भरे ऐसे घोड़े पर बैठा है जो एक लाश को कुचल रहा है और उस आदमी के हाथों में एक खून से सनी तलवार भी दिखती है।

साहित्य सदन के पास इसी 'फ़्लेवर' की कई किताबें दिखती हैं। अक्सर, उनके शीर्षक से सारी बातें समझ में आ जाती हैं। उदाहरण के तौर पर: *सेक्युलरवादियों और इस्लाम का असली चेहरा* या *चैलेंजेज़ बिफ़ोर द हिंदूज़* या *गांधी बेनक़ाब* या *हिंदू जागरण: क्यूं और कैसे?*

इन शब्दों के साथ ढेर सारे विचारोत्तेजक चित्र और भड़कीले रंग होते हैं। *जिहाद के नाम पर दुनिया को मुसलमान बनाया गया* नाम की किताब में एक चित्र बनाया गया है जो खूनी लाल रंग से रंगा था और उसमें मज़बूत, गुस्से से भरे दाढ़ी वाले लोगों को दिखाया गया है, जो लोगों पर हमला करते दिख रहे हैं। *टू फ़ेसेज़ ऑफ़ इस्लाम* किताब के कवर पर एक गुलाब दिखता है और उसके पास एक तलवार पड़ी दिखाई देती है।

~

ऐसी किताबों को बेचने के लिए कपोत जैसा प्लेटफ़ॉर्म बनाने के बाद भी संदीप संतुष्ट नहीं हैं। हिंदुत्व के अपने ब्रांड को लोकप्रिय बनाने के लिए कपोत एक मददगार मंच साबित होगा और हिंदुत्व तंत्र में उनकी छवि भी बनाएगा, लेकिन ये एक लम्बी यात्रा का पहला कदम है।

एमेज़ॉन जैसे प्लेटफ़ॉर्म्स 'एंटी-हिंदू' हैं, इस बात में संदीप के विश्वास ने उन्हें ऐसे सपने दिखाने शुरू कर दिए हैं, जिनमें एक हिंदू, अपने हिंदुत्ववादी ई-कॉमर्स प्लेटफ़ॉर्म की मदद से भारत में एमेज़ॉन डॉट कॉम के प्रभुत्व को चोट पहुंचाता है और इसी क्रम में हिंदुत्व को भी आगे बढ़ाता है। उनके अनुसार, कपोत उसी दिशा में बढ़ाया गया एक कदम है। इससे एक स्वदेशी ई-कॉमर्स वेबसाइट विदेशी कंपनियों से मुक़ाबला करेगी और हिंदू राष्ट्रवादी विचारधारा को आगे बढ़ाएगी। संदीप के लिए, हिंदू देवताओं के चित्र वाले टॉयलेट कवर बेचने का इससे बेहतर और मज़बूत बदला हो ही नहीं सकता था।

ऐसे प्लान, कई बार संदीप को बड़ी कंपनियों को शक़ की निगाहों से देखने पर भी मजबूर कर देते हैं। दो बार, यूट्यूब द्वारा संदीप का चैनल बंद किया जा चुका है। उन्हें ये भी नहीं मालूम चला कि ऐसा क्यूं हुआ। तबसे, इस प्लेटफ़ॉर्म पर निर्भर रहने के बावजूद

वो इसको लेकर एहतियात बरतते हैं। उन्हें मालूम है कि किसी भी वक़्त तीसरा बैन भी लग सकता है और इसकी उन्हें बहुत बड़ी कीमत अदा करनी होगी। एक झटके में वो अपने 4,00,000 से ज़्यादा फ़ॉलोवर्स खो देंगे, जो उन्होंने अथक परिश्रम से जोड़े थे। ऐसा होने की स्थिति में उन्हें सबकुछ शुरू से शुरू करना पड़ेगा।

उन्होंने कई ऐसे कदम उठाये हैं जिससे तीसरे बैन से बचा जा सके। हालांकि इसके लिए उन्होंने अपनी बातों का तीखापन कतई कम नहीं किया है बल्कि कुछ शब्दों का इस्तेमाल करना लगभग बंद कर दिया है या उनकी जगह कुछ 'सहनीय' शब्दों का इस्तेमाल करने लगे हैं। मसलन, संदीप ने अपने वीडियोज़ में 'रोहिंग्या' शब्द का इस्तेमाल करना बंद कर दिया है। पड़ोसी देश म्यांमार के रखाइन राज्य में रोहिंग्या मुसलमानों पर हुए हमलों के चलते उन्हें विस्थापित होना पड़ा और भारत में शरण लेनी पड़ी। लेकिन हिन्दी राष्ट्रवादियों ने लगातार उनके आने का विरोध किया है और कहते आये हैं कि रोहिंग्या भारत में एक इस्लामी साज़िश के तहत आ रहे हैं, जिससे देश में जनसंख्या के स्तर[24] पर बदलाव लाया जा सके, और मुसलमानों की संख्या बढ़ाकर हिंदुओं को पीछे किया जा सके।

कई हिंदू दक्षिणपंथी संगठनों ने उन्हें आतंकवाद के लिहाज़ से ख़तरा बताया है। उन्होंने आरोप लगाया है कि वो असल में आतंकवादियों से मिले हुए हैं, जिनका मूल उद्देश्य भारत में हमलों को अंजाम देना है।

संदीप इन दोनों दावों से पूरी तरह सहमत हैं। लेकिन वीडियो में 'रोहिंग्या' शब्द का इस्तेमाल नहीं करते बल्कि रचनात्मक तरीक़ों से दूसरे शब्द लेकर आते हैं। मार्च 2021 की एक शाम मैं उनके साथ बैठा हुआ था। संदीप ने अभी-अभी अपना एक लाइव वीडियो ख़त्म किया था और वो अपना फ़ोन चेक कर रहे थे। अचानक उन्होंने ऊपर देखा। उनके चेहरे की हवाइयां उड़ी हुई थीं। चिल्लाकर उन्होंने अपने वीडियो एडिटर को आवाज़ लगायी जो उनसे छह फ़ीट की ही दूरी पर बैठा था। उन्होंने वीडियो एडिटर से कहा कि वो जल्दी से वीडियो देखे, 'देखो क्या मैंने उसमें कहीं रोहिंग्या शब्द बोला है? जल्दी देखो।'

संदीप अचानक से बहुत परेशान हो चले थे। उनके वीडियो एडिटर ने अभी पूरा वीडियो देखा भी नहीं था कि वो फिर से तेज़ आवाज़ में निर्देश देने लगे, 'रोहिंग्या शब्द को काट दो। बीप मत करना, काट देना।'

वीडियो एडिटर सावधानी के साथ पूरा वीडियो देख रहा था। इस बीच संदीप ने मुझे देखा और कहा, 'ये यूट्यूब वाले, ये "रोहिंग्या" शब्द को ढूंढते रहते हैं। अगर आपने अपने वीडियो में रोहिंग्या डाल दिया, तो ये लोग उसको बैन कर देते हैं।' संदीप ने कहा, 'मेरा अकाउंट दो बार बंद हो गया था, इसी वजह से।'

ऐसा कोई भी सबूत नहीं है जो ये साबित कर सकते कि यूट्यूब या कोई और प्लेटफ़ॉर्म ऐसा कोई ब्लैंकेट बैन लगा चुका है। ऐसा कहीं भी नहीं देखा गया है कि आप 'रोहिंग्या' शब्द बोलें और आपका कॉन्टेंट बैन हो जाए। यदि ऐसा होता तो इसका मतलब यही था कि सोशल मीडिया की दुनिया में कोई भी, कभी भी इस धरती के एक बहुत बड़े मानवीय संकट के बारे में बात ही नहीं कर सकेगा। हमें मालूम ही है कि ऐसा कुछ भी नहीं हुआ है। आप यूट्यूब पर 'रोहिंग्या' शब्द सर्च करें और आपको न जाने कितने वीडियोज़ मिल जाएंगे जिन्हें तरह-तरह के चैनलों ने अपलोड किया है: राष्ट्रीय और अंतर्राष्ट्रीय न्यूज़ चैनलों से लेकर स्थानीय और इलाक़ाई न्यूज़ संस्थानों तक ने, संयुक्त राष्ट्र से लेकर एनजीओ तक ने, यहां तक कि भारत के छोटे-छोटे यूट्यूब चैनलों ने भी।

लेकिन संदीप के सोशल मीडिया प्लेटफ़ॉर्म्स के साथ हुए अनुभवों के आधार पर वो इस बात को लेकर आश्वस्त हो चुके हैं कि ये बड़े प्लेटफ़ॉर्म्स हिंदू और भारत के ख़िलाफ़ साज़िश करने में लगे हुए हैं।

सुबूत के तौर पर उन्होंने ट्विटर (अब एक्स) में निवेश करने वाले बड़े शेयरधारकों की लिस्ट दिखाई। उनमें एक नाम था सऊदी प्रिंस अलवलीद बिन तलाल अल सऊद का, जो किंगडम होल्डिंग के संस्थापक हैं। ये कंपनी सऊदी अरब की राजधानी रियाद में आधारित एक पब्लिक लिमिटेड समूह है। ब्लूमबर्ग बिलियनेयर इंडेक्स[25] के मुताबिक़, प्रिंस के पास ट्विटर के 30.1 मिलियन शेयर थे। इसके अलावा उनके पास सिटीग्रुप और स्नैपचैट की पेरेंट कंपनी स्नैप में भी शेयर थे।

मार्केट स्क्रीनर डॉट कॉम नाम की एक फ़ाइनेंशियल न्यूज़ वेबसाइट[26] के मुताबिक, प्रिंस का निवेश ट्विटर में 5 प्रतिशत से भी कम था। लेकिन संदीप के लिए ये इस बात का सबूत था कि इस्लामिक ताकतें ट्विटर को कंट्रोल कर रही थीं और इसका इस्तेमाल मोदी सरकार के खिलाफ माहौल बनाने और हिंदुत्व की सोच को दबाने के लिए किया जा रहा था। वो इस बात को अपने वीडियोज़ में बार-बार दोहराया करते हैं और कहते हैं कि उनके पास इसे साबित करने के लिए 'डेटा' है।

बिग टेक कंपनियों को लेकर ऐसा शक़ अकेले भारत में नहीं, बल्कि दुनियाभर के दक्षिणपंथी समुदायों में आम है। 2017 में इंजीनियरों और निवेशकों के एक ग्रुप ने मिलकर 'ऑल्ट टेक अलायंस' (Alt Tech Alliance) की घोषणा की थी। उन्होंने खुद को 'अभिव्यक्ति की स्वतंत्रता, व्यक्तिगत स्वतंत्रता और सच्चाई' का समर्थक बताया था और कहा था कि टेक इंडस्ट्री की मौजूदा हालत से वो तंग आ चुके थे।[27] लॉन्च के वक़्त उन्होंने अपने वक्तव्य[28] में लिखा था: 'सिलिकॉन वैली की कंपनियों को विदेशी ताकतों से अरबों डॉलर का समर्थन मिल रहा है। ये कंपनियां परंपरावाद, लोकलुभावन सोच और राष्ट्रवाद जैसी किसी भी विचारधारा के प्रति बेहद क्रूर रवैया रखती हैं।' इसी सबके चलते उन्होंने ऑल्ट-टेक कंपनियां[29] शुरू कीं। इसमें ऐसे प्लेटफ़ॉर्म बनने थे जो लोकप्रिय सोशल मीडिया का विकल्प बन सकते थे और जहां ज़्यादा नियंत्रण न हो।

ऐसे में, ट्विटर की जगह गैब (Gab) आया, जो दिखने और चलने में काफ़ी हद तक वैसा ही था। यूट्यूब के दक्षिणपंथी अवतार के रूप में न्यूट्यूब (NewTube) आया। विकीपीडिया की जगह इन्फ़ोगेलेक्टिक (Infogalactic) आया, जो हूबहू उसकी तरह दिखता था। यहां तक कि कुछ डेटिंग साइट्स भी बनाई गयीं जो खुले तौर पर श्वेत राष्ट्रवादियों के लिए थीं, क्योंकि आम डेटिंग ऐप्स पर विचारधाराओं के खुले ऐलान को बढ़ावा नहीं दिया जाता था।[30]

भारत में भी कुछ ऐसी कोशिशें हुई हैं, लेकिन इतने बड़े स्तर पर नहीं। मार्च 2020 में बेंगलुरु की एक कंपनी ने 'कू (Koo)' नाम का देसी ट्विटर लॉन्च किया था। शुरुआत में इसको लेकर थोड़ी चर्चा हुई, फिर लोग भूल गए। लेकिन एक साल बाद, जब मोदी सरकार ने किसान आंदोलन के दौरान ट्विटर से कई संस्थानों, पत्रकारों और सामाजिक कार्यकर्ताओं के कई ट्वीट्स और अकाउंट्स को हटाने की मांग की,[31] जिसके बदले में ट्विटर ने 500 से कुछ अधिक अकाउंट्स हटाए, तो सरकार ने कड़ा जवाब दिया। भारतीय सरकार ने भेजे गए ट्विटर हैंडल्स के ख़िलाफ़ कड़ी कार्रवाई की मांग की और ऐसा न होने की स्थिति में ट्विटर के भारतीय अधिकारियों को जेल भेजने तक की बात कह दी। ठीक इसी वक़्त, सरकार ने कू को प्रमोट[32] करना शुरू किया। इसी दौरान कई मंत्रियों और नेताओं ने एक साथ इस ऐप पर अकाउंट बनाने शुरू कर दिए।

लेकिन इसके बाद भारत में ऐसे ऑल्ट-टेक स्टार्टअप्स ज़्यादा नहीं आए। संदीप इस चीज़ को बदलना चाहते हैं।

~

ग्लोबल डिजिटल प्लेटफ़ॉर्म्स के मुकाबले देसी और राष्ट्रवादी विकल्प खड़े करने की सोच से ही कपोत की शुरुआत हुई थी। अब, जब कपोत महज़ किताब बेचने वाली वेबसाइट से बढ़कर एक ई-कॉमर्स प्लेटफ़ॉर्म बन रहा है, संदीप की नज़र भविष्य की और भी बड़ी योजनाओं पर है।

कभी अचानक बैन लग जाने, कभी अकाउंट या वीडियो हट जाने के डर का जो अनुभव उन्हें यूट्यूब से मिला, इससे उन्हें ये बात समझ में आयी कि उन्हें एक ऐसा अलग प्लेटफ़ॉर्म बनाना होगा जहां वो अपने वीडियो बिना रोक-टोक के चला सकें।

उन्होंने धीरे-धीरे इस दिशा में भी बढ़ना शुरू कर दिया है। अपनी वेबसाइट इंडिया स्पीक्स डेली डॉट कॉम पर, संदीप ने अपने वीडियो की लाइवस्ट्रीमिंग शुरू कर दी है। ये लाइवस्ट्रीमिंग यूट्यूब के साथ, एक ही समय पर होती है। इसके साथ, संदीप अब अमेरिकी लाइव स्ट्रीमिंग प्लेटफ़ॉर्म ट्विच (Twich) पर भी हैं, जो गेमर्स के बीच काफ़ी लोकप्रिय है। ट्विच का सहारा संदीप ने कुछ वक़्त के लिए ही लिया है, जब तक वो अपना ख़ुद का एक स्ट्रीमिंग प्लेटफ़ॉर्म नहीं बना लेते।

इस सबके साथ, संदीप ने अपनी मोबाइल ऐप भी बना ली है जो उन्हें कभी भी, मनमुताबिक तरिके से उनके पाठकों तक ले जा सकती है। ऐसी ऐप के ज़रिये, उन्हें कभी भी लगने वाले बैन की चिंता नहीं करनी पड़ेगी, न ही उन्हें शब्दों पर 'बीप' लगाने या उनकी जगह दूसरे शब्द इस्तेमाल करने की ज़रूरत पड़ेगी।

संदीप कहते हैं कि अंतिम लक्ष्य है 'आत्मनिर्भर' बनने का। ये शब्द प्रधानमंत्री नरेंद्र मोदी ने 2020 के मध्य में, कोविड-19 महामारी के दौरान उछाला था, जब उन्होंने 'आत्मनिर्भर भारत' कैम्पेन की शुरुआत करते हुए भारत की एक्सपोर्ट पर निर्भरता को कम करने के लिए कहा था। मोदी की बातों को लगभग दोहराते हुए संदीप कहते हैं, 'आत्मनिर्भर बनना है। ये फ़ॉरेन ऐप्स पर डिपेंड नहीं होना है।'

लेकिन इन सभी में, संदीप का सबसे महत्वाकांक्षी काम तो कुछ और ही है। वो अपने काम को ऑफ़लाइन ले जाना चाहते हैं। सबसे पहले उन्हें लाइब्रेरी और

बुकस्टोर्स की एक कड़ी बनानी होगी जो लगभग 1,000 भारतीय शहरों और कस्बों में फैली होगी। यहां उनके द्वारा चयनित किताबें बेचीं और पढ़ी जायेंगी। ये एक ऐसा आइडिया है, जो संदीप के अनुसार उनके काम को ऑफ़लाइन ले जाने का एक असली प्रयास होगा।

संदीप कहते हैं कि ऐसे केंद्र बेहद ज़रूरी हैं क्योंकि देश के छोटे शहरों और कस्बों की जनसंख्या के लिए उनकी ई-कॉमर्स वेबसाइट तक पहुंचना मुश्किल हो सकता है। संदीप इन केंद्रों को 'ज्ञान केंद्र' का नाम दे चुके हैं। संदीप कहते हैं कि ज्ञान किसी का भी इंतज़ार नहीं करता।

संदीप का फैसला, व्यापार के नज़रिये से ठीक बात कह रहा था। डिजिटल मार्केटिंग पर नज़र रखने वाली, न्यू यॉर्क स्थित मार्केट रिसर्च फ़र्म, ईमार्केटर की फ़रवरी 2022 की एक रिपोर्ट[33] के मुताबिक़, भारत में रिटेल बिक्री का 7.8 फ़ीसदी हिस्सा ई-कॉमर्स के हाथ में था। इस रिपोर्ट ने ये अंदाज़ा लगाया था कि भारतीय बाज़ार में, 2021 से 2025 में, ई-कॉमर्स की सेल्स दोगुनी हो जाने वाली थीं। इसके चलते भारत एशिया-पैसिफ़िक में सबसे तेज़ी से बढ़ने वाली अर्थव्यवस्था बन जाएगा।

संदीप ने अब इस मजबूत बिज़नेस आइडिया को अपनी विचारधारा से जोड़ना भी सीख लिया है। जिन केंद्रों के बारे में संदीप ने योजना बनायी है, वो एक दूसरी विस्तृत, महत्वाकांक्षी और काफ़ी हद तक विवादों को जन्म देने वाली योजना से जुड़े होंगे। इन ज्ञान केंद्रों के साथ हिंदुओं के हथियार और मार्शल आर्ट्स की ट्रेनिंग के केंद्र भी जोड़े जाएंगे। संदीप ने इन्हें नाम दिया है 'शौर्य केंद्र'। यहां हिंदू लोग खुद को रजिस्टर करवाएंगे और अपने दुश्मनों से बचाव की ट्रेनिंग लेंगे। हालांकि अभी के लिए, इन दुश्मनों के नाम नहीं बताये गए हैं। संदीप के प्लान के मुताबिक़, ये आत्मरक्षा की ट्रेनिंग, मार्शल आर्ट्स सिखाने से लेकर त्रिशूल, भाले जैसे हथियारों और लाठी, डंडा, गदा जैसे घातक न सही, मगर चोट मारने लायक हथियारों के इस्तेमाल तक होगी।

संदीप ने जो सोचा है, उसके अनुसार, ज्ञान केंद्र और शौर्य केंद्र, एक ही जगह से साथ-साथ चलेंगे। संदीप का कहना है, 'शस्त्र और शास्त्र, दोनों का ज्ञान यहां मिलेगा।'

इन केंद्रों से निकलने वाले लोग 'असली हिंदू' होंगे, जिनके पास ज्ञान भी होगा और ताकत भी। इसी के बल पर वो दुश्मनों का सामना कर सकेंगे और अपनी हिंदू मातृभूमि की रक्षा कर पायेंगे, ऐसा संदीप का कहना है।

हिंदुओं को हथियारबंद और सैन्य रूप से तैयार करना, हिंदुत्व की बड़ी पुरानी सोच का हिस्सा है। डॉक्टर बालकृष्ण शिवराम मुंजे, हिंदू सैन्यकरण की ऐसी सोच रखने वाले शुरुआती लोगों में एक थे। डॉक्टर मुंजे अखिल भारतीय हिंदू महासभा के नेता थे और आरएसएस के संस्थापक, डॉक्टर के.बी. हेडगेवार के मार्गदर्शक भी थे।

अप्पू एस्थोस सुरेश और प्रियंका कोटमराजू ने अपनी किताब *द मर्डरर, द मोनार्क एंड द फ़क़ीर*[34] में बताया है कि 1920 के दशक में मुंजे ने हिंदुओं को संगठित करते हुए सैन्य रूप से तैयार करने का विचार रखा था। इस सोच की शुरुआत केरल के मालाबार इलाक़े में हुए एक औपनिवेशिक-विरोधी विद्रोह से हुई थी। इस विद्रोह का नेतृत्व वहां के मुसलमान किसान, यानी मप्पिला कर रहे थे। ये विरोध ब्रिटिश शासन और उन कथित ऊंची जाति के हिंदुओं से था, जो उस शासन का हिस्सा थे।

विद्रोह के दौरान, जब मुस्लिम किसानों द्वारा हिंदू ज़मींदारों की हत्या की खबरें आईं, तो मुंजे घबरा गए। उन्होंने इसका कारण 'हिंदुओं की कमज़ोरी' और जाति के नाम पर बंटे 'अयोग्य हिंदू' बताए। हालांकि कई लोग ये मानते हैं कि इस विद्रोह[35] को सांप्रदायिक रंग नहीं दिया जाना चाहिए।[36] उनका मानना है कि ये आंदोलन औपनिवेशिक ताकतों और उनके समर्थकों के खिलाफ था।

लेकिन इस विद्रोह के बाद, 1934 में, मुंजे ने एक 'हिंदू मिलिट्री स्कूल' की मांग रखी। इस मांग के पीछे का कारण उन्होंने चार पन्नों के एक आवेदन में समझाया। सुरेश और कोटमराजू, अपनी किताब में लिखते हैं:[37]

> मुंजे के इस चार पन्नों के नोट में एक काल्पनिक दुश्मन के डर और हिंदू जाति व्यवस्था से उपजे बंटवारे की झुंझलाहट साफ़ दिखती है, जो किसी भी आंतरिक या बाहरी हमले से मातृभूमि की सामूहिक रक्षा में सबसे बड़ी रुकावट थी। इसका मकसद था जाति की दीवारें तोड़कर, हर प्रांत में ऐसे स्कूल खोलकर 'हिंदुओं का सैन्य पुनर्जागरण' करना। बाद में स्कूलों के शिक्षकों की ट्रेनिंग के लिए अखिल भारतीय सैन्य कॉलेज की स्थापना भी की जानी थी।'

मुंजे की सोच और काम करने के तरीक़े पर इटली के तानाशाह बेनिटो मुसोलिनी का गहरा प्रभाव था। 1931 में जब मुंजे राउंड टेबल कॉन्फ्रेंस में हिंदू महासभा का प्रतिनिधित्व करके

लौट रहे थे, तो वो रोम में रुके और मुसोलिनी से मुलाकात की। उन्होंने वहां फ़ासीवादी सैन्य स्कूलों, कॉलेजों और ब्रेनवॉश संस्थानों का दौरा भी किया।[38]

मुंजे ने महाराष्ट्र के नासिक में भोंसला मिलिट्री स्कूल[39] खोला था। उसकी रूपरेखा के बारे में बात करते हुए उन्होंने कहा, 'ऐसा कहते हैं कि सिन्योर मुसोलिनी कभी कुछ नहीं भूलते। हम भी चाहते हैं कि हमारे लड़के अपनी इतिहास की जिम्मेदारियों को कभी न भूलें।'

हिंदुओं के कमज़ोर होने और आक्रांताओं से लड़ न पाने की बात विनायक दामोदर सावरकर ने भी अपने लेखों में शामिल की है।[40]

संदीप मुंजे और सावरकर की बातों से सहमत हैं और उन्होंने देश के दुश्मनों को पंचमक्कार के रूप में एक अलग कोष्ठक में रखते हुए परिभाषित कर लिया है: ईसाई प्रचारक, वामपंथी, देश-विरोधी, अभिजात्यवर्ग और इस्लामी।

मुंजे और संदीप, दोनों की चिंताएं मिलती-जुलती हैं। दोनों को लगता है कि हिंदू अपनी मातृभूमि की रक्षा करने में अक्षम हो रहे हैं। उनके समाधान भी मिलते-जुलते हैं। उनके अनुसार, ऐसे समर्पित केंद्र बनाये जाने चाहिए, जो हिंदुओं के सैन्यीकरण को बढ़ावा दे सकें। लेकिन संदीप ने इसमें एक नया रंग भर दिया है। वो इस सैन्य ट्रेनिंग को वैचारिक प्रशिक्षण से जोड़ रहे हैं, ऐसी क्लासेज़ भी होंगी, जिनमें युवा हिंदू लड़कों को कपोत द्वारा तैयार की गई किताबें भी पढ़ाई जाएंगी। ऐसी किताबें, जिन्हें मुग़लों के बारे में 'असली' इतिहास कहा गया है, गांधी और नेहरू जैसे नेताओं के ख़िलाफ़ भड़काती हैं, और मुसलमानों व ईसाइयों के प्रति नफ़रत और शक की भावना पैदा करती हैं।

इस योजना से मिलने वाला आर्थिक फ़ायदा भी बहुत बड़ा हो सकता है। संदीप कहते हैं कि वो कल्पना करते हैं कि छात्र इन क्लासेज़ के लिए फ़ीस देंगे। इस फ़ीस के अलावा, ये काम संदीप को उनकी किताबों का दायरा फैलाने में मदद करेगा और साथ ही उनके बाकी सारे प्रोडक्ट्स, जैसे किताबें, ऐप, लाइव वीडियो और सोशल मीडिया प्रोफ़ाइल का बाज़ार भी विस्तृत होगा।

युवाओं को सैन्य रूप से तैयार करने और उनमें उग्र हिंदू राष्ट्रवाद भरने की ये योजना काफ़ी ख़तरनाक है। देश के भीतर और दुनियाभर में ऐसे कई उदाहरण हैं जो दिखाते हैं कि इस तरह की योजनाएं किस तरह नुक़सानदेह साबित हो सकती हैं।

2014 में, रूस की बढ़ती आक्रामकता के जवाब में, यूक्रेन में एक वॉलंटियर-आधारित अर्धसैनिक मिलिशिया बनायी गयी। इसे 'अज़ोव बटालियन' कहा गया। ये समूह बहुत जल्दी लोकप्रिय हुआ और इसमें दूर-दराज़ के दक्षिणपंथी और नव-नाज़ी समर्थक भी शामिल होने लगे।[41] ये बटालियन उन कई मिलिशिया समूहों में से एक थी जो 2013-14 की सिविल अशांति, विरोध प्रदर्शनों और रेवोल्यूशन ऑफ़ डिग्निटी के दौरान उभरे। ये आंदोलन तत्कालीन राष्ट्रपति विक्टर यानुकोविच के खिलाफ था और अंत में उन्हें सत्ता से बेदखल कर दिया गया था।

हालांकि ये बटालियन जल्द ही यूक्रेन सरकार द्वारा नेशनल गार्ड में शामिल कर ली गई, फिर भी श्वेत वर्चस्ववादी और अतिवादी राष्ट्रवादी इसके ट्रेनिंग कैंपों में आते रहे। इन कैंपों में लोगों को सैन्य ट्रेनिंग मिल रही थी। ये कैंपों और बटालियन नाज़ी विचारधारा की ओर झुके हुए थे, जिसके चलते इन्होंने दुनियाभर के श्वेत वर्चस्ववादियों को अपनी ओर खींचा। इन कैंपों में ट्रेनिंग पाकर कट्टर बनने वाले लोग, आगे जाकर अपने वैचारिक दुश्मनों के ख़िलाफ़ इस ट्रेनिंग का हिंसक और नफ़रत भरा इस्तेमाल करते हैं। उदाहरण के लिए, अमेरिका की फ़ेडरल ब्यूरो ऑफ़ इंटेलिजेंस (एफ़बीआई) ने पाया है कि अज़ोव बटालियन (जो अब नेशनल गार्ड में शामिल होने के बाद रेजिमेंट बन चुकी है) अमेरिका स्थित श्वेत वर्चस्ववादी संगठनों को 'ट्रेनिंग और कट्टर बनाने' में लगी हुई थी।[42] एफ़बीआई ने अज़ोव और कुछ ऐसे हिंसक श्वेत वर्चस्ववादियों के बीच संबंध भी पाए[43] थे, जो अगस्त 2017 में वर्जीनिया के शहर शार्लोट्सविल में हुई हिंसा के ज़िम्मेदार थे। उस समय एक श्वेत वर्चस्ववादी रैली[44] के सदस्यों और विरोध प्रदर्शन कर रहे लोगों के बीच टकराव हुआ था, जिसमें कम से कम तीन लोगों की मौत हुई थी और कई अन्य घायल हो गए थे।

इधर, अपने देश में, ऐसे ही अनुभवों ने एक मिलिट्री ट्रेनिंग स्कूल को आकार दिया है: मुंजे का भोंसला मिलिट्री स्कूल। 2008 में हुए मालेगांव बम धमाकों की जांच करते हुए महाराष्ट्र की एंटी टेररिज़्म स्क्वॉड को कुछ ऐसे सबूत मिले, जो ये बता रहे थे कि कई आरोपियों के तार भोंसला मिलिट्री स्कूल के साथ बड़े गहरे से जुड़े थे। पता चला कि कई आरोपियों ने इसी स्कूल में मीटिंग की थी जिसमें मालेगांव बम धमाकों की प्लानिंग हुई थी।[45] इन आरोपियों में प्रज्ञा सिंह ठाकुर का भी नाम था, जो आगे चलकर भाजपा की सांसद भी बनीं।

देश की राजनीतिक बहस में राष्ट्रवाद उछाल मार रहा है। ऐसे में भोंसला मिलिट्री स्कूल और वो स्कूल, जिनका सपना संदीप देखते हैं, देश में पहले से मौजूद ध्रुवीकरण को और भी घातक बना सकते हैं। ये स्कूल आगे चलकर बहुत बड़ी हिंसा की जड़ बन सकते हैं।

अपनी किताब, *शैडो आर्मीज़* में धीरेन्द्र कुमार झा लगभग चेतावनी देते हुए लिखते हैं कि भोंसला जैसे ट्रेनिंग स्कूल देश की रक्षा के लिए तैनात सेनाओं में भी ज़हर घोल सकते हैं। धीरेन्द्र लिखते हैं, 'देखा गया है कि बहुत से सेना के जवान, रिटायर होने के बाद हिन्दुत्ववादी संगठनों की ओर चले जाते हैं। ऐसा शायद इसीलिए है क्योंकि इसी जगहों पर (भोंसला) साम्प्रदायिकता को राष्ट्रवाद बताकर सिखाया जा रहा होता है।'[46] धीरेन्द्र आगे लिखते हैं, 'हिंदुत्व विचारधारा और सैन्य प्रशिक्षण के इस अजब मेल के साथ, भोंसला जैसे संस्थान, उन फौजी लोगों की सोच को आसानी से अपनी ओर खींच पाते हैं, जिनका देशभक्ति का भाव हिंदू सांप्रदायिकता के बेहद नज़दीक होता है।'

हालांकि संदीप के लिए, साम्प्रदायिकता और राष्ट्रभक्ति का ये मेल यूं ही नहीं बना है बल्कि इसे सोच-समझकर तैयार किया गया है। कोविड महामारी फैलने से पहले उन्होंने ऐसे ही पश्चिमी दिल्ली में अपने ऑफ़िस के ऊपर ही, अपना पहला शौर्य-ज्ञान केंद्र तैयार कर लिया था। ये संसद भवन से मात्र 20 किलोमीटर की दूरी पर स्थित था। लेकिन फिर अचानक ही लॉकडाउन लग गया और संदीप को इसे टालना पड़ गया।

इस रुकावट ने संदीप को नये सिरे से अपने प्लान का मूल्यांकन करने का मौका दिया। उन्हें समझ में आया कि ऐसे भौतिक केंद्र बनाना उतना अच्छा रास्ता नहीं होगा क्योंकि इसमें हर वक़्त अनिश्चितता का भाव बना रहेगा। ख़ासकर, उनके जैसे कम संसाधनों वाले शख्स के लिए। उन्हें ये आइडिया आया कि ऐसे केंद्र वर्चुअल दुनिया में भी शुरू किये जा सकते थे। ऑनलाइन क्लासेज़ से फ़ंडिंग भी ज़्यादा आ सकती थी

जैसा मुंजे ने नौ दशक पहले किया था, संदीप उसी तरह अपने केंद्रों के लिये फ़ंड इकट्ठा करने में लगे हुए हैं। वो कहते हैं कि उनका प्लान ये है कि वो ऐसे केंद्र बनायेंगे जहां बच्चे रहेंगे भी और शस्त्र-शास्त्र की शिक्षा भी वहीं से लेंगे।

चेहरे पर एक मुस्कान के साथ वो कहते हैं कि बस कुछ ही समय की बात और है।

हृदयपरिवर्तन और एक नयी शुरुआत

2021 के अंत तक, संदीप के जीवन में और भी उथल-पुथल होने लगी थी।

कोविड-19 की दूसरी लहर ने उनके ज्ञान और शौर्य केंद्र की शुरुआत को कुछ और समय के लिए टाल दिया था। इन केंद्रों में वो हिंदू युवाओं को शास्त्रों के साथ-साथ शस्त्र की भी शिक्षा देने वाले थे। लेकिन इस रुकावट से वो आहत नहीं थे और उन्होंने तय किया कि वो अपना प्रकाशन का काम जारी रखेंगे और उसे आगे बढ़ाने की पूरी कोशिश करेंगे।

उसी साल के पूर्वार्ध में, कपोत ने एक किताब छापी थी जो उनके काम और वैचारिकता को एकसाथ सामने रखती थी। उनके एक पत्रकार दोस्त मनीष ठाकुर ने ये किताब लिखी थी, जिसका नाम था *पत्रकारिता का काला अध्याय*। ये किताब भारतीय पत्रकारिता में फैले भ्रष्टाचार को 'एक्सपोज़' करने का दावा करती है।[1] मनीष ठाकुर पत्रकारिता छोड़ चुके हैं और अब 'द मनीष ठाकुर शो' नाम का एक यूट्यूब चैनल चलाते हैं और उनके 6,33,000 सब्सक्राइबर्स हैं। मनीष का चैनल दावा करता है कि वहां 'दिन भर की ख़बरों का निष्पक्ष विश्लेषण' और 'भारतीय टीवी मीडिया के भ्रामक कॉन्टेंट के पीछे का सच' मिलता है। वहां लोगों से चैनल को सब्सक्राइब करने की और 'एंटी-नेशनल एजेंडा के ख़िलाफ़ लड़ाई में शामिल होने' की अपील भी है।[2]

ये किताब उनके यूट्यूब चैनल के डिस्क्रिप्शन का ही विस्तार मालूम देती है। कपोत बताता है कि ये किताब 'भारत और भारतीय समाज के खिलाफ रची जा रही साज़िशों को, जो पत्रकारिता के नाम पर बंद दरवाज़ों के पीछे रची जाती हैं' सबके सामने 'एक्सपोज़' कर देगी।

ये एक ऐसी विषय वस्तु है जो संदीप के दिल के बेहद क़रीब है और उनके कई काम इसी के इर्द-गिर्द घूमते आये हैं, जिसमें यूट्यूब पर उनका अपना चैनल भी शामिल है। संदीप इस बात पर काफ़ी गर्व करते हैं कि वो एक मीडिया एक्सपर्ट हैं और उन्हें न्यूज़रूम में रहने का लंबा अनुभव है।

इसमें कोई आश्चर्य नहीं हुआ कि मौका मिलते ही उन्होंने किताब लिखने के लिए हां कह दिया। किताब की बिक्री भी अच्छी रही। संदीप के अनुसार, सालभर में किताब की 2,000 प्रतियां बिक गयी थीं।

~

2021 का अंत आते-आते, संदीप को चिंता और बेचैनी ने घेर लिया था।

2022 की शुरुआत में, उत्तर प्रदेश में चुनाव होने वाले थे और संदीप के सबसे बड़े हीरो, मुख्यमंत्री योगी आदित्यनाथ फिर से चुनाव लड़ने वाले थे। हिंदुत्व का पूरा प्रोजेक्ट यूपी पर टिका हुआ था। अगर यहां हार होती, तो 2024 में बीजेपी के दोबारा सत्ता में आने की उम्मीद को गहरा झटका लगता और साथ ही उस सपने को भी, जो हिंदू विचारों पर आधारित भारत बनाने की बात करता था। इस प्रोजेक्ट को ज़िंदा रखने के लिए, और संदीप के करियर को उड़ान देने के लिए, ज़रूरी था कि योगी फिर से जीतें और पहले से ज़्यादा ताकतवर बनकर सामने आएं।

संदीप के लिए अगले कुछ महीने हिंदू राष्ट्र के उस भविष्य को तय करने वाले थे, जिसे वो और उनके जैसे बाकी लोग देखना चाहते थे।

संदीप हमेशा से ही योगी के बहुत बड़े प्रशंसक रहे हैं। उनके लिए योगी वही सबकुछ हैं जो मोदी हैं, कई मामलों में मोदी से भी बढ़कर। वो सिर्फ़ ऐसे नेता नहीं हैं जिन्होंने हिंदुत्व को सबसे ऊपर रखा है, बल्कि एक महंत भी हैं। योगी उत्तर प्रदेश के गोरखपुर स्थित गोरखनाथ मंदिर के महंत और प्रभावशाली नाथ संप्रदाय के प्रतिनिधि हैं।[3] संदीप खुद भी हिंदू शास्त्रों की समझ रखते हैं। उनके लिए योगी एकदम ऐसे नेता हैं जिनमें सभी गुण शामिल हैं।

संदीप अकेले नहीं हैं जो इस तरह से सोचते हैं। हिंदीपट्टी की पूरी यात्रा के दौरान ये भावना मुझे बहुत आम दिखी। हिंदुत्व समर्थकों और संघ परिवार से जुड़े कार्यकर्ताओं के बीच योगी को जबरदस्त समर्थन मिलता है, कई बार तो मोदी से भी ज़्यादा। बहुत से लोग उन्हें मोदी का स्वाभाविक उत्तराधिकारी मानते हैं और ज़्यादा उपयुक्त भी। लोग बताते हैं कि मोदी की तरह योगी का भी कोई परिवार नहीं है, इसलिए वो भ्रष्ट नहीं हो सकते और अपने काम पर ही ध्यान देते हैं। लेकिन वो जगह, जहां मोदी की तुलना में योगी बढ़त बना लेते हैं, वो है हिंदुत्व को उनका खुला समर्थन। इस मामले में मोदी कुछ संयमित रहते हैं।

लोग मोदी के उस रवैये की तरफ इशारा करते हैं जहां वो 'सबका साथ, सबका विकास, सबका विश्वास' जैसे नारे देते हैं। मोदी मुसलमानों तक पहुंचने की बात करते हैं,[4] उनके नेताओं से मिलते हैं और उन्हें अपने परिवार का हिस्सा बताते हैं।[5] बहुत से लोगों का कहना है कि इससे मालूम पड़ता है कि मोदी ने अपने हिंदुत्व वाले चेहरे को ढंक लिया है। लेकिन योगी के साथ ऐसी कोई उलझन नहीं है।

मुख्यमंत्री के तौर पर अपने पहले कार्यकाल में योगी ने अपने समर्थकों की नज़रों में और भी ऊंचा स्थान बना लिया। उन्होंने साफ़ दिखा दिया था कि वे किसे टारगेट कर रहे थे। योगी ने बूचड़खाने बंद करवा दिये, जो प्राथमिक तौर पर मुसलमानों द्वारा चलाये जा रहे थे,[6] ऐसे कानून बनाये जिन्होंने अंतरधार्मिक शादी को अपराध बना दिया, जिससे हिंदू महिलाओं[7] से शादी करने वाले मुस्लिम पुरुषों को निशाना बनाया गया। इसके अलावा, सरकार की नीतियों के ख़िलाफ़ प्रदर्शन कर रहे लोगों की संपत्ति तुड़वा डाली।[8] उनके कुछ कदम इतने पॉपुलर हुए कि बीजेपी की बाकी सरकारों ने भी वैसा ही करना शुरू कर दिया। जुलाई 2022 में कर्नाटक के मुख्यमंत्री बसवराज बोम्मई ने तो यहां तक कहा कि वो योगी को गवर्नेंस के लिए सौ में से सौ नंबर देते हैं और ज़रूरत पड़ी तो कर्नाटक में भी 'योगी मॉडल' लागू किया जाएगा।[9]

चुनाव से पहले संदीप लगातार अपने काम के ज़रिए योगी आदित्यनाथ को सपोर्ट करते रहे।

लेकिन चुनाव से कुछ हफ़्ते पहले, संदीप के भीतर कुछ ऐसा था जो बदल गया। जो संदीप पहले खुद को बीजेपी का सपोर्टर बताते थे, अब वो खुद को पार्टी से जुड़ा हुआ नहीं दिखाना चाहते थे। वो ख़ुद को एक भाजपा समर्थक के रूप में भी पेश करने

से बचने लगे थे। अब, वो हर मौका मिलने पर, पर बीजेपी और उसके शीर्ष नेतृत्व की आलोचना करने लगे थे।

उनके दिमाग में तस्वीर बिल्कुल साफ़ हो चुकी थी और उन्होंने तय कर लिया था कि अब वो भाजपा के पक्ष में बात नहीं करेंगे। योगी को जिताना उनका एक ही मकसद था। लेकिन योगी की जीत में अब वे मोदी को हराने का रास्ता खोज रहे थे।

अब मोदी को वो कतई पसंद नहीं करते थे। मैंने ये बदलाव खुद अपनी आंखों से होते देखा और मैं जानना चाहता था कि ऐसा क्यों हुआ।

~

यूपी चुनाव से पहले जिन प्रोजेक्ट्स का उद्घाटन होना था, उनमें से एक, संदीप के लिए बहुत खास था। ये था काशी विश्वनाथ मंदिर कॉम्प्लेक्स का उद्घाटन, जिसे 800 करोड़ की लागत से नया रूप दिया गया था।[10] इस काम में मंदिर के आसपास की गलियों को 'खाली' किया गया, सैकड़ों घर और दुकानें तोड़कर मंदिर से गंगा नदी तक सीधा रास्ता बनाया गया।[11]

इस मंदिर के साथ संदीप की कई यादें जुड़ी थीं। करीब बीस साल पहले, बनारस हिंदू विश्वविद्यालय में पढ़ाई करने के दौरान, परेशानी की किसी भी स्थिति में, वो इस मंदिर में आ जाते थे। संदीप कहते हैं, 'मैं सुबह 3 बजे ही मंदिर के बाहर लाइन में लग जाता था ताकि जैसे ही मंदिर खुले, मैं अंदर जा सकूं।' मंदिर में उन्हें एक ऐसा सुकून मिलता था जिसे वे शब्दों में नहीं बता सकते। उन्हें वहां दिव्यता महसूस होती थी। उनकी सारी चिंताएं वहीं मिट जाती थीं।

लेकिन जैसे-जैसे कॉरिडोर प्रोजेक्ट आकार लेने लगा, ख़बरें आने लगीं कि सदियों पुराने घरों को जबरन हटाया जा रहा था ताकि उस भव्य गलियारे के लिए जगह बनायी जा सके। ये बातें भी फैलने लगीं कि घरों के साथ-साथ उन तंग गलियों में मौजूद पुराने मंदिरों को भी तोड़ा जा रहा था। ये वो गलियां थीं जिनसे संदीप न जाने कितनी बार गुज़रे थे। जैसे-जैसे उद्घाटन की तारीख, 13 दिसंबर 2021, पास आती जा रही थी, इन आरोपों की गूंज और तेज़ होती जा रही थी।

संदीप लम्बे समय से ये बातें सुन रहे थे। वो अपने दर्शकों से लगातार एक ही बात कह रहे थे, 'लेकिन जब तक मैं खुद जाकर नहीं देख लेता, तब तक मैं कुछ नहीं कहूंगा।'

दिसंबर 2021 में जब मोदी इस कॉरिडोर का भव्य उद्घाटन करने वाले थे, उससे कुछ ही हफ़्ते पहले संदीप ने ऐलान किया कि वो इन अफ़वाहों की सच्चाई जांचने के लिए काशी जाएंगे। मगर कुछ ही दिनों में उन्होंने अपना मन बदल लिया। एक रात उन्होंने अपने दर्शकों को बताया कि उन पर 'दबाव' डाला जा रहा था। संदीप ने एक रोज़ अपने दर्शकों के सामने ये दावा किया कि बीजेपी के एक वरिष्ठ नेता ने उन्हें फ़ोन करके यहां तक कह दिया कि वो ये यात्रा टाल दें।[12] संदीप चाहते तो नहीं थे लेकिन उन्हें ये बात माननी पड़ी।

कॉरिडोर के उदघाटन का दिन नज़दीक आ रहा था और माहौल बन रहा था। भव्य आयोजन की व्यवस्था की जा रही थी। पूरी काशी को सजाया जा रहा था, 3,000 से ज़्यादा मेहमान बुलाए जाने थे और प्रधानमंत्री का कार्यालय इस कार्यक्रम को एक बहुत बड़ी उपलब्धि के तौर पर पेश करने जा रहा था। ये भी कहा गया कि नरेंद्र मोदी ने इस प्रोजेक्ट में खुद दिलचस्पी ली थी और इसके हर काम पर वो बारीक नज़र रखे हुए थे।[13]

बाद में, संदीप ने अपनी चुप्पी का कारण बताया, 'अकेले व्यक्ति की कोई सुनता भी नहीं है।'

और फिर, 7 दिसंबर की रात को सबकुछ बदल गया। उस रात वो अपनी स्लेटी रंग की सिडान गाड़ी चला रहे थे और दिल्ली के बाहरी इलाके में थे। वो अपनी पत्नी श्वेता के साथ अपने घर की ओर लौट रहे थे। अचानक एक आवारा कुत्ता सड़क किनारे से भागते हुए आया और सीधा गाड़ी से टकरा गया।

टक्कर इतनी ज़ोर की थी कि गाड़ी का बंपर बुरी तरह मुड़ गया और वो इतना अंदर तक धंस गया कि इंजन में जा लगा। हालांकि संदीप और श्वेता को कोई चोट नहीं आयी, लेकिन उन्हें कुत्ते के लिए बुरा लगा और लगा कि वो मर गया।

लेकिन कुछ सैकंड बाद, वो कुत्ता बिना किसी साफ़ दिखने वाली चोट के, वहां से चलता हुआ निकल गया। बाद में, कुत्ते की चाल-ढाल के बारे में बात करते हुए संदीप ने कहा कि कुत्ता वहां से 'मुस्कराते' हुए चला गया।

कुत्ते के जाने के बाद संदीप हैरान रह गए। उस कुत्ते का चमत्कारी तरीके से बच जाना और उनका खुद एक बड़े हादसे से बच निकलना, इन दोनों बातों ने उन्हें भीतर तक हिला दिया। इतनी भयानक टक्कर के बाद भी कुत्ते का बच जाना उन्हें अवाक कर गया। उनका मन जैसे सुन्न हो गया था। लेकिन धीरे-धीरे जब उन्होंने उस घटना को अपने मन

में दोहराना शुरू किया, तो उनके भीतर एक बात साफ़ होने लगी। ये कोई साधारण हादसा नहीं था। असल में, ये उनके लिए एक संदेश था।

उनका मन अपनी नानी की सुनायी कहानियों की ओर लौटने लगा। उन्होंने सोचना शुरू किया कि पौराणिक कथाओं में कुत्ते का क्या मतलब होता है।

और तभी उन्हें याद आया।

कहानियों के अनुसार, कुत्ता काल भैरव का वाहन होता है। काल भैरव भगवान शिव का एक रूप हैं, जो काले रंग के होते हैं, जिनके गले में नरमुंडों और सांपों की माला होती है। उन्हें भय का नाश करने वाला देवता माना जाता है। वो देवता, जो अपने भक्त के सारे डर दूर करके उसे धर्म के रास्ते पर बढ़ने में मदद करता है।[14]

धीरे-धीरे संदीप को समझ आता गया कि क्या हुआ था। संदीप के अनुसार, वो कोई आम कुत्ता नहीं था, भैरव बाबा का संदेशवाहक था। ये संदीप ने अपने दर्शकों से भी कहा। संदीप ने कहा कि भैरव बाबा जान गए थे कि उनके भीतर कुछ डर और संकोच थे, जो उन्हें सही काम करने से रोक रहे थे। इसलिए उन्होंने ये संदेश भेजा था कि अपने कर्म करो, परिणाम से डरो मत।

संदीप ने इस हादसे को एक संदेश माना: अब उन्हें अपना कर्म करना था और काशी जाना था।

संदीप ने अपने फ़ॉलोवर्स से कहा, 'मेरी नानी कहती थीं, इंसानों को खुश न कर सको तो चलेगा, लेकिन परमात्मा को कभी नाराज़ नहीं करना।' दिसंबर के अंत में संदीप ने अपने एक वीडियो में ये बात कही, जिसमें उन्होंने उस हादसे और उसके बाद मिले संदेशों के बारे में बताया।

प्रधानमंत्री मोदी ने कॉरिडोर का उद्घाटन किया और उसके कुछ ही दिनों बाद संदीप, अपनी पत्नी श्वेता के साथ काशी के लिए रवाना हो गये। लेकिन उन्होंने काशी में जो भी देखा, उसने उन्हें अंदर ही अंदर तोड़ दिया और जैसा कि उन्होंने बाद में बताया, वो रो पड़े।

काशी से लौटने के बाद 27 दिसंबर को संदीप यूट्यूब पर आए और इस कॉरिडोर वाले पूरे प्रोजेक्ट पर और उसके ज़रिए मोदी पर, ज़बरदस्त हमला करना शुरू कर दिया।

वीडियो की शुरुआत में, संदीप अपने हाथ में भगवद्गीता पकड़े हुए दिखते हैं और पूरे फ़िल्मी स्टाइल में ये ऐलान करते हैं कि वो झूठ नहीं बोलेंगे। वो सबसे पहले उन मौकों के बारे में बात करते हैं, जब वो अपने छात्र जीवन के दौरान उन्हीं मंदिरों में जाया करते

थे। 'मैं वहां मुग्ध हो जाया करता था। मेरे पास बोलने के लिए शब्द भी नहीं मिलते थे। मैं वहां रोया करता था।'

लेकिन इस बार, उन्हें ऐसा बिल्कुल भी नहीं लगा। जो दैवत्व उन्हें वहां महसूस होता था, इस बार वो उन्हें गायब लगा।

अगले सत्तर मिनटों में, फ़ोटोज़ दिखाते हुए, संदीप अपने दर्शकों को बता रहे थे कि उन्होंने ऐसा क्यूं कहा। संदीप ने कहा कि मोदी के बनवाये इस प्रोजेक्ट के चलते 400 प्राचीन मंदिर ख़त्म हो गये थे, जिनमें ज़्यादातर को तोड़ दिया गया और देवताओं की मूर्तियों को फेंक दिया गया।

संदीप ने रास्ते की एक फ़ोटो दिखाई, जो कच्चा था और उस पर मलबा बिखरा हुआ था। ऐसा मालूम दे रहा था कि वहां कोई निर्माण कार्य चल रहा था। उन्होंने कहा कि ठीक इसी जगह पर महान कवि तुलसीदास ने भगवान हनुमान का एक मंदिर बनाया था। अब वो मंदिर मलबे का हिस्सा बन चुका था।

उस फ़ोटो की ओर इशारा करते हुए वो कहते हैं, 'अब यहां कोई मंदिर नहीं है लेकिन मैं फिर भी इस जगह पर जूते पहनने की ज़ुर्रत नहीं कर सकता क्योंकि मुझे मालूम है कि यहां पर कभी एक मंदिर हुआ करता था।' इस फ़ोटो में संदीप एक किनारे खड़े हैं और उन्होंने नेवी ब्लू रंग का कुर्ता और सफ़ेद पजामा पहना था, उनके माथे पर त्रिपुंड बना हुआ था और वो मलबे के बीच में नंगे पैर खड़े थे।[15]

उनकी आवाज़ कठोर होती जा रही थी और इसी बीच उन्होंने सवाल पूछा, 'क्या आपको रोना नहीं आ रहा है? ये वही तुलसीदास हैं जिन्होंने अकबर के बावजूद "रामचरितमानस" लिखने का साहस किया। आज उनके मंदिर तोड़े जा चुके हैं। क्या आपको रोना नहीं आ रहा?'

उनका गुस्सा बढ़ता जा रहा था। उन्होंने एक और प्रहार किया। वो अपनी राजनीतिक लाइन पर क़ायम थे। 'मुझे मालूम चला कि मंदिर तोड़ने का काम इतना दर्द भरा था कि हिंदू मजदूरों ने ऐसा करने से मना कर दिया था। ये काम करने वाले अस्सी प्रतिशत मज़दूर हरे टिड्डे थे,' संदीप का इशारा, मुसलमानों की ओर था।

अपने दावों के लिए सुबूत देने की ज़रूरत समझे बगैर वो आग बोल रहे थे, 'और उन्हें बहुत मज़ा आ रहा था मंदिर तोड़ते हुए।' उन्हें मालूम था कि उनके दर्शकों को भी सुबूत की बहुत ज़रूरत महसूस नहीं होती। 'मुझे ऐसा मालूम है क्योंकि मैंने

वहां सभी के आईडी कार्ड चेक किये और मालूम पड़ा कि उनमें से 80 फ़ीसदी हरे टिड्डे थे।'

बहुत ही कम ऐसे मौके आते हैं जब संदीप अफ़सरशाही पर आरोप लगाते हैं। लेकिन इस बार उन्होंने ये रिकॉर्ड भी तोड़ दिया। संदीप ने बगैर मोदी का नाम लिए कहा, 'औरंगज़ेब भी यही करता था (हिंदू मंदिर तुड़वाता था)। अब मेरी सरकार भी वही कर रही है।'

'योगी ये सब जानते हैं लेकिन वो भी मोदी को समझा नहीं पा रहे हैं।'

बाद में, संदीप के भाई अमरदीप ने मुझे बताया कि इस घटना ने मोदी और भाजपा के प्रति संदीप के विचारों को बदल दिया था। संदीप ने तय कर लिया था कि वो ऐसी पार्टी का साथ नहीं दे सकते, जिसका नेतृत्व ऐसा आदमी कर रहा है जो प्राचीन मंदिरों को तोड़ता है और इस सबको उद्घाटन के दौरान होने वाले भव्य समारोह से छुपा ले जाने की कोशिश करता है।

अमरदीप ने मुझसे कहा, 'भाईजी बहुत डिस्टर्ब हो गए।'

संदीप ने बताया कि अब उन्होंने मोदी सरकार की योजनाओं को बेहद सूक्ष्मता से देखना शुरू किया और वो बहुत निराश हुए। उनके अनुसार, ये लोग हिंदुत्व के नाम पर सरकार चला रहे थे लेकिन 'माइनॉरिटीज़ की फ़ंडिंग तो बढ़ गयी है।' संदीप ने कहा कि उन्होंने सरकारी दस्तावेज़ पढ़े थे उनमें जो आंकड़े दिए हुए हैं, उसी से वो इस नतीजे पर पहुंचे थे और इसने उनका दिल तोड़ दिया था।

ये बातें भी तथ्य आधारित नहीं थीं। *फ़्रंटलाइन* मैगज़ीन में छपी एक रिपोर्ट के मुताबिक़ 2006 से 2013 के बीच अल्पसंख्यक कार्य मंत्रालय के लिए बजट तो बढ़ा था लेकिन मोदी के सत्ता में आने के बाद इसमें बहुत बढ़ोत्तरी नहीं हुई थी।[16] 2023 के बजट में तो इस मंत्रालय के बजट में 38 प्रतिशत की कटौती की गयी थी।[17]

लेकिन, संदीप अपना मन बना चुके थे। वो अब मोदी पर भरोसा नहीं कर सकते थे।

कुछ हफ़्तों बाद उन्होंने अपना मन फिर बदला। उत्तर प्रदेश चुनाव में अब बस कुछ ही दिन बचे थे और संदीप ने फैसला किया कि वो भाजपा और योगी का ही समर्थन करेंगे। योगी का जीतना बेहद ज़रूरी था जिससे वो आगे जाकर मोदी को अपदस्थ कर सकें।

इसके बाद से, वो मोदी कि जगह योगी को लाने के लिए समर्थन जुटाने में लग गये।

उन्होंने मोदी सरकार से अपनी शिकायतों के बारे में बात करना शुरू किया। वो कह रहे थे कि ये सरकार अल्पसंख्यकों के तुष्टीकरण का ही काम कर रही है और हिंदुओं पर ज़रा भी ध्यान नहीं दे रही।

'मेरी ही सरकार, चालीस योजना हरे टिड्डों के लिए लेकर आती है। हिंदुओं को सिर्फ़ त्रिपुंड लगाकर ख़ुश कर दिया जाता है, पर सारी योजनाएं अल्पसंख्यकों के लिए हैं।'

संदीप अपने देखने वालों से कहते हैं कि इस परिस्थिति से निकलने का एक ही तरीका था। योगी आदित्यनाथ ही सबकुछ ठीक कर सकते थे।

केंद्र सरकार अल्पसंख्यकों के लिए योजनाएं बनाती जा रही थीं लेकिन योगी ऐसा नहीं कर रहे थे। 'योगी आपके लिए योजनाएं बना रहे हैं।'

वो इन योजनाओं के बारे में बात करने लगते हैं। 'लव जे वाली', संदीप उत्तर प्रदेश की गैरकानूनी धर्म परिवर्तन प्रतिषेध अधिनियम के बारे में बात कर रहे थे, जो 2020 में पारित हुआ था और जो दूसरी चीज़ों के अलावा शादी के रास्ते धर्मपरिवर्तन पर रोक लगाता है। ये ऐसा कानून था जो हिंदू दक्षिणपंथियों के उस डर को काटने के लिए लाया गया था कि मुस्लिम पुरुष शादी के ज़रिए हिंदू महिलाओं को इस्लाम में ले जा रहे हैं, जिसे 'लव जिहाद' कहा जाता था।

हाल-फिलहाल की बातें और हालिया अतीत को सभी दर्शकों के सामने रखने के बाद, अब संदीप एक आख़िरी बार योगी के लिए एक और दांव खेलने की कोशिश कर रहे थे। वो भगवा ब्रिगेड के लिए एक बेहतर भविष्य का वादा कर रहे थे। लेकिन ये दांव सिर्फ़ इसलिए नहीं था कि योगी महज़ उत्तर प्रदेश के मुख्यमंत्री बने रहें। उनकी कोशिश थी कि लोग योगी को देश का प्रधानमंत्री बनाने की कल्पना करें और उनके नेतृत्व में देश का भविष्य देखना शुरू करें।

उन्होंने कहा, 'योगी आयेंगे तो आर्टिकल 25 और 30 में बदलाव होगा।' भारतीय संविधान के ये दोनों अनुच्छेद हिंदू दक्षिणपंथियों के बीच अक्सर बहस और बेचैनी का विषय रहते हैं। इन पर होने वाली हर चर्चा में मांग यही उठती है कि इन्हें खत्म कर दिया जाए, संविधान से हमेशा के लिए हटा दिया जाए। ऐसा इसलिये है क्योंकि अनुच्छेद 25 हर भारतीय को अपने धार्मिक विश्वास को मानने, अपनाने और उसका प्रचार करने की आज़ादी देता है।[18] अनुच्छेद 30 अल्पसंख्यकों को शैक्षणिक संस्थान स्थापित करने और उन्हें चलाने का अधिकार देता है और राज्य से कहता है कि वो ऐसे संस्थानों के

साथ भेदभाव न करे।[19] संदीप जैसे हिंदू राष्ट्रवादी इस बात में विश्वास रखते हैं कि इन दोनों अनुच्छेदों के चलते ही भारत आज भी एक हिंदू राष्ट्र नहीं बन पाया, क्योंकि ये अल्पसंख्यकों का तुष्टिकरण करके उन्हें ऐसे अधिकार देते हैं जिनसे वो अपनी धार्मिक पहचान बनाये रखते हैं और उसका विस्तार भी कर सकते हैं।

संदीप आगे कहते हैं कि अगर आदित्यनाथ को लाया गया, तो यूनिफ़ॉर्म सिविल कोड ज़रूर आएगा, जिसका मतलब होगा कि धर्म के आधार पर बने व्यक्तिगत क़ानूनों को खत्म कर दिया जाएगा। ये भी हिंदू राष्ट्रवादियों की एक पुरानी मांग रही है और इसका मुख्य निशाना मुस्लिम पर्सनल लॉ रहा है।[20]

अगर आदित्यनाथ सत्ता में आये, तो वो देश की जनसंख्या को नियंत्रित करने के लिए कानून लाएंगे। इस डर के आधार पर, कि एक दिन इस्लाम भारत पर हावी हो जाएगा, इसकी मांग हिंदू राष्ट्रवादी दशकों से करते आये हैं। अगर आदित्यनाथ आये, तो वो देशभर में गोहत्या पर प्रतिबंध भी लगवाएंगे।

संदीप ज़ोर देकर कहते हैं कि ऐसा सबकुछ संभव हो सके, उसके लिए 'उनको मेजॉरिटी से लाना होगा। फ़ुल मेजॉरिटी देना होगा, वरना वो दबके, आरएसएस का, सेक्युलरिज़्म का बायर हो जायेगा।'

संदीप ऐसे भविष्य का वादा कर रहे हैं जो पहुंच से दूर है और जो कतई निश्चित नहीं है। एक ऐसे समय में, जब आदित्यनाथ अपना गढ़ बचाए रखने की जुगत भिड़ा रहे थे, संदीप उन्हें न केवल सूबे के मुख्यमंत्री बल्कि देश के भावी प्रधानमंत्री के रूप में पेश कर रहे थे। संदीप ने एक बार भी आदित्यनाथ सरकार की परफ़ॉरमेंस के बारे में बात नहीं की, न ही उत्तर प्रदेश में भाजपा के घोषणा पत्र के वादों का क्या हश्र हुआ, इसके बारे में बात की।

लेकिन इस सबकी ज़रूरत थी भी नहीं। इससे पहले संदीप अपना भाषण ख़त्म कर पाते, लाइव वीडियो के कमेन्ट सेक्शन में उनकी बातों का असर दिखाई देने लगा था।

'योगी जी सत्ता में रहें... तभी सनातन धर्म बच सकता है।'

'योगी जी हैं तो सनातन है। हरी ओम।'

'मोदी हटाओ देश बचाओ... योगी लाओ देश बचाओ।'

~

संदीप की दुआओं ने काम कर दिखाया।

10 मार्च 2022 को, सात चरणों के चुनाव के बाद, योगी और मोदी को अभियान का चेहरा बनाकर चल रही भाजपा ने प्रदेश की 403 में से 255 सीटें मिलीं। पार्टी को पूर्ण बहुमत तो मिल चुका था लेकिन कोई भी इस बात से इंकार नहीं कर पा रहा था कि उन्हें बड़ा नुकसान हुआ था। 2017 में हुए पिछले चुनावों में उन्हें 302 सीटें मिली थीं जबकि उनकी प्रतिद्वंद्वी समाजवादी पार्टी को 47। 2022 में समाजवादी पार्टी 111 सीटों पर आ गयी थी।

संदीप मानते थे कि बहुमत में जो गिरावट आयी थी, वो भाजपा के शीर्ष नेतृत्व के चलते आयी थी क्योंकि वो योगी की लोकप्रियता को अपने लिए ख़तरा मानते थे। संदीप को लगता था कि पार्टी का चुनाव अभियान अंदरूनी ताकतों ने ही बिगाड़ा था। लायक उम्मीदवारों का टिकट काट दिया गया था, सीनियर नेताओं ने अपने ही लोगों की हार की प्लानिंग कर दी थी।

इन सभी बातों ने हिंदुत्व का आदर्शलोक लाने का वादा करने वाली भाजपा में संदीप के विश्वास को धीरे-धीरे खोखला कर दिया था।

2022 के दौरान संदीप का भाजपा से मोहभंग होना चालू रहा और बढ़ता ही गया। अपने वीडियोज़ में वो पार्टी की आलोचना करते दिख रहे थे और उनकी वेबसाइट में पार्टी से जुड़ी ख़बरों में भी यही फ़्लेवर मिल रहा था। इस बीच, वो पार्टी की नीतियों को सूक्ष्म दृष्टि से देख रहे थे और इस वजह से वो और भी विमुख होते जा रहे थे।

उन्होंने भारत के बीफ़ निर्यात के बारे में जानना शुरू किया और उन्हें जो आंकड़े मिले, उससे उनका खून खौल गया। उन्होंने कहा, ‘ये लोग गोहत्या का विरोध करते थे लेकिन इंडिया अब बीफ़ का सबसे बड़ा एक्सपोर्टर बन चुका है।’

भारतीय सरकार के आंकड़े कहते हैं, ‘मांस और गोवंशीय जानवरों (फ़्रोज़ेन) का निर्यात, जो 2014 के बाद से लगभग स्थिर बना हुआ था, 2021 के बाद से उसमें उल्लेखनीय बढ़ोत्तरी दर्ज हुई है।’[21] हालांकि, इस बढ़ोत्तरी के बाद भी, बीफ़ एक्सपोर्ट करने के मामले में भारत दुनिया का सबसे बड़ा नहीं (जैसा कि संदीप का दावा था) बल्कि चौथा सबसे बड़ा देश था।[22]

इसी तरह, उन्हें ये अहसास होने लगा कि मोदी सरकार ने कांग्रेस के मुस्लिम तुष्टीकरण का ख़ूब विरोध किया था लेकिन वो अब ख़ुद वही करने लगी है, बस उन्होंने ‘तृप्तिकरण’ शब्द का इस्तेमाल करना शुरू कर दिया था। इस मौके पर संदीप मोदी के

जुलाई 2022 के भाषण की ओर इशारा कर रहे थे, जहां उन्होंने पार्टी कार्यकर्ताओं से दूसरे जनों के अलावा, अल्पसंख्यकों तक भी पहुंचने की सलाह दी थी और कहा था कि तुष्टीकरण की जगह तृप्तीकरण पर ध्यान दें।[23]

संदीप ने अपने तमाम कामों में, सार्वजनिक वक्तव्यों में, इन आरोपों को कई बार दोहराया। लेकिन 2022 का अंत आते-आते, उनकी इन आलोचनाओं का असर उन पर दिखने लगा था।

ऑनलाइन दुनिया में उन्हें अपनी कमाई में गिरावट नज़र आने लगी थी। यूट्यूब पर उनके वीडियोज़, जो एक समय में बहुत आराम से दसियों हज़ार व्यूज़ ले आते थे, अब कुछ हज़ार तक सीमित रह जा रहे थे। उनके 'लाइव' वीडियोज़ में एक समय पर सैकड़ों व्यूवर होते थे, अब ये डेढ़-दो सौ के आसपास ही रह रहे थे।

संदीप ने बताया कि उन्होंने भाजपा में अपने सूत्रों से संपर्क करने की कोशिश की क्योंकि वो जानना चाहते थे कि क्या ऐसा करवाया जा रहा था। उन्होंने कहा, 'मुझे मालूम चला कि भाजपा और आरएसएस, दोनों ही जगहों का शीर्ष नेतृत्व मेरे वीडियोज़ से बहुत ख़ुश नहीं था। इसीलिए भाजपा के आईटी सेल ने मेरे चैनल पर एक बैन सा (शैडो बैन) लगवा दिया था।' संदीप सोशल मीडिया की उस प्रथा के बारे में बात कर रहे थे, जिसमें किसी चैनल की मौजूदगी को प्रसारित नहीं किया जाता है और उसकी रीच को कम कर दिया जाता है ताकि उसका कॉन्टेंट बहुत लोगों तक न पहुंचे।[24]

मैंने अपने स्तर पर, ये जानने की कोशिश की कि क्या उनका शक़ सही था। जब उनके चैनल, इंडिया स्पीक्स डेली का डेटा सोशल ब्लेड पर जांचा तो दिखा कि वाकई उनकी रीच उत्तर प्रदेश चुनावों के आस-पास बड़ी तेज़ी से गिरी थी और यही वो वक़्त था जब उन्होंने काशी विश्वनाथ प्रोजेक्ट की आलोचना करनी शुरू की थी।

फ़रवरी 2022 में, उन्होंने एक महीने में 35 लाख व्यूज़ जुटाये थे। मार्च में ये संख्या गिरकर 15 लाख पर आ गयी। एक महीने बाद, अप्रैल में उनके चैनल को मात्र 12 लाख व्यूज़ मिले। उसके बाद से, 2022 भर में उनके चैनल की रीच और भी कम होती गयी और उन्हें एक महीने में 10 लाख से भी कम व्यूज़ मिल रहे थे।[25]

इस सबका असर उनके चैनल पर भी पड़ रहा था। पहले, जनवरी 2021 से जनवरी 2022 के बीच उनके चैनल को 69,000 सब्सक्राइबर मिले थे। लेकिन अगले एक साल

में उन्हें मात्र 35,000 सब्सक्राइबर मिले। इन सभी चीज़ों का नतीजा ये निकला कि यूट्यूब से होने वाली उनकी कमाई में अच्छी-ख़ासी गिरावट आयी।[26]

मामला एकदम साफ़ था। तलवारें खिंच चुकी थीं। उन्होंने संदीप को चोट पहुंचायी थी। अब वो जवाब देने वाले थे।

~

संदीप को मौका मिला 9 जनवरी 2023 को। मौका बेहद अनूठा था: आरएसएस के सरसंघचालक डॉक्टर मोहन भागवत का इंटरव्यू।

आरएसएस के मुखपत्र *पाञ्चजन्य* और *ऑर्गनाइज़र* के सम्पादक, आरएसएस प्रमुख का इंटरव्यू करने वाले थे। इस बातचीत में तमाम विषयों पर बात होनी थी जिसमें समलैंगिकता पर उनके विचार भी सामने आये। भागवत के संगठन ने बीते समय में समलैंगिकता को एक मनोवैज्ञानिक विकार बताया था जिसका इलाज किया जाना चाहिए था। लेकिन इस बातचीत में, इस मामले में एक नया मोड़ आया।

मोहन भागवत ने कहा कि भारतीय सभ्यता ने हमेशा ही समलैंगिकता को अपनाया है। इतना ही नहीं, उन्होंने महाभारत की एक कहानी का भी ज़िक्र किया जहां जरासंध के दो सेनापतियों हंस और डिम्भक की बात हुई। भागवत का कहना था कि इस महाकाव्य में इन दोनों के बीच समलैंगिक रिश्ते की बात मालूम चलती है।[27] उन्होंने हिंदू संस्कृति और समलैंगिकता के बीच एक संबंध दिखाने के उद्देश्य से कहा, 'मनुष्यों में, ये एक प्रकार है। पहले से है। जबसे मनुष्य आये हैं, तबसे है।'

संदीप को इन बातों में ख़तरे की घंटी सुनायी दे रही थी। वो भागवत के इस बयान से बेहद नाराज़ थे और उन्हें लग रहा था कि ये एक ऐसा कदम था जिससे आरएसएस भारत की युवा जनसंख्या के बीच लोकप्रिय होना चाहती थी, जो इस विषय को लेकर ज़्यादा मुखर हैं।

मैंने संदीप से पूछा कि उन्हें किस बात से समस्या थी। उन्होंने कहा, 'उनका दावा एकदम बकवास है। ऐसा कुछ भी नहीं लिखा है कहीं भी।' भागवत के इस इंटरव्यू के बाद उन्होंने हिंदू धार्मिक ग्रंथ पढ़ डाले। उन्होंने फिर कहा, 'मैंने हरिवंश पुराण पढ़ा और मुझे समझ में आया कि जो वो कह रहे थे, वो बिल्कुल भी सच नहीं है।'

संदीप इस बयान को एक गलती नहीं मान रहे थे। उन्हें ये आरएसएस की एक सोची-समझी साज़िश दिखाई दे रही थी जो हिंदुओं और हिंदुत्व के ख़िलाफ़ रची जा रही थी।

ख़ासकर, एक भव्य कार्यक्रम के लिए काशी के मंदिरों को तोड़ने के बाद वो इस बात में कहीं ज़्यादा यकीन रखने लगे थे। उनके अनुसार, योजना ये थी कि हिंदुओं को हिंदू मूल्यों और परम्पराओं से दूर ले जाया जा सके और उन्हें 'अब्राह्मिक धर्मों' के लिए मुफ़ीद भीड़ में बदला जा सके, जिससे पश्चिमी देशों को ये सब आकर्षक लगे। वो ज़ोर देकर कहते हैं कि ये पश्चिम की एक बड़ी साज़िश थी और इसमें आरएसएस और भाजपा का शीर्ष नेतृत्व शामिल था। वो हिंदुत्व को बदलना चाहते थे और उसके संस्कारों और मूल्यों का सफ़ाया करने में लगे हुए थे।

उन्होंने अपने इन दावों के पक्ष में सुबूत रखने के उद्देश्य से एक और घटना की ओर इशारा किया – 30 दिसंबर 2022 को, प्रधानमंत्री नरेंद्र मोदी की मां हीराबेन मोदी की मृत्यु।[28]

मां के अंतिम संस्कार के बाद, मोदी ने उसी रोज़ काम करना शुरू कर दिया और वीडियो कॉन्फ्रेंसिंग के ज़रिये कई प्रोजेक्ट्स का उद्घाटन किया।[29] भाजपा के नेताओं ने प्रधानमंत्री के फ़ैसले की तारीफ़ की और इसे उनकी प्रतिबद्धता की निशानी माना। उन्हें उनके साथियों ने 'कर्मयोगी' बताया। लेकिन संदीप इससे इत्तेफ़ाक़ नहीं रखते थे। उन्होंने कहा कि हिंदू रीति-रिवाज़ों के अनुसार, नज़दीकी परिवारजनों को एक तय वक़्त के लिए उत्सवों और खुशियों के अवसरों से दूरी बनाकर रखनी होती है। संदीप ने कहा कि नज़दीकी लोगों को, विशेषकर बेटों को, अपने बाल मुंडवाने होते हैं या कम से कम दाढ़ी-मूछें साफ़ करवानी होती हैं।

संदीप ने गुस्से में कहा, 'पर ये तो सीधे इनॉग्युरेशन में चले गए।' इतना ही नहीं, उन्होंने अपने बाल भी नहीं मुंडवाये। संदीप को ये नागवार गुज़रा। 'ये तो नया धर्म बना रहे हैं।' संदीप को चिंता थी कि जो भी युवा हिंदू भागवत की बातें सुन रहे थे और मोदी के क्रियाकलाप देख रहे थे, वो वैसा ही करना चाहेंगे।

'कल को एक हिंदू लड़का अपने घरवालों को कहेगा कि वो समलैंगिक है और जब उसके मां-बाप इसका विरोध करेंगे तो वो भागवत की बातें सुना देगा। वो क्या जवाब दे पायेंगे?' उनकी चिंताएं यहीं ख़त्म नहीं होती हैं। 'अब जब परिवार में किसी की मृत्यु होगी तो लड़का कहेगा कि वो बाल नहीं साफ़ करवाएगा क्योंकि मोदी जी ने भी नहीं करवाया था।'

संदीप ने कहा कि उन्हें लड़ाई करनी ही होगी। इसलिए, 23 जनवरी 2023 को, भागवत के इंटरव्यू के ठीक दो हफ़्ते बाद, संदीप ने वो किया जो कोई सोच भी नहीं

सकता था – वो गए और उन्होंने मोहन भागवत के ख़िलाफ़ पुलिस में शिकायत दर्ज कर दी।[30]

वो दिल्ली के बिंदापुर पुलिस स्टेशन में गए जो उनके दफ़्तर से कुछ ही दूर पर है। उनके पास एक ख़त था जो गुज़ारिश कर रहा था कि मोहन भागवत के साथ-साथ *पाञ्चजन्य* और *ऑर्गनाइज़र* के सम्पादकों के ख़िलाफ़ भी एक एफ़आईआर लिखी जाए, जिन्होंने ये इंटरव्यू किया और बाद में इसे सार्वजनिक भी किया।

अपने शिकायती पत्र में संदीप ने लिखा कि इन तीनों पर भारतीय न्याय संहिता की धारा 295A के तहत कार्रवाई होनी चाहिए जो 'किसी धर्म या धार्मिक विश्वास का अपमान करने के उद्देश्य से जानबूझकर और दुर्भावनापूर्ण कार्य' के संदर्भ में है।[31] इस धारा में आरोप सिद्ध होने पर दोषी व्यक्ति को चार साल की जेल या आर्थिक जुर्माना या दोनों की सज़ा मिलती है।[32]

केंद्रीय गृहमंत्री अमित शाह के अधीन काम कर रही दिल्ली पुलिस ने इस शिकायत को स्वीकार करने से मना कर दिया। संदीप का शिकायती पत्र सोशल मीडिया पर वायरल हो गया क्योंकि कई हिंदुत्व के समर्थकों ने इसका समर्थन किया था और इसे शेयर कर रहे थे।[33] मीडिया में भी इस शिकायत की अच्छी कवरेज हुई। उन्हें मालूम था कि पुलिस उनकी शिकायत दर्ज नहीं करेगी इसलिए उनके पास एक और प्लान था। संदीप स्थानीय मजिस्ट्रेट कोर्ट में जाने वाले थे और उनसे अपनी शक्तियों का प्रयोग कर पुलिस को शिकायत दर्ज करने के लिए कहने वाले थे। आपराधिक प्रक्रिया संहिता (CrPC) की धारा 156(3) के तहत ऐसा किया जा सकता है।

संदीप ने चोट करनी शुरू कर दी थी और उनकी विद्रोह की पताका लहरा रही थी।

~

एक ओर वो भाजपा और आरएसएस से टक्कर ले रहे थे, दूसरी तरफ़ उन्होंने अपने प्रोजेक्ट पर भी काम करना जारी रखा और तय किया कि हिंदुत्व के पक्ष में वो दोगुनी मेहनत करना शुरू करेंगे।

अब, कपोत से जो किताबें आयेंगी, उनकी जांच-पड़ताल में और भी अधिक एहतियात बरतने वाले थे। फ़रवरी 2023 में, दिल्ली के उत्तम नगर के अपने ऑफ़िस में बैठे हुए उन्होंने एक दिन मुझसे कहा, 'बहुत डिल्यूशन हो रहा है।'

जिन लेखकों का वो साथ दे रहे थे, जिन्हें सिखा रहे थे, जिससे वो ऐसी किताबें लिखें जो उनकी वैचारिकता से मेल खाती हों, वो सभी 'डाइल्यूट' हो रहे थे। उन्होंने कहा कि वो सभी परिस्थितिवश हिंदुत्ववादी थे, न कि उन्हें हिंदू ग्रंथों की गहरी समझ थी।

उनके भाई अमरदीप, जो कपोत का ई-कॉमर्स का काम देखते हैं, को भी इन लेखकों पर शक़ होने लगा था। कपोत इसी आधार पर लाया गया था क्योंकि एमेज़ॉन डॉट कॉम और फ़्लिप्कार्ट और दूसरे बड़े ई-कॉमर्स के नामों का बॉयकॉट किया जाना था क्योंकि वो सभी हिंदू-विरोधी और भारत-विरोधी साबित हो रहे थे। अमरदीप ने बताया, 'लेकिन ये सभी लेखक, हमारे यहां किताब छप जाने के बाद चाहते हैं कि इन प्लेटफ़ॉर्म्स पर भी इनकी किताबें बिकें जिससे बिक्री ज़्यादा हो सके। हम ये बर्दाश्त नहीं कर सकते। हमें फ़र्क नहीं पड़ता कि हम कम किताबें बेच रहे हैं लेकिन हम एमेज़ॉन वगैरह पर डिपेंड नहीं कर सकते।'

इसलिए, संदीप ने तय किया कि कपोत जिन लेखकों के साथ सीधे तौर पर जुड़ा हुआ था, उनकी और सूक्ष्मता से जांच होनी चाहिए, उनके हिंदुत्व के ज्ञान की जांच होनी चाहिए और जो भी हिंदुत्व के लिए उनकी तरह प्रतिबद्ध नहीं है, उसे नमस्ते कह देना चाहिए। उन्हें ये समझ में आया कि इस सब में कुछ वक़्त लगेगा। कपोत के लिए पैसा हमेशा एक चिंता का विषय रहा था क्योंकि लेखकों को अग्रिम भुगतान दिया जाना था, छापने का खर्च भी आता था और वितरण का भी। और भी ज़्यादा जांच-पड़ताल का अर्थ था कि कपोत की किताबों की संख्या में कमी आने वाली थी क्योंकि हर किताब को सामने आने में ज़्यादा वक़्त लगने वाला था।

कपोत के काम करने के तरीक़े को नए सिरे से परिभाषित करने की ज़रूरत आ गयी थी।

इसलिए, संदीप और अमरदीप ने तय किया कि एक ओर वो धार्मिक और सनातन आधारित किताबें लेकर आयेंगे जिनका चयन वो बेहद ज़िम्मेदारी के साथ करेंगे; पुरानी, आउट-ऑफ़-स्टॉक किताबों को ताज़ा करेंगे और दूसरी तरफ़ उन किताबों को बेचना जारी रखेंगे, जो दूसरे प्रकाशकों की थीं और उनकी विचारधारा के अनुरूप थीं। वो हिंदुत्व के विचारों को फैलाती हों और पंचमक्कारों का भंडाफोड़ करती हों।

इस तरीक़े से काम करने में कपोत एक खाली स्थान को भर रहा था। इस तरह से वो एक ऐसा प्रकाशन बन जाने वाला था जहां हिंदू राष्ट्रवाद को बढ़ावा देने वाली किताबें,

'नया' इतिहास बताने वाली किताबें और हिंदुत्व के दुश्मनों पर हमला बोलने वाली किताबें, सभी एक जगह पर मिल सकती थीं।

जब ये नयी किताबें नहीं छाप सकता होगा, तब दूसरे प्रकाशकों के नेटवर्क की मदद से कपोत हिंदुत्व की किताबों के छपने की व्यवस्था कर सकेगा। संदीप कहते हैं कि 2022 में उनकी अपनी ही विचारधारा के दूसरे प्रकाशकों से मुलाक़ात हुई, जो विचारधारा के 'डाइल्यूशन' से उतने चिंतित नहीं थे और वो उन किताबों को छाप सकते थे जो कपोत की कसौटी पर खरी नहीं उतरती थीं।

इस मेलजोल का मतलब था कि हिंदुत्व की किताबों के प्रकाशकों का नेटवर्क अनवरत किताबें निकालता रहेगा। और कपोत अपने पंख फैलाता रहेगा क्योंकि वो इन किताबों को एक प्लेटफ़ॉर्म देता रहेगा।

2023 में कदम रखते हुए संदीप को समझ में आ गया था कि ये साल उनके लिए बेहद महत्वपूर्ण होने वाला था, जिसमें वो वोटरों की मानसिकता प्रभावित कर सकते थे और उन्हें हिंदुत्व के उद्देश्यों की ओर दिशा दिखा सकते थे। लेकिन, जब वो इस सबकी योजना बना रहे थे, उन्हें ये भी दिख रहा था कि उनके सामने एक और बड़ी चुनौती थी जिससे उन्हें लोहा लेना था – भाजपा।

साहित्य, सोशल मीडिया पोस्ट्स, यूट्यूब वीडियो, इन सभी मामलों में भाजपा का कोई तोड़ नहीं निकल सकता। उन्होंने कई बार कोशिश की थी और अब उन्हें अपनी सीमाओं का अहसास हो चला था। उन्हें पार्टी को इस तरह से पकड़ना था कि उसे कुछ नुकसान हो सके।

और यूं, संदीप वो काम करने को निकल पड़े जो अब तक का सबसे दुस्साहसिक कदम माना जा सकता था: वो चुनावी ज़मीन पर, 2024 के आम चुनावों में, भाजपा को चुनौती देने जा रहे थे।

~

संदीप को मालूम था कि इतने बड़े काम में सफलता अकेले नहीं पायी जा सकती थी। लेकिन उन्हें ये भी मालूम था कि एक अच्छा साथी पाना भी मुश्किल का काम था। आख़िरकार, भाजपा से भी ज़्यादा दक्षिणपंथी पार्टी ढूंढना और उसका साथ पाना टेढ़ी खीर तो था ही। विकल्प सीमित थे। शिव सेना ख़ुद को ऐसी पार्टी बताती थी जिसकी नसों

में हिंदुत्व था, लेकिन वो एक क्षेत्रीय पार्टी थी और चूंकि उसने कांग्रेस के साथ गठजोड़ किया था, इसलिए उसके साथ जाने का तो सवाल ही नहीं उठ सकता था।

अखिल भारतीय हिंदू महासभा, जो हिंदुत्व की ओरिजिनल पार्टी थी और जिसका गठन बीसवीं सदी की शुरुआत में हुआ था, अब उतनी लोकप्रिय रह नहीं गयी थी। ये पार्टी चुनावी ज़मीन पर कम और पब्लिसिटी के लिए ज़्यादा काम कर रही थी।

हालांकि उत्तरी हिस्से में संदीप को कुछ ठीक नाम सूझ रहे थे।

बीते कुछ वक़्त से, जम्मू-कश्मीर के अशांत हिस्से में एक नयी राजनीतिक शक्ति उभर रही थी। ये शक्ति न केवल उनकी विचारधारा के अनुरूप थी बल्कि उसकी भी भाजपा से तगड़ी अदावत थी।

एकजुट जम्मू पार्टी का गठन दिसंबर 2021 में हुआ था और ये जम्मू में धीरे-धीरे पैर जमा रही थी।[34] हालांकि इस पार्टी के नाम में ही विरोधाभास था क्योंकि एकजुट जम्मू पार्टी की मांग थी कि जम्मू-कश्मीर से हिंदू बहुलता वाले जम्मू को काटकर अलग कर दिया जाए।

पार्टी के विचार और उसका संस्थापक, दोनों ही संदीप की पसंद के थे।

ये संगठन अंकुर शर्मा के नेतृत्व में बना था जो पेशे से एक वकील हैं। उन्होंने सभी को इस बारे में जागरूक करने की मुहीम चलायी थी कि कैसे जम्मू के हिंदू बहुल इलाक़ों में अचानक से मुसलमानों का आना हुआ और वहां कैसे जनसंख्या के समीकरण को बदलने की कोशिश की जा रही थी।[35]

अंकुर को इस साज़िश के बीज हर कहीं दिख रहे थे। 2014 में उन्होंने जम्मू-कश्मीर हाई कोर्ट में जम्मू और कश्मीर राज्य भूमि (कब्ज़ेदारों को स्वामित्व सौंपना) अधिनियम, 2001 के ख़िलाफ़ याचिका दायर की थी। वो चाहते थे कि ये नियम हटा दिया जाए, जिसे रोशनी ऐक्ट के नाम से भी जाना जाता था।

इस अधिनियम में 1990 तक राज्य की ज़मीन पर कब्जा करने वालों के कब्जे को नियमित करने का प्रस्ताव था। और इससे सरकार को जो पैसा मिलता, उसे राज्य में हाइड्रोपॉवर प्रोजेक्ट्स बनाने में लगाया जाना था। इसी वजह से इसका नाम रखा गया था 'रोशनी'।[36]

लेकिन अंकुर के अनुसार, राज्य की ज़मीन पर कब्जे को नियमित किये जाने से 'लैंड जिहाद' शुरू होने का ख़तरा था। ऐसा उन्होंने एक कश्मीरी मीडिया आउटलेट को दिए इंटरव्यू में कहा था।[37] अंकुर के अनुसार, ये एक साज़िश थी, जिसकी तहत मुख्यतः मुसलमानों को जम्मू की ज़मीन मिलने वाली थी जिससे वहां की जनसंख्या के समीकरण

को बदला जा सके। उनका दावा था कि ऐसी कब्जे वाली ज़मीन के 85 से 90 फ़ीसदी मालिक मुसलमान थे।

उनकी मुहीम को जम्मू में समर्थन मिला जिसमें दूसरे दक्षिणपंथी संगठन और कई न्यूज़ आउटलेट भी शामिल हो गये। इन सभी ने मिलकर लोगों के मन में 1947 के उस नरसंहार के बदले का डर जगाना शुरू कर दिया, जिसमें डोगरा राजा हरी सिंह के अर्धसैनिक बल ने हज़ारों मुसलमानों का क़त्ल कर दिया था।[38,39] अंकुर की याचिका के चलते जम्मू-कश्मीर हाईकोर्ट ने इस नियम को 'असंवैधानिक, कानून के विपरीत और असंधारणीय'[40] बताया। लेकिन कोर्ट ने उनकी जनसंख्या में बदलाव से जुड़ी बातों को बहुत तवज्जो नहीं दी। इस मुद्दे को जिस तरह का सांप्रदायिक रंग दिया जा रहा था, अदालत उससे बहुत ख़ुश नहीं थी और उसने साफ़ शब्दों में बताया कि जो फैसला दिया जा रहा था वो किसी एक सम्प्रदाय के ख़िलाफ़ कतई नहीं था।[41]

स्थानीय अख़बार ने आंकड़े दिखाये जो बता रहे थे कि इस क़ानून के चलते जिन्हें फ़ायदा मिल रहा था, उसका 3 फ़ीसदी से भी कम हिस्सा मुसलमानों का था।[42]

अंकुर को ये साज़िश एक और जगह दिखी। उस रेप केस में, जिसके बारे में इस किताब में पहले चर्चा हो चुकी है। ये मामला था 2018 का, जहां जम्मू के कठुआ में मुस्लिम बकरवाल समुदाय की एक आठ साल की बच्ची की बलात्कार के बाद हत्या कर दी गयी थी। मामले ने तूल तब पकड़ा था जब मालूम चला कि इस कुकृत्य में सात आरोपी शामिल थे और बताया गया कि उन्होंने उस बच्ची को रसाना, कठुआ के एक मंदिर में कई बार बेहोश कर बलात्कार किया।[43] अंकुर ने तय किया कि वो उस मंदिर के मुख्य पुजारी और इस मामले के मुख्य आरोपी सांजी राम के वकील बनेंगे। पुलिस ने अपनी जांच में पाया था कि सांजी राम ने उस लड़की की हत्या की प्लानिंग की थी ताकि उस इलाक़े में आकर टिके 'घुमंतुओं को डराकर' भगाया जा सके।[44]

अंकुर शर्मा ने कोर्ट में बचाव के लिए ये दलील दी थी कि वो हत्या 'जिहादियों' द्वारा की गयी थी ताकि 'उस इलाके में जनसांख्यिकीय तब्दीली लायी जा सके।'[45] अंकुर हिंदू एकता मंच से भी जुड़े हुए थे, जो एक हिंदू राष्ट्रवादी संगठन है। हिंदू एकता मंच ने आरोपियों के समर्थन में एक विरोध प्रदर्शन भी आयोजित किया था।[46]

अदालत में अंकुर शर्मा की दलीलें काम नहीं आयीं और सांजी राम को आजीवन कारावास की सज़ा सुनायी गयी।[47]

लेकिन अंकुर आज भी अपने एजेंडे पर क़ायम हैं।

उन्होंने साफ़ शब्दों में अपनी पार्टी के बारे में ये कहा है कि वो 'कश्मीर के बारे में कुछ नहीं सोचती,' और उसकी नज़र 'पूरी तरह से जम्मू पर है।'[48] उनका कहना है कि भाजपा ने जम्मू के हिंदुओं के साथ दगाबाज़ी की है क्योंकि वो 'कश्मीर के कट्टरपंथी मुसलमानों के तुष्टिकरण में लगी है।'[49] अंकुर का दावा है कि कश्मीर में धीरे-धीरे 'हिंदू नरसंहार' हो रहा था और वो घाटी में आतंकियों के हाथों मारे गए हिंदुओं की सारी ज़िम्मेदारी भाजपा पर डालते हैं।[50]

अंकुर, संदीप की ही तरह, ये मानते हैं कि भाजपा और उसकी साथी पार्टियों में हिंदुत्व के बारे में सोचने वालों की जगह कम होती जा रही है। इन दोनों को ये विश्वास है कि आगे बढ़ने का एक ही तरीका था: ये साबित किया जाए कि उनकी पार्टी भाजपा से एक कदम आगे है। उन्हें ये साबित करना था कि वो हिंदुत्व और उससे जुड़ी हर चीज़ के असली रक्षक हैं, न कि भाजपा।

दोनों इस बात को मानते थे कि हिंदुत्व के क्षेत्र में तभी आगे बढ़ा जा सकता था जब ऐसे कदम उठाये जाएं, जिन्हें उठाने में भाजपा को भी संकोच होता है और ऐसी चीज़ें की जाएं जिसके साथ जुड़ने में भाजपा भी शर्मसार होगी।

आख़िरकार, हिंदुत्व की इस प्रतिस्पर्धा में दिमाग से भी खेलना था।

संदीप को मालूम था कि इस सबके साथ एक चीज़ और बेहद ज़रूरी थी: मिलजुलकर खेलना।

फ़रवरी 2023 की शुरुआत में संदीप दिल्ली से जम्मू पहुंचे और अंकुर के साथ दो दिन बिताये। तब तक अंकुर अपनी यात्रा पर निकल पड़े थे। एकजुट पार्टी की ये यात्रा एक अलग जम्मू राज्य की मांग कर रही थी। इस दौरान अंकुर कई शहरों, कस्बों में गए और उन्होंने अपनी पार्टी के लिए समर्थन इकट्ठा किया।

संदीप की अंकुर से मुलाक़ात अच्छी रही। वो उनसे प्रभावित होकर लौटे। संदीप कहते हैं कि अंकुर 'बोलते बहुत अच्छा हैं।' संदीप कहते हैं कि अंकुर की चिंताएं भी वही हैं जो उनकी हैं। भाजपा ने हिंदुओं से शक्ति छीन ली है और यही वक़्त था जब देश की संसद में सच्चे हिंदुत्व की आवाज़ें गूंजें।

यहीं से इन दोनों की साझेदारी की शुरुआत हुई। एकजुट जम्मू पार्टी केवल जम्मू तक महदूद रहने वाली नहीं थी। अब, जब संदीप भी साथ में जुड़ गए थे तो पार्टी राष्ट्रीय स्तर पर पहचान बनाने के बारे में सोच रही थी और चाहती थी कि संसद में "असली" हिंदू बैठें।

भले ही अभी तक घोषणापत्र तैयार नहीं हुआ थे, लेकिन संदीप के मन में एजेंडा साफ़ था:

> धार्मिक अल्पसंख्यकों को दिए गए किसी भी अतिरिक्त अधिकार या आरक्षण को खत्म करना, अल्पसंख्यक मामलों के मंत्रालय को खत्म करना, अल्पसंख्यक आयोग को समाप्त करना, समान नागरिक संहिता लागू करना, हिंदुओं के लिए 'समान अधिकार' सुनिश्चित करना; सभी नागरिकों को अपने धर्म का पालन करने का समान अधिकार देने वाले अनुच्छेद 25 को सीमित करना और अल्पसंख्यकों को अपने शैक्षणिक संस्थान स्थापित करने की अनुमति देने वाले अनुच्छेद 30 को खत्म करना; घुसपैठ पर कड़ा नियंत्रण, ताकि कोई 'जनसांख्यिकीय बदलाव' हिंदुओं पर न थोपा जा सके; और सभी गौवंशीय जानवरों के वध पर पूरी तरह से कठोर और बिना समझौता किए प्रतिबंध लगाना।

संदीप के अनुसार, संसद में प्रवेश पाने के लिए जो लड़ाई लड़ी जानी थी, वो कतई आसान नहीं थी और उन्हें किसी भी प्रकार का कोई भ्रम नहीं था। उन्होंने कहा, 'हम बस कुछ हिन्दुत्ववादी सीटों तक अपना विस्तार करेंगे और उन्हीं कुछ सीटों पर अपना ध्यान केन्द्रित करेंगे। ये वो सीटें होंगी जहां हम अच्छे उम्मीदवार पा सकेंगे।' उनके ध्यान में मध्य प्रदेश, गुजरात, राजस्थान, हिमाचल प्रदेश, उत्तराखंड और दक्षिणी कर्नाटक की कुछ सीटें थीं। संदीप के अनुसार, वो बीस के आस-पास सीटों के बारे में सोच रहे थे।

'हमारे विचार एकदम साफ़ हैं कि हम वहीं लड़ेंगे जहां हिंदू वोटर बहुसंख्यक हैं। हम सेक्युलर बनने के बारे में नहीं सोच रहे हैं। हम ग़ैर-हिंदुओं को रिझाना नहीं चाहते हैं।'

ये एक बहुत मुश्किल काम है लेकिन संदीप कहते हैं कि वो और अंकुर श्रम करने के लिए पूरी तरह से तैयार हैं। इस कठिन समय के उस पार, संदीप किसी प्रकार के प्रतिफल के बारे में नहीं सोच रहे थे। वो चुनाव नहीं लड़ने वाले थे और न ही वो किसी भी प्रकार के बड़े पद पर बैठने वाले थे।

उनका ये फैसला, उनके कई फैसलों की ही तरह, नानी की कहानियों से उपजा था। वो मुस्कुराकर कहते हैं, 'हर राम को एक वशिष्ठ की ज़रूरत होती है। हर चन्द्रगुप्त मौर्य को एक चाणक्य चाहिए होता है।'

बाद में

जब ये किताब लिखी थी, 2024 के आम चुनाव में बस कुछ ही महीने शेष थे।

बीते 4 सालों में, जबसे मेरी इन लोगों से जान-पहचान हुई, कवि, कमल और संदीप देव के जीवन में तमाम बदलाव हुए। उनके निजी और पेशेवर जीवन से जुड़ी बातें इस किताब में शामिल की गयी हैं।

तीनों ही लोगों के लिए, 2024 के ये चुनाव बेहद महत्वपूर्ण हैं। तीनों को ही बहुत कुछ साबित करना है। तीनों ही इसमें कुछ न कुछ योगदान भी करना चाहते हैं।

कवि के मामले में, पति से अलगाव और पिता से बिछड़ने के पूरे घटनाक्रम ने उनकी ज़िन्दगी को उलट कर रख दिया। अप्रैल 2023 में कवि अपने मूल परिवार के साथ अलवर में रहने लगीं। इतने बड़े बदलाव के साथ सहज होने के क्रम में उन्होंने कुछ गाने भी प्रोड्यूस किये। हालांकि, ज़्यादातर गाने भक्ति गीत थे, जो तमाम हिंदू देवी-देवताओं को समर्पित थे। इक्का-दुक्का गाने महाराणा प्रताप जैसे भारतीय महापुरुषों के लिए भी बनाये।

कवि ने ये माना कि हिंदुत्व से इतर विषयों पर गाने बनाने का कदम जान-बूझकर उठाया था। उन्होंने बताया, 'लोग मेरे पोस्ट्स को रिपोर्ट करते हैं और मेरी फ़ेसबुक आईडी ब्लॉक हो जाती है या फिर मेटा मेरे वीडियो पर मॉनेटाइज़ेशन बंद कर देता है।' यूट्यूब पर भी, उनके कुछ गाने रिपोर्ट किये जा चुके थे। इन गानों में वो भी था, जिसमें कवि मुसलमानों द्वारा किये जा रहे काल्पनिक जनसांख्यिकीय बदलाव को रोकने के लिए जनसंख्या नियंत्रण क़ानून लाने की मांग कर रही थीं। इसके चलते उनकी यूट्यूब से कमाई पर भी असर पड़ा था।

लेकिन कवि का कहना था कि धीरे-धीरे वो रवानी में आ रही थीं। उन्होंने कहा कि कुछ ही समय में वो मोदी पर एक गीत पूरा करने वाली थीं। उसके लिरिक्स से समझ में आ रहा था कि 2024 के चुनावों में कवि किस दिशा में जा रही थीं। *'फिर से कमल खिलाना है, घर-घर भगवा लहराना है / '24 में तुमको राम कसम, मोदी को ही लाना है।'*

दूसरी ओर, कमल लगातार भाजपा और हिंदू दक्षिणपंथ के आंतरिक तंत्र में जगह बनाने की कोशिश में लगे हुए हैं और सफल भी हो रहे हैं। अगस्त 2023 तक वो भाजपा शासित एक राज्य के मुख्यमंत्री को दोबारा कुर्सी दिलाने के वास्ते, उनके चुनाव अभियान की तैयारियों में लगे हुए थे। उसी महीने में, 11 अगस्त को, जब नयी दिल्ली में मोदी सरकार के मंत्रियों और सांसदों ने 'तिरंगा यात्रा' निकाली थी,[1] कमल को उस यात्रा के कार्यक्रम में आयोजित कवि सम्मेलन में परफ़ॉर्म करने के लिए बुलाया गया था। कमल एक बार फिर, नियमित रूप से मंच पर दिखायी पड़ रहे थे और देशभर में घूम रहे थे। परिस्थितियां कहीं बेहतर दिखायी दे रही थीं और और उन्हें पूरा विश्वास था कि 2024 के चुनावों में उन्हें बीते समय से बेहतर और अहम ज़िम्मेदारी दी जायेगी, ख़ासकर योगी आदित्यनाथ के सन्दर्भ में।

भाजपा को टक्कर देने के लिए संदीप जो भी प्रयास कर रहे थे, उसमें दिन-ब-दिन तेज़ी आती जा रही थी। उनकी पार्टी 'एकजुट जम्मू' को नया नाम मिल चुका था और अब वो 'एकम सनातन भारत दल' के नाम से जाने जाते थे। अगस्त आते-आते पार्टी का इस कदर विस्तार हो चुका था कि इक्कीस प्रदेशों में पार्टी के प्रदेश अध्यक्ष निर्धारित हो चुके थे।

साथ ही साथ वो अपने कुछ ऑनलाइन कोर्सेज़ की रूपरेखा बना रहे थे और इसके अंतिम चरण में थे। इन कोर्सेज़ के ज़रिये वो लोगों को राजनीति और राजनीतिक दर्शन को एक सनातन हिंदू दृष्टिकोण से देखना सिखाने वाले थे। उनकी पार्टी भारतीय सेना के एक पूर्व कर्नल की मदद से हिंदुओं को शस्त्रों की ट्रेनिंग देकर एक आत्मरक्षा इकाई बनाने की योजना पर काम कर रही थी।

संदीप अपनी उस योजना पर भी काम कर रहे थे जिसमें हिंदुओं को शास्त्रों और शस्त्रों की ट्रेनिंग दी जानी थी।

लेकिन उनके इन प्रयासों के बदले में उन्हें कुछ कीमत भी चुकानी पड़ी थी। वो भाजपा समर्थक, जो उस वक़्त में उनके साथ थे, जब संदीप भाजपा विरोधियों की क्लास लगाया करते थे, अब उन्हें छोड़कर जा रहे थे। उनके यूट्यूब चैनल पर व्यूज़ की संख्या में भारी

कमी आ रही थी। मामला एक महीने में 30 लाख व्यूज़ से लगभग दस लाख पर आ चुका था। नतीजा ये निकला कि यूट्यूब से एक महीने में 3,000 डॉलर की जगह अब आधी रक़म ही आ रही थी।

इस सबके बावजूद, संदीप मोदी और भाजपा के ख़िलाफ़ अपनी लड़ाई जारी रखने वाले थे। वो लगातार अपने फ़ॉलोवर्स को यही समझा रहे थे कि अब्राह्मिक धर्म, ख़ासकर यहूदी, हिंदुओं को बर्बाद करने की कोशिश कर रहे थे। वो ये भी बता रहे थे कि इन धर्मों ने अपनी साजिश में आरएसएस और भाजपा को भी साथी बना लिया था, 'ठीक वैसे ही जैसे उन्होंने राजा राम मोहन और मोहनदास करमचंद गांधी को साथ मिला लिया था।' उनका कहना था कि इन्हीं वजहों के चलते, मोदी को हराना ज़रूरी हो गया था। हिंदुओं को बचाया जाना था।

~

इन पांच सालों में, जब मैंने ये सब कुछ रिपोर्ट किया और ये किताब लिखी, बहुत कुछ बदल चुका है।

जब मैंने इस किताब की पाण्डुलिपि प्रकाशक को भेजी, उसके कुछ ही हफ़्तों बाद द *केरला स्टोरी* नाम की एक फ़िल्म देशभर में रिलीज़ हुई।

इस फ़िल्म को लेकर क्या प्रतिक्रियाएं थीं, मैं इस पर अपनी नज़र बनाये हुए था। इस फ़िल्म के अस्तित्व के केंद्र में झूठ और धोखेबाज़ी शामिल थी और इसे दर्शकों से अच्छी प्रतिक्रिया मिल रही थी। सिनेमा हॉल में बैठे दर्शक अचानक ही उठकर मुसलमानों के ख़िलाफ़ नारेबाज़ी करने लग रहे थे।[2] कई दर्शक बाहर निकलते हुए मुसलमानों के ख़िलाफ़ हिंसा की वक़ालत कर रहे थे। हिंदू राष्ट्रवादी समूहों ने पूरे थियेटर बुक करवाये और बड़ी संख्या में लोगों को ये फ़िल्म दिखायी।

मुंबई में मैंने देखा कि ऐसे ही कुछ समूह झुग्गीवासियों के बीच जाकर मुफ़्त में इस फ़िल्म के टिकट बांट रहे थे। महिलाओं को ख़ासकर इसके टिकट दिये जा रहे थे। साफ़ दिखायी दे रहा था कि एक सुचारु रूप से चल रहे नेटवर्क ने हाथ खोलकर इस दिशा में कोशिश की थी कि इस फ़िल्म को ज़्यादा से ज़्यादा लोग देख सकें।

उन्हें मालूम था कि इसमें कितनी ताक़त थी।

मैंने इस शक्ति को अपनी आंखों से देखा। मेरी जान-पहचान की एक चौदह साल की लड़की, जो मुंबई हवाईअड्डे के पास ही एक झुग्गी वाले इलाक़े में रहती थी, को फ़्री

टिकट दिया गया था। उस लड़की को ये बताया गया था कि वो जाकर ये फ़िल्म देखे, जो आत्मरक्षा के बारे में बनायी गयी थी।

वो लड़की फ़िल्म देखकर आयी और कई दिनों तक अपने घर से बाहर नहीं निकली। उसके भीतर डर बैठ गया था कि उसे भी वही सब बर्बरता झेलनी पड़ेगी, जो उन हिंदू महिलाओं को ISIS में शामिल होने के बाद झेलनी पड़ी थी। उसके मां-बाप को उसे समझाने में कई दिन का समय लग गया, जिसके बाद वो घर से बाहर निकल सकी।

देश के दूसरे हिस्सों में इस फ़िल्म को लेकर टकराव की स्थिति बनी हुई थी।

पॉपुलर कल्चर में प्रोपेगेंडा बुनने की कोशिशें तेज़ होती दिख रही हैं। इसका असर भी तेज़ और गंभीर होता दिख रहा है। पहले से ही बिखरे हुए समाज को और भी ज़्यादा तोड़ने की कोशिश करती इस फ़िल्म ने जिस तरह की कमाई की थी, इस बात से जी चुराया ही नहीं जा सकता था कि और फ़िल्मकार भी ऐसा ही कुछ बनाना चाहेंगे। आज के वक़्त में हिंदुत्व का स्तुतिगान करने से ज़्यादा मुनाफ़े की चीज़ और कोई है ही नहीं।

रोज़मर्रा के जीवन में साम्प्रदायिकता को अब स्वीकृति मिल चुकी है और ये इतना आम हो चुका है कि ज़्यादातर मामलों में कोई आवाज़ उठाने वाला भी नहीं दिखता। ऐसा हर जगह दिख रहा है। उत्तराखंड में हिंदुओं ने मुसलमानों की दुकानें चिह्नित करते हुए उनपर 'एक्स' का निशान लगा दिया। हरियाणा, मणिपुर से लेकर मेरे महाराष्ट्र प्रदेश में, जहां एक नए दक्षिणपंथी संगठन ने रातोंरात नाम कमाया और पचासों रैलियां करके हेट-स्पीच, इस्लाम-विरोधी बातों और साम्प्रदायिकता को भारतीय राजनीति का एक आम सा हिस्सा बना डाला है। नयी संसद के उद्घाटन के कुछ ही दिनों के भीतर, उसमें भी नफ़रत की आवाज़ें गूंजने लगी हैं और उसकी सुध लेने वाला कोई नहीं दिखता।[3]

लेकिन, जैसा कि हमने देखा है, कोई भी राजनीतिक नाम इस पूरे मामले से जुड़ा हुआ नहीं पाया जा सकता। इसकी जगह, लोगों को संगठित करना और हिंसक घटनाओं को अंजाम देने का ज़िम्मा आउटसोर्स कर दिया गया है और इसमें ग़ैर-शासकीय लोग संलिप्त दिखते हैं, जिनके मूल में हिंदू दक्षिणपंथ पाया जाता है।

प्रोपेगेंडा अब एक अहम किरदार बनकर उभरेगा। उस पर तालियां बजाने वाले और आगे बढ़ाने वाले भी महत्वपूर्ण होते जाएंगे।

बुरे दिन आ रहे हैं।

आभार

2020 में मैं ध्यान शिविर के लिए धौलाधार के पहाड़ों पर पहुंचा हुआ था। ध्यान के दौरान, तमाम चीज़ों में जो एक बात सीखने को मिली, उसका यहां ज़िक्र करना बेहद ज़रूरी मानता हूं।

हमारे आस-पास मौजूद हर चीज़ के अस्तित्व में, कई लोगों के श्रम की एक अदृश्य श्रृंखला होती है। उदाहरण के लिए, एक कॉफ़ी मग की बात करते हैं। वो हमारे सामने है क्यूंकि उसमें सिर्फ़ उसे आकार देने वाले कुम्हार की ही मेहनत नहीं थी, उसमें मिट्टी जुटाने और तैयार करने वाले से लेकर मटीरियल सप्लाई करने वाले, आकार देने वाले और अंत में उसे बेचने वालों की मेहनत लगी है।

ठीक इसी तरह, इस किताब पर मेरा नाम लिखा है, लेकिन ये ढेरों लोगों के स्नेह और मेहनत के चलते आपके सामने आ पायी है।

स्वाति चोपड़ा, जिन्होंने इस किताब पर भरोसा जताया। स्वाति, आपके बिना ये किताब संभव ही नहीं हो सकती थी।

कवि, कमल और संदीप, जिन्होंने अपने रोज़मर्रा के जीवन में मुझे प्रवेश करने की और उनकी कहानियां लोगों को सुनाने की इजाज़त दी। उनके परिवार, ख़ासकर रामकेश का शुक्रिया, जिन्होंने बड़े धैर्य के साथ मेरे सवालों के जवाब दिये। कमल के स्वर्गीय पिता का शुक्रिया, जिन्होंने ढेर सारा प्यार दिया और साथ बैठे।

समर हलार्नकर एक ऐसे सम्पादक हैं, जो लगातार मुझे प्रेरित करते आये हैं। उन्होंने ही मुझे लम्बी यात्राओं पर जाने का अवसर दिया, जिससे मैं देश में हो रही हेट-क्राइम की घटनाओं को रिपोर्ट कर सका और उन्हीं यात्राओं में से एक के दौरान इस किताब का अंकुर फूटा। मधुर सिंह और एलिसन सलदान्हा ने शुरुआती रिपोर्ट्स को आकार दिया।

भव्या डोरे ने अपने चुटकुलों और अपनी सूक्ष्म प्रतिक्रियाओं से मेरा साहस बढ़ाया। सुखदा ताटके ने धैर्य के साथ इसे संपादित किया। मोहम्मद थावर मेरे दोस्त कम और भाई ज़्यादा हैं, जो हमेशा आस-पास रहे। एरिका ब्रोअर्स की दोस्ती और शुरुआती ड्राफ़्ट्स पर उनकी टिप्पणियों ने इस किताब को एक शक्ल देने में मदद की। अनाहिता मुखर्जी ने विस्तृत प्रतिक्रियाएं दीं और हिम्मत बढ़ाती गयीं। रीतू, आपके उत्साह ने बहुत बल दिया, शुक्रिया।

पूजा चंगोईवाला को शुक्रिया कहने के ढेरों कारण हैं लेकिन उनके ठहाके और दोपहर की बातचीत, लिस्ट में सबसे ऊपर होंगी। संगीता चक्रवर्ती का भी शुक्रिया, जिन्होंने गहराई भरी टिप्पणियां भेजीं और सवाल पूछे; सदफ़ मोडक ने दोपहर की चाय पिलायी; सुबीर सिन्हा और रोहित चोपड़ा के श्रम और उनके कमेंट्स के लिए शुक्रिया। शिवम् श्रीवास्तव को किताबें देने और देकर भूल जाने के लिए और राहुल फ़र्नांडिस का साथ देते रहने के लिए शुक्रिया।

राजदीप सरदेसाई और रामचंद्र गुहा का शुक्रिया, जिन्होंने खुले दिल से साथ दिया और मदद की। करिश्मा मेहरोत्रा, जिन्होंने मेरे लिए हमेशा अपने दिल के दरवाज़े खुले रखे। नवतेज पुरेवाल ने हमेशा मेरा ख्याल रखा और प्रेरित किया। शकुन्तला बनाजी ने ज़रूरी इनपुट दिये और हमेशा साथ खड़ी रहीं। संस्कृति खेर का शुक्रिया, जिन्होंने मुझे यूटोपिया में बुलाया, जो एक शांत और सुन्दर फ़ार्म है और जहां पहुंचकर मेरे भीतर का लेखक नींद से जाग उठा। उत्तरा और अद्वैत खेर की गर्मजोशी और सत्कार के लिए शुक्रिया। बुलंद के पूरे स्टाफ़ का शुक्रिया, जहां मेरी लिखाई का एक और पड़ाव बीता। तनिमा साहा के धैर्य और सम्पादन के लिए शुक्रिया।

जयेश आचार्य लगातार मेरे सपोर्ट बने रहे। सपना नायर और जुगल पुरोहित, अपना साथ, मेरे ड्राफ़्ट्स पर प्रतिक्रियाएं और मेरी हर दिल्ली यात्रा के दौरान ठिकाना देने के लिए शुक्रिया। जुगल ने मुझे हर मौके पर बेहतर करने के लिए प्रेरित किया। संदीप और शीला देशपांडे ने लगातार मुझे सपोर्ट किया।

मां, अलका पुरोहित, जो कितनी चीज़ों को सहती हैं और बदले में कुछ नहीं चाहतीं। मां, आप मेरे लिए सब कुछ हैं।

और अंत में, सेजल का शुक्रिया। यहां तक पहुंचने के क्रम में जो भी घटा, उसे बर्दाश्त करने के लिए। हर एक चीज़ के लिए, हमेशा।

नोट्स

परिचय

1. https://www.thequint.com/news/india/how-hate-crimes-destroy-old-friendships-social-relations
2. https://scroll.in/article/925788/in-jharkhand-ram-navami-celebrations- have-become-weaponised-sites-of-communal-tension
3. www.nationalww2museum.org/war/articles/great-debate
4. बी ब्रायन, 'पॉपुलर कल्चर ऐंड वर्ल्ड II प्रोपेगेंडा' (एमए थीसिस, लिबर्टी यूनिवर्सिटी , 2022).
5. https://encyclopedia.ushmm.org/content/en/article/culture-in-the-third- reich-disseminating-the-nazi-worldview
6. वेलारियो एन्तोनेली, 'पॉपुलर कल्चर ऐंड टोटलिटेरियनिज़्म: अकाउंटिंग फ़ॉर प्रोपेगेंडा इन इटली अंडर द फ़ासिस्ट रिजीम (1934-1945)', क्रिटिकल पर्सपेक्टिव्स ऑन अकाउंटिंग, https://doi.org/10.1016/j.cpa.2022.102524

भाग 1: कातिल धुनें, ज़हरीले बोल: कवि सिंह

कवि सिंह: एक परिचय

1. https://youtu.be/H4PZnNWmm_I
2. https://youtu.be/h7x3vtN7-6s
3. https://www.youtube.com/watch?v=aG7-9ggH8w0
4. https://youtu.be/I16rIFKdIk4
5. https://economictimes.indiatimes.com/news/defence/pulwama-terror-attack-what-happened-on-feb-14-and-how-india-responded/articleshow/74128489.cms?from=mdr

6. https://economictimes.indiatimes.com/news/politics-and-nation/governor-tathagata-roy-tweets-boycott-kashmiri-draws-flak/articleshow/68062588.cms?from=mdr
7. https://www.financialexpress.com/india-news/pulwama-attack-aftermath-two-dehradun-colleges-say-wont-admit-kashmiri-students/1490729/
8. https://www.ndtv.com/india-news/pulwama-terror-attack-amid-reports-of-harassment-of-kashmiris-after-pulwama-shutdown-in-valley-1994787
9. https://www.deccanherald.com/india/after-attacks-kashmiri-719267.html
10. हेदर मैकलाख्लन, 'म्यूज़िक ऐंड इन्साईटमेंट टु वॉयलेंस: ऐंटी मुस्लिम हेट म्यूज़िक इन बर्मा/म्यांमार (2022). म्यूज़िक फ़ैकल्टी पब्लिकेशन्स 66(2)
11. पूर्वोक्त.
12. https://www.youtube.com/watch?v=aUygzI0H9xY
13. https://www.youtube.com/watch?v=5Mf3I_0rBLw
14. https://www.youtube.com/shorts/Cs9KMLwDLVI
15. क्लॉड चेस्टेनर, 'हेट म्यूज़िक', ट्रांसअटलांटिका [En ligne], 2 | 2012, mis en ligne le 02 mai 2013, consulté le 29 avril 2021, http://journals.openedition.org/transatlantica/6075; DOI: https://doi.org/10.4000/transatlantica.6075
16. https://www.splcenter.org/fighting-hate/extremist-files/ideology/hate-music
17. क्लॉड चेस्टेनर, 'हेट म्यूज़िक', ट्रांसअटलांटिका [En ligne], 2 | 2012, mis en ligne le 02 mai 2013, consulté le 29 avril 2021, http://journals.openedition.org/transatlantica/6075; DOI: https://doi.org/10.4000/transatlantica.6075
18. https://humanrights.gov.au/our-work/publications/examples-racist-material-internet#21
19. जेसन मैकॉय, 'मेकिंग वॉयलेंस ऑर्डिनरी: रेडियो, म्यूज़िक ऐंड द रवांडन जेनोसाइड,' अफ़्रीकन म्यूज़िक (2009), 8(3), पृष्ठ 85–96.
20. पूर्वोक्त.
21. पूर्वोक्त.
22. https://www.unrefugees.org/news/rohingya-refugee-crisis-explained/
23. हेदर मैकलाख्लन, 'म्यूज़िक ऐंड इन्साईटमेंट टु वॉयलेंस: ऐंटी मुस्लिम हेट म्यूज़िक इन बर्मा/म्यांमार (2022). म्यूज़िक फ़ैकल्टी पब्लिकेशन्स 66(2). https://ecommons.udayton.edu/mus_fac_pub/24
24. पूर्वोक्त.

25. पूर्वोक्त.
26. https://twitter.com/kunalpurohit/status/1135541439763341312
27. https://timesofindia.indiatimes.com/india/rate-of-muslim-population-rise-fell-more-than-hindus-in-20-years/articleshow/87052617.cms
28. https://www.deccanherald.com/national/can-muslims-surpass-hindus-in-population-numbers-experts-say-practically-not-possible-1103547.html
29. https://www.pewresearch.org/religion/2021/09/21/population-growth-and-religious-composition/
30. https://www.facebook.com/officialkavisingh/videos/543543612654537 8/

उनकी छत्रछाया में

1. https://www.indiatoday.in/india/story/manohar-lal-khattar-chief-minister-haryana-bjp-224076-2014-10-21
2. https://economictimes.indiatimes.com/news/politics-and-nation/from-rss-pracharak-to-haryana-cm-the-story-of-manohar-lal-khattar/articleshow/44898091.cms?from=mdr
3. https://youtu.be/vySnf-KAd8M
4. https://twitter.com/ANI/status/1158089853097185281
5. https://www.aljazeera.com/news/2019/8/4/india-imposes-kashmir-lockdown-puts-leaders-under-house-arrest
6. https://economictimes.indiatimes.com/news/politics-and-nation/article-370-to-be-abrogated-amit-shah-announces-in-rajya-sabha/articleshow/70530972.cms?from=mdr
7. https://www.wsj.com/articles/indians-are-binge-watching-mobile-videos-pushing-youtube-others-to-innovate-11548079230

पता नहीं क्यूं

1. https://thewire.in/history/alwars-long-history-hindutva-casts-shadow-even-today
2. https://indianexpress.com/article/india/bjp-managed-to-convince-people-we-are-a-muslim-party-sonia-gandhi-5092572/
3. https://timesofindia.indiatimes.com/india/congress-to-seek-feedback-on-its-anti-hindu-perception/articleshow/45644558.cms

4. https://www.uscirf.gov/sites/default/files/resources/USCIRF%20 Constitution%20Study%202012%20(full%20Text(2)).pdf
5. डॉक्टर नीलम पाल, 'हिस्टोरिकलपर्सपेक्टिव ऑफ़ वाराणसी सिटी डेवेलपमेंट' शोध संचयन 19, वॉल्यूम 7, इश्यू 1 और 2 (2016), https://www.shodh.net/phocadownload/vol-7-issue-1-2/Shodh%20Sanchayan%20Vol%207%20Issue1&2_3_Eng%20 Neelam%20Pal.pdf
6. https://www.censusindia.co.in/towns/varanasi-population-varanasi-uttar-pradesh-801235#:~:text=Religion%2Dwise%20Population%20%2D%20 Varanasi,Varanasi%20as%20per%20Census%202011.
7. सेंसस 1961, डिस्ट्रिक्ट सेंसस हैंडबुक, मथुरा ज़िला.
8. https://www.census2011.co.in/data/religion/district/516-mathura.html
9. https://censusindia.gov.in/census.website/data/census-tables#
10. https://www.censusindia2011.com/uttar-pradesh/faizabad-population. html#:~:text=As%20per%20the%20Census%20India,is%2014.57%25%20 of%20total%20population.
11. https://scroll.in/article/1021941/will-the-karauli-riot-polarise-rajasthan-ahead-of-assembly-elections-next-year
12. https://www.indiatoday.in/india/story/karauli-violence-riots-planned-attack-says-injured-rajasthan-cop-1934062-2022-04-06
13. https://www.facebook.com/watch/?v=289434640025582
14. https://blogs.lse.ac.uk/humanrights/2020/08/10/the-national-register-of-citizens-and-indias-commitment-deficit-to-international-law/
15. https://www.hindustantimes.com/assembly-elections/shaheen-bagh-protest-not-a-coincidence-it-s-an-experiment-pm-modi-at-delhi-election-rally/story-WQ6R7q5UIOTz2LSd859USI.html
16. क्लॉड चेस्टेनर, 'हेट म्यूज़िक', ट्रांसअटलांटिका, 2 (2012), http://journals.openedition. org/transatlantica/6075
17. पूर्वोक्त.
18. यॉनथन पायलैक, साउंड टारगेट्स: अमेरिकन सोल्जर्स ऐंड म्यूज़िक इन द ईराक़ वॉर (इंडियाना यूनिवर्सिटी प्रेस, 2009) पृष्ठ 167.
19. क्लॉड चेस्टेनर, 'हेट म्यूज़िक', ट्रांसअटलांटिका, 2 (2012), http://journals.openedition. org/transatlantica/6075

20. https://www.theglobeandmail.com/canada/article-rwanda-genocide-explainer-25-years-later/
21. https://news.un.org/en/story/2015/12/519212
22. https://legal.un.org/avl/ha/ictr/ictr.html
23. जेम्स पार्कर, 'द म्यूज़िकोलॉजी ऑफ़ जस्टिस: साइमन बिकिंडी ऐंड इन्साइटमेंट टु जेनोसाइड ऐट द इंटरनेशनल क्रिमिनल ट्राईब्यूनल फ़ॉर रवांडा', साउंडट्रैक ऑफ़ कॉन्फ़्लिक्ट: द रोल ऑफ़ म्यूज़िक इन रेडियो ब्रॉडकास्टिंग इन वॉरटाइम ऐंड इन कॉन्फ़्लिक्ट सिचुएशंस, 2013. SSRN पर उपलब्ध: https://ssrn.com/abstract=2426392
24. https://internationalcrimesdatabase.org/Case/130/Bikindi/
25. https://internationalcrimesdatabase.org/Case/130/Bikindi/
26. जेसन मैकॉय, 'मेकिंग वॉयलेंस ऑर्डिनरी: रेडियो, म्यूज़िक ऐंड द रवांडन जेनोसाइड,' अफ़्रीकन म्यूज़िक (2009), 8(3), पृष्ठ 85–96.
27. https://www.firstpost.com/world/india-has-the-third-cheapest-mobile-data-in-the-world-people-is-us-pay-33x-more-than-indians-12614602.html
28. https://www.thehindubusinessline.com/news/variety/indias-online-video-user-base-has-increased-to-over-350-million-users-report/article36856686.ece
29. पूर्वोक्त.
30. https://reutersinstitute.politics.ox.ac.uk/sites/default/files/2019-03/India_DNR_FINAL.pdf
31. https://theprint.in/india/after-severe-backlash-tanishq-pulls-down-ad-accused-of-promoting-love-jihad/522593/
32. पूर्वोक्त.
33. https://timesofindia.indiatimes.com/city/faridabad/chargesheet-in-faridabad-killing-that-triggered-row-is-silent-on-love-jihad/articleshow/79091612.cms
34. https://timesofindia.indiatimes.com/city/faridabad/2-held-guilty-in-nikita-murder-case/articleshow/81678112.cms
35. https://timesofindia.indiatimes.com/city/varanasi/strict-law-to-put-a-check-on-love-jihad-in-up-says-cm-yogi-adityanath/articleshow/78969023.cms
36. https://www.article-14.com/post/love-jihad-made-in-kerala-exported-nationwide
37. https://www.youtube.com/watch?v=h7x3vtN7-6s

एक आकस्मिक अंत

1. https://socialblade.com/youtube/channel/UClslT2ft2ovnWC6ELgKQx_A
2. https://indianexpress.com/article/india/operation-langda-in-up-encounters-3300-criminals-shot-at-7451222/
3. https://thewire.in/communalism/muzaffarnagar-27-muslim-men-arrested-after-local-fight-escalates-into-communal-clashes
4. https://cjp.org.in/why-police-action-across-ups-hate-crime-hot-spots-is-causing-fear-and-alarm-among-muslims/
5. https://indianexpress.com/article/india/local-fights-escalate-in-sensitive-muzaffarnagar-village-27-held-5374465/
6. https://www.firstpost.com/india/three-booked-under-nsa-in-sensitive-muzaffarnagar-village-as-fights-between-locals-escalate-24-others-arrested-5272471.html
7. पूर्वोक्त.
8. https://www.boomlive.in/law/national-security-act-nsa-uttar-pradesh-parliament-supreme-court-13752
9. https://cjp.org.in/why-police-action-across-ups-hate-crime-hot-spots-is-causing-fear-and-alarm-among-muslims/
10. https://www.inditales.com/khatu-shyam-temple-sikar-rajasthan/
11. https://www.youtube.com/watch?v=166B0Owm_K8&t=59s
12. https://www.facebook.com/kanhiyamittalentertainments/videos/367788618420018
13. https://navbharattimes.indiatimes.com/metro/lucknow/politics/singer-kanhaiya-mittal-returned-the-honor-money-for-cm-yogis-bulldozer-campaign/articleshow/90808704.cms
14. https://www.youtube.com/watch?v=f0T31ziF16Q

भाग 2: बारूदी काव्य: कमल आग्नेय

कमल आग्नेय - परिचय

1. https://www.youtube.com/watch?v=nuFrmXynE7U,
2. https://www.bbc.com/news/world-asia-india-59952851

3. https://www.indiatoday.in/india/story/hate-speech-accused-yati-narsinghanand-studied-in-moscow-1892755-2021-12-27
4. https://www.bbc.com/news/world-asia-india-59952851
5. https://scroll.in/latest/1017681/yati-narsinghanand-walks-out-of-jail-after-getting-bail-in-two-cases
6. https://thewire.in/communalism/militant-hindutva-leader-yati-narsinghanand-arrested-at-haridwar
7. https://sabrangindia.in/decoding-hate/priest-yati-narsinghanand-says-muslim-boy-got-befitting-reply-entering-temple
8. https://youtu.be/qhfOoLYXjSc
9. https://www.youtube.com/watch?v=qW4L7c2dv6c
10. https://www.youtube.com/watch?v=DqHGSV1WEb4
11. https://www.deccanherald.com/national/modi-attacks-nehrus-peace-loving-global-image-1079372.html
12. https://www.altnews.in/bjp-cell-head-amit-malviya-shares-affectionate-pictures-nehru-sister-niece-claims-hardik-patels-dna/
13. https://twitter.com/amitmalviya/status/609949912566857728?s=20
14. https://asianethnology.org/downloads/ae/pdf/a989.pdf
15. https://theprint.in/india/goswami-tulsidas-the-real-catalyst-for-the-ram-janmabhoomi-movement/468405/
16. पूर्वोक्त.
17. https://www.livemint.com/Sundayapp/0irwa2rMY1lUJKtPEtX4sO/A-brief-history-of-the-Bhakti-movement.html
18. रोसिंका चौधरी, 'हेमचंद्राज़ भारत संगीत (1870) ऐंड द पॉलिटिक्स ऑफ़ पोएट्री: अ प्री-हिस्ट्री ऑफ़ हिंदू नेशनलिज़्म इन बंगाल', द इंडियन इकॉनमिक ऐंड सोशल हिस्ट्री रिव्यू, 42(2) (2005): 213.
19. पूर्वोक्त.
20. गेल मिनॉ, 'उर्दू पोलिटिकल पोएट्री ड्यूरिंग द ख़िलाफ़त मूवमेंट', मॉडर्न एशियन स्टडीज़, 8(4) (1974): 459.
21. जॉन ओलिवर पेरी, 'प्रोटेस्टिंग साइलेंस: पोयम्स ऑफ़ द इमरजेंसी इन इंडिया, 1975–77', साउथ एशियन रिव्यू, 7:4 (1983): 43.

22. रोसिंका चौधरी, 'हेमचंद्राज़ भारत संगीत (1870) ऐंड द पॉलिटिक्स ऑफ़ पोएट्री: अ प्री-हिस्ट्री ऑफ़ हिंदू नेशनलिज़्म इन बंगाल', द इंडियन इकॉनमिक ऐंड सोशल हिस्ट्री रिव्यू, 42(2) (2005): 213.
23. https://www.aninews.in/news/national/general-news/meet-baba-mourya-man-behind-ram-lalla-hum-aayenge-slogan-synonymous-to-temple-movement20200728183130/
24. एलिज़ाबेथ केंडल, 'जिहादिस्ट प्रोपेगेंडा ऐंड इट्स एक्सप्लॉइटेशन ऑफ़ द अरेबिक पोएटिक ट्रेडीशन', इन रीक्लेमिंग इस्लामिक ट्रेडीशन: मॉडर्न इंटरप्रिटेशन्स ऑफ़ द क्लासिकल हेरिटेज, सम्पादक eds एलिज़ाबेथ केंडल और अहमद ख़ान (एडिनबर्ग यूनिवर्सिटी प्रेस, 2016), पृष्ठ 223-246.
25. पूर्वोक्त.
26. एलिज़ाबेथ केंडल, 'यमन्स अल कायदा ऐंड पोएट्री ऐज़ अ वेपन ऑफ़ जिहाद', इन ट्वेंटी फ़र्स्ट सेंचुरी जिहाद: लॉ, सोसायटी ऐंड मिलिट्री ऐक्शन, सम्पादक एलिज़ाबेथ केंडल और एवन स्टाइन (ब्लूम्सबरी, 2015), पृष्ठ 247-269.
27. पूर्वोक्त.
28. केंडल, 2015.
29. https://www.newindianexpress.com/nation/2017/jan/01/blind-to-mercy-bhagalpur-continues-after-operation-gangajal-1554925.html
30. https://www.youtube.com/watch?v=qW4L7c2dv6c
31. फ्रेंचेस्का ऑरसिनी, द हिंदी पब्लिक स्फ़ियर 1920-1940: लैंग्वेज ऐंड लिट्रेचर इन द एज ऑफ़ नेशनलिज़्म, (ऑक्सफ़ोर्ड इंडिया पेपरबैक, 2009), पृष्ठ 39.
32. पूर्वोक्त.
33. पूर्वोक्त.
34. https://www.asianage.com/india/all-india/070418/touchy-ministers-take-the-joy-out-of-political-humour.html
35. https://www.youtube.com/c/Hitechkavisammelan/about
36. https://www.youtube.com/c/NamokaarChannelsPvtLtdNCPL/about

इकोसिस्टम के जंतु

1. अप्पू एस्थोस और प्रियंका कोटमराजू, द मर्डरर, द मोनार्क ऐंड द फ़कीर: अ न्यू इन्वेस्टिगेशन ऑफ़ महात्मा गांधीज़ असेसिनेशन (हार्परकॉलिन्स, 2021).
2. https://caravanmagazine.in/politics/hedgewar-rss-founded-gandhi-overture-muslims

3. https://www.bjp.org/dr-syama-prasad-mookerjee
4. https://www.ndtv.com/india-news/hindu-mahasabha-leader-pooja-shakun-pandey-and-her-husband-was-arrested-for-enacting-assassination-o-1988995
5. https://www.youtube.com/watch?v=x1vn7c0AZAE
6. https://www.ndtv.com/india-news/hindu-mahasabha-leader-pooja-shakun-pandey-and-her-husband-was-arrested-for-enacting-assassination-o-1988995
7. https://hindi.opindia.com/national/bihar-mosque-cleric-to-get-rupees-15000-salary-sunni-waqf-board/
8. https://indianexpress.com/article/explained/rss-akhand-bharat/
9. https://edition.cnn.com/2021/01/26/asia/india-republic-day-farmers-protests-intl-hnk/index.html
10. https://www.indiatoday.in/india/story/a-timeline-how-protesting-farmers-raised-the-sikh-flag-at-red-fort-on-republic-day-1762908-2021-01-26
11. https://www.thequint.com/news/india/indian-tricolour-red-fort-nishan-sahib-sikh-tractor-rally-farmers-khalistan-flag#read-more
12. https://www.dnaindia.com/india/report-swami-vivekananda-statue-vandalised-at-jnu-2801605
13. https://www.news18.com/news/india/no-one-in-kashmir-will-hold-tricolor-if-article-370-is-tampered-with-mehbooba-mufti-1476375.html
14. https://www.hindustantimes.com/india-news/not-rahul-savarkar-rahul-gandhi-refuses-to-apologise-over-rape-comment/story-4RmAvzemiythLW4cGL4qpL.html
15. https://www.bbc.com/news/world-asia-india-58875066
16. https://api.parliament.uk/historic-hansard/commons/1910/jul/18/indian-prisoner-savarkar-escape-and

'हम सब भाजपाई'

1. https://www.indiatoday.in/coronavirus-outbreak/story/2nd-covid-wave-was-india-worst-tragedy-since-partition-saw-up-to-49-lakh-excess-deaths-1830894-2021-07-21
2. https://www.bbc.com/news/world-asia-india-56940595
3. https://theprint.in/india/these-53-videos-tell-the-lakhimpur-kheri-story-before-during-after-the-3-oct-violence/750744/

4. https://www.indiatoday.in/india/story/lakhimpur-kheri-a-brief-history-of-eight-deaths-1860566-2021-10-04
5. https://www.outlookindia.com/website/story/india-news-lakhimpur-kheri-farmers-to-stop-trains-on-october-18-in-protest/397177
6. https://economictimes.indiatimes.com/news/politics-and-nation/lakhimpur-kheri-violence-farmers-to-observe-shaheed-kisan-diwas-on-october-12/articleshow/86941205.cms?from=mdr
7. https://www.indiatoday.in/india/story/akhilesh-yadav-detained-lakhimpur-kheri-1860414-2021-10-04
8. https://www.indiatoday.in/india/story/priyanka-gandhi-arrested-lakhimpur-kheri-case-registered-sitapur-jail-1860968-2021-10-05
9. https://timesofindia.indiatimes.com/city/bareilly/union-mins-son-arrested-after-12-hrs-of-quizzing-by-sit/articleshow/86898601.cms
10. https://indianairforce.nic.in/maintenance-command/
11. पूर्वोक्त.
12. https://www.youtube.com/watch?v=Y-ErSw6kv5g&t=450s
13. https://twitter.com/BDUTT/status/659952128908103680?s=20&t=RrmfKM7wWU7bf25gJjpT4Q
14. https://www.youtube.com/watch?v=Y-ErSw6kv5g&t=450s
15. https://www.ankurnarula.org/about-us/
16. https://twitter.com/noconversion/status/1323269799997296645?lang=en
17. https://www.deccanchronicle.com/nation/current-affairs/011220/pm-modi-says-opposition-is-misleading-farmers-and-playing-tricks-on.html
18. https://scroll.in/latest/979729/we-have-reports-on-khalistani-presence-in-farmers-protest-claims-haryana-cm-manohar-lal-khattar
19. https://www.thehindu.com/news/national/agitation-by-farmers-no-longer-remains-a-movement-infiltrated-by-leftist-maoist-elements-piyush-goyal/article33314051.ece
20. https://www.deccanherald.com/national/china-pakistan-behind-farmers-protest-bjp-minister-raosaheb-danve-925494.html
21. https://www.indiatoday.in/india/story/dalit-man-killed-singhu-border-farmers-protest-site-survived-wife-kids-1865163-2021-10-15

22. https://youtu.be/qhfOoLYXjSc?t=332
23. https://www.indiatoday.in/india/story/aryan-khan-drugs-case-ncb-arrest-srk-son-mumbai-cruise-ship-complete-story-1867040-2021-10-20
24. https://www.bbc.com/news/world-asia-india-34707247

एक धर्मनिरपेक्ष अतीत

1. https://archive.org/details/in.ernet.dli.2015.48095/page/n197/mode/2up?q=Gosaiganj
2. पूर्वोक्त.
3. स्टीवेन विंडिश, पीट सिमी, केथलीन बली ऐंड मैथ्यू डिमिशेल, 'मेज़रिंग द एक्सटेंट ऐंड नेचर ऑफ़ अडवर्स चाइल्डहुड एक्सपीरियेंसेज़ (ACE) अमंग फ़ॉर्मर व्हाइट सुप्रीमेसिस्ट्स' टेररिज़्म ऐंड पोलिटिकल वॉयलेंस, 34(6), 2020, DOI: 10.1080/09546553.2020.1767604
4. https://www.indiatoday.in/assembly-elections-2012/uttar-pradesh/story/election-results-uttar-pradesh-sp-mulayam-akhilesh-95236-2012-03-07
5. https://economictimes.indiatimes.com/news/politics-and-nation/election-result-2012-time-to-fulfil-poll-promises-made-by-sp-and-akhilesh-yadav/articleshow/12169602.cms?from=mdr
6. https://indianexpress.com/article/india/mayawati-should-deposit-money-spent-on-her-statues-bsp-symbols-elephant-sc-5575112/
7. https://www.thehindu.com/news/national/other-states/2013-muzaffarnagar-riots-cases-eight-years-on-over-1100-acquitted-just-seven-convicted/article36332900.ece
8. https://csss-isla.com/secular-perspective/vishnu-sahai-commission-report-on-muzaffarnagar-riots-eludes-truth/
9. पूर्वोक्त.
10. https://www.thehindu.com/opinion/columns/Muzaffarnagar-riots-A-strategic-omission-of-inquiry/article56845506.ece
11. https://www.dailyo.in/politics/muzaffarnagar-riots-report-justice-vishnu-sahai-commission-bjp-sp-sangeet-som-photoshop-youtube-whatsapp-police/story/1/9416.html
12. https://www.thehindu.com/elections/uttar-pradesh-2017//article61781789.ece

13. https://www.newslaundry.com/2017/07/04/mob-lynchings-in-india-a-look-at-data-and-the-story-behind-the-numbers
14. https://www.newslaundry.com/2016/10/07/dadri-whats-the-martyr-the-changing-narrative-of-the-mohammed-akhlaqs-lynching
15. https://cjp.org.in/mohammed-akhlaq-lynching-case-timeline/
16. https://www.dnaindia.com/india/report-telangana-bjp-mla-raja-singh-lodh-says-ready-to-kill-people-for-eating-beef-threatens-dadri-like-incident-2151031
17. https://www.thehindu.com/news/national/Why-blame-the-Centre-Modi-on-Dadri-lynching/article60297833.ece

मौत और असंतोष

1. https://www.jgnt.co/yogi-adityanath-the-militant-monk
2. https://www.ndtv.com/book-excerpts/how-yogi-adityanaths-arrest-changed-him-1671469
3. https://gaurilankeshnews.com/politics-culture-and-the-political-economy-of-everyday-communalism-in-eastern-uttar-pradesh-an-excerpt-2/
4. https://thewire.in/communalism/hindu-yuva-vahini-ghulam-ahmed
5. https://www.news18.com/news/politics/uttar-pradesh-elections-2022- bjp-ahead-of-sp-in-social-media-campaigning-battle-4639805.html
6. https://www.indiatoday.in/india/story/bjp-social-media-team-uttar- pradesh-elections-1869736-2021-10-26
7. https://www.indiatoday.in/diu/story/can-sp-rld-alliance-challenge-bjp-dominance-in-58-assembly-seats-phase1-up-polls-1908907-2022-02-04
8. https://economictimes.indiatimes.com/news/elections/assembly-elections/uttar-pradesh/akhilesh-seven-allies-to-name-candidates-jointly-first-list-soon/articleshow/88862709.cms
9. https://www.deccanherald.com/opinion/the-curious-turn-in-up-politics-with-yogi-modi-stand-off-993631.html
10. https://timesofindia.indiatimes.com/india/farmers-call-off-protest-after-centre-accepts-their-demands-in-writing/articleshow/88184764.cms
11. https://www.epw.in/journal/2014/2/reports-states-web-exclusives/fact-finding-report-independent-inquiry-muzaffarnagar

12. https://www.indiatoday.in/india/north/story/muzaffarnagar-riots-report-tabled-in-up-assembly-312003-2016-03-06
13. https://www.indiavotes.com/district/ac/255/1311
14. http://hvk.org/2019/1219/5.html
15. केएस लाल, ट्वाईलाइट ऑफ़ द सल्टनेट: अ पोलिटिकल, सोशल ऐंड कल्चरल हिस्ट्री ऑफ़ द सल्टनेट ऑफ़ डेल्ही फ्रॉम द इंवेज़न ऑफ़ तैमूर टु द कॉनक्वेस्ट ऑफ़ बाबर1398-1526 (एशिया पब्लिशिंग हाउस, 1963).
16. पूर्वोक्त.
17. पूर्वोक्त.
18. https://thewire.in/media/2017s-top-fake-news-stories-circulated-by-the-indian-media
19. https://www.newslaundry.com/2018/07/16/facebook-deletes-postcard-news-page
20. https://timesofindia.indiatimes.com/blogs/voices/gujjar-politics-and-the-mihir-bhoj-controversy/?val=3728&source=app&frmapp=yes
21. https://www.facebook.com/watch/?extid=WA-UNK-UNK-UNK-AN_GK0T-GK1C&v=641188633811162
22. https://www.thequint.com/uttar-pradesh-elections/up-election-results-analysis-phase-by-phase-how-many-seats-did-bjp-sp-win-turning-points#read-more
23. https://www.indiatoday.in/india/story/krishna-janmabhoomi-case-mathura-court-plea-lawsuit-removal-mosque-1951376-2022-05-19
24. https://www.indiatvnews.com/news/india/national-emblem-controversy-oppn-slams-modi-govt-majestic-lions-man-eater-tendency-aggressive-new-parliament-building-2022-07-12-791570
25. https://www.youtube.com/watch?v=3AltiiTTB5Q&t=140s
26. https://www.youtube.com/watch?v=nuFrmXynE7U&t=3s
27. https://www.outlookindia.com/national/lucknow-fortunate-to-have-been-represented-by-atal-bihari-vajpayee-yogi-adityanath-news-247990
28. https://pib.gov.in/PressReleseDetail.aspx?PRID=1749981
29. https://thewire.in/communalism/suresh-chavhanke-hindu-rashtra
30. https://scroll.in/latest/1041801/delhi-police-made-no-palpable-progress-in-inquiry-of-hate-speech-at-2021-hindutva-event-says-sc

31. https://www.newslaundry.com/2023/01/13/chavhanke-hate-speech-probe-sc-pulls-up-delhi-police-again-over-no-arrest-chargesheet
32. https://www.abplive.com/states/madhya-pradesh/mp-controverssial-video-of-pandit-dhirendra-krishna-shastri-went-viral-in-sagar-ann-2104936
33. https://www.timesnowhindi.com/india/video/wake-up-hindus-take-up-arms-in-your-hands-pandit-dhirendra-krishna-shastri-gave-violent-discourses-watch-video/400737
34. https://thewire.in/communalism/supreme-court-suresh-chavhanke-hate-speech-jantar-mantar

भाग 3: एक सांस्कृतिक युद्ध: संदीप देव

संदीप देव: एक परिचय

1. https://www.kapot.in/product/godse-ki-awaaj-suno/
2. https://www.kapot.in/product/nehru-files-nehru-ki-127-aitihasik-galtiyan/
3. https://www.kapot.in/product/brahmacharya-gandhi-his-women-associates-pb/
4. https://www.kapot.in/product/mahatma-gandhi-a-curse-for-bharat/
5. https://caravanmagazine.in/history/rss-golwalkar-links-nazism
6. https://timesofindia.indiatimes.com/india/gujarat-riots-toll-to-go-up-from-952-to-1180/articleshow/4133625.cms
7. मंजरी काटजू, 'द हिस्ट्री ऑफ़ हिंदू नेशनलिज़्म इन इंडिया', इन मॉडर्न हिन्दुइज़्म: द ऑक्सफ़ोर्ड हिस्ट्री ऑफ़ हिन्दुइज़्म, सम्पादक टोर्केल ब्रीक (ऑक्सफ़ोर्ड यूनिवर्सिटी प्रेस, 2019), पृष्ठ 203–215.
8. पूर्वोक्त.
9. पूर्वोक्त.
10. द मर्डरर, द मोनार्क ऐंड द फ़कीर, 2021
11. मंजरी काटजू, 'द हिस्ट्री ऑफ़ हिंदू नेशनलिज़्म इन इंडिया', इन मॉडर्न हिन्दुइज़्म: द ऑक्सफ़ोर्ड हिस्ट्री ऑफ़ हिन्दुइज़्म, सम्पादक टोर्केल ब्रीक (ऑक्सफ़ोर्ड यूनिवर्सिटी प्रेस, 2019), पृष्ठ 203–215.
12. पूर्वोक्त.
13. https://thewire.in/media/rightsideup-article-370-jammu-kashmir-hindutva
14. https://indianexpress.com/article/cities/delhi/how-bjp-tightened-screws-on-rajendra-pal-gautam-8199697/

15. पूर्वोक्त.
16. https://www.youtube.com/watch?v=WhBODx0d5rg
17. https://www.rekhtadictionary.com/meaning-of-mlechchh
18. https://economictimes.indiatimes.com/news/india/bjp-to-focus-on-dalit-tribal-outreach-worker-connect-on-144-weak-ls-seats/articleshow/94036372.cms
19. https://socialblade.com/youtube/channel/UCUnYd8AViF5MpVVisqd_KzA
20. https://firstdraftnews.org/articles/tablighi-jamaat-blamed-for-covid-19-spread-on-india-youtube/
21. https://static1.squarespace.com/static/5b6df958f8370af3217d4178/t/62a38fc022745a7274601da0/1654886337000/NYU+CBHR+YouTube_Final_June10.pdf
22. https://www.tribuneindia.com/news/nation/china-declines-to-react-to-vk-singhs-remark-that-40-pla-soldiers-killed-in-galwan-valley-clash-102651
23. https://www.news18.com/news/india/exclusive-india-has-not-ceded-land-china-has-just-earned-a-bad-name-at-least-45-chinese-soldiers-were-killed-3444080.html
24. https://www.altnews.in/india-china-dispute-43-chinese-soldiers-killed-media-outlets-and-journalists-mislead/
25. https://www.altnews.in/yang-jianli-said-100-chinese-died-in-galwan-republic-tv-kapil-mishra-share-unverified-news/
26. https://www.altnews.in/yang-jianli-said-100-chinese-died-in-galwan-republic-tv-kapil-mishra-share-unverified-news/
27. https://www.altnews.in/times-now-falls-for-fake-whatsapp-forward-listing-names-of-30-dead-chinese-soldiers/
28. https://www.altnews.in/old-images-fake-lists-and-accounts-falsely-portray-chinese-soldiers-killed-in-clashes-with-india/
29. https://www.youtube.com/watch?v=oVsAYcSH1Kc
30. https://www.hindustantimes.com/india-news/who-sent-unarmed-soldiers-and-why-rahul-gandhi-on-ladakh-face-off/story-Pj8Xk8mtkpmqQC7QhPdbMN.html

एक झलक, एक चेतावनी और एक दुश्मन: वो पकड़ जो संदीप को बल देती है

1. https://www.youtube.com/watch?v=GTJGsU8TR2Y
2. https://www.telegraphindia.com/india/ashwani-upadhyay-leads-anti-muslim-protest-at-jantar-mantar/cid/1825954
3. https://www.youtube.com/watch?v=2hpAhedTfDg&t=8s
4. https://www.telegraphindia.com/india/ashwani-upadhyay-leads-anti-muslim-protest-at-jantar-mantar/cid/1825954
5. https://www.youtube.com/live/f9vg2clNfVs?feature=share
6. https://www.youtube.com/live/rA8DRtfiUDw?feature=share
7. https://www.youtube.com/watch?v=VCbeKFt58i0
8. पूर्वोक्त.
9. https://www.bbc.com/news/world-asia-india-59952851
10. https://yinyoga.com/yinsights/the-pancha-makara-of-tantra/

संदीप देव: पंचमक्कार के खिलाफ एक युद्ध

1. https://www.hindustantimes.com/delhi-news/vajpayee-came-to-delhi-to-edit-a-paper-ended-up-leading-the-nation/story-ywNjukmDjyIkRasjOAY8FL.html
2. https://www.exchange4media.com/media-print-news/irs-q4-2019-what-makes-jagran-tick-104795.html
3. https://www.youtube.com/watch?v=Dc1_Yi8lu5o&t=160s
4. https://timesofindia.indiatimes.com/india/in-world-press-freedom-index-india-ranks-140th/articleshow/30309279.cms
5. https://www.business-standard.com/article/international/india-falls-8-places-to-150th-position-in-world-press-freedom-ranking-122050301308_1.html
6. पूर्वोक्त.
7. https://thewire.in/media/dangerous-country-for-journalists-india-ranks-142-on-world-press-freedom-index
8. http://news.bbc.co.uk/2/hi/south_asia/4536199.stm
9. https://www.youtube.com/watch?v=piR81GFXjJ8&t=575s
10. https://yinyoga.com/yinsights/the-pancha-makara-of-tantra/

11. https://www.youtube.com/watch?v=piR81GFXjJ8&t=575s
12. https://timesofindia.indiatimes.com/india/temple-at-centre-of-tragedy-no-one-coming-to-mandir-for-days-now/articleshow/63753432.cms
13. पूर्वोक्त.
14. https://www.indiatoday.in/india/story/kathua-rape-case-2-bjp-ministers-attend-rally-in-support-of-accused-1181788-2018-03-04
15. https://www.indiatoday.in/india/story/bjp-leader-who-attended-rally-supporting-kathua-rape-accused-promoted-as-minister-1223416-2018-04-30
16. https://www.youtube.com/watch?v=lFd_EMEZJ74
17. शिवम शंकर सिंह और आनंद वेंकटनारायणन, द आर्ट ऑफ़ कॉनज्यूरिंग ऑल्टरनेट रियेलिटीज़: हाउ इन्फ़ॉर्मेशन वॉरफ़ेयर शेप्स योर वर्ल्ड (हार्परकॉलिंस, 2021).
18. https://www.youtube.com/watch?v=mpmVKqZkD_I
19. https://www.indiatoday.in/india/story/vk-singh-calls-media-presstitutes-twitter-djibouti-247635-2015-04-08
20. https://eprints.soas.ac.uk/24533/1/sinha-fragile-hegemony-modi-social-media-competitive-electoral-populism-india-%20IJoC.pdf
21. https://www.youtube.com/watch?v=lFd_EMEZJ74&t=1s
22. https://www.thenewsminute.com/article/tandav-controversy-two-scenes-changed-after-makers-apologise-141934
23. https://www.livemint.com/news/india/centres-regulations-do-not-penalise-ott-platforms-supreme-court-11614943221539.html
24. https://www.bloomsbury.com/in/kahani-communisto-ki-9789386349590/
25. पूर्वोक्त.
26. https://thewire.in/communalism/delhi-riots-amit-shah-muslims-delhi-police
27. https://article-14.com/post/delhi-riots-how-bjp-leaders-created-a-powderkeg-that-led-to-2020-hindu-muslim-violence--6344d8d280625
28. https://thewire.in/communalism/delhi-riots-kapil-mishra-minority-commission-report
29. https://www.theguardian.com/world/2020/aug/24/bloomsbury-india-pulls-delhi-riots-2020-book-after-anti-muslim-controversy
30. पूर्वोक्त.

नये रास्ते, पुराने तरीके

1. रिचर्ड एस वाइस (2015). 'प्रिंट, रिलीजन ऐंड कैनन इन कोलोनियल इंडिया: द पब्लिकेशन ऑफ़ रामालिंगा अडिगल्स तिरुवरुत्प'. मॉडर्न एशियन स्टडीज़, 49(3), पृष्ठ 650–677, doi:10.1017/S0026749X13000760
2. पूर्वोक्त.
3. अक्षय मुकुल, गीता प्रेस ऐंड द मेकिंग ऑफ़ हिंदू इंडिया (हार्पर कॉलिंस इंडिया, 2015).
4. पूर्वोक्त.
5. पूर्वोक्त.
6. https://archive.ph/gmWET
7. गीता प्रेस ऐंड द मेकिंग ऑफ़ हिंदू इंडिया, 2015.
8. https://www.thehindu.com/business/amazon-faces-backlash-for-selling-toilet-seat-covers-rugs-with-images-of-hindu-gods/article27151517.ece
9. https://amishmulmi.medium.com/how-has-amazon-shaped-indian-publishing-5ccf3db20d13
10. https://www.nytimes.com/2020/02/09/technology/amazon-bookstore-nazis.html
11. https://indianexpress.com/article/explained/why-has-amazon-removed-a-book-on-the-transgender-movement-7226624/
12. https://www.rubio.senate.gov/public/_cache/files/d7cae3d2-7f88-4968-bcd0-5e10840ce52c/64888843AF696F8DFCF425AF6D9CBD84.02.24.21-rubio-et-al-letter-to-amazon-re-conservative-book-censorship-final.pdf
13. https://www.dailypioneer.com/2020/india-abroad/three-us-lawmakers--deeply-concerned--over-alleged-efforts-to-suppress-farmers-protest-in-india.html
14. https://theconversation.com/what-history-really-tells-us-about-the-birth-of-jesus-89444
15. https://psmag.com/social-justice/a-brief-history-of-the-christmas-controversy-pagan-roots-secularization-97073
16. https://www.akshayaprakashan.com/servlet/GetBiblio?bno=10
17. https://www.eurasiareview.com/30122021-decoding-the-persecution-narrative-against-hindu-minority-in-bangladesh-oped/
18. https://www.southasiamonitor.org/spotlight/are-hindus-being-persecuted-bangladesh-facts-belie-prevailing-narratives

19. https://www.dnaindia.com/lifestyle/books-and-more-brahmacharya-gandhi-and-his-women-associates-1053363
20. https://www.prabhatbooks.com/englishbook/political.htm
21. पूर्वोक्त.
22. https://www.anirbanganguly.in/about/
23. https://timesofindia.indiatimes.com/india/70-year-old-with-links-to-bjp-magazine-now-ncert-consultant/articleshow/47607959.cms
24. https://www.aljazeera.com/features/2017/3/12/jammu-right-wing-groups-try-to-evict-rohingya-refugees
25. https://www.bloomberg.com/billionaires/profiles/alwaleed-b-al-saud/
26. https://www.marketscreener.com/quote/stock/TWITTER-INC-38965267/company/
27. https://gab.com/AltTech
28. पूर्वोक्त.
29. https://www.nytimes.com/2017/12/11/technology/alt-right-internet.html
30. पूर्वोक्त.
31. https://www.bbc.com/news/world-asia-india-60194920
32. पूर्वोक्त.
33. https://www.insiderintelligence.com/content/ecommerce-india-booming-growth-low-market-penetration-mean-big-potential
34. द मर्डरर, द मोनार्क ऐंड द फ़कीर, 2021.
35. https://www.thehindu.com/society/they-lived-to-tell-the-tale-revisiting-the-moplah-rebellion-of-1921/article36132249.ece
36. https://thewire.in/communalism/attempts-to-add-communal-colour-to-the-moplah-rebellion-are-wrong
37. द मर्डरर, द मोनार्क ऐंड द फ़कीर, 2021.
38. https://frontline.thehindu.com/cover-story/moonje-amp-mussolini/article6756630.ece
39. पूर्वोक्त.
40. द मर्डरर, द मोनार्क ऐंड द फ़कीर, 2021.
41. https://www.opendemocracy.net/en/odr/rise-of-azov/

42. https://www.bellingcat.com/news/uk-and-europe/2019/02/15/defend-the-white-race-american-extremists-being-co-opted-by-ukraines-far-right/
43. पूर्वोक्त.
44. https://www.vox.com/2017/8/12/16138246/charlottesville-nazi-rally-right-uva
45. धीरेन्द्र के झा, शैडो आर्मीज़: फ्रिंज ऑर्गेनाइज़ेशन्स ऐंड फ़ुट सोल्जर्स ऑफ़ हिंदुत्वा (जगरनॉट, 2017).
46. पूर्वोक्त.

हृदय परिवर्तन और एक नयी शुरुआत

1. मनीष ठाकुर, पत्रकारिता का काला अध्याय (कपोत प्रकाशन, 2021).
2. https://www.youtube.com/@THEMANISHTHAKURSHOW/about
3. https://scroll.in/article/833710/far-from-hindutva-yogi-adityanath-comes-from-a-tradition-that-was-neither-hindu-nor-muslim
4. https://indianexpress.com/article/political-pulse/reach-out-to-minorities-marginalised-indias-best-era-coming-pm-modi-to-party-8388182/
5. https://www.hindustantimes.com/cities/mumbai-news/i-am-your-family-says-pm-modi-to-bohra-muslims-101676055325462.html
6. https://www.business-standard.com/article/current-affairs/bjp-punishing-muslims-up-s-crackdown-has-meat-industry-panicked-scared-117032700180_1.html
7. https://www.aljazeera.com/opinions/2021/1/15/indias-love-jihad-laws-another-attempt-to-subjugate-muslims
8. https://thewire.in/government/up-properties-linked-to-accused-who-took-part-in-protests-over-anti-islam-remarks-demolished
9. https://www.livemint.com/news/india/yogi-adityanath-model-govt-in-karnataka-if-situation-demands-cm-bommai-11659016525748.html
10. https://www.thehindu.com/news/national/pm-to-open-kashi-vishwanath-corridor-today/article37941370.ece
11. https://www.newindianexpress.com/nation/2021/dec/12/pm-modi-to-inaugurate-rs-900-crore-kashi-vishwanath-corridor-on-monday-2394800.html

12. https://youtu.be/TNM5Ryy7CEU
13. https://timesofindia.indiatimes.com/city/varanasi/varanasi-work-afoot-to-host-3000-guests-at-mandir-chowk-during-kashi-vishwanath-dham-opening/articleshow/88240814.cms
14. https://www.mid-day.com/news/india-news/article/kal-bhairav-s-dog-55935
15. https://youtu.be/TNM5Ryy7CEU
16. https://frontline.thehindu.com/the-nation/how-budget-allocation-for-ministry-of-minority-affairs-declined/article66338066.ece
17. https://www.siasat.com/union-budget-2023-24-funds-for-minority-affairs-ministry-reduced-by-over-38-2516373/
18. https://indiankanoon.org/doc/631708/#:~:text=25.,profess%2C%20practise%20and%20propagate%20religion
19. https://indiankanoon.org/doc/1983234/
20. https://www.deccanchronicle.com/opinion/op-ed/161016/why-hindutva-wants-uniform-civil-code.html
21. https://tradestat.commerce.gov.in/eidb/ecomcnt.asp
22. https://www.beefmagazine.com/beef/major-beef-exporters-and-importers-2023
23. https://www.business-standard.com/article/politics/bjp-s-goal-is-to-take-india-from-appeasement-to-fulfilment-pm-modi-122070300850_1.html
24. https://blog.hootsuite.com/social-media-definitions/shadowban/
25. https://socialblade.com/youtube/c/indiaspeaksdailyisd
26. https://socialblade.com/youtube/c/indiaspeaksdailyisd
27. https://indianexpress.com/article/explained/explained-culture/mohan-bhagwat-lgbtq-rights-who-are-hamsa-and-dimbhaka-jarasandha-8378391/
28. https://timesofindia.indiatimes.com/india/pm-narendra-modis-mother-heeraben-modi-passes-away-at-100/articleshow/96608984.cms
29. https://www.ndtv.com/india-news/bjp-leaders-call-pm-modi-karmayogi-for-working-despite-personal-loss-3650854
30. https://thewire.in/politics/mohan-bhagwat-lgbtq-hindu-sentiments-complaint
31. https://indiankanoon.org/doc/1803184/
32. पूर्वोक्त.

33. https://twitter.com/MNageswarRaoIPS/status/1617767761371103232?s=20
34. https://thenorthlines.com/ikk-jutt-jammu-now-a-political-party/
35. https://www.pgurus.com/farooq-azad-leaders-of-demographic-jihad-on-jammu/
36. https://www.indiatoday.in/india/story/why-land-grab-scheme-of-j-k-is-called-roshni-act-and-how-it-happened-1743822-2020-11-25
37. https://kashmirobserver.net/2022/06/22/how-roshni-became-dark-in-kashmir/
38. https://www.dnaindia.com/india/report-zameen-jihad-a-sinister-conspiracy-to-change-jammu-s-demography-2816937
39. https://article-14.com/post/j-k-s-land-jihad-bogey-stoked-islamophobia-but-mainly-hindus-benefited
40. पूर्वोक्त.
41. https://www.outlookindia.com/website/story/india-news-land-jihad-fearing-backlash-in-jammu-bhp-has-gone-silent-on-roshni-act/366806
42. https://freepresskashmir.news/2020/10/14/laws-land-and-disempowerment-large-scale-encroachment-and-illegal-takeover-of-waqf-properties-in-jammu/
43. https://timesofindia.indiatimes.com/india/temple-at-centre-of-tragedy-no-one-coming-to-mandir-for-days-now/articleshow/63753432.cms
44. https://www.outlookindia.com/website/story/kathua-rape-and-murder-case-sanji-ram-planned-girls-murder-to-save-son-says-inve/311412
45. https://www.ndtv.com/india-news/jihadis-behind-kathua-rape-and-murder-says-defence-lawyer-ankur-sharma-1879969
46. https://thewire.in/politics/kathua-rape-accused-lawyer-calls-mehbooba-mufti-a-jihadi-cm
47. https://www.businesstoday.in/latest/economy-politics/story/kathua-case-six-of-seven-accused-convicted-8-year-old-rape murder-202510-2019-06-10
48. https://kashmirconvener.com/2021/12/30/shot-to-fame-by-kathua-rape-murder-case-adv-sharma-gets-ikk-jutt-jammu-as-registered-pol-party/
49. पूर्वोक्त.
50. https://www.indiaspeaksdaily.com/ikkjutt-jammy-party-holds-indian-state-primarily-responsible-for-unabated-hindu-genocide-in-jk/

बाद में

1. https://economictimes.indiatimes.com/news/india/union-ministers-mps-to-take-out-tiranga-yatra-in-delhi-today/articleshow/102621867.cms?from=mdr
2. https://hindutvawatch.org/members-of-hindu-far-right-groups-raise-hateful-slogans-at-the-kerala-story-screening/
3. https://thewire.in/communalism/ramesh-bidhuri-danish-ali-lok-sabha-hate-speech

लेखक के बारे में

कुणाल पुरोहित लगभग दो दशकों से पत्रकारिता कर रहे हैं। उन्होंने विकास, राजनीति, असमानता, जेंडर और इन सबके बीच के रिश्तों पर लिखा है। वो एक स्वतंत्र पत्रकार हैं और हाल के वर्षों में उन्होंने हेट-क्राइम्स और देशभर में हिंदू राष्ट्रवाद के बढ़ते प्रभाव पर विस्तृत रिपोर्टिंग की है। उन्होंने मुंबई में *हिंदुस्तान टाइम्स* और *द फ़्री प्रेस जर्नल* के न्यूज़रूम में काम किया है। कुणाल ने बतौर फ़ेलिक्स स्कॉलर, स्कूल ऑफ़ ओरिएंटल एंड अफ़्रीकन स्टडीज़, यूनिवर्सिटी ऑफ़ लंदन से पढ़ाई की है। वहां से उन्होंने 2017 में डेवेलपमेंट स्टडीज़ में एमएससी डिग्री डिस्टिंक्शन के साथ हासिल की थी।

कुणाल को 2012 में सिविक जर्नलिज़्म के लिए रामनाथ गोयनका अवॉर्ड; 2014 में ग्रामीण रिपोर्टिंग के लिए द स्टेट्समैन अवॉर्ड और 2014 व 2019 में जेंडर-सेंसिटिव रिपोर्टिंग के लिए यूएनएफपीए-लाड़ली मीडिया अवॉर्ड मिल चुका है। इसके अलावा उन्होंने कई फ़ेलोशिप्स और पत्रकारिता ग्रांट्स भी हासिल की हैं। उनका काम अल जज़ीरा, प्रोपब्लिका, द *टाइम्स ऑफ़ इंडिया, फ़ॉरेन पॉलिसी, हिंदुस्तान टाइम्स, साउथ चाइना मॉर्निंग पोस्ट,* डॉयचे वेले और द वायर जैसी जगहों पर छप चुका है।

अनुवादक के बारे में

पेशे से पत्रकार, केतन मिश्रा, द *लल्लनटॉप, ऑल्ट न्यूज़* और *आज तक* जैसे संस्थानों से जुड़े रहे। फ़िलहाल, बतौर फ़्रीलांसर काम कर रहे हैं। इस किताब से पूर्व इन्होंने राजदीप सरदेसाई की किताब *टीम लोकतंत्र*, रामचन्द्र गुहा की *क्रिकेट का कॉमनवेल्थ*, त्रिपुरदमन सिंह-अदील हुसैन की *नेहरू - भारत को परिभाषित करने वाले संवाद* समेत कई अन्य किताबों का भी अनुवाद किया है।

HarperCollins *Publishers* India

At HarperCollins India, we believe in telling the best stories and finding the widest readership for our books in every format possible. We started publishing in 1992; a great deal has changed since then, but what has remained constant is the passion with which our authors write their books, the love with which readers receive them, and the sheer joy and excitement that we as publishers feel in being a part of the publishing process.

Over the years, we've had the pleasure of publishing some of the finest writing from the subcontinent and around the world, including several award-winning titles and some of the biggest bestsellers in India's publishing history. But nothing has meant more to us than the fact that millions of people have read the books we published, and that somewhere, a book of ours might have made a difference.

As we look to the future, we go back to that one word—a word which has been a driving force for us all these years.

Read.